RECUERDOS DEL IMPERIO.
Los ingleses en América Central
(1821-1915)

Rodrigo Quesada Monge

RECUERDOS DEL IMPERIO.

Los ingleses en América Central (1821-1915)

euna

euna

M.Sc. Jorge Mora Alfaro
Rector Universidad Nacional

Dr. Miguel A. Peña Alvarez
Presidente Consejo Editorial

Primera edición, 1998

Dirección Editorial: Alexandra Meléndez C.
Corrección de estilo: Lic. M. Lourdes Jiménez
Artes finales: Víctor Hugo Navarro
Diseño de portada: Rita Mazariegos

Editorial de la Universidad Nacional
Campus Omar Dengo
☎ y fax 277-3204

Correo electrónico: editoria@una.ac.cr
Apartado postal: 86-3000 Heredia, Costa Rica

327.111
Q5r Quesada Monge, Rodrigo
Recuerdos del imperio : los ingleses en América Central (1821-1915) / Rodrigo Quesada Monge. — 1a. ed. — Heredia, C.R. : EUNA, 1998.
461 p. : il. ; 22 cm.

Contiene: cuadros, gráficos y mapas.
ISBN 9977-65-139-6

1. AMERICA CENTRAL. 2. IMPERIALISMO. 3. REINO UNIDO. 4. COMERCIO INTERNACIONAL. 5. EXPORTACIONES. 6. RELACIONES EXTERIORES. 7. CAPITALISMO. 8. HISTORIA.

Para Maritza, mi esposa,
quien diariamente tiene el
coraje de aceptarme y
amarme como soy.

«La historia no es otra cosa que una constante interrogación de los tiempos pasados en nombre de los problemas y de las curiosidades —e incluso de las inquietudes y las angustias— del tiempo presente que nos rodea y asedia».

Fernand Braudel

Reconocimientos especiales

El autor quiere expresar su gratitud muy especial a las siguientes casas editoriales por haber permitido reproducir en este libro, materiales ya publicados por ellas.

1. Banco de América de Nicaragua, por las ilustraciones 1 a 4 y la portada de este libro, tomadas de **La Guerra en Nicaragua** (**1855-1857**) (Managua, 1976. Vol. I), tal y como la reportó el **Ilustrated Newspaper** de Frank Leslie el siglo pasado.

2. Prentice-Hall de New Jersey, por las ilustraciones 5, 6 y 10, tomadas del libro **Middle America. Its Lands and Peoples** de Robert C. West y John P. Augelli (tercera edición, 1989).

3. Follet Publishing Company de Chicago, por las ilustraciones 7 y 9, tomadas del libro **Exploring our World. Latin America and Canada** de William W. Joyce y otros (Chicago, 1977).

4. EUNED de Costa Rica, por la ilustración 8, tomada del libro **Costa Rica y el Mercado Mundial** de Rodrigo Quesada. Colección Nuestra Historia (tomo 12, 1993).

CONTENIDO

INDICE DE CUADROS, GRAFICOS, MAPAS E ILUSTRACIONES

CAPITULO I

CAPITULO II

CAPITULO III

CAPITULO IV

CAPITULO V

CAPITULO VI

CAPITULO VII

CAPITULO VIII

AGRADECIMIENTOS

Como siempre, es difícil mencionar a todas las personas e instituciones que han contribuido en la preparación de un libro como este. Se pueden argumentar razones académicas y afectivas para incluir a todos aquellos que colaboraron en este proceso. Pero es necesario recordar a unos cuantos.

La Universidad Nacional de Costa Rica (Heredia), esa venerable institución que tantas cosas bellas y valiosas me ha dado, hizo posible, por medio de su Vicerrectoría de Investigación que tuviera la jornada laboral, y las condiciones para que parte de las investigaciones realizadas en este trabajo fueran posibles. Sobre todo algunos de mis viajes a Londres, Inglaterra, Berlín y Hamburgo, Alemania y Washington, Estados Unidos. Obviamente que otras instituciones como la Fundación Ford, el DAAD (del Gobierno Federal alemán) y la Fundación Fulbright, al apoyarme como profesor invitado en universidades de esos países, ampliaron mi perspectiva como investigador. Debo agradecer a mi Universidad, por el apoyo brindado en la preparación de cinco capítulos de este trabajo (I, II, III, IV y VI), pues los otros tres (V, VII y VIII) son versiones corregidas y ligeramente mejoradas de ensayos viejos, en los cuales también participó en su momento la misma institución.

Algunos de mis colegas de la Escuela de Historia de la Universidad Nacional, es necesario mencionarlos porque se esforzaron en ser tolerantes con mis constantes demoras para entregar la versión final de esta investigación. En ese sentido me gustaría citar al Prof. Edwin González Salas y al Prof. José Manuel Cerdas Albertazzi. Por su elegancia y sentido de la decencia académica cuando se lee y se evalúa el trabajo de otro colega, debo mencionar a la Prof. Patricia Alvarenga Benutolo. Muchos de los aspectos buenos que pudieran tener los cinco capítulos nuevos arriba mencionados, son producto de sus sugerencias. Al Prof. Omar Arrieta Chavarría, brillante geógrafo, quien con gentileza y disposición preparó los excelentes mapas que acompañan el texto.

Una persona como el Prof. Mario Oliva Medina, decano del Centro de Estudios Generales, merece mención especial, porque aparte de ser un entrañable amigo, ha sido el consejero paciente, tolerante y maravillosamente generoso en asuntos académicos que nos conciernen a ambos. Si Mario pudiera, hasta la corbata se quitaría para que se publicaran los trabajos. El tiene la virtud más extraña en la comunidad intelectual de Costa Rica: el respeto por las ideas y la forma ajena de expresarlas. Para él lo mejor de este libro.

Algunos historiadores extranjeros de mucho prestigio, tales como el Dr. Christopher Lutz de la Fundación Plumsock (E.E. U.U.), el Dr. Julio Castellanos Cambranes (un talentoso historiador guatemalteco que reside en Madrid), y el Prof. Roberto Cabrera (también guatemalteco, quien convivió con nosotros durante muchos años, y de cuya amistad el único beneficiado soy yo), leyeron parte del texto en versiones preliminares, y de todos ellos recibí sugestivos consejos para mejorar el trabajo. Lo mismo cabe mencionar de mi profesor y gran amigo, el historiador británico John Lynch, quien siempre sabe indicar lo correcto, en el momento oportuno.

También habría que mencionar al ilustre historiador costarricense, Dr. Carlos Meléndez Chaverri, quien leyó la versión definitiva e hizo recomendaciones de gran valor y lucidez.

Para Alfonso Chase, ese gran poeta costarricense, amigo y hermano en tantas tareas intelectuales y políticas en esta, nuestra pequeña y amada Costa Rica, porque su espíritu de combate y su gran imaginación serán siempre motivo y guía en nuestro trabajo cotidiano.

Finalmente, quiero aprovechar esa oportunidad para hacer una mención muy particular de mi hijo Rodrigo Quesada Chaves, quien murió fatalmente en un accidente el 20 de junio de 1995. Con sus diecinueve años, él fue un hombre que me inspiró y respetó con esa profundidad que sólo el verdadero amor permite. Este libro, también le debe mucho de lo bueno que pueda tener.

Y no podría concluir estas anotaciones sin mencionar a la Editorial de la Universidad Nacional y su consejo editorial, siempre tan tolerantes y prestos a publicar el trabajo de los académicos de dicha institución.

De más está manifestar, que los defectos y las deficiencias que pudieran haberse escurrido son todos míos.

San José, Costa Rica, 30 de marzo de 1997.

ABREVIATURAS USADAS EN ESTE LIBRO

BP. British Parliament (Parlamento Británico)
BT. Board of Trade (Oficina de Comercio).
ECR. Editorial Costa Rica.
EUCR. Editorial de la Universidad de Costa Rica.
EUNED. Editorial de la Universidad Estatal a Distancia.
FO. Foreign Office (Oficina de Asuntos Extranjeros).
f. Folios.
GL. Pc. C. Guildhall Library Press Cuttings Colection (Colección de Recortes de Periódicos de la Biblioteca de la Guildhall, Londres).
HAHR. Hispanic American Historical Review.
LARR. Latin American Research Review.
P.P. Parliamentary Papers (Papeles del Parlamento Británico).
PRO. Public Record Office (Oficina Británica de Registro Público).
RC. Reporte Comercial.
UNA. Universidad Nacional.

INTRODUCCION GENERAL

El libro que tiene el lector en sus manos, ha sido escrito en el transcurso de varios años. Costó mucho concluirlo porque, ¿a quién se le puede ocurrir escribir sobre el imperialismo hoy día? Los escrúpulos intelectuales son a veces barreras insalvables en el progreso de una persona, más todavía cuando están de por medio algunas convicciones esenciales en nuestra vida.

El autor de este trabajo considera que el problema del imperialismo sigue vigente, por más que muchos individuos hoy se avergüenzan con su sola mención. Por eso la decisión de escribir sobre la historia centroamericana del siglo XIX, con particular énfasis en las relaciones comerciales y financieras que sostuvimos con los británicos y su imperio como una sola totalidad. Porque hay que aclarar que la Pax Britannica durante el último siglo, no fue un conjunto mal articulado de medidas expansionistas o de oportunismo colonialista. El imperialismo británico fue algo más que eso.

Los ingleses y sus historiadores latinoamericanistas, por más esfuerzos que hagan en sentido contrario, no podrán esconder el signo con que fueron construidas sus relaciones con América Latina, Africa y Asia, durante el siglo XIX. Nos hablarán de «imperialismo informal», de «imperialismo comercial», de «imperialismo de los negocios», y otros términos insípidos que nada expresan de una realidad muy concreta: la historia indica, como lo hace también aquella misma escrita por los historiadores ingleses, que el imperio británico fue levantado a consecuencia y por los logros de la Revolución Industrial. Es decir, el imperialismo británico no puede ser comprendido sin hacer una referencia necesaria a la forma en que los ingleses construyeron su capitalismo. El imperialismo británico es la lógica secuencia del desarrollo capitalista en esa nación.

En este libro, se intenta hacer un retrato sobre cómo funcionó la diplomacia inglesa en sus relaciones con los estados centroamericanos, entre los años que van desde 1821 hasta 1915. Se trata de un cuadro en el que se busca pintar los detalles más escondidos sobre la participación de esa diplomacia inglesa en la construcción, por ejemplo, de las prácticas comerciales con que América Central aspiró a insertarse en el mercado mundial.

Lo que se quiere manifestar es que, en realidad los centroamericanos aprendimos el verdadero «espíritu empresarial» del capitalismo, a raíz de nuestro estrecho contacto con los ingleses. El progresivo desmantelamiento del mal llamado imperio español por parte de los ingleses durante el siglo pasado, no puede comprenderse en América Central, sin destacar que las acciones emprendidas en esa dirección, tenían su eje vertebral en la acumulación de riqueza a escala mundial, controlada por el capitalismo británico.

Se desea dejar bien claro que se estudiará aquí, a lo largo de ocho capítulos, el papel jugado por la diplomacia británica en la configuración del comercio exterior de América Central. Se busca caracterizar, definir y precisar el perímetro dentro del cual la estructura comercial en América Central, vino a estar profundamente condicionada por los hábitos mercantiles de diplomáticos, empresarios e inversionistas británicos en la región.

El capítulo I intenta ser una introducción para nuestro lector de los aspectos teóricos y metodológicos de la teoría del comercio exterior, del imperialismo y del sector exportador en países como los centroamericanos. Allí, algunos elementos puramente académicos y políticos eran inevitables, pues según se ha indicado, seguimos utilizando la Teoría del Imperialismo como esquema referencial para estudiar la historia de Centroamérica. Se le dan al lector, por lo tanto, las herramientas conceptuales que encontrará a todo lo largo del trabajo.

En el capítulo II es retomado un tema que estudió talentosamente el historiador norteamericano Robert Arthur Naylor, en lo referente al comercio exterior de América Central con el imperio británico durante los años que median entre 1821 y 1851. Son años de formación, difíciles de evaluar sin pensar en la herencia colonial y el trayecto seguido por los centroamericanos después de obtenida su independencia política. Al brillante trabajo de Naylor se añaden tal vez algunos aspectos documentales novedosos, y se toma una posición política y académica menos escurridiza, sobre asuntos como la crisis de la Federación Centroamericana, y la «supuesta» indiferencia de la Corona Británica en el derrumbe de aquella.

El capítulo III aborda de nuevo la cuestión de las relaciones comerciales y financieras entre los años 1851 y 1891, pero esta vez, con una óptica claramente política. El imperialismo inglés distorsiona el comercio exterior centroamericano y prepara el terreno para que al imperialismo norteamericano se le haga más fácil de controlar, y finalmente someter, a estas convulsionadas naciones. El conflicto interimperialista pareciera ser una ficción.

El capítulo IV hace precisamente eso: estudiar el conflicto entre las distintas potencias imperialistas de la época, y enfatiza sobre la forma en que los Estados Unidos terminaron por desalojar toda influencia decisiva extracontinental en vísperas de la Primera Guerra Mundial (1914-1918). Indiscutiblemente el imperialismo inglés fue exitoso en América Central: hizo posible que los Estados Unidos terminaran por imponer en la región su propia versión del progreso capitalista.

El capítulo V realiza un balance general sobre la composición del comercio exterior centroamericano relacionado con los ingleses entre los años 1851 y 1915. Se trata esencialmente de un capítulo descriptivo, donde se pone a disposición de los lectores una información conocida y estudiada por muy pocos. Este capítulo es una versión ligeramente corregida de un artículo publicado en el **Anuario de Estudios Centroamericanos** (Nº 11, fascículo 2 de 1985, páginas 77-92).

El capítulo VI ejemplifica con detalle los mecanismos mediante los cuales la diplomacia inglesa, sus hábitos mercantiles y sus nociones de mercado y práctica empresarial lograron penetrar en un país como Guatemala. Ahí se percibe con minucia, de qué manera el empresario inglés teje y desteje como Penélope, sus artimañas diplomáticas y de negocios para decidir sobre la fortuna de hombres, tierras y gobiernos en la patria de los mayas.

El capítulo VII describe y analiza la rivalidad imperialista por apropiarse del Ferrocarril al Atlántico de Costa Rica. Es, tal vez, el primer trabajo que llamó la atención sobre las características empresariales tan particulares del ferrocarril. También se publicó como artículo en el **Anuario de Estudios Centroamericanos** (Nº 9, 1983, páginas 87-119).

El capítulo VIII expone en detalle la forma en que la deuda externa que tenía Honduras con los ingleses fue finalmente «arreglada» por algunos empresarios norteamericanos. Este trabajo también fue publicado por el **Anuario de Estudios Centroamericanos** (Nº 10, 1984, páginas 69-80).

Este estudio fue escrito básicamente con documentación inglesa, ya que el autor tuvo la oportunidad de visitar archivos británicos realmente importantes, motivo por el cual los documentos en los que sustenta las situaciones que aquí plantea, son en su totalidad originales. En efecto, los informes anuales de las compañías que se mencionan (conservados por la Guildhall Library de Londres) no habían sido vistos nunca antes por ningún historiador centroamericano.

Lo mismo ha sucedido con el material consular, la correspondencia y los papeles confidenciales que se utilizan para este trabajo. Mucho de ese material tendrá que esperar a ser trabajado posteriormente. El Public Record Office de Londres y la biblioteca del British Museum fueron imprescindibles en la redacción de este libro. Algunos de los registros documentales que se encuentran en el Instituto Iberoamericano de Berlín, los documentos oficiales sobre migraciones de Postdam y el material consular que se halla en la Biblioteca del Congreso de los Estados Unidos, fueron también vertebrales para clarificar ciertas dudas y tratar de darles respuestas a muchas de las preguntas efectuadas cuando se iniciaba la investigación.

Es evidente que, como bien lo sabe el lector avezado, varios aspectos se nos quedan siempre en el tintero. Pero ese lector también sabe que, con la cantidad de material que contamos, habrá que esperar otro momento para publicar un texto con el que ampliaremos lo que aquí no se pudiera haber trabajado. Entretanto, esperamos lo mejor de nuestros lectores. El autor trató de hacer lo mismo.

CAPITULO I.
LA TEORIA DEL COMERCIO EXTERIOR, EL IMPERIALISMO Y EL SECTOR EXPORTADOR EN AMERICA CENTRAL (1821-1915)

ALGUNAS CONSIDERACIONES INICIALES

Tenemos un problema con la historia económica reciente en América Central: pareciera que nos hemos obsesionado tanto con los asuntos académicos y políticos de la mal llamada «globalización», que ahora se supone que uno es un historiador «moderno» (léase globalizado), si descarta discutir sobre aspectos de la economía internacional considerados hoy como asuntos peligrosos para algunos académicos (no sólo los historiadores) dispuestos a ver en los devastadores avances de la economía del capitalismo total el milagro del siglo XX[1]. Por esta razón a los que nos dedicamos a la historia económica —que ha llegado a ser una especie de rareza intelectual—, nos resulta un problema tomar conciencia de que algunos de nuestros colegas nos perciben como chicos excéntricos, porque seguimos discutiendo y escribiendo (tal vez contra molinos de viento) sobre asuntos y temas que ellos insisten en extenderles el certificado de defunción. El imperialismo es uno de ellos.

Si se revisa con cuidado el índice analítico del volumen IV de la **Historia General de Centroamérica,** se encontrará con que en ningún momento se quiso abordar el asunto del imperialismo[2]. Se menciona tangencialmente, sobre todo como

1. La expresión es de Milton Friedman. Véase de Franz Hinkelammert. **Cultura de la Esperanza y Sociedad sin Exclusión** (San José: DEI. 1995). Nota 1, p. 15.
2. Acuña Ortega, Víctor Hugo (editor). **Historia General de Centroamérica** (Madrid: FLACSO. 1993). Vol. IV.

una preocupación secuencial o derivativa de las pistas analíticas que pudiera ofrecer la teoría del comercio internacional; y ya no como un aspecto fundamental de los intereses sociopolíticos de clases sociales en conflicto a escala mundial[3].

Sin embargo, lo anterior no es nuevo, pero sí es sintomático de un viejo asunto que aqueja a la historiografía costarricense: el de asumir con mucha timidez sus responsabilidades sociopolíticas y culturales. No es suficiente regodearnos con la afirmación de que estamos escribiendo la mejor historiografía centroamericana, sería todavía mejor si logramos darle el impacto social masivo que está esperando. La ingenuidad de algunos historiadores extranjeros no podemos compartirla los costarricenses, cuando nos dicen candorosamente que Costa Rica está haciendo buenos esfuerzos en la dirección correcta. Estos historiadores, que con gran arrogancia (por lo general sustentada en el amor a primera vista por este país) pretenden decirnos que publicaciones que no van más allá de 10,000 ejemplares de un libro de texto determinado son suficientes. A ellos se les debería recordar que Costa Rica es un país con una población de lectores potenciales que casi llega al millón de personas. La pregunta que habría que hacerse es, ¿en qué hemos fallado algunos de nosotros para no haber sabido llegar a esa enorme masa de lectores en un país tan pequeño?[4]

Pero aún así, existen personas e instituciones que hacen esfuerzos en ese mismo sentido, sobre todo cuando se trata de recuperar viejas disputas académicas, a las cuales no se les ha dado, como dirían los abogados, el «finiquito». El historiador Mario Samper y el Centro de Investigaciones Históricas de la

3. Mandel, Ernest. **Late Capitalism** (Londres: Verso Press. 1980). Cap. 17. Hay traducción española: **El Capitalismo Tardío** (México: ERA. 1987).

4. Palmer, Steven. «Comentarios sobre "El Paraíso Perdido" de Rodrigo Quesada Monge». **Revista de Historia** (julio-diciembre de 1993. Nº 28). El artículo en cuestión: «El Paraíso Perdido: Utopía y Nueva Historia en Costa Rica». **Revista de Historia** (julio-diciembre de 1992. Nº 26).

Universidad de Costa Rica, alguna vez intentaron revitalizar la discusión sobre por qué la historia económica había entrado en un proceso de desgaste tan notorio. Y con las publicaciones recientes sobre temas y fuentes de la historia cuantitativa han contribuido generosamente al avance de la historia centroamericana, más que cualquier ditirambo altisonante sobre nuestras virtudes y potencias[5].

Resulta, entonces, que hasta este momento sólo ocasionalmente aparecen algunos trabajos donde se reflexiona acerca de las prácticas imperialistas en América Central, pero siguen siendo excepcionales las investigaciones sobre teoría y práctica del antiimperialismo[6]. Lo que no debería sorprendernos, pues la tendencia actual en el quehacer académico es a olvidarnos de que alguna vez hubo algo que se pudo haber llamado imperialismo[7], y a sustituirlo con la terminología más rebuscada posible, con el fin de ocultar una realidad que los pensadores del siglo XIX supieron analizar con una lucidez que hoy todavía llena de admiración a propios y extraños[8].

Algunas revistas internacionales y ciertos autores insisten en que, a pesar del deterioro de los paradigmas analíticos, las

5. Véanse los valiosos trabajos de los siguientes historiadores costarricenses:
   a. Jorge León. **Fuentes y Uso de Datos del Movimiento Marítimo y Comercio Exterior de Costa Rica entre 1821-1900** (Universidad de Costa Rica. Centro de Investigaciones Históricas. Serie de Trabajos de Metodología. Nº 5. 1995).
   b. Ana Cecilia Román Trigo. **Las Finanzas Públicas de Costa Rica: Metodología y Fuentes. 1870-1948** (UCR-CIHAC. Nº 3. 1995).
   c. Mario Samper (compilador). **Fuentes Numérico-Nominales e Investigación Histórica** (UCR-CIHAC. Nº 4. 1995).
6. Hernández, Carlos. «Del espontaneísmo a la acción concertada: los trabajadores bananeros de Costa Rica. 1900-1955». **Revista de Historia** (enero-junio de 1995. Nº 31). Pp. 69-126.
7. Gallardo, Helio. «Sobre el imperialismo». **Revista Pasos Especial** (San José: DEI. Nº 4. 1994).
8. Para el caso costarricense particularmente, habría que releer los inolvidables estudios, relatos y novelas de Joaquín García Monge, Roberto Brenes Mesén, Mario Sancho, Vicente Sáenz y Omar Dengo.

tareas políticas y culturales que están relacionadas con la reflexión sobre el imperialismo y sus diversas expresiones sociales siguen vigentes[9]. Lo anterior es un alivio porque, pese a que tales propuestas pudieran resultar para algunos como elucubraciones de alquimista, la modernidad en América Latina, por ejemplo, aún no concluye, y la posmodernidad no supone todavía la inexistencia de la pobreza en nuestros países, como pretenden los que creen que ya no existe relación entre globalización y miseria.

Esa es precisamente la dirección que lleva este trabajo sobre historia centroamericana. Porque cuando los asuntos de la deuda externa y del desarrollo económico tienen prioridad en los debates académicos de la región, es fundamental un rastreo histórico de los mismos, con el objetivo de asimilar la génesis de los problemas actuales. Esta aparente tautología es inevitable si queremos partir de la base de que la actualidad es imposible de comprender sin hacer referencia a la historia. Esa ha sido nuestra preocupación durante años en la Escuela de Historia de la Universidad Nacional de Costa Rica: contribuir en algo a la mejor comprensión de nuestras relaciones históricas con las fuerzas económicas decisivas en esta región y el Caribe.

Por el momento, las mayores aspiraciones que tenemos son desplegar ciertas respuestas e interpretaciones en relación con el problema de las prácticas imperialistas en América Central, con particular referencia al caso inglés. Resulta que alguna vez tuvimos la oportunidad de hacer investigación en Londres, Berlín, Hamburgo y los Estados Unidos; de tal manera que ahora pensamos utilizar parte de ese material para contribuir a la comprensión de cuatro elementos esenciales sobre la forma

9. Recomendamos la consulta de revistas tales como **Review, Radical History Review, History Workshop** y **New Left Review.** Un texto fundamental en estos momentos es el libro de Herb Addo. **Imperialism. The Permanent Stage of Capitalism** (Tokio: United Nations University. 1994).

en que América Central terminó por insertarse en el mercado mundial:

1. La estrategia comercial inglesa y el crecimiento exportador de América Central.

2. Los límites del crecimiento exportador centroamericano.

3. La dinámica del crecimiento exportador centroamericano.

4. La naturaleza del crecimiento exportador centroamericano.

Por otro lado, junto al presente capítulo hemos organizado este trabajo con siete capítulos más:

2. CENTROAMERICA Y GRAN BRETAÑA: LA INSERCION FORMAL AL MERCADO MUNDIAL (1821-1851).

3. CENTROAMERICA Y GRAN BRETAÑA: LA INSERCION REAL AL MERCADO MUNDIAL (1851-1881).

4. CENTROAMERICA Y GRAN BRETAÑA: LA INSERCION IMPERIALISTA AL MERCADO MUNDIAL (1881-1915).

5. AMERICA CENTRAL Y GRAN BRETAÑA: LA COMPOSICION DEL COMERCIO EXTERIOR (1851-1915).

6. LA DIPLOMACIA INGLESA Y EL SECTOR EXPORTADOR DE GUATEMALA (1850-1914).

7. FERROCARRILES Y RIVALIDAD IMPERIALISTA: COSTA RICA (1871-1905).

8. DIPLOMACIA INGLESA Y DEUDA EXTERNA HONDUREÑA (1897-1912).

Finalmente, varios mapas, ilustraciones, conclusiones generales y una amplia bibliografía completan este examen de las relaciones comerciales y financieras entre Gran Bretaña y los estados centroamericanos entre los años 1821 y 1915.

¿HASTA DONDE PUDO LLEGAR LA TEORIA DEL COMERCIO EXTERIOR EN AMERICA CENTRAL?

Los teóricos del comercio internacional, desde David Ricardo (1772-1823), bien pudieron haberse preguntado hasta qué punto un país o un conjunto de países (que no una región), al activar sus enlaces con el mercado mundial necesitaban definir qué irían a entender cuando se refirieran a la noción de mercado. Porque resulta que si Gran Bretaña al iniciarse la segunda mitad del siglo XIX ya tenía bien desarrollada su conceptualización del mercado —no olvidemos que Adam Smith (1723-1790) venía reflexionando sobre el asunto desde 1776—, no sucedía lo mismo con los países latinoamericanos, y menos aún con los pequeños países centroamericanos o del Caribe, donde ni siquiera la idea del Estado-nación estaba remotamente en el horizonte. Se teoriza sobre el mercado cuando se dispone de los instrumentos institucionales (del Estado), para empezar a actuar en terrenos tan delicados como la banca, la moneda, las finanzas públicas y otros dispositivos del Estado moderno.

Los países latinoamericanos llegan a la independencia política con un enorme paquete de problemas económicos sin resolver. Sólo se tenía una tímida claridad sobre criterios aduaneros y comerciales que difícilmente podían, en conjunto, llamarse o configurar un juego estratégico de respuestas a la producción o a la acumulación y distribución de la riqueza. Con razón alguien manifestó alguna vez que entre el caudillaje, el Estado y el comercio exterior en América Latina había una estrecha relación, que se expresaba en sistemas impositivos ineficientes y monótonos hasta el hastío[10].

Los grandes teóricos del comercio exterior del siglo XIX, al estilo de Federico List (1789-1846), con sus afanes totalitarios, dieron forma a los sistemas aduaneros y encontraron en los países latinoamericanos, por ejemplo, un terreno notablemente fértil. Las propuestas de List iban dirigidas al establecimiento de la unidad comercial alemana, y en ese sentido, el momento por el que estaba pasando esta nación era propicio para la utilización de la fuerza policial y aduanera que impidiera la desintegración de sus intereses económicos, frente a la monolítica oposición comercial que ofrecía Gran Bretaña[11].

La pobre relación operacional que existía entre los instrumentos institucionales para servir al comercio exterior, el supuesto Estado-nación alemán y los intereses sociopolíticos de los grupos más poderosos económicamente en ese país, hacían que la naturaleza de la desintegración de las políticas comerciales se pareciera a la que tenía lugar en los estados latinoamericanos después de obtenida la independencia política. Esta semejanza no es gratuita y las respuestas encontradas tampoco lo son.

Los cien años que siguen al estallido de la Revolución Francesa, hicieron de Alemania uno de los pueblos más ricos del planeta, pero también uno de los estados más desintegrados y poco coherentes comercialmente hablando de que tengamos

10. Véliz, Claudio. **La Tradición Centralista en América Latina** (Barcelona: Ariel. 1984). Pp. 118-141.

11. List, Federico. **El Sistema Nacional de Economía Política** (México: FCE. 1942).

conocimiento; tal vez sólo superado por el Imperio Romano en sus momentos finales. Debemos indicar que muchas veces las decisiones comerciales de los estados alemanes no respondían necesariamente a los criterios de una plataforma comercial unitaria, lo que ponía en desventaja a los negociantes de los estados más pobres en relación con los de los estados más ricos.

Esa situación empezó a cambiar con la llegada de Bismarck (1815-1898) al poder, cuando decidió que uno de los aspectos en que debía reposar la unidad alemana era en su coherencia comercial, para lo que se sirvió de las propuestas de List. El camino seguido para lograr la unificación alemana estaba marcado esencialmente por decisiones totalitarias tomadas por el mismo señor canciller. Ellas eran, por ejemplo, el control feroz de precios y salarios, el sabotaje y la destrucción radical de toda oposición sindical, la persecución, el ostracismo y hasta el asesinato de cualquier dirigente de izquierda que osara discutir las medidas tomadas por Bismarck. Como podrá darse cuenta el lector, el instrumental ofrecido por List para lograr la unificación aduanera se prestaba a interpretaciones muy peligrosas.

En América Latina algunos ideólogos, intelectuales y políticos se sintieron seducidos por los coqueteos totalitarios de ciertos países, y encontraron en List una fuente importante de inspiración para iniciar el diseño de las políticas comerciales que irían a definir sus estados-nación en la nueva situación mundial, posterior a las guerras napoleónicas. Lo que estamos apuntando es que el libre comercio, la filosofía que está detrás de toda propuesta de unidad aduanera y el raquitismo de los estados nacionales (tanto en Alemania como en América Central), fueron componentes definitorios para comprender mejor la inserción de los países pobres en el mercado mundial y de algunos países ricos, cuya estructura estatal no estaba todavía claramente perfilada. El caso de América Central es un rico ejemplo de ambas situaciones[12].

---

12. Calderón, Manuel. **Proteccionismo y Librecambio en Costa Rica** (UCR. Tesis de Licenciatura. 1981).

Mientras en países como Alemania e Italia el Estado nacional no existía por exceso de riqueza y por la desintegración que provocaban los desacuerdos sobre la mejor manera de distribuirla, en países como los latinoamericanos el mismo problema se presentaba por el exceso de pobreza y la progresiva socialización de la misma.

No es lo mismo un Estado nacional que se organiza para activar su comercio a partir de la riqueza que concentra, que otro que hace lo mismo para impedir que esa concentración de riqueza se vuelva explosiva. Los estados nacionales centroamericanos durante el siglo XIX, organizan sus políticas comerciales en atención a teorías del comercio exterior pensadas para países que todavía no son estados-nación (aunque extraordinariamente ricos, como los casos ya mencionados). Y no les queda más remedio que ajustarse a ellas, debido a que se les ha impuesto la buena administración de la pobreza, para impedir que la concentración de la riqueza vaya más allá de los límites establecidos por los mercados internacionales.

Estamos hablando de países que practican el libre comercio, el librecambio, la unión aduanera y otros mecanismos propios del «capitalismo total», mediante imposiciones totalitarias de grupos sociales y políticos que sólo comparten internacionalmente distintas porciones del mercado. Entre los años 1821 y 1915 existe una asombrosa relación entre las prácticas comerciales de los estados centroeuropeos y los estados latinoamericanos, en lo que respecta a decisiones operativas sobre aranceles, tributos y otros asuntos propios de estados-nación altamente centralizados[13].

Entre los años 1821 y 1851 en América Central, las nociones de Estado que manejan los sectores económicamente

---

13. Kemp, Tom. **Modelos Históricos de Industrialización** (Barcelona: Fontana. 1981). Cap. VII.

poderosos son en forma directa responsables del tipo de respuestas que las mismas generan al insertarse en el mercado internacional. Lo que queremos apuntar es que, como se trata de países que aún no encuentran una salida comercial armoniosa con la dinámica mercantil existente, la noción de Estado no es simétrica con las prácticas comerciales en curso[14]. Sólo Costa Rica fue capaz de establecer esa simetría a tiempo, con particular intencionalidad durante las administraciones de Braulio Carrillo (1835-1837/1838-1842) y de Tomás Guardia Gutiérrez (1870-1882), ambos en posición de dictadores (abiertamente o no, como en el último caso citado), con el correspondiente apoyo de grupos sociales y políticos que creyeron en la necesidad de establecer y desarrollar una maquinaria estatal que diera los pasos inevitables, para que la economía costarricense terminara por insertarse en el mercado mundial.

Un trasfondo así nos obliga a plantearnos una serie de preguntas:

1. ¿Cómo diseñar y evaluar el ámbito en donde las economías centroamericanas y la internacional se cruzan?

2. ¿Cómo explicar el énfasis sobre el sector externo de las primeras, durante el siglo XIX y la primera parte del XX?

3. ¿Cómo describir y evaluar la dinámica con que el flujo de los capitales extranjeros se jerarquiza para atender las demandas de los países centroamericanos? ¿Se atiende primero al circuito comercial o a la inversión privada?

4. ¿Cómo desarrollar con detalle una explicación del verdadero papel jugado por los ingleses, por ejemplo, en el crecimiento comercial de las sociedades centroamericanas?

---

14. Kenwood, A.G. y Lougheed, A.L. **The Growth of the International Economy (1820-1980)** (Londres: Unwin Kyman. 9a. edición. 1988). Caps. 4 y 5.

5. ¿Cómo establecer las proporciones del impacto real del crecimiento económico (empujado desde afuera) en la configuración del poder político de las sociedades centroamericanas?

Tememos que a ninguna de estas preguntas se le ha dado la respuesta justa por múltiples razones. Una de ellas ha sido el problema de las fuentes; otra, la obsesión monotemática de algunos historiadores que insisten en hacernos creer que el capitalismo agrario (léase «capitalismo cafetalero») vino a definir absolutamente todo en el universo económico, social, político y cultural de los estados centroamericanos. Todavía eso está por verse.

Por ahora, nuestra tarea es más modesta si pensamos en que la serie de preguntas que acabamos de hacer sólo puede ser atendida con algunas herramientas de la teoría del comercio internacional, tal y como lo definió en su momento el profesor Cobham[15], quien creía que no se puede hablar de comercio exterior, con visión retrospectiva, si no se tiene claro quién tiene el poder real de los negocios a escala internacional. En este trabajo, ya lo descubrirá el lector, nuestra intención ha sido avanzar algunas respuestas a la serie de preguntas que proponíamos anteriormente. Queremos resaltar el hecho de que las preguntas más gruesas y decisivas sobre el comercio exterior en la historia de América Central, no han encontrado respuestas más o menos correctas o satisfactorias, porque insistimos en buscar las mismas en los lugares inconvenientes. Nosotros pretendemos contribuir a la clarificación de ese asunto.

Sin jugar al intelectual de izquierda, Cobham, un funcionario del Lloyds Bank de Londres, quiere indicarnos que para palpar la verdadera textura del comercio internacional, hasta

15. Cobham, David. **The Economics of International Trade** (Londres: Lloyds Bank. 1979). Cap. 1.

poco después de la Segunda Guerra Mundial, se debe tener cuidado en describir y evaluar los mecanismos mediante los cuales los fuertes acercan a los débiles; y los instrumentos con los cuales los primeros hacen que los segundos consuman sus mercancías y no se den cuenta de que, no siempre, las mismas son de buena calidad[16]. Si Nicolai Bujarin o Samir Amin hicieran la misma sugerencia y nosotros la rubricáramos, entonces, pasaríamos por tendenciosos, pero resulta que la propuesta la hace un funcionario de las finanzas inglesas de este siglo, que bien sabe por qué su país llegó a ser tan grande comercialmente, durante la pasada centuria.

«La más obvia razón por la que el comercio internacional tiene lugar, es que Gran Bretaña, por ejemplo, no produce alimentos tropicales tales como bananos, los que sí desea consumir»[17]. Nos encontramos, entonces, con un problema básico que los economistas ingleses de los siglos XVIII y XIX atacaron de una forma práctica, con eminencia y sentido común: si existen países que pueden producir alimentos y materias primas y otros bienes manufacturados, lo lógico sería que todos se esfuercen y se concentren en hacer lo mejor que saben. Adam Smith y David Ricardo, como anotamos, establecieron los fundamentos teóricos y metodológicos de este tipo de enfoque. Pero hay todavía más: Ricardo creía que algunas mercancías generarían más ganancias comerciales que otras en virtud del trabajo invertido para producirlas. Pensaba además que los precios de las mismas no deberían variar en relación con la cuota representada por el último factor mencionado: el trabajo. Tratado de esta forma el asunto, fue Karl Marx (1818-1883) quien lo llevó a su máximo desarrollo. Asumirá también las implicaciones políticas e ideológicas de su interpretación de las tesis de Ricardo[18]. Sólo que ahí están los fundamentos de lo que será

16. Idem. **Loc. Cit.**
17. Idem. P. 5.
18. Steedman, Ian. **Marx after Sraffa** (Londres: Verso Press. 1978). Cap. 5.

posteriormente la teoría del imperialismo, como expondremos más adelante.

Pero en la ideología librecambista, la cual en sus inicios fue severamente estática, reposaba la idea de que, entre más libre era el comercio, mejores y más amplios serían los beneficios para la población. Este abordaje de los asuntos comerciales empezó a tener críticos importantes a principios del siglo XX, cuando se consideró conveniente un «proteccionismo escalado» para permitir que nuevos insumos dinamizaran la expansión comercial a largo plazo, sin esperar respuestas inmediatas[19]. Por eso el mercantilismo es un cuerpo de teoría al que constantemente los economistas y los hombres de gobierno vuelven sus ojos, pues en él están los instrumentos que siempre requirió el librecambismo como modelo práctico.

Bien se puede sostener, entonces, que el movimiento pendular de las políticas comerciales en los estados latinoamericanos, sobre todo entre los años 1840 y 1880, no responde tanto a la claridad que se pudiera haber tenido sobre el mejor instrumental a utilizar para hacer más ágil su inserción en el mercado mundial, sino a que, mientras este último se mueve de una forma dinámica, aquellos se quedan atascados protegiéndose cuando el libre comercio se despliega y viceversa. El libre comercio no era simplemente la compra y venta de bienes y servicios, era también la compra y venta de influencias y esferas de poder[20]. Era además el intercambio a escala mundial del esfuerzo de miles de personas, quienes no siempre eran retribuidas en proporciones idénticas o justas. Como era obvio, el fenómeno abarcaba a naciones enteras.

«Evidente resulta que al final de cuentas y considerando un lapso tan prologando como sea necesario, las exportaciones

19. Heckscher, Elí F. **La Epoca Mercantilista** (México: FCE. 1983. La edición original es de 1931). Ver particularmente las partes II y III.
20. Idem. **Loc. Cit.**

se cambian totalmente por importaciones de aquellas clases de bienes y servicios que la economía en cuestión demanda del exterior. O sea que, a largo plazo, la balanza de pagos y el producto nacional representan una ecuación que expresa el cambio en la estructura de la oferta, cuyo origen fue tanto de oferta final de bienes y servicios domésticos, como de bienes y servicios de procedencia externa. Asimismo, que el ingreso nacional procedió de dos fuentes: el interno y el externo (sic). Se deduce que lo esencial de la balanza de pagos consiste, en cuanto a la oferta, en su contribución al incremento y variedad de satisfactores y, respecto a la demanda, por el crecimiento del ingreso y el aumento del empleo»[21].

En el tratamiento dinámico del comercio exterior como se expuso arriba, algunos historiadores vamos a tener problemas, porque las cuentas nacionales por lo general, en países como los centroamericanos, no se llevan con ese criterio, predomina la improvisación y una preocupación obsesiva por los impuestos aduaneros. Todavía se opera mucho con criterio de provincia. Por eso, trabajos como el de Ana Cecilia Román Trigo, sobre las finanzas públicas de Costa Rica, nos sacan de la ignorancia sobre la forma en que se organizaban y recaudaban los impuestos comerciales en este país, entre los años 1870 y 1948[22]. Investigaciones anteriores suyas han sido particularmente relevantes también en lo que respecta al comercio exterior como complejo, y no tanto como sumatoria de exportaciones e importaciones[23].

Debido a que la información es tan fragmentaria, nuestro conocimiento sobre las políticas comerciales de los estados centroamericanos debe ampliarse más con el rastreo de las

21. Torres Gaitán, Ricardo. **Teoría del Comercio Internacional** (México: Siglo XXI Eds. 1984). P. 380.
22. Román Trigo, Ana Cecilia. **Op. Loc. Cit.**
23. Ibídem. También, **El Comercio Exterior de Costa Rica. 1880-1930** (UCR. Tesis de Licenciatura. 1978).

prácticas, que con el estudio elaborado de teorías o de pensamiento económico sistemático. Ese es un problema que sigue vigente. La cuestión se complica después de 1850, cuando la interdependencia de aquellos estados empieza a fracturarse, y abre paso a formas de organización del sector público y comercial más autónomas y responsables; sin que disminuyan por eso la improvisación y las decisiones erráticas[24].

Está más que clara la seria dificultad que representa separar lo atinente a la teoría del comercio exterior en América Central (para los años 1840 y 1870, por ejemplo), de los abusos imperialistas y de las pretensiones territoriales de las potencias económicas y militares de la época. Esta dificultad hace que siempre que vayamos a referirnos al comercio exterior en el caso centroamericano, corramos el riesgo de hacer análisis antiimperialista. A no ser que sólo cuantifiquemos. Y aún así el riesgo permanece, a pesar de que algunos hayan querido conjurarlo atragantándonos con estadísticas y ecuaciones diferenciales.

Por eso hay que llamar la atención del lector en el sentido de que, a todo lo largo de este trabajo, nos vamos a encontrar con una situación muy peculiar: la política comercial de los liberales es con frecuencia más conservadora que la de los mismos conservadores. Por supuesto, nos referimos al caso centroamericano. El asunto es que lo contrario también es cierto.

Los conservadores iniciaron las políticas económicas que favorecerían la expansión del cultivo del café, con lo que ponían las bases de esa extraña coincidencia (al menos para América Central) entre imperialismo y comercio exterior. Eran también excelentes administradores: pusieron orden en las finanzas públicas y fueron austeros y exigentes con los presupuestos nacionales[25]. Si los liberales fueron responsables de la fragmentación en

24. Woodward, Ralph Lee. «Central America». En **Spanish America after Independence. C. 1820-C. 1870** (Cambridge University Press. 1987). Pp. 202-203.

25. Pastor Reina, Rodolfo. **Historia de Centroamérica** (México: El Colegio de México. 1988). Pp. 188-189.

diminutos estados centroamericanos, los conservadores continuaron y profundizaron la tarea, pero al menos precisaron la frontera entre «producir como pobre y consumir como rico»[26], postulado propio de las políticas comerciales de los liberales, cuyos intelectuales se inclinaban mucho por el «progreso» de las grandes potencias económicas del momento.

Para los estados centroamericanos, entonces, el período que media entre los años 1840 y 1870, al menos en lo que respecta a prácticas comerciales, no viene seguido por una expansión de la eficiencia empresarial, como diría Werner Sombart (1863-1941), sino sobre todo por una profundización de la dependencia de los mecanismos mercantiles internacionales[27]. Esto era perfectamente lógico, si pensamos en que el café estableció el trayecto a seguir, después de 1870, para que el capitalismo comercial en América Central lograra encontrar el camino sin regreso hacia el modelo de economías de exportación.

El comercio exterior de América Central, entre los años 1821 y 1915, prácticamente no sufre modificaciones sustanciales, si hacemos abstracción de la llegada de nuevos productos como el café. Este enriqueció la oferta de los estados centroamericanos al mercado mundial, pero la diversificó muy superficialmente. Y dejó la demanda intacta, con lo que los centroamericanos pasaron a ser muy malos importadores. Los períodos de reforma introducidos por los conservadores, o las radicales medidas de los liberales para agilizar la recaudación de impuestos a las exportaciones y las importaciones, no alteraron a fondo la deficiencia principal con la que este comercio había venido al mundo: su excesiva dependencia sobre una noción de mercado que nunca le perteneció.

Los teóricos del comercio exterior, al menos hasta la Segunda Guerra Mundial, siempre participaron de la creencia de

26. Idem. **Loc. Cit.**
27. Sombart, Werner. **El Burgués** (Madrid: Alianza. 1977). Cap. V.

que existiría una continuidad en las concepciones del mercado que sostuvieran los países centrales y aquellas que defendieran los países de la periferia. Con esto queremos manifestar que el ámbito mercantil en que se cruzan estos países, se expresa de manera magistral en las políticas expansionistas de la Corona Británica y del Gobierno de los Estados Unidos. Esto significa: si algo debe tener claro el estudioso del comercio exterior en América Central es no olvidar en ningún momento la estrecha relación que el imperialismo establece entre dinámica comercial, dinámica del mercado y expansionismo capitalista.

Como por una extraña ley de la naturaleza, decía don José Cecilio del Valle en 1822, «las grandes naciones tienden a devorar a las pequeñas»[28]. Este epigrama, que podría estar cargado de ideología, prejuicios o resentimientos, retrata con fuerza la gran realidad del siglo XIX: es el siglo de la burguesía, del «capitalismo total», de la expansión comercial de las potencias europeas noratlánticas; pero también es el siglo del imperialismo y, para el caso de América Central, el siglo en que los Estados Unidos decidieron que los centroamericanos deberían ser «protegidos» comercial, política y militarmente por ellos.

Por lo anterior, no debemos olvidar, que la política comercial de un país expresa la naturaleza de sus relaciones comerciales a escala internacional. De esta forma, aunque el proteccionismo estaba considerablemente extendido antes de 1850, y sería revivido después de 1880, los años que median presenciaron una notable reducción de todo tipo de restricción a las actividades comerciales internacionales. Esta tendencia hacia un comercio más libre parece haberse dado en dos niveles: como apuntábamos atrás al mencionar el caso alemán, en el nivel nacional fue decisiva la unificación de varios estados-nación que luego jugarían un papel decisivo en el comercio mundial. En el

28. Pastor Reina, Rodolfo. **Op. Cit.** P. 190.

nivel internacional, la adopción general de políticas de libre comercio —que alcanzarían su esplendor hacia los años setenta— puso un punto final a la vieja costumbre imperial de configurar bloques comerciales, tales como el inglés, el francés, el holandés y el español, antes de 1800[29]. Ambas expresiones permitieron que las ventajas del libre comercio, se realizaran con la creación de vínculos más certeros entre las naciones comerciantes de la comunidad internacional.

Gran Bretaña, Francia y los Estados Unidos eran estados-nación perfectamente integrados al iniciarse el siglo XIX, con la ligera salvedad de que el último completaría el proceso con su guerra civil (1861-1865). Pero la desarticulación era la regla general. Alemania, que es el caso que hemos venido manejando, no era más que una frágil federación de 39 estados totalmente independientes en asuntos económicos unos de otros. El caso italiano era muy similar. Alemania, después de 1834, e Italia, después de 1861, iniciarían un proceso importante hacia la modificación radical de esta situación[30].

Entre tanto, los ingleses hacían despegar uno de los movimientos ideológicos más importantes del siglo XIX, en lo que respecta a las prácticas comerciales internacionales: el libre comercio. Ya sabemos que los padres teóricos del mismo fueron Adam Smith, David Ricardo y John Stuart Mill (1806-1873), pero el movimiento crucial hacia la instrumentalización práctica de sus propuestas lo haría Sir Robert Peel (1788-1850), cuando decidió abolir los impuestos de exportación que pesaban sobre las manufacturas inglesas, y redujo los de importación en 750 artículos. Para contrapesar el posible impacto de dicha medida sobre el presupuesto nacional en el corto plazo, Peel reintrodujo el impuesto a la renta por tres años, establecido

29. Kenwood y Lougheed. **Op. Cit.** Cap. 4.
30. Rojo, Luis Angel. «Historia y economía en el imperio alemán». En **Historia Económica y Pensamiento Social** (Madrid: Alianza. 1983). Pp. 169-192.

durante las guerras napoleónicas, lo renovó por otros tres en 1845, abolió más impuestos de importación sobre 520 artículos adicionales y eliminó por completo toda carga sobre la exportación de materias primas[31].

Otros pasos fueron tomados posteriormente hacia la liberación total del comercio británico con la comunidad mundial. En 1846 se abolieron las Corn Laws y en 1849 las Navigation Laws. Durante los 25 años siguientes, Gladstone (1809-1898) puso todo su empeño en lograr que su país llegara a convertirse en el más libre comercialmente hablando. Para todo propósito, fue en 1860 cuando Gran Bretaña logró el presupuesto nacional menos restrictivo de su historia, en lo que compete a los aspectos comerciales[32].

Detrás de Gran Bretaña, por supuesto, se vinieron sus colonias, pero también los alemanes, los franceses y, en cierta forma, los norteamericanos. «Por un breve instante, después de 1860, el acariciado sueño de un libre comercio mundial estuvo a punto de hacerse realidad, a través de la negociación de tratados comerciales y acuerdos sobre tarifas aduaneras»[33]. Un postulado ideológico así plasmado, pronto encontró enconados opositores, sobre todo en autores como Alexander Hamilton (1757-1804) y Federico List, a quien ya conocemos, cuyas preocupaciones nacionalistas estuvieron muy por encima de cualquier utopía librecambista que pudiera haber estado en el ambiente.

Las políticas de libre comercio posibilitaron en gran parte, que el valor del comercio internacional se doblara entre 1830 y 1850, y pudo haberse cuadruplicado en los siguientes treinta años. En términos per cápita, el comercio mundial pudo haber

31. Kenwood y Lougheed. **Op. Loc. Cit.**
32. Ibídem.
33. Idem. P. 76.

crecido a una tasa decenal del 33% entre 1800 y 1813, y alcanzaría su punto pico de 53% por década en el período 1840-1870. El proteccionismo que vendría para los años ochenta no pudo desprenderse de la influencia que dejaría el libre comercio, al menos en dos aspectos esenciales: la «cláusula de la nación más favorecida» aplicada en todo acuerdo comercial internacional, permitió que una larga lista de artículos quedara fuera de incrementos tarifarios con fines proteccionistas. Además, dicha cláusula ponía en manos de los grandes poderes comerciales la decisión final sobre cuándo, cómo y por qué modificar acuerdos, tratados y alianzas comerciales que pudieran perjudicarlos, en el momento en que la reciprocidad no se apareciera por ninguna parte. El otro aspecto que hay que mencionar, como herencia importante del libre comercio, en un medio que cada vez era más proteccionista (léase nacionalista), era la «atmósfera» de libertad comercial que se logró desplegar entre los años 1830 y 1880: libertad para moverse de un lugar a otro sin restricciones, para invertir sin temores y para hacer ganancias de la manera que cada uno considerara conveniente.

Entre los años 1870 y 1914 el comercio internacional creció sostenidamente a una tasa promedio para todo el período de 3,4% anual; un crecimiento mayor que la producción mundial, que fue de 2,1% anual. Pero si el crecimiento del comercio mundial pudo haber mostrado tendencias positivas, la situación pudo haber sido otra si pensamos en los países o regiones por separado. Gran Bretaña es uno de los países que se vio más afectado por la pérdida de competitividad de su producción industrial, y de sus actividades comerciales, más que por consecuencia de las restricciones proteccionistas de otros. Este es el momento en que la inversión privada directa empieza a abrirse paso, como forma de saltarse las barreras proteccionistas. Eso harían Francia, Alemania, los Estados Unidos y los mismos británicos: invertir en aquellos países donde ciertos renglones de la producción estaban severamente protegidos. Las fábricas de textiles de Lancashire, por ejemplo, abrirían sucursales en los Estados Unidos, como un recurso para escamotear las limitaciones de la tarifa comercial introducida en este último país en 1883[34]. Sin embargo, esta no será la tendencia hasta después de la Primera Guerra Mundial.

Este es el contexto que respaldó la aparición del «impulso a la exportación», sobre el que tanto nos hablaron autores como W. Arthur Lewis[35]. Para empezar, este economista apunta que «el rápido desarrollo del mundo tropical se inicia en el último cuarto del siglo XIX, en respuesta a la aparición de medios de transporte más baratos y a la industrialización de Europa y los Estados Unidos. Los trópicos habían estado participando del comercio internacional por varios siglos: Asia era famosa por sus especias, sus sedas, y en el siglo XIX, por su café. América tropical abastecía al mundo con minerales, azúcar y también café. Africa hacía lo mismo con sus cueros y su palma. Pero había que esperar por una revolución de los transportes, para que las cantidades y los tipos de mercancías transportadas sufrieran variaciones importantes»[36].

Los cambios decisivos en la navegación empezaron a producirse hacia la segunda mitad del siglo XIX. En 1850 la gran mayoría de los barcos eran construidos con madera y dependían de sus velas. Para 1900, prácticamente todos los barcos nuevos serían fabricados con hierro o acero, consumían carbón, y en el curso de un año podían transportar, por tonelada de capacidad cúbica, hasta tres o cuatro veces más (por tonelada-milla) lo que transportaban los barcos en 1850.

El transporte barato hizo posible por primera vez, el movimiento de cantidades voluminosas de mercancías perecederas.

---

34. Idem. P. 89.
35. Lewis, W. Arthur (editor). «The export stimulus». En **Tropical Development. 1888-1913. Studies in Economic Progress** (Londres: George Allen & Unwin. 1970). Pp. 13-46.
36. Idem. **Loc. Cit.**

Antes de eso, el comercio con los trópicos estuvo reducido a la compra y venta de unas cuantas mercancías, por las que se debían pagar altos costos de transporte. Lo que hizo que dicho comercio estuviera en manos de un grupo muy pequeño de personas. En consecuencia, el negocio era también muy modesto. Pero entre los años 1883 y 1913, el volumen del comercio tropical se multiplicó por tres[37].

No olvidemos que la demanda por productos tropicales creció al mismo ritmo que el comercio mundial lo hacía[38]. El mercado era especialmente receptivo en artículos como el algodón, los aceites, el café, el tabaco, las fibras duras, el banano, el caucho y algunos metales preciosos. No lo era tanto para el té o el azúcar. Todo esto indica que los países tropicales estaban preparados en su gran mayoría para hacer el movimiento definitivo hacia una irreversible inserción en el mercado mundial. Sólo eran requeridas algunas condiciones que de estar todas presentes en el mismo país simultáneamente, lo harían ideal para recibir la inversión privada directa a que hacíamos referencia arriba.

La primera de esas condiciones a que nos referimos era la paz política interna del país receptor de las posibles inversiones extranjeras. Una situación similar existía ya en el sureste asiático para 1880, pero no era una virtud universal en Africa o en América Latina. Los africanos tuvieron que esperar mucho tiempo para tener su primer ferrocarril, más porque la paz interior había sido perturbada por los conflictos europeos en la zona, que por los conflictos de los pueblos autóctonos. Esa fue otra de las razones por las cuales sería hasta después de 1900 cuando el comercio empezó a tener alguna relevancia en Africa[39].

37. Ibídem.
38. Bairoch, Paul. **The Economic Development of the Third World since 1900** (Londres: Methuen & Co. Ltd. 1977). Caps. 5 y 6.
39. Idem. **Loc. Cit.**

En América Latina, una independencia política lograda muy tempranamente, no permitió la igual obtención y construcción de gobiernos estables y seguros para los negocios. Países como Argentina, Chile, Brasil y México podían considerarse «relativamente equilibrados»[40]; pero otros como Venezuela y Colombia, eran una pesadilla para los inversionistas foráneos. La situación centroamericana era similar ante los ojos de empresarios como los británicos, para quienes aún a finales del siglo XIX América Central era una sola unidad, un solo cuerpo geográfico, según indicaba la tradición imperial española. Este enfoque distorsionado de la realidad centroamericana apenas empezaría a cambiar, y muy ligeramente, hasta después de la Primera Guerra Mundial.

Era un hecho, sin embargo, que los sucesivos golpes de Estado e intrigas palaciegas, parecían no haber tenido un efecto directo sobre la producción agrícola, en la medida en que no estuvieron acompañados por levantamientos y destrucción contra los sectores empresariales en la agricultura. Para nuestros fines es más importante hacer notar otro aspecto sobre el tema: un golpe de Estado, de acuerdo con la visión que tenía el inversionista europeo (y particularmente el inglés, siempre a la caza de utilidades ciertas y seguras), sólo ponía en el poder a otro «caudillo irresponsable», quien, por lo general, no entendía una palabra sobre el desarrollo (ni le importaba, según ese mismo empresario inglés), y que además no haría el más mínimo esfuerzo por lograrlo. Así, los gobiernos que alcanzaban a establecer este tipo de caudillos no eran de confianza para el negociante extranjero, y por eso, les sería tan difícil conseguir fondos para construir ferrocarriles y otras obras de utilidad pública. El comercio exterior se veía de esta manera seriamente deformado, porque los que hacían los negocios eran los hombres, no los gobiernos en abstracto[41]. Tal tipo de situaciones eran más

40. Idem. **Loc. Cit.**
41. Pastor Reina, Rodolfo. **Op. Cit.** P. 195.

frecuentes en países como Venezuela, que en sus vecinos Colombia o Brasil. En América Central las reformas liberales facilitaron el libre movimiento de personas, mercancías y capitales, durante los últimos años del siglo XIX. Era el período de lo que un historiador centroamericano ha llamado de la «dictadura democrática», cuando la obsesión por el progreso que tenía lugar en Europa y en los Estados Unidos llegó a ser el paradigma de dictadores como Guardia en Costa Rica, o Barrios y sus sucesores en Guatemala.

Ahora bien, si algunos cientistas sociales actualmente proponen la idea de que es el desarrollo económico el que hace posible la estabilidad política, porque si a los políticos se les da la oportunidad harán todo lo posible por destruir la «paz social», es importante llamar la atención de que, una región como la centroamericana por ejemplo, es más estable políticamente, y en lo económico ha crecido más en 1914, de lo que logró digamos en 1850. Estas eran el tipo de situaciones que hacían pensar a Marx que el capitalismo era muy revolucionario, porque si una región o país se oponía al progreso de la industrialización había que imponérselo por la fuerza. A esto Lenin (1870-1924) lo llamaría luego imperialismo, una idea que nunca fue del todo suya, pues estaba repitiendo las tesis de Hobson y otros analistas anteriores a él que quisieron entender mejor el comportamiento colonial de los británicos.

Junto a la paz interna, otros autores nos sugieren factores adicionales para la buena práctica del comercio internacional, sobre todo cuando se trata de lo que Lewis llama «economías tropicales». El buen abastecimiento de agua es uno de ellos. La riqueza o pobreza muchas veces depende, en países como los centroamericanos, de las posibilidades de tener acceso al agua. Varias de las prácticas agrícolas más prometedoras en las economías tropicales, al iniciarse la segunda parte del siglo XIX, necesitaban agua durante todo el año. Tal es el caso del té, el cacao, el café, el caucho, el banano, el azúcar y la palma africana. Algunos gobiernos vieron esto a tiempo y se propusieron apoyar a sus empresarios agrícolas con obras de irrigación y otros recursos financieros. La tendencia a moverse más hacia las áreas de pastos naturales (donde la crianza de ganados y el cultivo de granos eran factibles), que hacia los bosques húmedos (donde la presencia de enfermedades como la malaria era letal), coincide con la expansión de la demanda por productos tropicales a escala internacional.

Esos elementos reunidos promovieron un acercamiento cada vez más notable y beneficioso entre los empresarios agrícolas nacionales, los gobiernos y los inversionistas extranjeros. Este triángulo debió siempre estar protegido y, por ello, la dinámica del comercio internacional con las economías tropicales como las centroamericanas, reposaría en un juego de concesiones, tratados y acuerdos (sobre todo después de la fundación del negocio bananero en la zona) que no permitía ningún tipo de obstáculo político en su accionar financiero. La United Fruit Company (UFCO), el gigantesco monopolio bananero (fundada en 1899) en América Central y el Caribe, pudo haber sido extraordinariamente imperialista, pero era congruente con lo que estaba sucediéndole a la demanda internacional de productos tropicales[42]. Monopolios similares aparecieron también en Egipto, Ceilán y Africa Occidental por la misma época.

El transporte, como ya mencionamos atrás, fue un factor también decisivo en este proceso de expansión de las economías tropicales. La segunda mitad del siglo XIX en América Central presenció además, como en otras partes del mundo, un considerable giro positivo en relación con los medios de transporte. Este es el capítulo de la manía ferroviaria, pero lo es, asimismo, de la construcción fanática de carreteras, de muelles, de puertos, de caminos de penetración, de la utilización de los

42. Langley, Lester. **The Banana Wars** (The University Press of Kentucky. 1985). Véase sobre todo la introducción.

ríos y otras formas de apoyo infraestructural al crecimiento comercial. Los gobiernos centroamericanos fueron excesivamente generosos con mucha regularidad, para que las actividades agrícolas nacionales y los empresarios extranjeros no se vieran limitados por obstáculo alguno. La demanda de productos tropicales estaba primero y en atención a ello había que hacer cualquier sacrificio.

Por otro lado, de los productos tropicales importantes a escala internacional, sólo el té y el azúcar necesitaban tratamiento industrial a gran escala inmediatamente después de la cosecha. Otros como el café, el cacao, el aceite de palma y el caucho, requerían un procesamiento industrial muy elemental, o podían esperar hasta llegar a un ingenio o a un patio central. Todo esto tenía lugar con el control único de un empresario o del gobierno local. Antes de 1913, un solo empresario dedicado a varias actividades agrícolas a la vez era muy extraño. La gran plantación seguía siendo un recurso atractivo en la agricultura de amplio alcance, debido a su habilidad para digerir rápidamente los cambios tecnológicos. No ocurría lo mismo con la pequeña empresa, al menos hasta 1880. Y es en la producción del azúcar donde se produce la primera revolución científica antes de la Primera Guerra Mundial. Puede notarse, entonces, que es con la gran plantación (azúcar y té) donde empezamos a hablar de «economías de escala». Es decir, las economías tropicales iniciaron su revolución científica en la agricultura a partir de la gran empresa agrícola y no a partir de la pequeña unidad de producción.

El horizonte comercial en estos casos se reducía considerablemente para el pequeño productor, quien llegará un día a depender tanto de las variaciones de la demanda por sus productos que, las economías de escala serán sólo un privilegio de la gran plantación, sobre todo aquella controlada por el capital extranjero, como sucedía con la producción bananera en América Central. El problema era el mercado, pues este definía en alguna forma el tipo de empresario que iría a servirle. Al pequeño empresario agrícola no lo limitó nunca la posible escasez de «espíritu empresarial», pues siempre supo que alguien, al final de la cadena comercial, terminaría por colocar su producción; en estos casos los extranjeros protagonizaron un papel invaluable. En América Latina, donde ya existía una tradición comercial de relevancia para 1914, los puertos, los muelles y la navegación con frecuencia eran atendidos por extranjeros; aunque el comercio interior seguía estando a cargo de empresarios nacionales, tal era el caso de la India y de Africa Occidental. Para fines del comercio exterior, se podría pensar que en esos ejemplos la escasa «respuesta empresarial» podría explicar el modesto protagonismo de los pequeños empresarios agrícolas. En América Central, y en particular en el caso de Costa Rica, como bien lo ha demostrado el historiador Mario Samper, dicha situación pareciera no ser excepcional[43], porque en países como el citado, la limitación que pesa más sobre la producción campesina para la exportación es el difícil acceso a la tierra. De 1880 a 1914, una vez que ha entrado por primera vez a la economía de mercado, el pequeño empresario agrícola tiene dudas para pasar de la producción de alimentos para consumo interno a la producción de alimentos para la exportación. En estos casos, era necesaria tierra adicional y los gobiernos de países como los centroamericanos lo sabían. A partir de aquí las reformas liberales de la segunda parte del siglo anterior tienen sentido. Cambiar de un tipo de producción a otro hubiera sido arriesgado, porque el pequeño empresario agrícola sabía que si no alcanzaba a alimentar a su familia tenía que vender todas sus posesiones para lograrlo. Correría el riesgo de cultivar para la exportación sólo si podía adquirir más tierra o practicaba la doble cosecha: café y caña de azúcar; café y ganado; café y fibras textiles. Todo dependía de si había tierra disponible o de si

43 Samper, Mario. **Generations of Settlers. Rural Households and Markets on the Costa Rican Frontier. 1850-1935** (California: Westview Press. 1990). En particular el capítulo 7. Pp. 229-258.

los gobiernos correspondientes les facilitarían el acceso a ella. Esta es otra razón que utiliza Lewis para explicar el fracaso de los pequeños empresarios agrícolas, durante los años que aquí hemos mencionado: no logran salir airosos en muchas partes, porque los gobiernos tendían a formar alianzas con los grandes empresarios; de esta manera, con la excepción del azúcar y el té, la producción agrícola de grandes dimensiones fue más bien «un asunto político que económico en su origen»[44].

En muchos países latinoamericanos la tierra cultivable estaba dividida en grandes propiedades, cuyos dueños no manifestaban gran voluntad para alquilarla a los pequeños productores. Este es un asunto que todavía no ha sido explicado satisfactoriamente, pero pareciera que, en países como Venezuela o en el sur de Brasil, los grandes propietarios razonaban que «si a los trabajadores se les permitía trabajar duro en las plantaciones, sería más rentable para los dueños de las mismas la combinación entre tierras ociosas y tierras alquiladas por parcelas a los trabajadores, siempre y cuando las labores se hicieran dentro de los linderos de las fincas en cuestión»[45].

Los gobiernos latinoamericanos, entonces, en estos casos no jugaron un mejor papel que las administraciones coloniales inglesa o francesa, cuando se trató de fomentar la pequeña producción campesina. Las situaciones excepcionales de Burma, Filipinas y Costa Rica, por ejemplo, no pueden ser generalizadas, porque las reformas liberales en Guatemala o El Salvador todavía están esperando quién las estudie en lo atinente a su verdadero impacto sobre dos cuestiones capitales: la configuración del empresariado agrícola y su respuesta (empresarial) a las nuevas dimensiones económicas que significó insertarse en un mercado internacional, al cual apenas empieza a entender en los albores del siglo XX. «Los países tropicales

44. Lewis, W. Arthur (1970). **Op. Cit.** P. 24.
45. Idem. **Loc. Cit.**

(citamos otra vez a W. Arthur Lewis) hicieron progresos más notables en la creación de una maquinaria administrativa (gubernamental) que en la promoción de una ELITE EMPRESARIAL»[46].

Esta es la era del «monocultivo», el cual de una manera nada sorprendente está muy relacionado con la expansión imperialista durante la segunda parte del siglo XIX en particular. El término «monocultivo», aunque puede provocar confusión, pues algunos podrían pensar que se trata del cultivo de un único producto agrícola, trata más bien de la concentración excesiva en la exportación de un único producto de esa clase. Se requiere cierta uniformidad geográfica para que un país pueda ser clasificado como de agricultura «monocultivista». Pero el asunto está en que la misma es más un conjunto de prácticas agrícolas y comerciales, que la simple transformación de la agricultura de subsistencia en agricultura mercantil. A pesar de que las «economías tropicales» hayan llegado tarde al proceso de la industrialización capitalista y de que fueran básicamente economías de subsistencia que pasan en forma lenta hacia economías de exportación, para los años ochenta del siglo pasado en regiones como América Latina, se tenía claro que era necerario un «empresariado nacional», pues los empresarios extranjeros sólo estaban interesados en mantener su influencia sobre el sector exportador. Este descubrimiento es un adelanto considerable en términos políticos, ideológicos y sociales, ya que el poder empieza a configurarse en función de las respuestas que se pueden ofrecer en relación con el mercado internacional. Después de 1914, la inserción de América Latina en el mercado mundial ya operaba con una noción clara de lo que era el mercado, no sólo en lo que se refería a sus aspectos teóricos, sino meramente instrumentales. Pero las grandes potencias económicas del momento también tenían ese aspecto muy claro, sobre todo en lo atinente a las utilidades estratégicas que se podían

46. Ibídem.

esperar de los «nuevos empresarios» urbanos en los países latinoamericanos[47].

El comercio exterior de un conjunto geográfico semejante al compuesto por los países centroamericanos (no necesariamente de una región como pensaban algunos diplomáticos británicos durante el siglo XIX), en particular para los años que median entre 1821 y 1915, experimentó tres momentos bien definidos:

1. Una inserción formal al mercado mundial (1821-1851), donde la «formalidad» de las nociones de mercado y comercio que se manejan en la región, están reglamentadas por la naturaleza del acceso que facilite el libre comercio inglés al flujo internacional de los intercambios mercantiles. «El imperialismo comercial inglés» es aquí decisivo para comprender de alguna forma lo que está sucediendo con los intentos que hacían los centroamericanos para insertarse en el mercado mundial. Las economías de subsistencia fracasarán aparatosamente.

2. Una inserción real al mercado mundial (1851-1881), donde la «realidad» de la misma viene caracterizada por la regionalización del mercado internacional y la competencia entre las diferentes potencias comerciales del momento. Gran Bretaña ya no está sola, lo que hace que las «economías de subsistencia» centroamericanas se transformen en «economías tropicales» bien insertas en el libre juego de la oferta y demanda de productos agrícolas, donde se va a contar con varios posibles compradores, quienes, en ocasiones, también fueron los que, finalmente,

47. Para el estudio de los problemas que presenta la «diversidad geográfica y cultural de América Media», habría que consultar el extraordinario trabajo de West y Augelli. **Middle America. Its Lands and Peoples** (New Jersey: Prentice Hall. 1989). En particular los dos primeros capítulos.

impondrían su criterio sobre lo que en América Central se tendría que entender por «mercado» y «respuesta empresarial».

3. Una inserción imperialista (1881-1915), con la cual el crecimiento económico de América Central estará condicionado por la política económica de la nación más aventajada en la región americana: dígase los Estados Unidos. Aquí se trata, entonces, de estudiar la política económica del sector exportador en América Central, a la luz (o a la sombra) del buen decidir geopolítico del gobierno de los Estados Unidos.

El paso de «economías de subsistencia» a «economías tropicales de exportación» hizo posible un notable reforzamiento del sector exportador de los países centroamericanos (véase el capítulo V de este libro), que se expresó en la configuración de un grupo empresarial importante con alianzas políticas locales decisivas y alianzas comerciales internacionales, que le abrieron el camino hacia una más activa participación en el mercado mundial. Pero ese sector exportador creció tanto que llegó el momento en que el poder económico norteamericano, en alianza con los empresarios transnacionales y los gobiernos locales, terminaron por fijar los parámetros del crecimiento dentro de límites estrictamente geopolíticos.

Ahí reside la enorme importancia de un monopolio como el de la UFCO, puesto que su perfil no era sólo empresarial, sino también estratégico, con todo lo que esto significó para una región de importancia comercial poco significativa para el Departamento de Estado norteamericano, como se verá claramente después de 1954, con el golpe de Estado en Guatemala[48].

48. Langley, Lester (1985). **Op. Loc. Cit.**

La teoría del comercio exterior al menos facilitó, durante los años que aquí estudiamos, que los centroamericanos pudieran afinar dos instrumentos pilares de la misma: el mercado y la respuesta empresarial al mercado mundial. El primero, medido en virtud de la fuerza que se tenía para ofrecer productos (como el café primero, y como el banano después), compitió con Africa, Asia y América del Sur. La segunda expresada sobre todo en los niveles de eficiencia de la gran plantación. Hasta 1930 los centroamericanos no pusieron la relación política de ambos elementos en manos extranjeras. Después de esa fecha el asunto cambiará radicalmente, porque a partir de entonces, mercado y respuesta empresarial serán asuntos de la economía política y no tanto de la política económica de los gobiernos centroamericanos.

¿QUE CLASE DE IMPERIALISMO EN AMERICA CENTRAL?

Para algunos historiadores ingleses, la Corona Británica no ejerció ninguna práctica imperialista en América Central, desde el momento en que esta zona no era de significación estratégica para su imperio, como sí lo hicieron con énfasis en la India y Africa Occidental[49]. Es más, no existe tal cosa llamada «imperialismo británico»[50]. Lo único que aconteció fue que el capitalismo, en su imparable crecimiento hacia el progreso y la civilización, arrastró consigo a zonas periféricas y semiperiféricas de la geografía mundial que todavía vivían en la barbarie y la incivilización[51].

49. Platt, Christopher (editor). **Business Imperialism. 1840-1930. An Enquiry Based on the British Experience in Latin America** (Oxford University Press. 1977).

50. Fieldhouse, David K. **Economics and Empire. 1830-1914** (Londres: MacMillan Press. 1984). Ver la primera parte.

51. Wallernstein, Immanuel. **The Capitalist World Economy** (Cambridge University Press. 1989). Cap. I.

Ese tipo de tratamiento de lo que algunos geógrafos franceses llamaron alguna vez la «geografía del imperialismo»[52] es problemático, porque confunde o pone en un mismo plano al colonialismo con el imperialismo. Al menos podemos aceptar que la formación de los grandes imperios coloniales de los siglos XVII y XVIII condujo hacia las prácticas imperialistas del siglo XIX, pero el proceso inverso es esencialmente una interpretación histórica, no es real. Es una mera construcción intelectual. Es decir, el imperialismo no es un asunto político o ideológico, solamente expresa las necesidades del capitalismo avanzado[53].

El concepto de imperialismo no empezó a ser utilizado en lengua inglesa al menos hasta el año 1850, cuando se dieron los primeros pasos en el medio parlamentario británico, para diseñar un lenguaje técnico que recogiera la nueva realidad que estaría surgiendo en la India y Africa Occidental con la ocupación emprendida por los expedicionarios de Su Majestad. Ese lenguaje técnico también presentaba problemas, porque los aspectos económicos de fondo que buscaba describir no estaban registrados en la simple expansión colonial. Era muy difícil hablar de «imperialismo comercial» (1830-1880), cuando detrás de la discusión que sostenían librecambistas y proteccionistas estaban los aspectos esenciales de una estructura capitalista que surgía con la industrialización. Hobsbawm lo manifiesta con mucha claridad: «La pretensión de explicar el nuevo imperialismo desde una óptica no económica es tan poco realista como el intento de explicar la aparición de los partidos obreros sin tener en cuenta para nada los factores económicos»[54].

52. George, Pierre. **Geografía Económica** (Barcelona: Ariel. 1970). Primera parte.
53. Owen, Roger y Sutcliffe, Bob (editores). **Studies in the Theory of Imperialism** (Londres: Longman. 1978). P. 17.
54. Hobsbawm, Eric J. **The Age of Empire. 1875-1914** (Londres: Weidenfeld & Nicholson. 1987). Cap. 3.

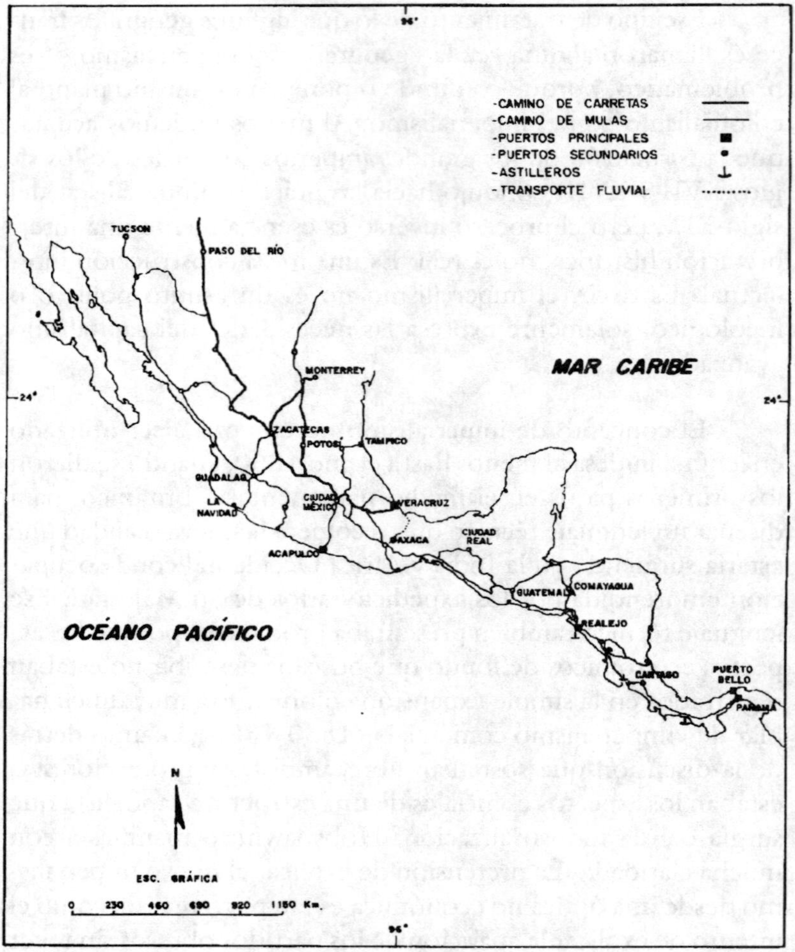

FUENTE: EL TEXTO

Mapa Nº 1. Transporte colonial en México y Centroamérica (siglo XVIII)

Este es precisamente el momento indicado para aclarar algunas cuestiones teóricas, que pueden provocar confusión en el resto del trabajo si no lo hacemos ahora. Algunos analistas ingleses tienden a hablar de «imperialismo informal» cuando se trata de relaciones económicas, financieras y comerciales con países no integrados formalmente al imperio británico. Hablarán también de «imperialismo formal» cuando se trata de países bien integrados en su imperio. Argentina es un buen ejemplo del primer caso, la India lo es del segundo. América Central y el Caribe presentan ciertas dificultades, porque la «geografía del imperialismo» ayuda poco en la comprensión de las relaciones económicas que sostienen algunos países (que todavía no son estados-nación, como Cuba, Jamaica o Belice) con los grandes poderes capitalistas de los años que median entre 1830 y 1914. A la larga, la «geografía del imperialismo» nos deja con la pregunta sin responder: ¿hasta dónde el colonialismo no es idéntico al imperialismo?

Para el caso centroamericano tenemos el problema de que el imperio inglés, podríamos mencionar, tiene dos formas (no excluyentes) de ser analizado:

1. Existe una inserción formal en el mercado internacional de la región centroamericana y del Caribe, a partir del momento en que estos países fueron capaces de ajustar sus estructuras económicas a los circuitos comerciales controlados por los británicos. Para estos la inserción es «informal», para los latinoamericanos es «formal». La diferencia no es eminentemente nominal o etimológica, porque en el primer caso la informalidad reside en estar dentro o fuera de la estructura internacional de los precios. En el segundo caso reside en estar dentro o fuera de la estructura de valoración de las mercancías, es decir, si se es más o menos capitalista en función del predominio o no de la ley del valor-trabajo. Para los ingleses cuentan los ejércitos de ocupación, para los latinoamericanos cuenta la

cantidad de trabajo que se exporta. El café que vendía Costa Rica en el mercado británico era intensivo en trabajo, los rieles que le vendía Gran Bretaña lo eran en capital. Eso hacía la diferencia.

2. La «inserción real al mercado mundial» ya es imperialista, pero para los británicos, en América Central y el Caribe, la valorización de las mercancías ya no viene dada por el simple ajuste a la ley de la oferta y la demanda, sino por la inversión privada directa. En cuyo caso, la competencia con el empresariado norteamericano y alemán definió pautas políticas e ideológicas que el empresario británico no estuvo dispuesto a rubricar, mucho menos su gobierno[55]. La cuestión es que los norteamericanos sí estarían decididos a ejercer un control más estricto sobre América Central y el Caribe, aunque dicho control no fuera siempre, y necesariamente, geográfico o colonial[56].

Es asombrosa la lucidez que desplegaban, ya lo explicaremos, los diplomáticos ingleses cuando trataron de analizar sus relaciones con los colegas norteamericanos y alemanes. Todavía más lúcida su evaluación de la situación comercial británica en América Central, frente a la feroz competencia alemana, por ejemplo. Era en este tipo de escenarios donde el imperio inglés adquiría conciencia de que América Central y el Caribe en realidad ya no les pertenecían comercialmente. Este reconocimiento estaría en forma debida refrendado por diversos acuerdos políticos y diplomáticos con el Departamento de Estado norteamericano y el Reich alemán.

El imperialismo comercial de que habla Fieldhouse, entonces, no se registró solamente por la firma de acuerdos y

55. Williams, Eric. **From Columbus to Castro. The History of the Caribbean. 1492-1969** (New York: Vintage Books. 1984). Cap. 22.
56. Langley, Lester. **The United States and the Caribbean in The Twentieth Century** (The University of Georgia Press. 4th. Edition. 1989). Pp. 4-7.

convenciones internacionales con los ingleses, sino que, al menos en América Central, estuvo configurado también por el empleo de la fuerza y, después de 1920, por las invasiones sistemáticas que ejecutaría el ejército de los Estados Unidos. En ese sentido, el imperialismo inglés fue más allá de la simple formulación de barreras proteccionistas (cuando el librecambismo agotó sus posibilidades), con el afán de hacer surgir protectorados que le garantizaran un mercado que muy pronto empezó a estrecharse, notablemente después de 1880[57].

El relevo que vino a representar la industrialización en un orden de cosas controlado por el capitalismo comercial, posibilitó el surgimiento de lo que también Fieldhouse llama «el imperialismo del capital»[58], para el cual regiones como América Central eran «regiones de inversión» más que naciones, países o estados independientes. La instrumentalización de la inversión privada directa como catalizador de estructuras capitalistas receptivas de lo que estaba aconteciendo en el mercado internacional, hizo que América Central y el Caribe fueran concebidos, por los inversionistas británicos, como protectorados más que como colonias; esto al menos hasta 1901, cuando el Tratado Hay-Pauncefote —ratificación inmerecida del Tratado Clayton-Bulwer de 1850— puso a las potencias europeas fuera del mapa centroamericano y caribeño de una vez por todas.

Entonces, es mucho el riesgo de sostener irresponsablemente que el imperialismo británico nunca existió en América Central, cuando (como se expondrá en el capítulo V) los diplomáticos de Su Majestad Británica siempre tuvieron suficiente claridad sobre lo que estaban arriesgando al abandonar comercial y financieramente a la América Central y el Caribe en manos de los Estados Unidos. El comercio, las simples compra y venta

57. Fieldhouse, David K. **Op. Cit.** Cap. 2.
58. Idem. **Op. Cit.** Cap. 3.

de mercancías no definen una estrategia imperialista determinada, pero cuando para construir ferrocarriles hay que comprar primero los rieles, estamos frente a una situación completamente distinta. Sólo adquiere rieles el país que está capacitado para pagar por ellos, con la fuerza de trabajo de su población trabajadora en condiciones internacionales de mercado sujetas con frecuencia a decisiones de orden político e ideológico, lo que las define como imperialistas. Son imperialistas en la medida en que tumban y reponen gobiernos cuando se les oponen a los hombres que las diseñan. Se levantan empresas ferroviarias y se construyen ferrocarriles en América Central y el Caribe, cuando la inversión privada directa ha sido posible gracias a la alianza imperialista entre capital nacional y capital extranjero[59]. Esto es lo que hace, al menos de una forma conservadora, que sea posible hablar de «geografía del imperialismo». Porque el Tratado Hay-Pauncefote de 1901 se constituye sobre los criterios geográficos definidos en el Tratado Clayton-Bulwer de 1850, sólo cuando ya fue posible hablar de un «espacio imperialista» en movimiento. El enfoque es conservador porque en este tipo de análisis todavía predomina la vieja noción de «frontera», y el imperialismo a principios de este siglo ya ha renunciado a ella[60].

Llegamos a la conclusión de que el conjunto de prácticas imperialistas que definen a las relaciones económicas y políticas entre los Estados Unidos y América Central (y el Caribe) entre los años 1881 y 1915, no pueden ser comprendidas sin antes haber entendido un poco el mismo conjunto de prácticas durante el período de mayor protagonismo británico en la zona, es decir, los años que van de 1851 a 1881. Del imperialismo comercial (1821-1851) pasamos al imperialismo del capital (1851-1881); y de aquí al imperialismo geopolítico (1881-

59. Carmagnani, Marcello. **Estado y Sociedad en América Latina. 1850-1930** (Barcelona: Crítica. 1984). Cap. 2. Pp. 118 y ss.

60. Langley, Lester (1989). **Op. Loc. Cit.**

1915), el cual abrirá paso al imperialismo permanente de nuestros días[61].

CONSIDERACIONES FINALES: EL SECTOR EXPORTADOR EN AMERICA CENTRAL (1821-1915)

El memorable Bill Warren alguna vez mencionó que al imperialismo deberíamos de estudiarlo como el principal causante de la llegada del capitalismo a los países de la periferia, en lugar de enfatizar su derivación del capitalismo avanzado en Europa noratlántica y los Estados Unidos[62]. Aunque la posible importancia práctica de esta afirmación está lejos de toda duda, es más notable para nosotros su incidencia teórica, pues en América Central carecemos de estudios que nos permitan dilucidar cuál fue realmente el impacto del imperialismo inglés, en la configuración del sector exportador de la región, al menos para los años que van de 1821 a 1851.

Con este trabajo esperamos contribuir en algo a la clarificación de este asunto, pero en este momento tenemos un problema real: el supuesto cambio de énfasis imperial que da Gran Bretaña durante la segunda parte del siglo XIX, es decir, del Caribe (y América Central) hacia la India y Africa Occidental, nos obliga a reconocer como válida la identidad teórica más que metodológica, entre las nociones de imperio e imperialismo. Si vamos a discutir el papel jugado por los ingleses en la formación y el desarrollo del sector exportador de América Central, no podemos olvidar que esa clase de distinciones son indefectiblemente elucubrativas y no tienen ninguna relación con el acontecer histórico de esta zona del mundo.

---

61. Addo, Herb. **Op. Loc. Cit.**
62. Warren, Bill. **Imperialism, Pioneer of Capitalism** (Londres: Verso Press. 1980). Cap. 2.

Desde 1655 aproximadamente, la Corona Británica tuvo interés en América Central y el Caribe. Cuando fue necesario, para cobrar sus deudas y saldar otros asuntos, financieros y comerciales, la Armada Británica no escatimó esfuerzos, militares o políticos, para hacerse entender. Jamás el imperialismo británico podrá negar que sus métodos de acción para someter a deudores, dictadorcillos y ciertos políticos en América Central y el Caribe, antecedieron el accionar del imperialismo norteamericano. Por más esfuerzos que hagan los historiadores ingleses por jugar con las palabras y hablar del «imperialismo informal» y otros temas menos evasivos, no podrán borrar la realidad histórica, debidamente testimoniada, de las jugarretas de palacio para controlar los hilos del poder político, del comercio y otros elementos que le permitieron ser protagonista en la historia económica y social de América Central y el Caribe.

Menos se puede ignorar que, como diría Wallernstein, la condición de periferia sea el resultado del desarrollo interno de las fuerzas de la producción de los países o regiones que la padecen[63].

En estos casos, la formación y el desarrollo del sector exportador de América Central y el Caribe vienen seguidos por una constante e imparable serie de tratados de comercio, de amistad y colaboración internacional, en donde los ingleses y los norteamericanos se relevan con verdadera lealtad. No se puede argumentar aquí que el cambio de énfasis imperial haya sido el resultado de diferencias sustanciales entre las posibilidades productivas de zonas mercantiles tan dispares como la India o Jamaica. Por demás está decir que el empresario inglés que llegó a esta parte del mundo después de 1880, manejaba esquemas contables y de negocios en general tan rígidos que era inevitable su desplazamiento por parte de estrategias comerciales más agresivas y certeras[64]. Esto sin olvidar que siempre estará de

63. Wallernstein, Immanuel. **Op. Cit.** Cap. 5. Pp. 95-118.

64. Quesada Monge, Rodrigo. «Diplomacia y deuda externa: el caso de Honduras (1897-1912)». **Anuario de Estudios Centroamericanos** (San José: 1984). Vol. 10. Pp. 69-81. Véase el capítulo VIII de este libro.

acuerdo, o cuando menos evitará un enfrentamiento abierto con el Departamento de Estado norteamericano, quien al final en América Central y el Caribe decide quién, cómo y por qué invierte[65]. El desalojamiento de viejos imperios en la zona, no implicó necesariamente que se estuviera en desacuerdo con las enseñanzas recibidas de los europeos en el ejercicio del imperialismo sobre aquella parte del mundo que los Estados Unidos ya empezaban a llamar Mare Nostrum. Tal desalojamiento sólo significó que a partir de ese momento el mundo debería reconocer sin lugar a discusión que «América era para los americanos».

Sin tener en cuenta estas consideraciones es de poca relevancia, entonces, hablar de comercio exterior o de la misma teoría del imperialismo, pues en las pautas de crecimiento comercial y en la articulación de un sector exportador debidamente integrado al mercado mundial, para América Central y el Caribe, las acciones militares, políticas y económicas de los imperialismos llegarán a ser decisivas[66].

¿De qué manera se pueden entender los diversos ciclos comerciales anteriores a la llegada del café, sin hacer mención al control que tienen los ingleses sobre las prácticas librecambistas internacionales? Ahora, ¿cómo podemos entender la forma en que un país como Nicaragua llega a desarrollar su sector exportador, sin siquiera hacer una sola reflexión sobre los cerrados intereses geopolíticos que tendrían los Estados Unidos en él? En América Central y el Caribe resulta, para mencionar lo menos, muy complejo aplicar mecánicamente la teoría del comercio exterior o la teoría del imperialismo, si ignoramos que ambas tendrían que reposar en una descripción detallada de las acciones imperialistas en su más sonada realidad histórica.

---

65. Obregón Quesada, Clotilde. **El Río San Juan en la Lucha de las Potencias (1821-1860)** (San José: EUNED. 1993).

66. Vidal Villa, J.M. **Teorías del Imperialismo** (Barcelona: Anagrama. 1976). Ver los primeros tres capítulos.

Para la historia del comercio exterior en América Central, durante los años 1821 y 1915, siempre será problemático en términos políticos hacer a un lado todo lo que tiene relación con el surgimiento de los gestos antiimperialistas del movimiento popular y de las clases trabajadoras. El grueso de sus acciones, como expondremos en los capítulos II y III de este trabajo, se relacionaron mucho con la forma como las compañías extranjeras manejaban los recursos (humanos y naturales) de la región. Porque tampoco se puede ignorar que es el accionar del mercado internacional, el que finalmente define quién se queda dentro de la esfera capitalista y quién no. Para los inicios del siglo XX esta afirmación es ya sólo ideológica, pues la realidad del capitalismo comercial ha cedido su lugar a la del capitalismo industrial, y en América Central y el Caribe ha bloqueado todas las posibilidades a un sector exportador independiente y diversificado.

El capítulo siguiente intenta estudiar lo que aquí se ha llamado la inserción formal en el mercado mundial de Centroamérica y el Caribe. Lo que se pretende es darle respuesta a cuál es en realidad y cómo se expresa, el papel jugado por el imperialismo inglés en los años de 1821 a 1851. Dicho protagonismo debe ser cualificado, para ello nos hemos servido fundamentalmente de fuentes obtenidas en archivos británicos, alemanes y norteamericanos. Se intenta concentrar esfuerzos en la descripción y discusión de aspectos tales como la dinámica del comercio internacional, la política comercial y otros aspectos de orden financiero que permiten explicar muy bien la naturaleza de las relaciones entre América Central, el Caribe y el imperialismo británico. Hasta donde sea posible, se evitará caer en la trampa de identificar las nociones de imperio e imperialismo que, como ya se explicó páginas atrás, pueden complementarse pero no son intercambiables. El contenido de la primera es más geográfico que otra cosa. El de la segunda es sobre todo geopolítico; más útil para propósitos de estudio histórico como se expone más adelante.

Para fines de este trabajo, se debe aclarar que, debido al notable crecimiento que América Latina experimentó a partir de la segunda parte del siglo XVIII, América Central lo intenta con diversos ciclos de exportación que se desprenden en gran parte de prácticas coloniales tales como la venta de mulas, metales preciosos, tintes naturales, maderas, cacao, tabaco, caucho, hierro y, finalmente, café. Pero, es el ciclo de exportación que abre este último el que permite elaborar algunos componentes teóricos, como lo ha hecho magistralmente el historiador costarricense Mario Samper[67].

Ahora bien, si queremos avanzar una definición de lo que aquí se va a entender por «sector exportador», es útil hacerlo sirviéndose de la teoría tradicional del comercio exterior, con algún énfasis en los elementos que ha sugerido el enfoque estructural. El sector exportador es un sistema complejo de teorías y prácticas, mediante el cual la población de un determinado país o región puede producir y vender sus mercancías en el mercado internacional, a cambio de lo que produce y vende aquel o aquellos con los que entra en contacto. Dicho sistema tiende a expresarse en tres niveles distintos pero perfectamente integrados:

1. El nivel infraestructural, compuesto por los elementos de la circulación de las mercancías, y lo que la hace posible.

2. El nivel estructural o el conjunto de la dinámica comercial: composición y naturaleza del comercio exterior.

3. El nivel superestructural o el conjunto de iniciativas e instrumentos institucionales que les posibilitan a los hombres la compra y venta de las mercancías que producen.

---

67. Samper, Mario. «Café, trabajo y sociedad en Centroamérica (1870-1930). Una historia común y divergente». En Acuña Ortega, Víctor Hugo (editor). **Historia General de Centroamérica** (Madrid: FLACSO. 1993). Tomo IV, capítulo 1. Pp. 12-110.

A lo largo de este trabajo, se hará mención constante de esos tres aspectos, los cuales se irán detallando cuando la ocasión lo permita, con base en las fuentes extranjeras a las que ya se hizo mención.

CAPITULO II. CENTROAMERICA Y GRAN BRETAÑA: LA INSERCION FORMAL AL MERCADO MUNDIAL (1821-1851)

ELEMENTOS INTRODUCTORIOS

En este capítulo se intenta perfilar la naturaleza de las relaciones comerciales que sostuvieron Gran Bretaña y América Central, durante los años que median entre 1821 y 1851. Para tal fin, son necesarios algunos instrumentos teóricos y metodológicos, los que pasamos a exponer inmediatamente.

1. El problema teórico

En el capítulo anterior dibujamos una caracterización general de la naturaleza de las relaciones comerciales y financieras que podría eventualmente, haber sostenido una región periférica como América Central, con el poder imperial más importante del siglo XIX. En esta ocasión lo relevante es precisar cómo se expresan esas relaciones, quién se beneficia y quién se perjudica pero, sobre todo, avanzar algunas explicaciones del porqué.

Aquí vamos a entender por inserción formal al mercado mundial, aquel proceso mediante el cual las economías centroamericanas participan de la realización del capital a escala mundial, al establecer relaciones comerciales y financieras con las economías metropolitanas (particularmente con Gran Bretaña) que sólo permitieron la generación de ingresos monetarios primarios: esto es, ingresos obtenidos por exportaciones directas de productos agrícolas y materias primas no estratégicas.

En este primer momento de la inserción de América Central en el mercado mundial, la inversión extranjera privada directa es mínima, la representación comercial también lo es, la inmigración es insignificante y la infraestructura de la circulación de mercancías en general es más bien pobre y muy desarticulada[68]. No perdamos de vista que América Central recién ha obtenido su Independencia y aún no ha podido, ni remotamente, darse a sí misma un gobierno estable y eficiente. La Federación Centroamericana ha fracasado en 1838 y el surgimiento de varios diminutos estados-nación no garantizó en ningún momento eficiencia y estabilidad política y económica[69]. Por el contrario, en gran medida posibilitó que las relaciones de estos pequeños estados centroamericanos con la comunidad mundial estuvieran condicionadas por la inseguridad interna y la permanente voracidad de los poderes imperiales de la época.

Existe además otro problema, se duda seriamente de la veracidad de hablar de «estados-nación», porque la herencia colonial todavía tiene un peso específico decisivo en la configuración de las estructuras políticas y sociales de la región. Ese concepto debería ser manejado con mucha precaución, pues si partimos de que un Estado-nación surge cuando, junto a los componentes geográficos y lingüísticos, se añaden otros elementos como los sociales y políticos; en América Central, durante los primeros cincuenta años del siglo XIX, ni la política ni la sociología nos permitirían hablar realmente de estados-nación. Se trataba de pequeñas repúblicas o unidades territoriales que no encontraban el engarce con el mercado mundial porque,

68. Quesada Monge, Rodrigo. «América Central y Gran Bretaña: la composición del comercio exterior (1851-1915)». **Anuario de Estudios Centroamericanos** (San José: 1985. Vol. 11. Fasc. Nº 2). Pp. 77-92. Este mismo trabajo, con algunas correcciones ha sido incluido en este volumen. Véase el capítulo V más adelante.

69. Con mucho, el trabajo de Rodrigo Facio Brenes sigue siendo hasta el momento, la más acabada explicación sobre la crisis y el colapso de la Federación Centroamericana. En **Obras Completas** (San José: EUCR. 1982). Tomo IV. Pp. 411-493.

entre otras razones, los grupos gobernantes aún no tenían claridad sobre las posibles opciones políticas y sociales articuladas en un proyecto que permitiera poner tras de sí al resto de la población. Tal vez podría manifestarse algo de eso en relación con Guatemala y Costa Rica, pero son las fuerzas materiales de la producción las que en última instancia deciden sobre la textura del proyecto al que hacemos referencia arriba y, en ambos países, sería el café el que detonaría el proceso hacia la construcción del mencionado proyecto. El Salvador arribó muy tarde al mismo; Nicaragua mantuvo bien entrado el siglo XIX actividades ganaderas típicamente coloniales, y Honduras siguió siendo un país, todavía durante los años ochenta, en su totalidad desintegrado territorialmente, sin noción siquiera de su potencial minero y maderero, que era en realidad el botín de los piratas ingleses, visitantes perennes de sus riquísimos bosques, para la fabricación de muebles de lujo y el maderamen de algunos veleros.

Por eso le recomendamos al lector que sea prudente cuando hable de Estado-nación al referirse a los centroamericanos, durante los años que aquí estudiaremos. Porque, ¿existe algo que uno pueda llamar un primer proyecto liberal? Las aspiraciones de Mariano Gálvez en Guatemala, por ejemplo, bien podría apuntarse que no fueron más allá de ser un interesante proyecto intelectual, sobre todo cuando hacia 1837, Rafael Carrera le hará ver la realidad de que el protagonismo político y cultural de los indios en su país era todavía decisivo[70]. En Costa Rica, el fracaso de Francisco Morazán le abrió a Braulio Carrillo el camino para establecer los fundamentos de lo que sería, con Tomás Guardia Gutiérrez, un proyecto de Estado-nación, o lo que Steven Palmer, citando a Gramsci, llama un «Estado ético» o «educador»[71]. Aparte de que son unos cuantos

70. Pérez Brignoli, Héctor. **Breve Historia de Centroamérica** (Madrid: Alianza. 1985). Pp. 67-68.

71. Palmer, Steven. «Sociedad anónima, cultura oficial: inventando la nación en Costa Rica. 1848-1900». En Molina Jiménez, Iván y Palmer, Steven (eds.). **Héroes al Gusto y Libros de Moda. Sociedad y Cambio Cultural en Costa Rica. 1750-1900** (San José: Porvenir-CIRMA. 1992). Cap. 6. P. 181.

estudiosos costarricenses los que creen que su nación está ya constituida a fines de la Colonia como sostiene el mismo Palmer[72], es un asunto pendiente de discusión y análisis la relación que se puede establecer entre el sector exportador centroamericano y esa forma política que se llama Estado-nación.

La gesta militar de 1855-1861 contra el invasor extranjero aportó algunos instrumentos institucionales, militares, políticos e ideológicos a la construcción del proyecto de Estado-nación, pero definió mal cuáles serían los segmentos en los cuales la noción de mercado que manejaban los centroamericanos irían a ser coincidentes con la que manejaba la comunidad mercantil internacional, es decir, el imperio británico. Este fija las fronteras y la dinámica del mercado a escala mundial, precisa sus instrumentos y perfila la naturaleza de los componentes técnicos con los que opera[73]. Cuando menos hasta poco después de la gran depresión de 1873-1896, en el momento en que la noción de mercado sería totalmente reformulada por los imperios emergentes.

Los centroamericanos, durante esos años (1821-1851) experimentan una transformación vertebral en su dinámica de las exportaciones: de estar informalmente articulados al mercado mundial (en particular con los tintes naturales guatemaltecos y salvadoreños), pasan a lo que hemos llamado aquí una «inserción formal». La formalidad de dicha inserción viene definida por el hecho de que, el librecambismo inglés ya estableció el perímetro del mercado con el cual puede contar la economía centroamericana para hacer sus ofertas mercantiles. No fue así con los tintes naturales por su alto y veloz índice de obsolescencia, y por el rápido desplazamiento tecnológico al que se vieron sujetos. En estos casos las dimensiones del

72. Idem. **Op. Cit.** P. 171.
73. Headrick, Daniel R. **Los Instrumentos del Imperio** (Madrid: Alianza. 1989). Introducción. Pp. 9-18.

mercado son reducidas y escasas las posibilidades de ejercer algún control real sobre él. Pero con el café, como expondremos más adelante, los centroamericanos tuvieron mayores oportunidades de condicionar la oferta y de establecer cierto tipo de condiciones sobre las dimensiones del mercado. Al menos se pudo negociar cuando fue necesario, lo que es posible sólo cuando existe un Estado que respalda y avala dichas negociaciones. Lo que empieza a darse con cierta efectividad real después de 1860.

2. El problema metodológico

Un asunto es la «dinámica de las exportaciones» y otro muy distinto es el «sector exportador» de un determinado país. La antigua Babilonia tenía una cierta dinámica de las exportaciones cuando enviaba sus esclavos a Egipto, sin embargo, no por ello vamos a afirmar que existiera un sector exportador en Babilonia, que tuviera claras pretensiones mercantiles. En los imperios de la Antigüedad Clásica los mercados son idénticos a las acciones que componen la dinámica del intercambio de mercancías. El capitalismo relativiza esta cuestión al separar las acciones del intercambio (mercantilismo) de la noción de mercado que se tenga (producción). Por esta razón es que se teoriza sobre estos asuntos hasta el momento en que el capitalismo empieza a internacionalizarse con la Revolución Industrial. En ese instante empezamos también a hablar sobre «sectores exportadores» o «sectores de la exportación», cuando ya entendemos que la producción capitalista en masa está detrás y no sólo una determinada noción del mercado.

De esta manera, es metodológicamente válido hablar de la «etapa de formación del sector exportador de Centroamérica» entre los años 1821 y 1851, cuando la producción capitalista mundial estableció ya pautas y definió mercados, no sólo en función de la actividad mercantil sino también en virtud de las distintas formas de valoración de las mercancías que producen países como los centroamericanos. Por este motivo se parte del criterio de que, un determinado sector exportador es el reflejo de lo que acontece en la estructura de la producción. Este es el criterio de la economía política clásica, sobre todo de Ricardo y Marx, pero para el caso centroamericano nos vemos en la obligación de precisar algunas cuestiones.

1. Mucha de la forma en que se articula el sector exportador en América Central, debe atribuírsele al mercado exterior, es decir, bien podemos afirmar que la «inserción formal» supuso la aparición de un mercado inducido.

2. A lo largo de todo el período en estudio, y no sólo los años que comprende este segundo capítulo, el capital inglés fue decisivo, por lo que, al mismo tiempo que se describe y evalúa al sector exportador centroamericano, tenemos además que medir cómo se expresa la influencia mercantil real del imperialismo británico en la zona. Si se creyera que se va a tener una visión mejor de los acontecimientos al mencionar, por ejemplo, la deuda inglesa de la Federación Centroamericana, sin referirnos a las constantes incursiones piratas de los británicos en la costa norte de Centroamérica, estaríamos cayendo en el error, no tanto de omitir información, como de distorsionarla, pues el sector exportador de América Central estuvo compuesto de lo que se exportó e importó legalmente, también de aquello que se traficó en forma ilegal.

En el capítulo anterior se discutió ampliamente de teorías y métodos; ahora, corresponde hacer un rápido inventario de los elementos estructurales que se estudiarán:

a) En el nivel infraestructural nos concentraremos en la descripción y evaluación de los medios de transporte y circulación de las mercancías.

b) En el nivel estructural lo haremos con el tratamiento de las formas de producción y exportación de las mercancías.

c) En el nivel superestructural nos referiremos fundamentalmente a los aspectos financieros y de política comercial.

LAS CONDICIONES INFRAESTRUCTURALES DEL COMERCIO EXTERIOR CENTROAMERICANO DURANTE SU INSERCION FORMAL AL MERCADO MUNDIAL (1821-1851)

Partiremos de la base de que el poder económico, comercial y militar del período en estudio es Gran Bretaña, y que la relación formal del intercambio de mercancías que esta establece con los países centroamericanos reposa sobre el inevitable proceso de internacionalización del capital generado por la Primera Revolución Industrial. Los alimentos exóticos y las materias primas que se producen en América Central, es decir, artículos como la zarzaparrilla, el café, las maderas, los tintes naturales y los metales preciosos, durante estos años no ejercen el atractivo que, de lo contrario, hubiera indicado la demanda por los mismos que se hiciera desde el mercado británico. El perfil que se le nota a esta más bien pareciera haber sido trazado por los mecanismos de acumulación a escala mundial, antes que por la inevitable modernización capitalista de los países centroamericanos. ¿Se puede establecer alguna relación directa entre internacionalización del capital y modernización del agro en América Central? Es posible que hasta ahora ningún historiador de estos lados ha podido avanzar una respuesta satisfactoria a este asunto. Lo más que se puede hacer aquí es contribuir a la comprensión de cómo el primer componente mencionado, instrumento de la expansión capitalista británica, impacta y moviliza cambios en el agro centroamericano. Pero la explicación de las características particulares de la naturaleza de esa relación, es un problema muy complejo que difícilmente puede ser abordado por un solo historiador.

Un aspecto sí está bien claro y es que el capitalismo comercial británico, entre los años 1821 y 1851, moldea y orienta el curso seguido por el crecimiento del sector exportador centroamericano. Obviamente, la relación es asimétrica porque fue la Corona Británica la que, por último, estableció la constelación de condiciones que irían a caracterizar esa relación. Es decir, es el imperialismo británico el que a la larga se erige en el verdadero gestor del intercambio que América Central mantiene con el resto del mercado mundial. A veces pareciera que los contactos que los centroamericanos irían a establecer con la comunidad comercial internacional, tendrían que ser apuntalados con los espacios vacíos dejados por los inversionistas y mercaderes británicos. Aunque la inversión privada directa casi no se dio durante estos años, el mercado financiero inglés sí posibilitó la transferencia de valores y la negociación de acciones para que América Central figurara como un buen mercado para las manufacturas británicas.

Después de 1850, tal inversión privada directa bajo control inglés en América Central apareció con las condiciones de un intercambio comercial y financiero ahora acaparado por los norteamericanos y los alemanes principalmente. Por esa razón se comentaba atrás de ingresos monetarios primarios, ya que a los centroamericanos sólo se les permitió ingresar en el mercado internacional como compradores, y no tanto como vendedores. Los treinta años iniciales de la segunda parte del siglo XIX encontraron a la América Central con escasa inversión privada directa inglesa en renglones como la minería, la agricultura y los transportes. Es en este último rubro donde la inversión privada indirecta desplegó todas sus posibilidades en el istmo. Las minas en El Salvador[74] y en Costa Rica[75] y alguna inversión

74. Nos referimos aquí a compañías mineras controladas por el capital inglés, tales como la Butters Salvador Mining Company que, durante la segunda parte del siglo XIX, tuvieron una importancia financiera real para el inversionista promedio en Londres. Se trataba de una compañía que siempre tuvo dividendos generosos, procedentes del buen rendimiento de las minas salvadoreñas. Los documentos de este tipo de entidades financieras se encuentran en la Guildhall Library de Londres, en este trabajo haremos uso frecuente de ellos.

75. Las actividades mineras en Costa Rica bajo administración británica realmente

en actividades agrícolas en Guatemala[76] no definieron para estos años el patrón comercial inglés en la región. La presencia del capital norteamericano y alemán la sesgaron hacia las inversiones privadas indirectas.

Porque si es cierto, como afirma el historiador norteamericano Robert Arthur Naylor[77], que la presencia británica en América Central durante las tres décadas siguientes a la Independencia, es eminentemente comercial, también es cierto que las clásicas tácticas del saqueo y del pillaje estuvieron a la orden del día cuando el imperio británico las consideró necesarias[78]. Eso hacía que el período «protonacional» en América Central (el concepto es del historiador Steven Palmer)[79] coincidiera de manera magistral con el manejo colonial que los empresarios ingleses todavía hacían de su nuevo capitalismo industrial. En la periferia, la inexistencia de la nación está en relación directa con el colonialismo como práctica eficientísima de expansión capitalista. La ambigüedad que merodea a los informes estados centroamericanos por esos años, fue muy bien aprovechada por el imperialismo británico, quien quitaba y ponía reyezuelos en el Caribe centroamericano cuando la ocasión lo ameritaba. Esto sólo fue posible porque en América Central la mayoría de los

no tuvieron el impacto financiero esperado, si se comparan con las ya mencionadas en El Salvador o aquellas otras en Honduras y Nicaragua. Para un recuento valioso de estos asuntos, véase el trabajo de Araya Pochet, Carlos. «El enclave minero en Centro América: 1880-1945. Un estudio de los casos de Honduras, Nicaragua y Costa Rica». **Revista de Ciencias Sociales** (Universidad de Costa Rica. N$^{os.}$ 17-18. 1979). Pp. 13-60.

76. Creo que uno de los mejores trabajos que existen sobre estos asuntos en Guatemala es el de Castellanos Cambranes, Julio (editor). **500 Años de Lucha por la Tierra. Estudios sobre Propiedad Rural y Reforma Agraria en Guatemala** (Guatemala: FLACSO. 1992). 2 vols.
77. Naylor, Robert Arthur. **Influencia Británica en el Comercio Centroamericano durante las Primeras Décadas de la Independencia (1821-1851)** (Guatemala y Estados Unidos: CIRMA. 1988). El autor hace este tipo de aseveraciones en diversos momentos a todo lo largo de su trabajo, pero pueden consultarse en particular sus conclusiones.
78. Woodward, R.L. (1987). **Op. Cit.** Pp. 171-207.
79. Palmer, Steven (1992). **Op. Cit.** Pp. 171 y ss.

pueblos soñaba con la «protección» de las potencias económicas del momento, sobre todo de Gran Bretaña. En 1848, el entonces Presidente de Costa Rica, José María Castro Madriz, envió a su Embajador Plenipotenciario en Europa, el guatemalteco Felipe Molina, para que le propusiera al Ministro británico Lord Palmerston la conversión de ese país centroamericano en un protectorado inglés[80].

Con un escenario así, ¿qué tenía América Central que ofrecer a un mercado internacional diseñado según el criterio y los antojos de la Corona Británica? Los años 1821-1851 ya fueron bastante estudiados por Naylor, quien indica en términos generales, que lo que los centroamericanos tenían que ofrecer en esos momentos era en realidad muy poco. Las condiciones portuarias eran desastrosas, los medios de comunicación prácticamente no existían, los instrumentos de intercambio financiero internacional no les pertenecían, no había bancos y las rutas comerciales estaban volcadas sobre el Pacífico, lo que hacía más costoso el contacto con los mercados extranjeros. Los ingleses, ubicados en el Caribe desde el siglo XVII, habían establecido dos importantes emporios comerciales, con una fuerte gravitación sobre el resto de la zona y de América Central: Belice y Jamaica[81]. Desde ahí controlaban todo el ámbito comercial centroamericano y caribeño, donde venían a ser el contrapeso de un tráfico de los intercambios eminentemente concentrado en el Pacífico. Esta preeminencia no fue gratuita hasta el despliegue de las Reformas Borbónicas (y sobre todo del Reglamento Español para el Libre Comercio de 1778)[82]. Las guerras

80. Obregón Quesada, Clotilde. **Costa Rica: Relaciones Exteriores de una República en Formación. 1847-1849** (San José: ECR. 1984). Pp. 167-206.
81. Naylor, R.A. (1988). **Op. Loc. Cit.**
82. Fisher, John. **Commercial Relations between Spain and Spanish America in the Era of Free Trade. 1778-1796** (The University of Liverpool. Centre for Latin American Studies. Monograph Series. Nº 13. 1985). Véanse sobre todo el prefacio y el capítulo 1. También de Lynch, John. **Hispanoamérica. 1750-1850. Ensayos sobre la Sociedad y el Estado** (Bogotá: Universidad Nacional de Colombia. 1987). Pp. 7-42.

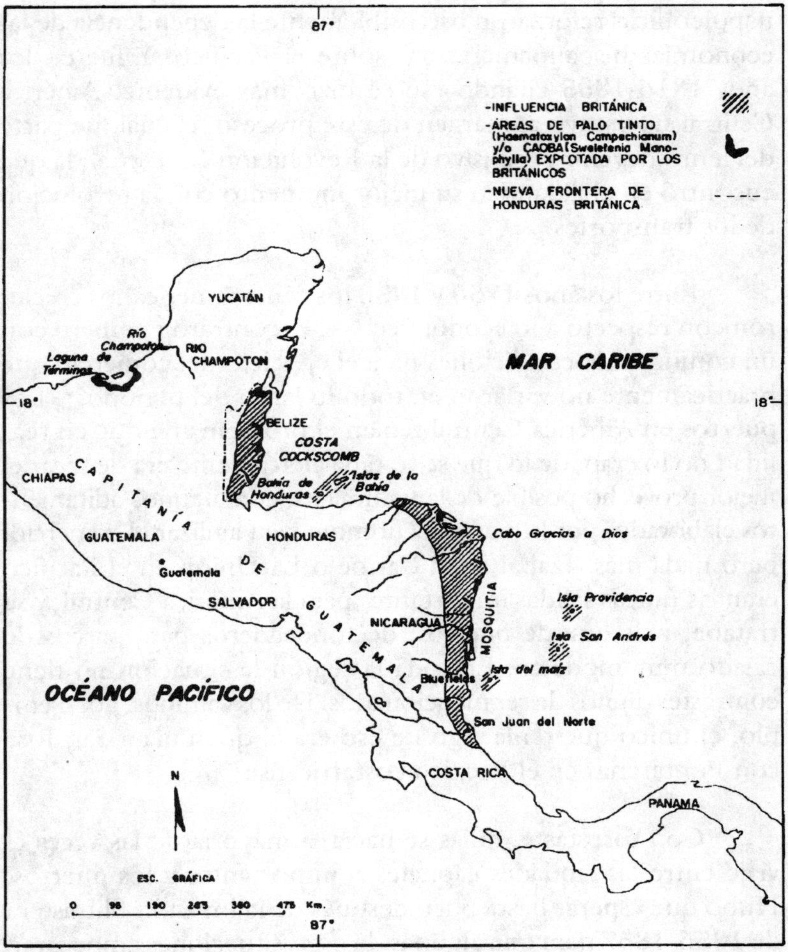

FUENTE: EL TEXTO

Mapa Nº 2. Los ingleses en Centroamérica y el Caribe (siglos XVII-XVIII)

napoleónicas reforzaron ostensiblemente la dependencia de las economías hispanoamericanas sobre el Pacífico. Y fue en los años 1816-1855 cuando eso se hizo más evidente. América Central no estuvo al margen de este proceso, el cual fue parte del lento devenir expansivo de la Revolución Industrial, la que encontró en el Atlántico su mejor momento con la revolución de los transportes.

Entre los años 1750 y 1850 los centroamericanos crecieron con respecto a lo económico y se encontraron empero con un conjunto de condiciones para el ejercicio del comercio que prácticamente no variaron en todo lo largo del período[83]. Los puertos en América Central tenían el problema de que en realidad no lo eran; de lo que se trataba ciertamente era de sacar el mejor provecho posible de la naturaleza, con algunos aditamentos elaborados por la mano del hombre para agilizar el comercio, pero nada más. Izabal en el Caribe o La Unión en el Pacífico eran las únicas salidas importantes para la América Central, y se trataba, más que de puertos, de fondeaderos para barcos de calado muy modesto. En toda la región la situación no tiene contrastes dignos de ser mencionados. De los caminos, por ejemplo, el único que tenía algo de eso era el que unía a San José con Puntarenas en el Pacífico costarricense[84].

Con carretas y mulas se hacía la mayoría de las veces el viaje entre las ciudades capitales o importantes y los puertos. Hubo que esperar hasta poco después de la invasión filibustera de 1856-1857 para que algunas de estas situaciones empezaran a cambiar; porque ni aun la Federación Centroamericana logró avanzar gran cosa en dirección al mejoramiento de la comunicación entre los diferentes países integrantes de la misma. Las

83. Molina Jiménez, Iván. **Costa Rica (1800-1850). El Legado Colonial y la Génesis del Capitalismo** (San José: EUCR. 1991). Véase sobre todo el capítulo IV.
84. Naylor, R.A. (1988). **Op. Cit.** Capítulo 3. P. 78.

razones militares tuvieron peso para que gobiernos como los de Nicaragua y Costa Rica, se preocuparan por introducir algún perfeccionamiento en los puertos y los caminos que les iban a servir para combatir al invasor norteamericano. Lo mismo sucedió con la navegación de cabotaje, pues un río tan fundamental como el San Juan fue decisivo en la derrota del filibustero[85]. De todo lo anotado lo que más llama la atención, es que las modificaciones y correcciones en la infraestructura de los transportes siempre tenían lugar bajo la presión de los escenarios, nunca como una forma consistente de prever las catástrofes. La improvisación ¿fue una característica solamente de la era protonacional en la historia centroamericana de los inicios del siglo XIX?

Los gobiernos centroamericanos llegaron a la mitad del siglo sin haber resuelto una dificultad protuberante en la dinámica comercial del momento: el asunto de las monedas que circulaban en los diferentes países del istmo. Monedas españolas, mexicanas, chilenas y peruanas, que circulaban abiertamente y se usaban en las actividades comerciales con grandes problemas de equivalencias y emblemas de acuñación, hicieron que se pensara con frecuencia en la fundación de bancos para centralizar la solución de este tipo de angustias, pero los obstáculos políticos también hacían que los hombres interesados creyeran que sus países eran de propiedad privada. Sobre todo después de la expulsión del invasor extranjero en 1857, cuando gobernantes como Juan Rafael Mora Porras en Costa Rica, quien confundió sus finanzas personales con las del Estado, provocó que sus enemigos comerciales y políticos terminaran fusilándolo en 1860. Los centroamericanos tuvieron que esperar a la segunda parte del siglo XIX para promover reformas monetarias que agilizaran sus negocios con la comunidad internacional.

---

85. Obregón Quesada, Clotilde. «Inicio del comercio británico en Costa Rica». **Revista de Ciencias Sociales** (Universidad de Costa Rica. Nº 24. 1982). Pp. 59-69. De la misma autora (1993). **Op. Cit**. En particular el capítulo IV. Pp. 123-168.

Pero el caso es que durante las tres primeras décadas posindependentistas, las sociedades y economías centroamericanas no lograron encontrar la salida monetaria para que sus finanzas «tuvieran sentido». Indicio indiscutible de un camino cierto hacia el Estado-nación es la utilización del dinero, no sólo de monedas. Los ingleses supieron suplir las últimas, para controlar el acceso al dinero como instrumento inequívoco de control social. Los préstamos hechos a la Federación Centroamericana podían ser pagados con cualquier tipo de dinero (relación social), pero el flujo de monedas (de numerario sin patrón monetario que lo respaldara) facilitaría a aquel que lo dominara, el acceso a fuentes de abastecimiento de metales preciosos de incalculable valor. Estar en posesión de las corrientes del dinero vehiculizaba el poder sobre los mecanismos financieros[86]. Controlar las fuentes de abastecimiento monetario, posibilitaba el enriquecimiento con metales preciosos acuñados que no iban más allá de ser sólo monedas, menos aún dinero. Aun así, todavía aguarda al historiador que la quiera, la investigación sobre la historia de la moneda en América Central durante el siglo XIX.

Para el imperio británico, el crecimiento que se viene suscitando en toda Hispanoamérica desde la segunda parte del siglo XVIII y que impactó a la población, la economía y la sociedad en general, particularmente aquellos aspectos de la cultura que sentarían los fundamentos de los próximos espasmos hacia la Independencia, le beneficiaron en la larga duración, pues los ajustes mercantiles que se operaron convertirían a los latinoamericanos en excelentes compradores de las mercancías inglesas. Sin embargo, en América Central, en vísperas de la Independencia, por un lado, Panamá y Nicaragua, y por otro, Jamaica y Belice constituyen los parámetros básicos de la expansión

86. Marichal, Carlos. **Historia de la Deuda Externa de América Latina** (Madrid: Alianza. 1988). La introducción es de particular utilidad, por sus propuestas de periodización y de método.

comercial que se ha logrado alcanzar hasta el momento en el istmo. En estos instantes la noción de mercado internacional es sustituible por la de mercado regional. Los episodios mercantiles que se han encadenado desde la segunda parte del siglo XVII son sólo intentos por rebasar en forma ligera la economía de subsistencia. El cacao, el tabaco, la minería, los tintes naturales, las maderas, modificaron apenas cosméticamente los mecanismos de la acumulación de riqueza que la dominación española había logrado levantar en esta parte del mundo. Para los comerciantes ingleses el escenario sigue siendo bastante exótico hasta bien entrado el siglo XIX, pues sus emporios comerciales en el Caribe se mueven en una sola dirección: América Central es sólo un comprador de manufacturas europeas, y raramente un proveedor, en términos proporcionales, de alimentos y materias primas para dichos mercados. En realidad, la dinámica comercial centroamericana tenía un perímetro bien establecido y se sujetaba a las posibilidades y limitaciones del mercado regional colonial. El imperio británico se siguió sirviendo por un buen rato del mismo, hasta el momento en que el café y la capitalización del agro que trajo consigo, iniciaron el proceso de internacionalización de la economía centroamericana.

Los primeros pasos hacia el cambio, en dirección de una inserción formal al mercado mundial más protagónica y efectiva, pareciera que empezó por darlos el Estado costarricense con el estímulo a la expansión cafetalera. La ganadería y la producción de algodón en Nicaragua, los tintes naturales en El Salvador y Guatemala, o las maderas en Honduras, no alteraron los fundamentos de unas relaciones comerciales con Gran Bretaña que reposaban sobre el interés de esta por abrirse camino hacia un mercado prácticamente intacto, en lo que respecta al consumo de manufacturas industriales. El libre comercio inglés exigía que tales nuevos mercados fueran integrados al circuito de la circulación internacional de mercancías, de una forma u otra. Los préstamos que la Federación Centroamericana recibió de parte de capitalistas ingleses interesados en incrementar sus ingresos por dividendos con inversiones en ultramar, no modificó para nada una condición financiera de permanente bancarrota que siempre estrechaba los límites de la capacidad de pago de los países centroamericanos, sobre todo en vista de la inexistencia casi total de medios de pago contantes y sonantes. En medio de tales características, la inversión privada directa se hacía poco menos que imposible.

Por otro lado, los dispositivos infraestructurales de los que dispone América Central para ejercitar su comercio internacional, no cambiaron mucho, si se quiere después de 1821. Este conjunto ístmico de pequeños estados seguía siendo considerado por las grandes potencias comerciales del momento, como una totalidad geográfica, política y económica, según el perfil diseñado por la dominación española. El Cónsul General inglés, Frederick Chatfield, en 1834 envió a Lord Palmerston un reporte sobre lo que él llama «la condición general del Reino de Guatemala», y agrega que unas 40,000 personas de «raza blanca» son las que realmente tienen en sus manos el comercio de «este Reino». Hay que aclarar que dicho informe está basado en uno similar de 1810, preparado por las autoridades españolas residentes en Guatemala[87].

Para Chatfield y muchos de sus sucesores, como ya expondremos en su momento, América Central es una unidad de potencial utilidad comercial y financiera. Pero la misma unidad política debía ser bloqueada y obstaculizada de cualquier manera. El unionismo nunca fue una aspiración implantada desde afuera, por el contrario, fue siempre un proyecto de sustanciales raíces autóctonas. El asunto era que la unidad política fue tolerada por Inglaterra durante la dominación española, pero una vez que esta desapareció perdió sentido para los ingleses promover la coincidencia entre las decisiones económicas y financieras, y el estatuto político heredado por España. El mercado

87. F. Chatfield a la Foreign Office (FO). 1834 (PRO. FO. 252/4/1834).

no conoce de horizontes políticos artificiales, razón por la cual los componentes infraestructurales empiezan a modificarse después de 1851, cuando el mercado ha logrado anteceder (a través del café esencialmente) la formulación de toda plataforma política en la región. En estos casos el mercantilismo es muy lúcido: primero el mercado, luego el Estado y por último la nación.

En otro reporte de similares aspiraciones al ya mencionado, Chatfield indicaba que de los países centroamericanos, Costa Rica era el más próspero porque ya se encontraba exportando café en grandes cantidades[88]. De acuerdo con este informe consular en el año 1838, Costa Rica estaba exportando 250,000 libras de café. Para eso, decía el cónsul inglés, se ha logrado aplicar una serie de mejoras portuarias y comerciales que agilicen todo tipo de intercambio internacional que el país centroamericano vaya a realizar. Sin embargo, no olvidemos que las mencionadas mejoras no empezaron a hacer sentir sus efectos hasta luego de 1844, sobre todo luego de la invasión filibustera. Una cantidad notable del dinero aportado por los ingleses para contribuir a la derrota del invasor norteamericano en 1855, cambió de rumbo y fue a parar a las manos de muchos de los comerciantes (también ingleses) que formaban parte de la comunidad de negocios costarricense[89]. Lo curioso de este asunto era que los ingleses apoyaron en gran medida la causa de Walker en América Central. Ahora, si queremos ser suspicaces, bien podemos concluir que a la larga la empresa del filibusterismo les resultó atractiva a los ingleses por razones obvias: mayor control sobre las decisiones políticas que pudieran afectarlos comercialmente y una posible alianza comercial con los Estados Unidos[90].

88. F. Chatfield a la FO. 1838 (PRO. FO. 15/20/1838).
89. A. Wallis a la FO. San José, Costa Rica, 29/3/1859 (PRO. FO. 21/13/1859); A. Wallis a la FO. 31/1/1857 (PRO. FO. 21/10/1857); M.H. Dixon a E. Wallernstein. Enfield, 4/3/1856 (PRO. FO. 21/8/1856); y E. Wallernstein al Earl de Clarendon, 26/3/1856 (PRO. FO. 21/8/1856).
90. Viceconsulado Británico, El Realejo, Nicaragua, 10/1/1856 (PRO. FO. 89/6/f. 101).

En realidad, cuando hablamos de mejoras portuarias o de otra índole, en lo que respecta a la América Central del siglo XIX, se debería de tener cuidado de aclarar a qué tipo de mejoras se está refiriendo. De lo contrario, se corre el riesgo de acabar apoyando la visión que los cónsules ingleses o de otras nacionalidades tenían cuando una bodega o un galerón se levantaba en el fondeadero de Matina, en la costa del Caribe costarricense. En términos generales, nunca será suficiente insistir sobre ello, después de 1821 el conjunto de condiciones en América Central, para la actividad comercial a escala mundial, no sufre cambios profundos en relación con la situación que se ha heredado de la Colonia. Una carretera que se levanta en San José de Guatemala, o algunas mejoras en la naturaleza portuaria de Izabal, en general, no son una tendencia que se pueda definir como determinante para que tuviera incidencia sobre las actividades comerciales. Como se expondrá luego, será hasta después de 1880 cuando se puede hablar de tendencias en el mejoramiento de las condiciones que favorecían al comercio centroamericano con la comunidad mundial.

Por ahora, se pretende reiterar sobre un tema: para Chatfield en 1834, América Central es un solo cuerpo geográfico y político. Y si un país como Costa Rica en 1838 decide dejar el intento de construir una federación centroamericana, esa independencia comercial relativa en nada modificaba el tratamiento general que los ingleses aprendieron de los españoles en relación con Centroamérica: requieren de un solo diplomático para que se encargue de los asuntos británicos en toda la región y por un buen tiempo, al menos hasta después de 1860, no se preocuparán por nombrar vicecónsules por país. América Central no empieza a ser considerada una «nación dividida» por el imperio inglés hasta después de 1857[91], cuando decidió

91. Woodward, R.L. **Central America. A Nation Divided** (Oxford University Press. 2a. edición. 1985). Capítulo 5. Pp. 120-148.

ajustar su vieja forma de llevar las cuentas con sus clientes centroamericanos. Es después de esa fecha cuando para el imperio inglés las pequeñas repúblicas centroamericanas empiezan a ser «unidades contables» en su sistema financiero nacional. Y aún así, los diplomáticos británicos tuvieron problemas para distinguir las posibles diferencias económicas, sociales, políticas o culturales que hubiera, por ejemplo, entre Costa Rica y Nicaragua. Serán los norteamericanos, quienes después de 1891, les harán notar las mismas, mediante el expediente más efectivo que podía haberse utilizado: la competencia comercial, que estaba basada en el mejor reconocimiento del terreno, pues los empresarios y mercaderes norteamericanos tenían mejor manejo de tales diferencias. Después de la Primera Guerra Mundial, mientras invertían en Costa Rica, invadían a Nicaragua. Es por eso que los ingleses inician realmente su salida de la región centroamericana después de 1891.

De esta forma, cuando se habla de «mejoras» comerciales propiciadas por los británicos en América Central hasta 1850, se debe aclarar cuál enfoque se está enfatizando. Ya se mencionaron las modificaciones introducidas por la Corona Británica en su forma de llevar las cuentas con los gobiernos centroamericanos, pero es más útil hablar del contenido que de la forma en las prácticas comerciales; así, resulta más atractivo examinar los aspectos infraestructurales del comercio centroamericano con los ingleses hasta 1850, cuando para ellos América Central es todavía una sola unidad comercial.

Los diplomáticos de Su Majestad en América Central, constantemente reportaban sobre los puertos, o las salidas naturales que se usaban como tales, y casi nunca se quejaban de que hayan carecido de buenas condiciones para su explotación comercial. Más bien, era frecuente hallar lamentos sobre el poco interés que ponían algunas autoridades de gobierno para construir buenas bodegas, para asegurar contra incendio a las mercaderías extranjeras y nacionales, y para apoyar al inmigrante foráneo que venía a dedicarse a los negocios en América Central[92].

La tentación es fuerte para concluir que mucho antes del cierre de la dominación colonial española, los intereses europeos en América Central fueron esencialmente aquellos sustentados en la posibilidad de construir un canal a través de Nicaragua. Esa fue una idea que, sobre todo los británicos quisieron llevar a cabo, muchas veces aun en contra de la voluntad y los intereses de los gobiernos centroamericanos[93]. No olvidemos también que el cambio dramático de las actividades comerciales centroamericanas hacia el Pacífico, se debió en gran parte a la apertura del ferrocarril de Panamá en 1855[94]; aunque, como se menciona páginas atrás, ese océano fue durante mucho tiempo la salida natural del comercio internacional que quiso escamotear el bloqueo napoleónico. De tal manera, la opción que tomó América Central no sorprendió a los ingleses, quienes por mucho tiempo controlaron el comercio de la región desde Belice y Jamaica, a pesar de los constantes esfuerzos de los centroamericanos por mantener «puertos» abiertos como Izabal, Omoa, Trujillo, San Juan del Norte y Matina en el Caribe.

Los puertos del Pacífico centroamericano, tales como Puntarenas en Costa Rica, Amapala, La Brea y La Paz (también conocido como San Lorenzo) en el Golfo de Honduras, La Unión y Acajutla en El Salvador, San José en Guatemala, Realejo, San Juan del Sur y Tempisque en Nicaragua, presentaban

92. En lo que a estos asuntos se refiere, habría que consultar varios reportes consulares de la época, tales como:
   a. A. Wallis a la FO. (Costa Rica). P.P. (1854-1855). L.V. Pp. 632-640.
   b. R. Hall a la FO. RC. (Honduras). P.P. 1857. XVI. Pp. 487-495.
   c. L. Foote a la FO. RC. (El Salvador). P.P. (1857-1858). L.V. Pp. 160-161.
   d. R. Hall a la FO. (Guatemala). P.P. 1856. LVII. Pp. 233-247.
   e. M. Perry a la FO. (Nicaragua). P.P. 1860. LXV. Pp. 487-488.

93. Woodward, R.L. (1987). **Op. Cit.** P. 194.

94. Idem. P. 196.

los mismos problemas: poca protección contra la piratería y el contrabando, zonas de anclaje de poca profundidad para recibir barcos de gran calado, poblaciones modestas y construcciones portuarias realmente desastrosas. De alguna forma, la única excepción pareciera haber sido Puntarenas en Costa Rica, pero aún así y, a pesar de su apertura al comercio libre internacional durante los años cuarenta, el puerto en realidad siguió presentando dificultades hasta que en los años sesenta el de Limón (en el Atlántico), empezó a reemplazarlo notablemente por el interés de los comerciantes nacionales y extranjeros.

Una situación parecida sucedía en relación con los otros puertos centroamericanos en el Caribe, tales como Omoa y Trujillo de Honduras, Santo Tomás e Izabal de Guatemala, y San Juan del Norte en Nicaragua, receptores y posibilitadores del tráfico de mercancías, servicios y capitales británicos que provenían a través de Belice y Jamaica, donde se asentaban los grupos multinacionales de negociantes en maderas finas hondureñas, por ejemplo; claro está que sin el consentimiento del gobierno de este país. Siempre fueron puertos sin vigilancia efectiva y representaron gastos considerables a las autoridades centroamericanas, debido en gran parte al apoyo que tales grupos clandestinos recibían desde Belice y Jamaica[95].

Las maderas que se cortaban ilegalmente en Santa Bárbara, los ópalos que se extraían en el departamento de Gracias, la plata y el oro que se contrabandeaban desde Olancho, «uno de los sitios más ricos de América Central»[96], hacían que Honduras presentara la condición paradójica de flotar sobre riquezas incalculables y al mismo tiempo de estar pobremente integrado al mercado mundial. Con frecuencia, los cónsules británicos tenían problemas para presentar datos fidedignos sobre los ingresos y egresos gubernamentales hondureños, pues las autoridades

95. Cónsul Hall a la FO. **Op. Loc. Cit.**
96. Idem. **Loc. Cit.**

encargadas carecían de los instrumentos para realizar la tarea con precisión y competencia[97]. De tal forma, se encuentran regularmente subestimaciones estadísticas sobre la verdadera riqueza que exportaba Honduras al resto del mundo. Este es el país centroamericano que más pobremente analizaban los cónsules británicos durante el siglo XIX, o al menos es el más pobre en cuanto a la información recogida por los diplomáticos ingleses en el área.

Pero las diferencias no son sustanciales con Nicaragua y El Salvador, países sobre los cuales la diplomacia de Su Majestad Británica se expresaba siempre con verdadera displicencia, cuando se trataba de evaluar los esfuerzos realizados por sus gobiernos para mejorar el control y los servicios portuarios[98]. Sin embargo, al mismo tiempo que se dan estas quejas, varios de esos diplomáticos se verían involucrados en acusaciones y juicios por intentos o realización efectiva de contrabando[99].

Como bien puede notarse, entonces, el paisaje comercial centroamericano, durante los años de la inserción formal al mercado mundial (1821-1851), evidencia las serias limitaciones que había heredado la dominación española, y la frustración causada por el fracaso de la Federación Centroamericana. Es así de cierto en el último caso, que la fractura del proyecto federativo en varias diminutas repúblicas dejó sin salida hacia el Caribe a El Salvador y parcialmente a Costa Rica, y en alguna forma les bloqueó también la salida hacia el Pacífico a Honduras y Guatemala[100]. Al mismo tiempo complicó la legislación aduanera y dejó abiertas todo tipo de posibilidades para los aventureros y negociantes inescrupulosos. Un ejemplo será suficiente: después del desplome definitivo de la Federación Centroamericana en 1839, fue más fácil invadir y ocupar la Mosquitia, lo

97. Idem. **Loc. Cit.**
98. Cónsul Foote a la FO. **Op. Loc. Cit.**
99. Cónsul Wallis a la FO. **Op. Loc. Cit.**
100. Naylor, R.A. (1988). **Op. Cit.** P. 91.

que abrió entre los años 1844 y 1848 un impresionante negocio con tierras en ese lugar. Fueron precisamente empresarios y mercaderes ingleses los que estuvieron a cargo del asunto, pero por más que lo intentaron, no pudieron evitar que los entretelones de este tipo de actividades comerciales salieran a flote[101]. Para cualquiera resultan incómodamente sospechosas, las constantes cantinelas moralistas de algunos diplomáticos ingleses sobre el buen proceder en los negocios y la perenne recusación de las prácticas comerciales de alemanes y norteamericanos, cuando la misma realidad centroamericana se encargaba de darles un mentís despiadado y los ubicaba en su justo sitio, muy a pesar de los esfuerzos del gobierno de Su Majestad Británica por mantener sus manos limpias en este tipo de procedimientos.

Ya lo expresábamos, el largo viaje de Centroamérica hacia una estable inserción en el mercado mundial, pasó por diversos ciclos comerciales (los tintes naturales, el cacao, el tabaco, el palo brasil y el café), pero en todos ellos se debe pensar en el importante papel jugado por las limitaciones naturales, políticas y económicas a las que se tuvo que enfrentar para volver efectiva la mencionada inserción. En ese proceso, mientras los centroamericanos se desgarraban en guerras civiles y se tumbaban gobiernos a diestra y siniestra, las invasiones y ocupaciones ilegales de tierras por parte de extranjeros sin escrúpulos también eran frecuentes. Algunos comerciantes ingleses que hicieron el gran negocio con las tierras concedidas en la Mosquitia por su último rey (un títere que los mismos británicos pusieron ahí en 1816), se dieron el lujo de regatear hasta con el Príncipe Carlos de Prusia, sobre la posibilidad o no de abrir colonias de emigrantes centroeuropeos en el norte de Nicaragua, sin que el gobierno de este país supiera absolutamente nada de lo que

101. Para las cuestiones relacionadas con las concesiones de tierras hechas a inversionistas ingleses en América Central, entre los años 1844 y 1852, sugerimos la consulta de una colección de cartas y documentos diversos que se encuentran en el Public Record Office de Londres, bajo la signatura de FO. 53/44, Nicaragua. Las próximas notas están basadas en dicha información.

estaba ocurriendo. Concesiones de tierras de hasta 800 acres por persona, cincuenta años después no mostraban haber sido trabajadas más que en un 1%. El tráfico ilegal de tierras en Bluefields, la Mosquitia, el Golfo de Fonseca, el departamento de Gracias en Honduras, la Laguna de Chiriquí y en Bocas del Toro adquirió tales proporciones hacia finales de los años cuarenta, que la misma marina británica vigilaba el golfo celosamente. El gobierno inglés sabía que la Laguna de Chiriquí, por ejemplo, «poseía una de las bahías más grandes del mundo, en la que podían ser ubicados cerca de mil navíos, seguros contra vientos y oleaje agresivos; que poseía también diecinueve ríos navegables, algunos de ellos en cien millas desde el mar»[102]. Recordemos que el puerto de San Juan del Norte de Nicaragua, formaba parte de la región tomada por la fuerza en 1841, por el reyezuelo mosquito apoyado por los ingleses. La ayuda personal del Coronel McDonald en este negocio fue decisiva, pues hasta dejó su puesto de superintendente en Belice para atender la empresa. De esta forma, el imperio británico se garantizaba (en caso de guerra) un retiro seguro para sus barcos de las Indias Occidentales, y una costa fértil capaz en todo momento de ofrecer provisiones, lo mismo que ricos abastecimientos de carbón en la región de Bocas del Toro[103].

Es indiscutible, entonces, que con un telón de fondo así la inserción formal de Centroamérica en el mercado mundial, iba a encontrar serias dificultades, sobre todo cuando el contrabando, por ejemplo, impedía al gobierno hondureño tener alguna seguridad sobre las monedas que circulaban en el país. El grueso de ellas salía ilegalmente fundido y era negociado en Belice y Jamaica, por comerciantes ingleses ubicados en la Mosquitia. El Cónsul Británico en Bluefields, Sir Patrick Walker, indicaba que «las concesiones de tierras hechas por el último rey mosquito eran, por decir lo menos extravagantes, pues quienes

102. Idem. **Loc. Cit.**
103. Idem. **Loc. Cit.**

las habían obtenido eran elementos sumamente nocivos, aventureros que las usarían para cualquier tipo de crímenes»[104]. Resulta que este tipo de aventurero era el que sacaba en forma ilegal los ópalos, la plata y el oro hondureños, acuñados muchas veces desde finales del siglo XVIII en Belice, Jamaica, Perú o Ecuador[105].

La inserción formal al mercado mundial para los centroamericanos supuso, entre otras cosas, hacerle frente y tratar de remontar la herencia colonial española, atender la seria crisis financiera y comercial que produjo el colapso del proyecto federativo en 1839, y finalmente, contrapesar la voracidad del imperio inglés en la zona. No es suficiente explicar la monotonía del comercio exterior centroamericano, entre los años 1821 y 1851, a partir de la ausencia de medios de comunicación apropiados y efectivos; tampoco lo es el argumentar que la región no ofrecía riquezas atractivas para el mercado mundial. Tal vez podría aceptarse que se dijera, que los proyectos político-sociales de la Independencia y la Federación no lograron articular una estrategia comercial adecuada para atender las propuestas mercantiles que venía desarrollando el imperio inglés en la región desde finales del siglo XVIII. Sin embargo, ni conservadores ni liberales nunca parecieron tener claro que el imperio inglés no proponía, sino imponía. En ese sentido, si Belice terminó siendo comercialmente superada después de 1855, fue más debido al sentido práctico del negociante inglés que a la competencia que pudiera haber interpuesto el ferrocarril de Panamá. Cuando se requirió su apoyo, el imperio inglés protegió dicho ferrocarril para fines empresariales y militares que le beneficiarían a la larga[106]. Sabía que detrás estaba el imperialismo norteamericano y sin contemplaciones le cedió el terreno.

104. Idem. **Loc. Cit.**
105. Idem. **Loc. Cit.**
106. Documento emitido por el Viceconsulado Británico en El Realejo, Nicaragua, el 10 de enero de 1856 y reproducido en **The New York Herald** del 14 de febrero de 1857 (PRO. FO. 89/Nº 16/f. 101).

Durante la fiebre del oro en 1848, San Juan del Norte en Nicaragua se convirtió en una base expedicionaria ineludible para viajar a California; y el aventurero inglés, a quien tanto temía el cónsul británico en Bluefields, no lo pensaba un instante para contribuir con su hermano de causa norteamericano en el control del tráfico sobre el río San Juan o sobre las Islas de la Bahía, las Islas Tigre o el Golfo de Fonseca. Esta contribución, por último se plasmó en el Tratado Clayton-Bulwer de 1850, y sinceramente dudamos que haya sido el resultado de posibles desacuerdos militares entre británicos y norteamericanos[107]. Es más bien el producto de un buen acuerdo entre grandes empresarios, antes que una formal declaratoria de paz.

Esos años, finalmente, pueden ser analizados como de tanteos, pues los centroamericanos llegaron a la segunda mitad del siglo XIX sin una estructura comercial estable, sin recursos financieros disponibles y sin un criterio empresarial de cierta lucidez. El negocio de los tintes naturales en Guatemala y El Salvador, el café en Costa Rica, la ganadería y el algodón en Nicaragua, las maderas y los metales preciosos en Honduras, todavía no definieron para los años cincuenta una política comercial segura de sus instrumentos mercantiles, para operar en la comunidad internacional. Lo anterior se refleja en la pobre representación diplomática extranjera que existe en la región, en el poco interés que tiene el inversionista europeo y norteamericano, y en la desarticulación financiera que caracteriza a la mayor parte de los gobiernos centroamericanos; tanto así que ya las deudas imposibles de pagar serían el tono de las finanzas con que América Central haría sus negocios con el mercado mundial.

En la sección siguiente de este capítulo, se tratarán los aspectos estructurales de la producción y exportación de mercancías centroamericanas, en el proceso de inserción formal al

107. Woodward, R.L. (1987). **Op. Cit.** Pp. 194-202.

mercado mundial. La formalidad de la inserción que se discute, esperamos que el lector así lo haya visto, viene definida por un mecanismo muy específico del mercado mundial: el funcionamiento de los circuitos comerciales controlados por el imperio británico, no supuso necesariamente, para el caso de América Central, un ajuste en el patrón de acumulación y reproducción de riqueza en esa región del mundo. Entre los años 1821 y 1851, ese conjunto de países no participó en forma efectiva de los procesos de acumulación a escala mundial que se estaban gestando en la época. Su participación fue literalmente periférica y sólo en ocasiones articulada (por voluntad del imperio británico), a partir de unos ciclos de exportación que muy poco o nada modificaron la real participación de América Central en los circuitos comerciales internacionales.

Durante esos años, el interés del imperio británico en América Central es estratégico y comercial al mismo tiempo, pero no excluye otro orden de intereses compuesto por posibilidades financieras y políticas negociables con los norteamericanos y los alemanes, como se expondrá más adelante. Países como Nicaragua y Honduras, llegarán a la segunda mitad del siglo XIX con prácticas monetarias del siglo anterior. La poca dinámica comercial con el extranjero apenas modificó esta situación, al menos en lo que respecta al contrabando. Motivo por el cual fue fácil para los ingleses negociar un tratado con los norteamericanos al empezar los años cincuenta: todavía estaba en juego el control sobre un conjunto de países profundamente colonizados.

LA ESTRUCTURA DE LA INSERCION FORMAL DE CENTROAMERICA EN EL MERCADO MUNDIAL (1821-1851)

Ya lo anotamos en páginas atrás, el peso específico de la dominación colonial española sobre América Central (cuya expresión más contundente es la unilateralidad comercial) definió mucho la naturaleza del proceso productivo, ya fuera de bienes para consumo local o de mercancías para la exportación[108]. Se trataba en esencia de romper las estructuras del mercado local (léase colonial), y de intentar hacerse un espacio en el mercado internacional. Para ello, América Central debió pasar por varios ciclos de exportación, que aún a la altura de la segunda mitad del siglo XIX no habían resuelto su problema fundamental: encontrar un mecanismo comercial permanente que le permitiera a los centroamericanos crecer económicamente a nivel interno y, a la vez, ligarse con los procesos de acumulación a escala mundial que les posibilitara tener acceso a los flujos internacionales de capital, y de esa forma abrir el camino hacia la formulación de un proyecto sociopolítico dominante.

Por esos años era frecuente encontrarse con la confusión —que no le pertenece sólo a los centroamericanos, pues los cónsules ingleses también caían en el mismo error—[109], de identificar «mercado regional» con «mercado mundial». Para los gobiernos de la Federación Centroamericana —todavía con criterios políticos y mercantiles muy españoles— exportar a Venezuela, Colombia o México, era ir estableciendo «lazos con el comercio mundial»[110]. Este tipo de confusiones sólo fue posible porque hasta bien entrado el siglo XIX, los centroamericanos empezaron a tener una idea más o menos clara de lo que era el mercado en esos días. La producción cafetalera y luego la bananera, modificaron a fondo la noción de mercado

108. Fernández Molina, José Antonio. «La producción de hierro en el Reino de Guatemala». **Revista de Historia** (San José: Número especial de 1988). Pp. 83-138.

109. En los documentos consulares arriba mencionados hay constantes referencias que indican la tremenda confusión que tenían los diplomáticos ingleses respecto a considerar América Central como una región, una zona, o una sola nación. Véase también la correspondencia entre los diplomáticos ingleses y norteamericanos en relación con el tema, entre los años 1840 y 1860 (13 de noviembre de 1849. PRO. FO. 254/18/Nº 7).

110. Idem. **Loc. Cit.**

que se venía manejando desde la segunda parte del siglo XVIII[111].

Pero resulta que para el imperio británico la Revolución Industrial vehiculizó una nueva idea acerca de lo que debería ser el mercado internacional; ella suponía sobre todo el dominio absoluto de las manufacturas inglesas sobre el mismo. Inglaterra regionalizaría su comercio internacional allí donde fuera realizable, es decir, donde existieran rutas y prácticas comerciales relativamente bien establecidas y definidas. Su control imperial fue factible sobre aquello que ya existiera y fuera posible redefinir a su antojo. No obstante, cuando estas condiciones no estaban presentes, la Corona Británica no se molestaba en regionalizar y establecía sus actividades comerciales a partir de la noción de mercado que tuvieran sus clientes potenciales. Por ello el centroamericano era considerado un mal consumidor, porque su idea del intercambio comercial ha sido distorsionada por el principio de que las importaciones son más decisivas que las exportaciones[112]. «Con la mercancía extranjera vienen el progreso tecnológico y el crecimiento económico»[113].

Resulta, sin embargo, que sin exportar no se podía importar. Los años que aquí se estudian son definitivos en ese sentido, como se desprende del excelente trabajo de Naylor

111. Existe una considerable bibliografía que trata el asunto de los ciclos comerciales en América Central antes de la llegada del café. Incuestionablemente el mejor trabajo que se ha realizado hasta el momento, es el publicado por Varios autores. **Historia General de Centroamérica** (Madrid: FLACSO. 1993). 6 vols.

112. De la colección mencionada, recomendamos sobre todo los tomos 3 y 4, para los temas que aquí se estudian.

113. De nuevo, los documentos consulares están repletos de este tipo de afirmaciones, como se expondrá más claramente en el capítulo siguiente de este trabajo. Pero puede agregarse una correspondencia importante al respecto entre varios diplomáticos ingleses y el gobierno de Costa Rica, en relación con el caso de los reclamos planteados por los señores Mattey y Wallernstein sobre negocios fallidos y otras cuestiones, donde se escurre la filosofía de que «es más importante importar que exportar» (PRO. FO. 21/12/ y varias fechas y lugares).

que ya hemos mencionado en diversas ocasiones[114]. Si los centroamericanos operaron con la identidad entre «mercado regional» y «mercado mundial» fue porque el motor de las reformas borbónicas de finales del siglo XVIII fueron las importaciones, en lo que se refería a la política comercial. Y si los grupos sociales dominantes en América Central importaban vinos peruanos durante las dos primeras décadas posteriores a la Independencia, ese comercio era «mundial», nunca «regional». Los Borbones sabían que abrir los mercados latinoamericanos a la Revolución Industrial, suponía esencialmente multiplicar las exportaciones del imperio británico. América Central no estuvo al margen de este proceso, pero al no encontrar el eslabón comercial permanente que mencionamos arriba, hubo que esperar a la presión del imperialismo británico para que se diera el salto del «mercado regional» al «mercado mundial». Lo que se indica es que las pautas de consumo en América Central fueron inducidas desde afuera. Fue el comercio británico el que influyó indefectiblemente en la mala formación del sector exportador, durante la era de la inserción formal de Centroamérica en el mercado mundial. Esos serían unos fundamentos que el imperialismo norteamericano profundizaría de manera irreversible.

América Central producía materias primas (tintes naturales, metales preciosos, maderas, caucho) y bienes agrícolas (café, cacao, tabaco, plantas medicinales). Importaba manufacturas textiles, ferretería y alimentos de lujo (enlatados) de Europa y Gran Bretaña. Se trataba de un comercio financiado que reposaba sobre un sistema de crédito totalmente controlado por los empresarios ingleses, ubicados sobre todo en Belice, Jamaica, Chile y Perú. Los tintes naturales producidos desde la Colonia en Guatemala y El Salvador, serían utilizados para el tratamiento de las telas que los centroamericanos importarían en barcos fabricados con las maderas arrancadas por piratas ingleses a los

114. Naylor, R.A. (1988). **Op. Loc. Cit.**

bosques de Honduras[115]. Igualmente, el café costarricense, el añil y el algodón nicaragüenses sirvieron para que las reexportaciones al resto del mercado europeo, pusieran a los ingleses al frente de un lucrativo comercio con bienes agrícolas que estaban fuera de la órbita de su espacio imperial.

En los trabajos de Naylor y Lindo Fuentes[116] se puede tener un enfoque rico e interesante sobre la naturaleza del comercio centroamericano, para los años que aquí se estudian. Sin embargo, si la Independencia asestó un golpe certero a las viejas prácticas comerciales de la Colonia, como parece desprenderse de las investigaciones de estos dos autores, existe la sensación de que también están proponiendo que durante las décadas posteriores a la caída del régimen colonial las economías centroamericanas en lugar de tender hacia el monocultivo, más bien entraron en una etapa de diversificación agrícola que actualmente podríamos envidiar. Este tratamiento de las cosas es un tanto exagerado, sobre todo en el trabajo de Lindo Fuentes.

Si los tintes naturales fueron producidos con las mismas técnicas durante casi doscientos años, en particular el añil[117], con una profunda y privilegiada participación de los comerciantes de Guatemala, la llegada del café distorsionó al sector exportador pero no erradicó esas viejas prácticas comerciales de la Colonia que todavía la cochinilla, hacia 1860, reproducía. Si el café unilateralizó al comercio centroamericano, eso no significa que el caucho, el ganado, el azúcar, las plantas medicinales o los metales preciosos deban ser olvidados en nuestro análisis. Pero si de su presencia deducimos que se trata de una estructura

115. Acuña Ortega, Víctor Hugo. «Capital comercial y comercio exterior en América Central durante el siglo XVIII: una contribución». **Revista de Estudios Sociales Centroamericanos** (San José: Nº 26. 1980). Pp. 71-102.

116. Lindo Fuentes, Héctor. «Economía y sociedad (1810-1870)». Capítulo 3 del tomo 3 de la **Historia General de Centroamérica,** ya mencionada varias veces.

117. Acuña Ortega, Víctor Hugo (1980). **Op. Loc. Cit.**

comercial diversificada, estamos descartando un principio mercantil básico: el café llegó y se quedó porque modificó la estructura de la acumulación, cosa que no logró ninguno de los otros «productos alternativos»[118].

Los productos que genera América Central después de la Independencia no fueron atractivos para el mercado mundial, no porque fueran producidos por países políticamente muy conflictivos, sino porque los grupos dominantes en Centroamérica llegaron muy tarde a las nuevas estrategias de acumulación a escala mundial, diseñadas por el imperio inglés para reforzar sus criterios de regionalización comercial en el ámbito internacional. En el comercio exterior de Guatemala, el 80% de las exportaciones totales en 1859 todavía lo tiene la cochinilla, cuando la Revolución Industrial ya encontró el sustituto químico para los tintes naturales. Este tipo de contradicciones no son atribuibles al mercado mundial, deben serlo al hecho de que un país como Guatemala, por esos años aún no encuentra la salida que el imperio inglés está esperando: un producto permanente que agilice el flujo de crédito y financiación extranjera hacia esa región. El café resolvería el problema. Debemos entender, por otro lado, que la llegada de Costa Rica primero a la producción cafetalera, no significó necesariamente una llegada más temprana al mercado mundial: significó en esencial un ingreso precoz a la exportación de bienes agrícolas capitalizables, lo cual no alteró la formalidad de su inserción en dicho mercado, inserción que por estos años se expresa en forma manifiesta en la circulación. Costa Rica, como el resto de los países centroamericanos, tendrá que esperar a que, durante la segunda parte del siglo, el crédito inglés contribuya de manera efectiva a la inserción real (o capitalista) de estos países en el mercado internacional.

118. Lindo Fuentes, Héctor. **Op. Cit.** P. 170.

El predominio «de los príncipes del dinero sobre los señores de la tierra», como lo describe bellamente un historiador costarricense[119], seguirá siendo una característica inalterable de la estructura comercial centroamericana de los años que se estudian. Se trata de un comercio que reposa sobre una cadena de intermediarios (con sedes en Chile, Perú, Jamaica y Belice), cuya casa matriz está en Liverpool, Manchester o Londres. Eran negociantes quienes en vista de las escasas posibilidades crediticias de los centroamericanos, «habilitaban» a los importadores (que casi siempre eran extranjeros) para que compraran a plazo y, de esta forma, hacerse con grandes sumas de dinero, procedentes de quiebras, intereses vencidos y acumulados, y utilidades obtenidas con base en préstamos por lo general imposibles de reintegrar en su totalidad. Las quiebras financieras más sonadas en América Central durante estos años, les pertenecieron precisamente a financistas ingleses. La inversión privada directa fracasó, porque los centroamericanos carecían de capacidad de pago y de medios financieros que posibilitaran la reproducción de las inversiones hechas por el empresario extranjero. Todavía no existían bancos que pudieran hacer posible lo anterior. Será la producción cafetalera la que los traiga consigo.

Entre los años 1821 y 1851 la aparente diversificación del comercio exterior centroamericano era eminentemente coyuntural, no estructural. Los centroamericanos y los extranjeros que vivían en la región, en su totalidad dedicados a las actividades comerciales, jugaban a encontrarse en las ferias de El Salvador y de Guatemala, para intercambiar unas mercancías que difícilmente podían salir del perímetro establecido por unos mercados internos en realidad liliputienses. Las mulas, los bueyes, algunas plantas medicinales, ciertos granos, jamás saldrían de las fronteras centroamericanas para participar de la corriente mercantil internacional. Cuando lo alcanzaron fue para atender el

119. Acuña Ortega, Víctor Hugo (1980). **Op. Cit.** P. 102.

viejo mercado regional, según la antigua noción española del mismo: exportar mercancías centroamericanas a Venezuela, Ecuador, México, Colombia, Panamá y Nicaragua.

La tierra y la fuerza de trabajo seguirían siendo los componentes estructurales más importantes para atender a cabalidad lo que está sucediendo comercialmente en América Central, durante los años que se estudian en este capítulo. El primer recurso era abundante, el segundo no tanto, pero sin tomar en cuenta esta particular textura de tales factores de la producción, difícilmente se comprendería por qué hasta la inauguración del ferrocarril de Panamá en 1855, América Central dependió tanto del comercio atlántico. El control del comercio exterior por grupos minoritarios guatemaltecos, dejó su impronta durante un largo y decisivo período en la historia centroamericana: aquel que media entre la Independencia y la crisis de la Federación Centroamericana. Se hace referencia obviamente, al papel que jugó Belice hasta 1855 en el comercio de la región. Porque entre los años 1839 y 1855, los países que surgieron del colapso federativo buscaron sus propias salidas a los problemas de su comercio exterior, sin fijarse en que las rutas comerciales habían sido diseñadas por la Corona Española desde tiempos inmemoriales.

Si la población indígena, dedicada primordialmente a las actividades agrícolas de subsistencia y a las labores artesanales complementarias, atendió con dificultades y poco entusiasmo la expansión comercial que siguió a la Independencia, se debió a que la «economía indígena» era todavía autosuficiente para ese momento, y es poco probable que haya considerado a la revolución comercial que trajo consigo el café como un fenómeno que le compitiera, a no ser por la pérdida de sus tierras para este último propósito; pero ese ya es otro asunto. Para el indio la expansión del comercio mundial es un asunto que lo tiene sin cuidado, sin embargo, las Reformas Liberales de finales del siglo lo obligarán a interesarse, sobre todo cuando sus tierras, que eran muy generosas y abundantes, empiecen a convertirse en una de las piezas fundamentales del crecimiento agroexportador.

Ahora bien, hablando en sentido figurado, la inserción formal al mercado mundial era una función de lo que estuvo aconteciendo con el régimen de propiedad y las formas de explotación de la fuerza de trabajo. Mientras el indio estuvo sujeto a los mecanismos tradicionales de coerción de su energía laboral, al servicio de la hacienda colonial, el comercio exterior no se vio impactado, pues el mercado moderno que formula la Revolución Industrial no podía reposar sobre estructuras tan conservadoras como las heredadas por España a los centroamericanos. El comercio durante la dominación colonial española estuvo rígidamente decantado, y nada podía atentar contra sus pronósticos. La Revolución Industrial hizo saltar en pedazos esa rigidez y esos pronósticos, con las armas infalibles de la oferta y la demanda, de la técnica y la división internacional del trabajo. Pero en relación con la Independencia en América Central, aún se opera con aquellos remanentes, debido a que los centroamericanos tenían muy poco que ofrecer al mercado mundial, y todavía no se les ha enseñado que podían necesitar muchas cosas de este último. Esa será la labor que los ingleses realizarían tan eficazmente.

Cuando la tierra se convirtió en una mercancía, el comercio exterior de América Central empezó a crecer considerablemente, pues con ella también venía la fuerza de trabajo indígena. Al mismo tiempo que la tierra y el indio empezaron a producir para el mercado mundial, los empresarios ingleses se esmeraron por facilitar créditos y mercados a los propietarios de aquellos en América Central con la discreta connivencia de la Corona Británica. En este sentido fue posible, entonces, modificar las rutas comerciales y adaptarlas a la nueva situación; asimismo fue posible influenciar el gusto del consumidor centroamericano por las manufacturas extranjeras y, finalmente, fue posible seducir a los gobiernos centroamericanos para que se aprovisionaran de dinero inglés, alemán, francés y norteamericano.

Los años entre 1821 y 1851 fueron testigos de un comercio que seguía el mismo patrón triangular al que nos tenían acostumbrados los ingleses desde el siglo XVIII. Las materias primas y los productos agrícolas centroamericanos eran intercambiados por manufacturas inglesas que venían del imperio británico vía Jamaica, Chile, Perú o Belice. Desde ahí, las casas importadoras se encargaban de vender a crédito, haciendo uso de los servicios de importadores locales que conocían el idioma y los gustos de los clientes latinoamericanos. Aún así, en América Central, eran largas las listas de importadores británicos que se registraban como importadores directos y por ello negociaban los créditos con altas tasas de interés. Tendremos que esperar a que los alemanes y los norteamericanos los obliguen a bajarlas; más todavía cuando empezaron sus inversiones privadas directas en actividades comerciales y financieras tradicionalmente enfocadas por los ingleses como un coto privado de caza.

En resumen, la estructura del comercio exportador centroamericano para los años entre 1821 y 1851, giraba todavía en torno a productos coloniales extraídos con técnicas igualmente coloniales, por una fuerza laboral sujeta a viejos mecanismos de explotación. Los dos pivotes en que se apoyaba esa estructura comercial (la tierra y la fuerza de trabajo indígena), fueron articulados al mercado mundial por medio de una bien elaborada estrategia de penetración comercial, para la cual la asignación indirecta del crédito fue esencial. La inversión privada directa inglesa casi no existe durante este período, motivo por el que resultó tan fácil para los alemanes y los norteamericanos sacarla del escenario financiero centroamericano, asunto que se estudia en el capítulo siguiente.

LOS ASPECTOS SUPERESTRUCTURALES DE LA INSERCION FORMAL DE CENTROAMERICA EN EL MERCADO MUNDIAL (1821-1851)

Para empezar indicamos que los países centroamericanos, en el período que aquí nos compete, fueron fieles practicantes del libre comercio, primero por la simple lógica de las cosas, y luego por principio. La lógica de las cosas indicaba que en virtud de que América Central tenía tan poco que ofrecer al mercado mundial, había que abrirse al mismo, con las facilidades que gobiernos inestables e inconsistentes podían garantizar. Si recién se venía rompiendo con España, ciertas prácticas comerciales eran requeridas para empezar a participar del flujo internacional de mercancías. Una vez que la rutina se estableció y los instrumentos institucionales fueron diseñados oportunamente, los centroamericanos iniciaron ese movimiento pendular tan característico de América Latina durante el siglo XIX, en lo que respecta a sus políticas comerciales.

Ya se expuso en el capítulo anterior: el imperio británico promueve y practica el libre comercio, lo que supuso para los centroamericanos, primero la reformulación de la política comercial que se recibió de España, y sobre todo del proyecto borbónico en lo que se refería a importaciones. Segundo, durante el intento federal, la creación de un aparato institucional que le permitiera funcionar frente a los embates del comercio británico, lo obligó constantemente a revisar las políticas comerciales de la Federación.

En ningún momento se puede establecer una comunidad de factores políticos sobre el comercio centroamericano, entre los períodos de 1750-1820 y 1820-1850. Este último, al menos, debería ser dividido en dos: desde la Independencia hasta la crisis del gobierno federal, y de aquí a la firma del

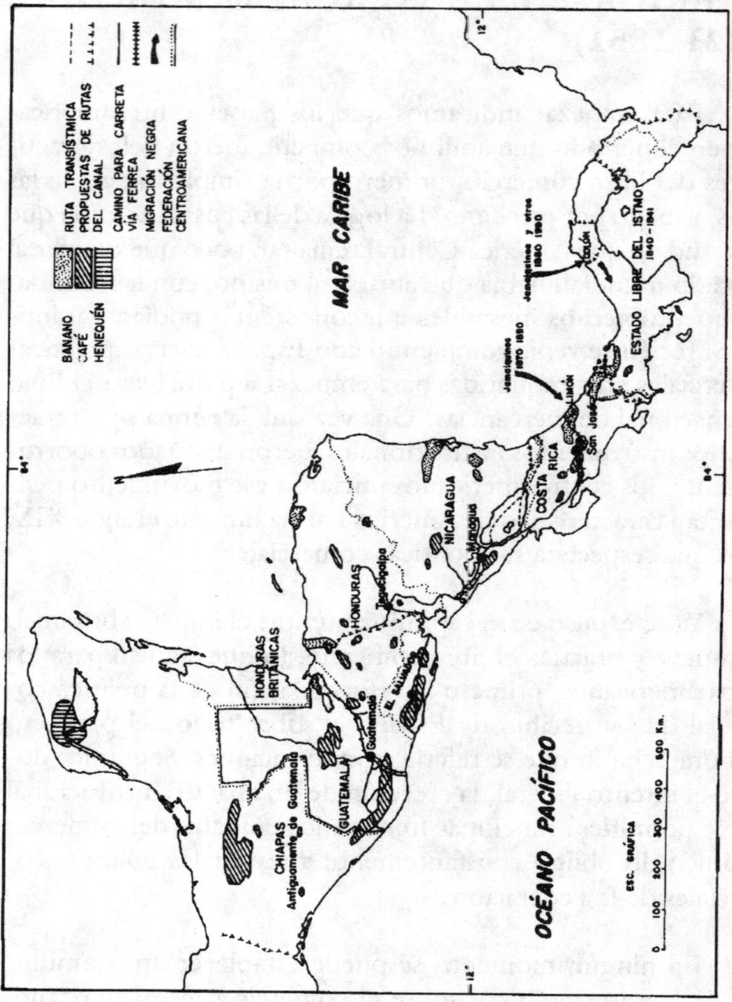

Mapa Nº 3. América Central. La época de la Independencia (1821-1900)

Tratado Clayton-Bulwer de 1850. De 1821 a 1839, los centroamericanos apenas se aproximan a la distinción entre instrumentos de carácter fiscal y aquellos de política económica. La Federación Centroamericana jamás introdujo un impuesto aduanero con el afán de proteger al productor centroamericano, lo hizo únicamente con criterio fiscal. Se trataba de recaudar fondos, y cuando la unión federal causó colapso, las mismas prácticas se prolongaron a los nuevos estados independientes: así fue como se repartió la deuda adquirida con Barclay, Herring & Richardson de 1825. Entre los años 1840 y 1850, el perfil de la política comercial se precisa más, porque como sucedía en Costa Rica, la presión de los mercados externos obligaba a los centroamericanos a encontrar las salidas comerciales que fomentaran las exportaciones, tales como la eliminación de los impuestos sobre ellas.

A lo largo del período que aquí se estudia, no existió una representación diplomática extranjera importante en Centroamérica. Para los ingleses no era posible firmar tratados comerciales con países que dificilmente podían manejar sus conflictos políticos internos. A lo mencionado hay que agregar que tampoco se dio una representación comercial estable en la región; tanto así que, como indica Naylor, hacia finales del período en estudio la población inglesa con dificultades llegaba a dieciséis personas[120]. Para la Corona Británica, América Central empezó a llamar la atención cuando los norteamericanos hicieron notar su decisiva influencia en la región, con el Tratado Clayton-Bulwer de 1850. Pero la atención que puso el comerciante inglés en estos países residía más en sus prácticas empresariales antojadizas y en las posibilidades que brindaba el contrabando (el mercader inglés nunca perdió su vocación de pirata), que en el valor real de lo negociado.

120. Naylor, R.A. (1988). **Op. Cit.** P. 176.

América Central durante estos años tuvo que incrementar en forma considerable el volumen de lo exportado, con el fin de poder contrapesar relativamente el impacto de las importaciones que provenían de Gran Bretaña. Los gobiernos centroamericanos, después de 1840, se vieron en la obligación de gravar las importaciones, no tanto porque la preocupación vertebral fuera comercial, sino porque con frecuencia las mismas atentaban contra los monopolios estatales. No se trataba de una estrategia comercial definida, más bien de una situación coyuntural específica: si se permitía el ingreso de licores y tabacos extranjeros, los ingresos de los gobiernos se verían seriamente afectados. Es curioso, contra el telón de fondo de las constantes situaciones depresivas y de los ciclos de negocios erráticos del mercado mundial, los centroamericanos lograron conservar, al menos hasta los años ochenta, su control sobre la importación de bebidas espirituosas.

Lo anterior es importante de anotar porque pareciera que la consecución de gobiernos estables agotó la imaginación de los centroamericanos para elaborar estrategias de política comercial, que previeran la ocupación británica de territorios centroamericanos, esgrimiendo argumentos tan bizarros como las deudas no pagadas o la disposición de tierras y bienes comerciales de alguno de los súbditos de Su Majestad Británica en cualesquiera de los estados centroamericanos que surgieron después del capítulo federal. A veces por esos motivos se prolongaron juicios por décadas[121], que en ocasiones fueron resueltos por el gobierno de los Estados Unidos de la manera más imperialista imaginable: con la intervención directa (o la invasión)[122].

121. Quesada Monge, Rodrigo. «Diplomacia y deuda externa: el caso de Honduras (1897-1912)». Pp. 69-80. Este trabajo ha sido incluido en este libro como capítulo VIII. Algunas correcciones de poca monta han sido añadidas.
122. Idem. **Loc. Cit.**

La política comercial debió sustentarse para los centroamericanos, en todo aquello que no podían controlar:

— Transportes y medios de pago internacionales.

— Asignación de créditos y deudas.

— El predominio de las exportaciones sobre las importaciones.

— El control de las aduanas.

En ningún momento el gobierno federal, por ejemplo, se preocupó por articular una política coherente que contemplara todos los aspectos citados. No obstante, cuando los gobiernos independientes lo hicieron no tenían los instrumentos financieros, fiscales o policiales para ejercitar la coerción en caso necesario. Nunca fue tan evidente como en este período, que la inserción formal al mercado mundial suponía, entre otras cosas, una relación directa entre política comercial, gobiernos fuertes y grupos económicos decisivos. Motivo por el cual dudamos que sean certeros quienes afirman que con la Independencia, en América Central se acabaron los tanteos para insertarse en el mercado mundial[123].

En América Central los comerciantes ingleses negociaban, compraban y vendían, se endeudaban y pagaban en lo que podían y como podían. Nunca les preocupó si los gobiernos de turno eran capaces de disciplinarlos o no. Tampoco les obsesionó si el gobierno de Su Majestad Británica los apoyaría en caso de encontrarse en situaciones difíciles. Cuando este intervino, siempre terminó poniéndose de acuerdo con el gobierno de los Estados Unidos, con el fin de hundir finalmente al comerciante inglés y al gobierno centroamericano. Por esta razón es que se

123. Pérez Brignoli, Héctor. «Apéndice» al tomo 3 de la **Historia General de Centroamérica.** Pp. 257-259.

debe comprender que la política comercial, ya fuera liberal o conservadora, no atendía en realidad a las necesidades de los centroamericanos, sino a la orientación que tomara en ese sentido el dominio imperial británico.

Cuando los ingleses financiaban la producción agrícola o minera en América Central, estaban sentando las bases de lo que sería la monoproducción y, sin percatarse tal vez, estaban también estableciendo los fundamentos de lo que sería la posterior distorsión del sector exportador de estos países. Se trataba de empresarios que sólo estaban interesados en proteger sus haberes, y siempre estuvieron dispuestos a ubicarse detrás de aquella fracción política (liberal o conservadora) que les apoyara en eso. Estos comerciantes ingleses (que a veces eran también representantes diplomáticos), casados con hijas de las mejores familias centroamericanas, no se sentían amenazados por el tipo de libre comercio que fueran a practicar sus gobiernos. Les preocupaba que una determinada estructura impositiva les fuera a reducir el espacio para ejercer con amplitud sus negocios. Era el caso del monopolio que la mayor parte de los gobiernos centroamericanos ejercían sobre licores y tabacos: dicho monopolio preocupaba al comerciante inglés si se le bloqueaba la posibilidad de introducir clandestinamente vinos y licores. Sin embargo, como los gobiernos no tenían el instrumento ni la capacidad de compulsión para ejercer su autoridad sobre el contrabando, el comerciante inglés terminaba apoyando cualquier política comercial, sin importarle su procedencia o signo ideológico.

La agenda de asuntos sin atacar que esbozamos arriba, haría que la política comercial de los estados centroamericanos, desde el arancel federal de aduanas de 1837 en adelante, se orientara enfáticamente hacia el cobro de impuestos sobre las importaciones. Debido a la amenaza de golpes de Estado, por parte de los grupos de exportadores poderosos, en caso de sentirse afectados por impuestos similares, impidió que la beligerancia de los gobiernos de turno se ejercitara y permitiera formular una estrategia de política comercial coherente y efectiva. En apariencia, se desalentaba a las importaciones, pero al beneficiar a los exportadores se estaba manipulando un sector del comercio exterior centroamericano, que diseñaba los instrumentos de política comercial según lo indicaran los movimientos del mercado mundial. Finalmente, el contrabando resolvía el problema de los importadores, y llenaba el vacío de no contar con políticas comerciales claras y contundentes.

UNA SOLA REFLEXION FINAL

Para concluir este capítulo, queremos resumir indicando que la inserción formal de Centroamérica en el mercado mundial, supuso en esencia una participación de los comerciantes ingleses, que nunca fue más allá de un intercambio mercantil basado en la simple realización internacional de sus manufacturas. América Central en este caso, y sobre todo su sector exportador, desarrolló una relación desigual —que tenía el agravante de no estar definida por productos de demanda y oferta estables— con el mercado mundial controlado por el imperio británico. No obstante, entre los años 1821 y 1851, los empresarios británicos, escasos y displicentes con la comunidad centroamericana, no utilizaron fuerza de trabajo local en sus labores, y las inversiones privadas indirectas (por medio de los gobiernos nacionales) obtuvieron un éxito parcial.

En el capítulo siguiente, donde se trata la «inserción real al mercado mundial» de Centroamérica, se puede ver cómo aquella situación empieza a modificarse, sobre todo con la llegada de un nuevo protagonista imperial: el empresario norteamericano, quien aliado con el inglés puso a la América Central en el mercado mundial, por medio de un sector exportador profundamente distorsionado, proceso en el cual los apologistas de la Corona Británica no pudieron argumentar indiferencia.

CAPITULO III. CENTROAMERICA Y GRAN BRETAÑA: LA INSERCION REAL AL MERCADO MUNDIAL (1851-1881)

ALGUNA PRESENTACION

Si en los dos capítulos anteriores, y sobre todo en el segundo, hemos tratado de ubicar al lector en lo que respecta a los problemas teóricos y metodológicos para la comprensión de cómo América Central termina insertándose en el mercado mundial, con este capítulo vamos a tratar de describir y evaluar hasta dónde llegó dicho proceso de inserción.

Esta inserción no es fácil de explicar, porque los años entre 1851-1881 fueron los más típicamente representativos de la rivalidad entre los Estados Unidos y Gran Bretaña por el control del istmo centroamericano. Eso permea todo el asunto y nos obliga a estar haciendo consideraciones sobre la forma en que la rivalidad mencionada tiende a expresarse. Es decir, si estudiamos la expansión del comercio exterior centroamericano desde una perspectiva eminentemente técnica, no tendríamos problemas reales que resolver, a no ser una tablita más o un cuadrito menos en nuestra obsesión por la cuantificación en historia. De cualquier manera, para asuntos estadísticos y taxonómicos del comercio exterior podremos esperar hasta el capítulo V de este trabajo.

Entre tanto, nuestro interés va más allá de jugar al divo de la historia cuantitativa, por lo que creemos que es mucho más importante revelar ciertos de los aspectos más turbios de la inserción real de Centroamérica en el mercado mundial (como se hace en el capítulo VI). La cuantificación difícilmente nos va a revelar la forma en que los Estados Unidos y Gran Bretaña negociaban la deuda externa de América Central. Pudiera ser que ofrezca cifras pero no el trasfondo de las implicaciones políticas y económicas de tales negociaciones. No es con numeritos como vamos a entender cómo los Estados Unidos terminaron prácticamente haciéndose dueños de Honduras (entre los años 1897 y 1912), a través de un acuerdo espurio con el gobierno de ese país y los acreedores británicos del ferrocarril hondureño (véase el capítulo VIII)[124].

De tal manera que la supuesta rivalidad entre los norteamericanos y los británicos (tan bien compensada con tratados y acuerdos entre ambos gobiernos), nunca fue más allá de mostrarse las uñas en lo que se refiere a competencia comercial, al menos en América Central. Lo anterior fue decisivo porque de la forma en que dicha competencia se expresaba, se pudo establecer los fundamentos de la estrategia imperialista posterior (véase el capítulo siguiente). Difícilmente el imperialismo comete suicidio en áreas que le competen; así América Central y el Caribe eran muy importantes para los Estados Unidos. Gran Bretaña comprendió esto y su retiro de estas áreas fue básicamente comercial: una especie de concesión a los Estados Unidos, que decidieron recuperar el control militar y político de aquellas después del cierre de su Guerra Civil (1861-1865), una ocasión que los británicos habían aprovechado a profundidad, como amos y señores del comercio exterior centroamericano.

El período de la inserción real al mercado mundial, en términos de economía-mundo, para el caso centroamericano, presenta tres aspectos esenciales:

124. Quesada Monge, Rodrigo (1984). **Op. Cit.** Pp. 69-81.

1. La inversión privada indirecta (característica más notoria del momento anterior de la inserción formal), cede su lugar a la inversión privada directa, lo que significa que los empresarios extranjeros deciden contratar fuerza de trabajo local para expandir sus inversiones. La fuerza de trabajo centroamericana pasa así a formar parte del proceso de internacionalización de la ley del valor-trabajo y, por supuesto, de la extracción de plusvalía a escala mundial. Los europeos y los norteamericanos invertirán en servicios públicos, ferrocarriles, minería y agricultura, contratando a trabajadores locales que se alquilan la mayoría de las veces por salarios modestos y en condiciones de trabajo en realidad desastrosas. Esta es la época también del despegue del movimiento obrero en nuestros países, precisamente en gran parte como resultado de dicha situación[125].

2. La relación dinámica triangular que se establece entre endeudamiento externo, inversión privada directa y expansión de la estructura de la producción (por medio de artículos como el café), da paso a un proceso que algunos estudiosos han llamado «capitalismo agrario», otros «economías de exportación» y otros «capitalismo dependiente»[126]. Aquí sólo lo llamaremos de «inserción real al mercado mundial», porque la economía mundial en ese momento no está dejando ni un centímetro cuadrado de la geografía del planeta fuera de los ejes de su influencia mercantil. Por lo anotado, no debe sorprendernos la expansión del comercio exterior centroamericano y mucho

---

125. Existe una bibliografía considerable sobre el movimiento obrero en América Central, casi siempre ligada con el estudio de los enclaves bananeros. Se recomiendan en particular los tomos IV y V de la **Historia General de Centroamérica** (Madrid: FLACSO. 1993).

126. También es notable la producción intelectual sobre el «dependentismo» y otras expresiones similares. Una buena introducción a estos temas es el libro de Vidal Villa, J.M. **Op. Cit.** En particular los capítulos VIII y IX.

menos los inicios del boyante enclave bananero[127]. De la formalidad del capital comercial, hemos pasado finalmente a la realidad del capital agroindustrial.

3. Esa realidad de la inserción de Centroamérica en el mercado mundial la obligó a reformular y actualizar sus estructuras financieras y monetarias, así como además la ubicó en la posición de atender los requerimientos de los nuevos grupos sociales que estaban emergiendo con la misma. Entre los años 1851 y 1881, mientras las economías centroamericanas crecían, el movimiento obrero también se expandía y se preparaba para las luchas antiimperialistas que daría en el siguiente momento (véase el próximo capítulo). Los ingleses entre tanto, negociaban, acordaban y firmaban tratados con el Departamento de Estado norteamericano, en relación con las deudas que tenían con ellos los centroamericanos, pero asimismo con respecto al futuro de la influencia europea en América Central. La Primera Guerra Mundial (1914-1918) daría finalmente su veredicto.

INSERCION REAL Y NATURALEZA DE LA INVERSION PRIVADA DIRECTA EN AMERICA CENTRAL (1851-1881)

La década de los cincuenta del siglo XIX es de una gran fragilidad política y económica para los centroamericanos: la Federación Centroamericana ha fracasado (en la década anterior) y una invasión extranjera los ha dejado sumidos en la ruina y la

127. El enclave bananero ha sido motivo de investigación casi desde su temprano despegue, por eso la bibliografía existente es notable, en diferentes idiomas. De nuevo, un buen comienzo son los tomos IV, V y VI de la **Historia General de Centroamérica** arriba mencionada. Un texto reciente de gran valor es el de Bourgois, Philippe. **Banano, Etnia y Lucha Social en Centro América** (San José: DEI. 1994).

enfermedad. El colapso del proyecto unionista significó un doble esfuerzo de organización estatal, debido a que hubo que empezar de cero y saldar las cuentas adquiridas mientras el mismo vivió. La guerra contra los filibusteros (1856-1857) evidenció para los centroamericanos cuál sería el perfil del nuevo poder imperial que se estaba configurando en el área. Al mismo tiempo, el contexto internacional desarrolló de forma irreversible ese patrón económico que le sería característico durante los próximos cien años: las crisis cíclicas. Los años 1857, 1866, 1873, 1882, 1890 y 1893, serían memorables para las economías centroamericanas, pues en ningún momento pudieron escamotear el impacto financiero y comercial que supusieron[128]. Las materias primas y los productos alimenticios centroamericanos ya habían entrado en el circuito internacional del intercambio, tanto así que la inserción real exigió a los centroamericanos ceder sus mercados internos en virtud, de ahí en adelante, de la reproducción de aquellos mecanismos que les permitieran permanecer en el mercado mundial; uno de ellos fue su participación en el flujo internacional de los capitales.

La crisis de 1857, provocada en gran parte por el descubrimiento de más minas de oro en California y Australia, puso a los centroamericanos, a pesar de la invasión extranjera que mencionábamos atrás, en medio de las rutas comerciales que negociaban el precioso metal. Esto lo facilitaba también el ferrocarril de Panamá, inaugurado en 1855, y que tuvo una influencia decisiva en el cambio de énfasis oceánico del comercio centroamericano: del Caribe al Pacífico[129]. Pero además, América Central sería impactada por el desajuste de los precios, el alza en el costo del dinero y, por supuesto, por la seria contracción que se produce en el flujo internacional de capitales. Sin embargo, la economía más afectada es la norteamericana, porque

128. Giannetti, Renato. **Crisis Económicas: el Siglo XIX** (Barcelona: Oikos-Tau. 1988). Cap. 5.
129. Woodward, R.L. (1987). **Op. Cit**. Pp. 197 y ss.

los ingleses, quienes apoyaron abiertamente a Walker en su invasión a la América Central, vieron disminuir muy poco sus haberes en la región[130]. Todo lo contrario, sus afanes por incrementarlos, en función de la coyuntura específica por la que pasaba América Central, se volvieron más agresivos, de tal manera que sus inversiones llegaron al 93% del total centroamericano sólo en Costa Rica y Honduras[131].

Entre el momento de la quiebra del préstamo hecho a la Federación Centroamericana en 1825, y lo que empezaba a percibirse después de 1860, es notable el giro dado por la inversión británica en el área. De préstamos indirectos hechos a los gobiernos nacionales, se pasó a la inversión privada directa; de las inversiones ferroviarias se pasó a la minería y la agricultura. En ese sentido, por ejemplo, la crisis de 1866, consecuencia del repliegue que se produjo en los Estados Unidos por la Guerra Civil, más bien fortaleció la producción algodonera en Nicaragua e impulsó la participación británica en la misma[132].

Cuando se expande el interés de los Estados Unidos por América Central, después de 1870, nos encontramos con el asunto de que el comercio con los británicos ha dejado establecidos los fundamentos para que el cambio de estrategia hacia los enclaves imperialistas, sea posible sólo en la dimensión en que el sector exportador fuera distorsionado por la dependencia del capital, y los mercados que se diseñaron con la inserción formal al mercado mundial.

Por otro lado, la década de los sesenta fue atractiva, a causa de que para los centroamericanos fue expansiva en relación con las alternativas de transporte (más y mejores rutas comerciales, más y mejores líneas navieras que hacían el servicio).

---

130. Cónsul Perry. **Reporte sobre el Comercio de Nicaragua en 1858** (P.P. 1860. LXV). Pp. 17-20.
131. Samper, Mario (1993). **Op. Cit.** Tomo IV. P. 35.
132. Cónsul Perry. **Op. Loc. Cit.**

Junto a lo anterior, el crecimiento exportador se hace ostensible con el proceso de sustitución de los tintes naturales (en repliegue debido a la invención de tintes sintéticos en Europa), y por la agricultura del café, con el ejemplo de Costa Rica por delante[133]. Sería en las dos décadas siguientes cuando la producción cafetalera definitivamente ocasionaría lo que un historiador costarricense ha llamado la «integración exitosa» de América Central en el mercado mundial[134].

Aunque esa definición nos parece riesgosa, debido a que pone el énfasis en los aspectos eminentemente técnicos de la cuestión, resulta útil para cualificar la verdadera naturaleza de la inserción centroamericana en el mercado internacional. Y fue exitosa desde la perspectiva del capitalismo agrario, porque significó que la noción de mercado para los centroamericanos, desde entonces, seguiría identificándose sobre todo con la superación de los obstáculos empresariales que este mercado opondría a propios y extraños. La inserción real al mercado mundial fue exitosa con el café, porque posibilitó el surgimiento de un empresariado muy concreto, con intereses económicos y político-sociales también muy específicos[135].

Pero para llegar hasta la producción cafetalera hubo que soportar dos décadas de intensos e importantes cambios, en lo que se refiere a los niveles de funcionamiento del sector exportador y del aparato de Estado que respaldaba y fomentaba esos cambios. El empresariado británico fue decisivo en la preparación del entramado que la economía centroamericana requería

133. Existe una valiosa compilación de trabajos sobre la introducción y el despliegue de la producción cafetalera en América Central, realizada por Pérez Brignoli, Héctor y Samper, Mario. **Tierra, Café y Sociedad. Ensayos sobre la Historia Agraria Centroamericana** (San José: FLACSO. 1994).

134. Pérez Brignoli, Héctor. «Crecimiento agroexportador y regímenes políticos en Centroamérica. Un ensayo de historia comparada». En Idem. **Op. Cit.** P. 28.

135. Bulmer-Thomas, Víctor. **The Political Economy of Central America since 1920** (Cambridge University Press. 1988). Capítulo 1.

para «no llegar tarde» al mercado mundial y aprovechar la expansión de sus mejores condiciones, entre 1860 y 1880, años de gloria del librecambismo (véase el capítulo I de este libro).

«La manía ferroviaria» (o la obsesión británica por cubrir con rieles y locomotoras al planeta); el mejoramiento de los transportes marítimos (o los comienzos del uso de barcos a vapor con cascos de metal); el enriquecimiento de los medios de pago a escala internacional y la tremenda activación de las inversiones coloniales, pusieron a los británicos al frente del empresariado capitalista que estaba entonces conquistando y sometiendo al mundo conocido. Las crisis que mencionamos arriba y la Gran Recesión de 1873-1896, aminoraron el ritmo del crecimiento pero no de la acumulación a escala mundial. Los países periféricos como los centroamericanos, se vieron envueltos en el proceso pero sólo a partir del momento en que sus economías empezaron a levantar los basamentos en que se apoyaría un sector exportador profundamente condicionado por la demanda extranjera[136].

Las inversiones británicas (privadas y directas) en Costa Rica fueron de corto plazo, de modesto volumen financiero y poco productivas, particularmente cuando se piensa en la agricultura y la minería. La financiación de la producción cafetalera y de algunas obras infraestructurales (como los ferrocarriles y los muelles) era el tipo de inversión privada indirecta propia de los imperios de la segunda parte del siglo XIX, cuando empezaron a tomar conciencia de los posibles problemas que tendrían con los gobiernos nacionales receptores de las mismas en lugares

136. Gourvish, T.R. **Railways and the British Economy. 1830-1914** (Londres: MacMillan Press. The Economic History Society. 1980). P. 43. También ver de Mattoon, Robert H. «Railroads, coffee and the growth of Big Business in Sao Paulo, Brazil». **Hispanic American Historical Review (HAHR)** (Vol. 57. Nº 1. 1977). Pp. 273-295. Goodwin, Paul. «The central Argentine railway and the economic developmet of Argentina, 1854-1881». **HAHR** (Vol. 57. Nº 1. 1977). Pp. 613-622.

como América Latina. En ese sentido, la conducta empresarial de los ingleses contrasta notablemente con la de los alemanes y los norteamericanos, pues estos no temieron ensuciarse las manos con la tierra centroamericana, metiéndose de lleno en las selvas y junglas para ponerlas a producir e integrarlas así al mercado mundial. Es en estos aspectos donde se puede percibir con mayor precisión por qué los ingleses fueron tan rápido desalojados comercialmente por los alemanes en Guatemala (véase el capítulo VI de este trabajo). En América Central, los ingleses supieron muy bien combinar sus actividades diplomáticas, con sus intereses comerciales y financieros, pero con dificultad se verán en forma directa involucrados en las actividades agrícolas. Es cierto, ya no eran sólo dieciséis como a principios del período posterior a la Independencia, eran unos doscientos, pero la mayor parte de ellos estaban de paso en camino hacia California, atraídos por el oro y la riqueza fácil que prometía «el sueño americano». Las políticas migratorias de los gobiernos centroamericanos aprovecharon esa coyuntura y tuvieron algún resultado positivo, pero no fue permanente[137].

El empresario británico que visitaba América Central después de 1850, invertía en los transportes, en los seguros, en la minería y sólo muy excepcionalmente en la agricultura. En este último renglón lo hacía sobre todo en sociedad con los agricultores nacionales, debido a que ello también representaba la posibilidad del acceso al crédito y su articulación a la comunidad financiera internacional. Los ingleses, de los intereses geopolíticos que alguna vez tuvieron, pasaron a las actividades más cotidianas y profanas de las inversiones privadas directas en las que se vieron motivados a actuar[138]. El imperio británico cedió primero sus afanes por construir un canal y luego hasta la agenda

137. Chatfield, G. a Lord Palmerston. Guatemala, 5/8/1851 (PRO. FO. 222/ 55/Nº 84/f. 298).

138. **Reporte sobre Compañía para Unir el Atlántico con el Pacífico** (PRO. FO. 21/5/1852). También: **The New York Herald,** 1/10/1858. P. 4 (PRO. FO. 254/11).

comercial se la transfirió a los Estados Unidos en América Central, cuando ya a finales del siglo, era evidente que la estrategia geopolítica desplegada por el Departamento de Estado incluía además los aspectos financieros y militares de la misma[139]. El empresario inglés tuvo la desventaja de que su gobierno nunca lo apoyó abiertamente, si consideramos que el gobierno de los Estados Unidos estuvo siempre en forma activa detrás de sus hombres de negocios en América Central y en cualquier otra parte del mundo donde lo necesitaran.

En los momentos de crisis económica, la Corona Británica dejaba a sus súbditos completamente solos: consideraba que no era de su incumbencia de qué manera hicieran frente a la competencia desleal de los norteamericanos, los alemanes, los franceses, los italianos y los españoles. Entre los años 1853 y 1857, cuando la situación financiera mundial estuvo seriamente deprimida a causa de un incremento notable del precio del oro, los empresarios ingleses encontraron que su gobierno sólo les recomendaba que «volvieran a casa»[140]. No hacía sugerencias estratégicas, ni siquiera manifestaba su apoyo moral a compatriotas en una posible desgracia económica, como estaría sucediendo en Guatemala para la crisis de 1893[141]. No olvidemos que ya en 1881, los súbditos de Su Majestad Británica en América Central eran 1,729, distribuidos de la siguiente manera:

139. Don Luis Blanco a Juan Rafael Mora. Carta del 6 de diciembre de 1849 (PRO. FO. 252/48/Nº 2/f. 12). También: Cónsul Meugens a la FO. Costa Rica, 23/1/1878 (PRO. FO. 252/168/Nº 2/f. 59). Cónsul Graham al Lord de Salisbury. Guatemala, 22/10/1878 (PRO. FO. 15/183/Nº 16/f. 74). Cónsul Meugens a Locock. San José, Costa Rica, 23/1/1878 (PRO. FO. 15/181/Nº 2/f. 86). Cónsul Graham al Lord de Salisbury. Guatemala, 7/2/1879 (PRO. FO. 15/187/Nº 2/f. 162). Mr. Locock a Mr. Sister. Bourmouth, 10/4/1879 (PRO. FO. 15/187/Nº 2/f. 192).

140. George Schedel a Charles Lennox Wyke. Puntarenas, 27/6/1853 (PRO. FO. 252/66/f. 199).

141. **Memorándum Comercial** Nº 8. 22/3/1894 (PRO. FO. 15/286/ff. 31-35).

•	El Salvador	34
•	Guatemala	176
•	Nicaragua	281
•	Costa Rica	1,238
	TOTAL	1,729[142].

En estos casos, la Oficina de Comercio de los Estados Unidos superaba en toda la línea a sus colegas de la Foreign Office Británica, o al Consejo Británico de Tenedores de Bonos Extranjeros, porque suplía constantemente a los empresarios norteamericanos en América Central con información decisiva sobre las políticas comerciales de estos gobiernos, las tendencias del gusto de los consumidores centroamericanos y sobre las posibilidades financieras de los cafetaleros para recibir créditos extranjeros.

Si en vísperas de la Primera Guerra Mundial, nueve décimas partes de la inversión inglesa en América Central estaban concentradas en el renglón de los ferrocarriles, se debe recordar que los mismos buscaban agilizar el transporte y la exportación del café, sin olvidar los «enlaces hacia adelante» que tendrían luego con el enclave bananero[143]. Pero el ferrocarril vehiculizó la gran concentración del comercio exterior centroamericano en la agricultura de exportación, y la supuesta diversificación de que algunos nos hablan, no era más que la reubicación de las utilidades que obtenía el capital financiero internacional en ese rubro. Los mencionados «enlaces», que en otras latitudes pudieran considerarse una expresión fehaciente de la diversificación comercial, en América Central sólo indican unilateralidad y distorsión estructural del sector exportador.

---

142. Cónsul Graham a la FO. Guatemala, 22/3/1881 (PRO. FO. 15/15/f. 194).
143. Pérez Brignoli, Héctor (1994). **Op. Loc. Cit.**

Un elemento que nunca será lo suficientemente enfatizado es el buen ambiente financiero que promovieran las crisis de 1873, 1882, 1890 y 1893 en la relativa atracción que tuvieron algunas ofertas de inversión en los países centroamericanos. Varios artículos publicados en **The Economist** por aquellos años así lo dejan ver, en particular los que analizan la situación financiera de América Latina en general y sus posibilidades reales como campo de inversión extranjera[144]. Las crisis mencionadas tuvieron la particularidad de formar parte de un ciclo depresivo que se extiende entre los años 1873 y 1896, y debido a ello los mercados bursátiles se flexibilizaron de una manera nunca vista. Tanto así que era increíblemente fácil fundar una compañía un día para hacerla desaparecer al siguiente. Los editores de **The Economist** llamaban la atención sobre este ambiente financiero ficticio, que tendía a beneficiar sobre todo las inversiones poco claras, como muchas de las que se hicieron en América Central[145].

Es evidente que lo que en realidad el capital extranjero aprovechó muy bien fueron los bonos de gobierno para la ampliación y construcción de servicios públicos, tales como ferrocarriles, tranvías, iluminación pública, cañerías y modernización portuaria. En realidad, el sector exportador costarricense crece constantemente y madura, debido en esencia al apoyo financiero que recibe del capital británico. Bischoff lo demuestra a plenitud en uno de sus trabajos[146]. Notemos también que

144. Sin autor: «The present position of the New South American and Central American Loans-A warning to investors in Foreign Government Securities». **The Economist** (Londres: Vol. XXX. Nº 1521. 19 de octubre de 1872). Pp. 1279-1280. Sin autor: «The composition of the Bankrupt South and Central American States». **The Economist** (Londres: Vol. XLV. Nº 2284. 1887). P. 715.

145. Sobre estos temas, el autor tuvo la oportunidad de estudiar una importante colección de recortes de periódicos que se encuentra en manos de la Biblioteca del Banco de Inglaterra, donde hay artículos de los más diversos diarios de la época, sobre el asunto de las quiebras y de las inversiones en los países centroamericanos. La llamada de atención siempre es la misma: cautela al invertir y no involucrar a la Corona Británica en esos asuntos.

146. Bischoff, Henry C. «British investments in Costa Rica». **Interamerican Economic Affairs** (Vol. VII. Nº 1. 1953). Pp. 37-47.

Ciudad de León, Nicaragua, 1856

la historia financiera de los ferrocarriles, casi desde los inicios de la década de los sesenta, es desagradablemente conflictiva sin excepción para todos los países centroamericanos[147].

Las condiciones en que se concedieron los derechos para la construcción ferroviaria fueron poco menos que asombrosas: la mayoría de los gobiernos centroamericanos entre los años 1860 y 1890, entregó al inversionista extranjero (inglés, alemán y norteamericano) un control casi total, no sólo en relación con la inversión en sí misma (el manejo de los fondos), sino también con respecto a todas las otras posibles derivaciones que tuviera. En 1857, por ejemplo, en Honduras se fundó una compañía conocida con el nombre de Honduras Interoceanic

147. Ross, Delmer Gerrard. **The Construction of Railways in Central America** (University of California, Santa Bárbara. Ph.D. Theses. 1981). Pp. 62 ss.

Railway Company Ltd., en cuyo artículo 3 del memorándum de incorporación se anotaba que «la compañía ha sido integrada para construir y mantener funcionando debidamente, un ferrocarril que conduzca de Puerto Caballos, en el Atlántico hondureño, hasta el Golfo de Fonseca, en el Pacífico. La concesión incluye todas las derivaciones eventuales: usufructo de tierras aledañas a la línea férrea; utilización y explotación de puertos, edificios e hipotecas; control de faros, muelles, barcos, telégrafos, ciudades y villas que estén interconectados con el ferrocarril. El capital nominal sería de 2,500,000 libras esterlinas, dividido en 100,000 acciones de 20,10 libras esterlinas y diez chelines cada una»[148].

Esa misma compañía, cuyos principales accionistas eran sobre todo pequeños comerciantes ingleses, en 1861 no había podido colocar la totalidad de su oferta. En 1862 se declaró en quiebra y fue disuelta definitivamente en 1882[149]. Pero aún en 1873, otra compañía inglesa, integrada según las Actas de Compañías de 1862 y 1867[150], intentaba recuperar los haberes de la anterior y ampliar sus posibilidades de inversión, al incluir la vieja deuda del gobierno federal centroamericano (la porción que le correspondió a Honduras), más los préstamos gubernamentales adquiridos después de 1867 para concluir el ferrocarril en ese país[151]. De lo anterior se desprende con claridad que Honduras no tuvo una «integración» muy exitosa en el mercado

148. **Honduras-Papeles Confidenciales de la Oficina de Comercio** (PRO. BT. 31/246-807/1857) y (PRO. BT. 31/1922-7919/1873).
149. Idem. **Loc. Cit.**
150. El gobierno británico revisaba con cierta regularidad la legislación sobre la forma en que se integraban las compañías, los requisitos que había que cumplir para fundarlas, el número de asociados y otros aspectos relacionados con las prácticas comerciales en el imperio. La actualización se hizo más frecuente desde la segunda parte del siglo XVIII, cuando los negocios se incrementaron extraordinariamente. Para 1862 y 1867, las Actas de Compañías se introducían con nuevas aspiraciones que buscaban afectar sobre todo a los accionistas y a las prácticas contables. Friedlander, H.E. y Oser, J. **Historia Económica de la Europa Moderna** (México: FCE. 1975). Segunda parte, capítulos 12 al 20.
151. Honduras-Papeles... **Op. Loc. Cit.**

mundial, pero aquellos empresarios que sí tenían conciencia de las bondades de la misma, aprovecharon muy bien la situación, como el inglés que, aunque no siempre sabía con certeza adonde estaba enviando su dinero, esperaba regularmente por los dividendos correspondientes.

El patrón de inversión en los renglones del servicio público (tales como ferrocarriles, alumbrado, tranvías y otros) es prácticamente el mismo en igualdad de circunstancias para los casos de Costa Rica, Santo Domingo (República Dominicana), Bolivia y Honduras. Tanto así que, el Parlamento Británico realizó una investigación en 1875, con respecto a las verdaderas proporciones de la estafa que estaba abriéndose lugar en el mercado bursátil inglés y contra los gobiernos extranjeros citados[152]. Curiosamente, otras inversiones del mismo tipo fueron en realidad exitosas, si así se puede calificar a la que generaba utilidades importantes para un accionista lejano y desconocido, que ignoraba en general cómo era utilizado su dinero en extraños y exóticos países, difícilmente ubicables en el mapa.

Las distintas compañías que se fundaron por esos años, con el afán de explotar concesiones en los países centroamericanos, vinieron al mundo con nombres y títulos muy diversos, pero todas estarían dedicadas a un mismo propósito: la explotación de las líneas férreas construidas en la región. La Costa Rica Railway Company (1886); la Interoceanic Railroad of Guatemala (1878); la Pacific Railway of Nicaragua (1882); la Salvador Railway Company (1886); y todas las otras pequeñas compañías que buscaban aprovechar la explotación de los ramales ferroviarios o las concesiones portuarias, hasta la fundación del

152. Quesada Monge, Rodrigo. «Ferrocarriles y crecimiento económico: el caso de la Costa Rica Railway Company. 1871-1905». **Anuario de Estudios Centroamericanos** (San José: Vol. 9. 1983). Pp. 87-119. Incluido en este libro como capítulo VII. Un valioso estudio reciente es el trabajo de Murillo Chaverri, Carmen. **Identidades de Hierro y Humo. La Construcción del Ferrocarril al Atlántico. 1870-1890** (San José: Porvenir. 1995).

International Railway System (1911), aspiraban no tanto al mejoramiento de los transportes en lejanos países de cuya existencia poco sabían, sino que esencialmente buscaban el mejor medio financiero posible para que las operaciones especulativas en que estuvieran involucradas, no encontraran las dificultades que tenían por ejemplo en el centro de Europa o en los Estados Unidos[153].

Muchas de estas organizaciones prolongaron sus actividades hasta la mitad del presente siglo, como es el caso del International Railway System, que todavía en 1953 emitía reportes anuales de increíble utilidad histórica[154]. Pero las especulaciones bursátiles con los servicios en América Central no se agotaron con los ferrocarriles, porque estos al mismo tiempo también diversificaron sus actividades y se vieron operando en otros sectores de igual importancia pública: la iluminación urbana, los tranvías, las cañerías, los mercados, las compañías de seguros, la minería y la agricultura.

Será en el capítulo siguiente donde se ampliarán algunos de estos temas, pero es importante mencionar que el capital inglés decidió entrar en acuerdos y negociaciones con el capital norteamericano, con el propósito de que sus inversiones en América Central no se fueran del todo a la bancarrota. Desde 1849, y particularmente desde los años 1870 y 1880, los comerciantes ingleses veían cómo progresaban sus colegas norteamericanos y los desplazaban del mercado centroamericano[155]. Una salida

153. Ross, Delmer Gerrard. **Op. Cit.** Pp. 129-142.

154. Sobre el International Railway System es importante indicar que sus cuentas anuales se encuentran en la Guildhall Library de Londres y cubren los años de 1911 a 1953. El autor prepara un trabajo sobre esta corporación ferroviaria que alió a empresarios ingleses, norteamericanos, alemanes y franceses, para explotar los ferrocarriles centroamericanos.

155. Como indicamos en varias citas atrás, la prensa diaria de la época se ocupaba de estos asuntos con pronunciado interés, debido a que los ingleses se mostraban cada vez más preocupados por su pérdida de influencia comercial en América Central.

para aliviar esta derrota, fue entrar en sociedad con los inversionistas norteamericanos, lo que se realizó con eficacia al iniciarse los años noventa, o cuando menos, se preparó el terreno para que los empresarios norteamericanos no tuvieran los problemas políticos y financieros que tuvieron los ingleses en sus propios mercados de capital, cuando se trató de presentar a los países centroamericanos como verdaderas promesas de rentabilidad[156].

La «ferrocarrilización»[157] de las economías centroamericanas sentó las bases para la diversificación de las inversiones en diferentes sentidos, siempre de alguna forma ligadas con las actividades empresariales «inventadas» por el ferrocarril. No obstante, se trataba de una diversificación en las inversiones y no necesariamente en los servicios. En esos casos el beneficiado es el que realiza la operación, no el que la recibe o «sufre», pues este muchas veces sólo ofrece lo que tiene para no perderlo, al ponerlo en manos de un extranjero que aprovechará el antecedente. Aquí, por ejemplo, una pequeña empresa de alumbrado o transportes (digamos carretas) evade la quiebra, no se diversifica el servicio porque ya existe, pero el empresario extranjero sí multiplica su dinero. Este tipo de operaciones en todo momento las efectuó con gran maestría el empresario norteamericano Minor C. Keith.

En realidad fue después de 1890 (como se tratará en el siguiente capítulo) cuando la inserción imperialista al mercado mundial (esta vez liderada de manera irreversible por los Estados Unidos), al consolidar la economía de enclave en el istmo, recogió la herencia que los británicos les habían transferido, en lo que respecta al conocimiento y el buen manejo de las negociaciones

---

156. Stewart, Taimoon. «The third world debt crisis: a long waves perspective». **Review. Fernand Braudel Center** (Vol. XVI. Nº 2. Spring, 1993). Pp. 117-172.
157. Idem. **Loc. Cit.**

con los gobiernos centroamericanos, sus hombres de negocios y los consumidores comunes y corrientes.

Recordemos para finalizar esta sección, que las ganancias de la «ferrocarrilización» centroamericana quedaron en manos de los países centrales, en este caso en Gran Bretaña y los Estados Unidos fundamentalmente. Esas ganancias se manifestaron en todas las direcciones posibles: en la fase de construcción, en la fase de utilización de la infraestructura de los transportes que representaban los ferrocarriles en sí mismos, y de las otras posibilidades que abrieron en ese sector, y eventualmente, en la financiación, porque a pesar de que la misma estaba respaldada por los gobiernos receptores de los dineros, las deudas así adquiridas repitieron el ciclo del crédito, el cual en última instancia, a quien terminaba beneficiando era siempre a los países acreedores.

Esto no sorprende si se estudia el ciclo de endeudamiento como parte del proceso de crecimiento del sector exportador de las economías centroamericanas, cuestión que se hará a continuación.

ECONOMIA MUNDIAL Y SECTOR EXPORTADOR EN AMERICA CENTRAL (1851-1881)

Cuando se discute la «modernización» del sector exportador en América Central, un aspecto que no debe ser olvidado está en relación directa con la capacidad que tienen estos países para endeudarse. El argumento de economía política («bon cuisine, cordon blue») que circula por esos años —no sólo en el medio académico sino también en el civil y burocrático—, se refiere a que «sólo es posible modernizarse y crecer económicamente, si se adquieren deudas»[158]. Motivo por el cual, cuando la

158. Idem. **Loc. Cit.**

Posada a mitad del camino hacia San Juan del Sur, Nicaragua, 1856

deuda externa de los países centroamericanos entra en crisis, en diversas oportunidades bien precisas, el contexto internacional estuvo preparado para recibir a un nuevo deudor insolvente, cuya incapacidad de pago incrementaba sus dividendos con intereses acumulados y nuevas deudas para pagar las anteriores.

La crisis de la deuda, era evidente, seguía un patrón cíclico y ocurría cada cincuenta o sesenta años con mayor certeza en las economías de la periferia, durante la etapa descendente de un determinado ciclo de negocios. El caso centroamericano era realmente representativo, pues encontramos momentos críticos de la deuda durante los años 1826-1842, 1857-1866, 1875-1882, 1920-1929, 1932-1939 y 1982-1988, cuando estos países tomaron conciencia, con toda la fuerza del realismo capitalista, que habían sido finalmente integrados al mercado mundial, y que de ahí en adelante, las crisis en el centro tendrían un impacto demoledor en la periferia.

El sistema financiero internacional siempre promovió el desplazamiento geográfico del ciclo de negocios, mediante un flujo regular de capital hacia los sectores más prometedores y expansivos en las economías de la periferia. De esta manera, la migración de capital estaría ligada con el desgaste de su potencial de innovación reproductiva en el centro, y con las altas tasas de interés que, además de financiar la brecha entre ahorro e inversión, estarían absorbiendo las industrias locales en la periferia.

Ahora bien, como se produce un exceso de liquidez en el mercado internacional de los capitales, seguido por un descenso de las ganancias en el sistema, las prácticas especulativas emergen con una gran violencia, y provocan «una fragilidad sistémica» en el mismo, con mayores probabilidades de quiebras recurrentes en las economías periféricas, por su enorme vulnerabilidad a movimientos financieros en los que no estuvo presente. En esos casos, tres posibles explicaciones se han propuesto para hacernos entender las bajas tasas de reembolso que recibe el capital externo invertido allí.

La primera se refiere a que los ingresos por exportaciones son permanentemente deficitarios, debido al desplome de la demanda como consecuencia del estancamiento estructural de las economías del centro desde 1875. La segunda propone que la estructura de las economías periféricas conduce hacia un crecimiento basado en ingresos medios y muy bajos, a causa del elevado componente de las importaciones que se encuentra en proyectos como los ferroviarios, a las modestas dimensiones del mercado interno, y a la pérdida de eficiencia para sustituir tales importaciones, un problema que, en el caso centroamericano sería pospuesto hasta la segunda parte del siglo XX. La tercera y última explicación aclara que un consumo ineficiente del capital importado por parte de los estados periféricos para satisfacer las necesidades empresariales de los grupos a los que le interesa apoyar, conduce hacia un bajo crecimiento del ingreso y a progresivos problemas para pagar las deudas adquiridas, con las consecuentes y escandalosas quiebras nacionales que se operan en los estados centroamericanos del siglo XIX.

Pero los países capitalistas centrales sacaron muy buen provecho de las situaciones descritas arriba. Gran Bretaña, por ejemplo, encontró en la «ferrocarrilización» de América Central (parte de un proceso mayor de readecuación de los mecanismos de extracción de plusvalor a escala mundial) una buena oportunidad para beneficiarse de las crisis financieras producidas a causa del colapso de la Federación Centroamericana, y de la reactivación económica de estados liliputienses que apenas empiezan a organizarse como tales en la segunda parte del siglo XIX. Los pasos a seguir por una economía todopoderosa como la británica son fáciles de vislumbrar, a partir de su experiencia en América Latina, y particularmente en Centroamérica. Tales pasos fueron los siguientes:

1. Crecimiento económico en el centro capitalista.

2. Saturación y crisis del ambiente financiero en el centro capitalista.

3. Exportación del capital hacia la periferia.

4. Especulación, fragilidad financiera y crisis internacional.

5. Reorientación de los flujos internacionales de capital.

6. Crisis y colapso de la deuda y de las estructuras internacionales del comercio exterior, en el centro y en la periferia capitalistas.

Entre los años 1851 y 1881, las relaciones comerciales y financieras entre América Central y Gran Bretaña no excluyeron ninguna de estas condiciones. Como la modernización era entendida a partir de la potencialidad de endeudamiento que tuviera un país o una región, resulta difícil comprender el proceso de expansión del sector exportador en América Central, sin criticar las deudas que estos países adquirieron en diferentes momentos del siglo XIX con los británicos, y del siglo XX con los Estados Unidos.

Para los centroamericanos hubo endeudamiento externo, porque la economía británica había crecido y su crecimiento hizo posible una relativa saturación del mercado financiero internacional. Hubo inversión privada directa porque se exportó capital y se especuló con las condiciones tan deterioradas en que se encontraba dicho mercado. Las crisis de la deuda centroamericana fueron recurrentes cada vez que los británicos decidieron revisar la dirección de sus flujos de capital en ultramar, lo que hacía que los centroamericanos dependieran cada vez más de sus exportaciones para poder pagar sus créditos y sus mercancías importadas.

Es en el **Anuario de la Bolsa de Valores (Stock Exchange Yearbook)** de Londres (desde 1867 en adelante para el caso centroamericano), en los **Papeles del Parlamento (Parliamentary Papers)** (desde 1847), en la colección de **Papeles Confidenciales (Confidential Prints)** de la Biblioteca del Museo Británico y en los documentos del Banco de Inglaterra (conservados en la Guildhall Library de Londres), donde los académicos podemos localizar la información correspondiente para rastrear el trayecto seguido por la deuda externa de América Central con los británicos en el siglo XIX. Con esa documentación el ámbito en que se encontraban los intereses financieros de británicos y centroamericanos, puede ser dibujado con una gran precisión. Sin embargo, siempre estará presente el problema de cómo cuantificar el volumen real de las ganancias obtenidas en forma de comisiones, regalías y otras prebendas por los hombres a cargo de las negociaciones de la deuda externa de los países centroamericanos.

Aún así, dicha documentación facilita una ligera reconstrucción de la historia de los préstamos hechos por los británicos a los gobiernos centroamericanos. Tales préstamos parecen remontarse a los inicios de la Federación Centroamericana, cuando el cónsul británico, F. Chatfield, estableció que la deuda de esta con los ingleses era de 163,300 libras esterlinas, «sobre la cual pesa un interés del 6% anual adeudado desde 1828 (hasta 1844), el que representa 157,768 libras esterlinas; sumado a la cantidad anterior nos da 320,068 libras esterlinas. Además, se deben a Reid, Irving & Co. de Londres unas 21,120 libras por su representación de Centroamérica antes de 1828, y por haber pagado cada medio año dividendos de los bonos. Una vez que se concluyó que Costa Rica pagaría un doceavo de la deuda centroamericana, o sea, 25,765 libras con 13 chelines y 4 peniques, el gobierno de Costa Rica envió dos mil petacas de tabaco a la orden de Mr. Chatfield, las que generaron 16,210 libras, 10 chelines y 3 peniques, contra un déficit todavía por cubrir de 10,555 libras, 3 chelines y 1 penique. Los tenedores de bonos centroamericanos en Londres aceptaron 11,879 libras, 17 chelines y 10 peniques como satisfacción de la deuda de Costa Rica con ellos. Por su parte, los señores Reid, Irving & Co. aceptaron 1,760 libras como compensación a su cuenta»[159].

La larga cita anterior, hecha sobre la base de una traducción nuestra de un informe de Chatfield a la Foreign Office Británica, retrata con detalles la minuciosidad con que los ingleses siempre llevaron sus cuentas en América Central. Costa Rica, en un principio se opuso a la forma en que se había hecho

159. Chatfield, F. a la FO. (P.P. 1847. LXIX. Cartas N$^{os.}$ 142 a 157). Pp. 113-114; 123; 579-580; 575; 583-584.

el arreglo de pago, pero fue Chatfield quien, finalmente, decidió cómo se distribuiría la deuda federal, adquirida el 6 de diciembre de 1824. Los costarricenses argumentaban que los pagos debían asignarse en virtud del tamaño de la población, los otros países centroamericanos no objetaron la medida aplicada por Chatfield.

Pero se había establecido un nefasto precedente: de ahí en adelante serían las potencias imperialistas las que decidirían cómo los estados centroamericanos debían administrar sus finanzas públicas[160]. El ejemplo de Honduras es representativo en toda la línea: entre los años 1897 y 1912 fueron los gobiernos y los empresarios ingleses y norteamericanos los que fijaron los términos en que ese país debía pagar su deuda externa[161] (véase el capítulo VIII de este libro). Otras historias dignas de ser contadas son la de Guatemala y la de Costa Rica, porque desde 1827-1828, pasando por 1837-1847, hasta las quiebras de 1874-1877 y 1885-1891 —parte también del cuadro financiero internacional—, presentan la particularidad de que, con excepción, los gobiernos centroamericanos negocian los asuntos de su deuda externa directamente con sus acreedores o, para el caso británico, con el Consejo de Tenedores de Bonos Extranjeros (Council of Foreign Bondholders)[162]. Siempre intervino un agente extranjero —en Centroamérica fue Minor C. Keith—, quien al final indefectiblemente, terminaba como administrador de concesiones empresariales innombrables por su impacto en la soberanía política, financiera y económica de estos países[163] (véase el capítulo VII más adelante).

160. Para mayores detalles véase el capítulo VIII de este libro.
161. Para un rastreo efectivo de los pormenores de la deuda externa de los países centroamericanos se puede revisar con seguridad el **Anuario de la Bolsa de Valores de Londres (Stock Exchange Yearbook),** editado por Thomas Skinner.
162. Idem. **Loc. Cit.**
163. Ellis, Frank. **Las Transnacionales del Banano** (San José: EDUCA. 1983). Capítulo I.

De cualquier manera, habría que mencionar que la deuda centroamericana con los ingleses (desde 1828 hasta 1885 aproximadamente), fue un asunto de la exclusiva competencia del Consejo de Tenedores de Bonos Extranjeros, puesto que el gobierno de Su Majestad Británica evitó hasta donde le fue posible su participación directa en los asuntos atinentes a tales negociaciones. Dicho involucramiento se hubiera tenido que manifestar por medio de instrumentos financieros como los que utilizaría más adelante Estados Unidos en Honduras: con la fiscalización estrecha de los ingresos aduaneros de ese país, por ejemplo[164]. Pero los ingleses pasaron de amenazas de carácter militar (en los años cuarenta) a las alianzas con los Estados Unidos, para salvar algo de lo invertido por ellos en América Central. La historia de Honduras es de nuevo el mejor ejemplo.

No obstante, el problema que está por estudiarse e investigarse a fondo, para encontrarle una explicación al entreguismo de los grupos sociales dominantes en América Central, no es tanto si estos años fueron los del nacimiento del Estado nacional, sino más bien los años cuando se fijaron los niveles reales de articulación entre endeudamiento externo y crecimiento del sector exportador. Trabajos en esa dirección se han elaborado para Argentina, Colombia y México[165], con los que se han podido obtener algunas conclusiones interesantes en relación con el diseño del sector exportador, después de que estos países llegaron a comprender la dinámica que se establecía entre endeudamiento externo, inversión privada directa y producción para la

164. Selser, Gregorio. **Honduras, República Alquilada** (México: Mex-Sur. 1983). Véase en particular el prólogo escrito por Juan Arancibia. Pp. 9-35.

165. Para los casos de México, Colombia y Argentina, la relación entre endeudamiento externo y ferrocarriles ha sido estudiada por autores como: Coatsworth, J.H. **El Impacto Económico de los Ferrocarriles en el Porfiriato. Crecimiento y Desarrollo** (México: Sep. Setentas. N$^{os.}$ 271-272. 1976). 2 vols. Mc Greevey, William Paul. **An Economic History of Colombia. 1845-1930** (Cambridge University Press. 1971). Cap. 10. Ford, A.G. **El Patrón Oro. 1880-1914. Inglaterra y Argentina** (Buenos Aires: Instituto Torcuato Di Tella. 1966). Cap. V.

exportación. Pero en América Central actualmente estamos creyendo que eso es estudiar el imperialismo, y todo lo que se le parezca está «out of fashion», por lo tanto debe descartarse. Sin embargo, sin estudiar el imperialismo es muy difícil comprender el siglo XIX en Centroamérica.

Cuando sólo dos o tres asociados poseen el 6% de las acciones de las deudas externa e interna de un país, no es posible hablar de la expansión de su estructura de la producción sin tener presente que la noción misma de empresariado está siendo sacudida. Es que Keith, al empezar el siglo XX era dueño, junto con los hermanos Speyer, de casi la totalidad de las deudas de Guatemala, Costa Rica, Nicaragua y El Salvador. Ser el propietario de esas deudas, significaba principalmente tener el poder de negociar contra la posesión de sus acciones, sobre ferrocarriles, muelles, puertos, caminos y privilegios para la explotación de tierras, derechos de control y alquiler del alumbrado público, el transporte urbano, las cañerías y hasta los edificios escolares y de los mercados municipales[166]. Si lo anotado no era imperialismo, ¿cómo se llamaba entonces? ¿Libre empresa?

Para efectos de este trabajo se ha llamado «inserción real al mercado mundial» e «inserción imperialista» (véase el capítulo siguiente), porque la estrecha imbricación de todos esos factores para poder entender cómo se diseña el sector exportador en América Central, no puede hacerse sin pensar, por un lado, en la producción bananera, y por otro, en el espectacular crecimiento de la fuerza de trabajo ocupada por ella; y en el proceso de crecimiento urbano como corolario de un Estado burgués en ciernes que se modernizaba poniendo a sus trabajadores al servicio del mercado mundial. Es en estos momentos cuando no deberíamos sorprendernos del surgimiento de la beligerancia obrero-bananera en América Central, atribuida con

166. Stewart, Watt. **Keith y Costa Rica** (San José: ECR. 1967). Pp. 36 y ss.

frecuencia a las supuestas «ideas exóticas», y no en realidad al ciclo productivo interno que reposa decepcionalmente sobre el sector exportador[167].

Los acreedores ingleses negociaban con los agentes bancarios norteamericanos la mejor forma de aprovechar la incapacidad de pago de los gobiernos centroamericanos. Estos, a su vez, explotaban a sus trabajadores para que el empresario norteamericano (UFCO) se sintiera con toda la libertad de invertir sin temores políticos, los cuales el empresario inglés logró acallar con ciertas alianzas financieras en las que los perjudicados serían siempre los gobiernos centroamericanos.

No se olvide, entonces, que fue entre los años 1851 y 1881 cuando el sector de las exportaciones creció más en América Central. Pero se creció para poder importar más, puesto que los ferrocarriles se expandieron y el Estado se «modernizó». Entre tanto, los agentes financieros ingleses y norteamericanos negociaban con el encanto de las imágenes distorsionadas que les vendían en sus países a los posibles inversionistas. La comisión parlamentaria que realizó la investigación de 1875, con respecto al fraude que se había cometido con algunos préstamos hechos a países centroamericanos, caribeños y suramericanos, en realidad no expresó interés por los verdaderos límites de la capacidad de pago de aquellos; le interesaba solamente averiguar cómo y por qué los compradores ingleses de bonos extranjeros habían sido estafados[168].

La importancia de los resultados arrojados por las investigaciones de la comisión referida, fueron más allá del descubrimiento

167. Fonseca, Elizabeth. **Centroamérica: su Historia** (San José: FLACSO. 1996). Capítulo IV.

168. Los documentos y el procedimiento legislativo seguidos por la comisión parlamentaria que hizo la investigación sobre los préstamos de Costa Rica y otros países latinoamericanos, se encuentran en (P.P. 1875. XI. **Report from the Select Committee on Loans to Foreign Countries**).

de los manejos turbios que eran posibles en las condiciones de deterioro en que se encontraba el mercado financiero en Londres por esos años. También permitieron descubrir que los comerciantes ingleses, en países como los centroamericanos, iban a tener el serio problema de enfrentarse a un soberbio competidor, dispuesto a sacarlos a cualquier costo de ese mercado. Y que las alianzas financieras con el empresariado norteamericano iban a ser siempre en condiciones desventajosas. ¡Cuántas veces Keith le ofreció a los agentes del Consejo Británico de Tenedores de Bonos Extranjeros, que los ingresos por impuestos a la exportación de bananos serían eventualmente suyos, para pagar la deuda que tenían con ellos algunos estados centroamericanos![169]

Entre los años 1851 y 1881 las exportaciones de café en América Central crecieron geométricamente. Pero también las plantaciones bananeras se estaban expandiendo de manera vertiginosa[170]. Este sería el momento cuando la economía de agroexportación quedó definida de manera irreversible. Lo que algunos historiadores han llamado el «capitalismo agrario» fijó sus patrones de desarrollo en ese preciso instante[171]. La «inserción imperialista al mercado mundial» (véase el capítulo siguiente), únicamente logró consolidar una situación de hecho, pues como expondremos, en este período (1881-1915) se incrementó el índice de la conflictividad social, a consecuencia de la progresiva toma de conciencia por parte de los trabajadores urbanos y rurales, no sólo de la explotación a que estaban sometidos por parte de empresas nacionales y extranjeras, sino también de las posibilidades que tenían de darse a sí mismos y a sus familias una vida mejor.

169. Habría que revisar los números del **Anuario de la Bolsa de Valores de Londres** desde 1871 en adelante.
170. León, Jorge. **Op. Cit.** P. 5.
171. Pérez Brignoli, Héctor. «Economía política del café en Costa Rica (1850-1950)». En Samper y Pérez Brignoli (editores) (1994). **Op. Cit.** Pp. 83-116.

Para concluir esta sección, quisiéramos indicar que la responsabilidad real de los británicos en lo que se refiere al funcionamiento del circuito integrado por el endeudamiento externo, la inversión privada directa y el crecimiento del sector exportador de las economías centroamericanas, debe buscarse sobre todo en la profundidad de sus alianzas con el empresario norteamericano, y en las implicaciones de largo alcance que tuvieron sus presiones financieras en los gobiernos de la región. Estas y la pérdida de competitividad del comercio británico en el área, obligaron a los centroamericanos a buscar el apoyo de los Estados Unidos, con el agravante de que los mismos, simultáneamente, sostenían conversaciones con los británicos con el propósito de que abandonaran la región, como quedó estipulado con claridad en el Tratado Hay-Pauncefote de 1901[172].

El hecho estaba consumado, pues los británicos habían empezado a ver cómo los norteamericanos avanzaban decididamente desde 1855 en dirección hacia la eliminación de sus mercados centroamericanos. Después de 1914 el comercio exterior de la región es difícil de entender sin hacer referencia al enclave bananero; mucho menos sin mencionar la nueva estrategia desarrollada por el gobierno de los Estados Unidos, que consistía en dar apoyo incondicional a sus empresarios en cualquier lugar del mundo donde estuvieran invirtiendo dinero norteamericano. Entre los años 1851 y 1881, la dinámica comercial y financiera desplegada por los ingleses en América Central, habría pasado entonces de un punto de máxima ebullición (durante las décadas de 1860 y 1870), a un punto extremo de repliegue cauteloso que se expresaría en la caída registrada en las décadas de 1880, 1890 y 1910.

172. Para una cronología de los tratados entre Gran Bretaña, los Estados Unidos y los países centroamericanos, véase: Woodward, R.L. (1985). **Op. Cit**. Pp. 284-307.

Para contrapesar esta situación, los centroamericanos tuvieron que modernizar sus estructuras financieras y comerciales, como expondremos en la siguiente sección.

LA DEPRESION CRONICA DEL COMERCIO EXTERIOR CENTROAMERICANO (1851-1881)

Ya lo indicamos en la sección anterior: desde la segunda parte del siglo XIX hasta la Primera Guerra Mundial (1914-1918), la economía capitalista mundial pasa por un ciclo depresivo, que para la América Central tuvo una enorme significancia por dos razones esenciales:

1. Modernizó y agilizó sus estructuras financieras.

2. Hizo crecer y expandió su comercio exterior.

Al referirnos al primer aspecto, debemos de tomar en cuenta un componente vertebral: los centroamericanos por esos años empezaron a fundar bancos y fortalecieron sus instituciones monetarias, porque el crédito extranjero (particularmente británico) nutrió al sector exportador. Es decir, en América Central fue muy claro el impacto político que podía tener la asignación del crédito que venía de Inglaterra, Alemania, Francia y los Estados Unidos. Un banco como el Banco Anglo Costarricense, fundado en 1863 —tal vez la primera institución debidamente configurada para ofrecer este tipo de servicios en América Central— fue creado por socios ingleses y costarricenses, con la aspiración de fortalecer y ampliar en el país el radio de acción de la producción cafetalera[173]. En consecuencia, el

173. Los tomos IV y V de la **Historia General de Centroamérica** serán por un buen tiempo el mejor acercamiento a los asuntos bancarios y financieros de la región.

La iglesia antigua en la plaza principal de la ciudad de Granada, Nicaragua, 1856

crédito se convertiría en un arma política de incalculable importancia; tanto así que las rivalidades de esa naturaleza se resolverían frecuentemente con el fusilamiento, la extradición y otros recursos que pusieran al oponente lo más lejos posible de las fuentes de crédito disponibles[174].

174. Los reportes consulares citados en diversas ocasiones son abundantes en información sobre los problemas que encontraban los centroamericanos para abastecerse del crédito requerido, con el fin de mantenerse a flote en la economía

El proceso de mercantilización del crédito es propio de estados modernos y bien dispuestos, para que sus economías operen armoniosamente con lo que sucede a escala internacional. Los bancos, por su parte, aparecen cuando tales economías han madurado lo suficiente para mantener, en principio, una relación directa entre el aparato de Estado y el sector financiero de la sociedad. Lo que planteamos es que las políticas crediticias del Estado en una economía de agroexportación están diseñadas para servir y fortalecer al componente estratégico de aquel: el sector exportador. En efecto, no se podrían comprender a cabalidad las asociaciones financieras que se daban entre las líneas navieras que visitaban las costas centroamericanas, las compañías ferrocarrileras, las compañías de seguros, los beneficiadores del café y los exportadores, sin mencionar que el crédito tenía dos fuentes principales de procedencia: la externa, constituida por los dineros que prestaban con interés los capitalistas extranjeros, y la interna, compuesta por los capitales que manejaban todas aquellas personas ligadas con los sectores de la economía de agroexportación, es decir, cafetaleros y bananeros principalmente[175].

Los bancos en esos casos eran más que nada administradores de los fondos de los sectores económicamente más poderosos en América Central. Administradores a interés de unos fondos que se reciclaban dentro del mismo sector sociofinanciero. Cuando los extranjeros fundaban bancos, como harían los ingleses a finales de los años noventa, el propósito era el mismo, sólo que ahora la nacionalidad del administrador había cambiado y este se enriquecía a costa de los centroamericanos ricos que alquilaban su dinero[176].

mundial. Se trata de informes consulares que hemos mencionado varias veces. También pueden verse los capítulos que siguen para mayor amplitud en el uso de este tipo de fuentes.

175. Samper, Mario (1993). **Op. Cit.** P. 96.

176. En el capítulo siguiente intentaremos referirnos, con algún detalle, a las operaciones que los bancos ingleses realizaron en América Central. La mayor parte de ellos iniciaron las mismas al finalizar el siglo XIX, y sobre todo, durante las dos primeras décadas del XX.

Pero el costo del dinero era alto, a veces llegaba al 10% mensual, contra préstamos en libras esterlinas y en dólares. Era alto porque la corriente crediticia internacional estaba la mayor parte del tiempo deprimida. América Central no era la excepción en ese aspecto. Los cafetaleros fundaban bancos en los países centroamericanos porque era la mejor forma de centralizar la administración y la asignación del crédito, también porque era la manera más eficaz de enrolarse y servirse de las fuentes internacionales de capital, además, porque América Central ya formaba parte del sistema multilateral de pagos a escala mundial. Estos países, desde la fundación de sus sistemas financieros y monetarios a finales del siglo pasado, habían venido operando basados en complejos sistemas multilaterales de pago, enriquecidos con terceros países (como Alemania y los Estados Unidos, después de Gran Bretaña), lo que los obligó a la actualización, a la puesta al día de sus finanzas públicas[177]. América Central, por ejemplo, le vendía a Inglaterra para obtener créditos en Estados Unidos y comprarle a los alemanes.

De esta manera funcionaba el mecanismo de la modernización financiera, y América Central no pudo eludir el impacto que tuvo la misma sobre su economía, debido a la crisis internacional del sistema bimetalista. Tampoco estuvo al margen de los inicios de la aplicación del sistema monetario basado en el «patrón oro», hacia los años 1880 y 1890. Pero en países como los centroamericanos, con un aparato de Estado tan frágil y tan mediatizado por intereses socioeconómicos bien concretos, la agilización internacional de los medios de pago sólo estuvo al servicio de los sectores sociales vinculados al sector exportador. Los negocios que los cafetaleros centroamericanos realizaban con los inversionistas y prestamistas ingleses fueron hechos siempre

177. Para un tratamiento sugestivo sobre el sistema de pagos multilateral a escala internacional, véase: Gould, J.D. **Economic Growth in History. Survey and Analysis** (Londres: Methuen & Co. 1972). P. 33. También: Lewis, W. Arthur. **Growth and Fluctuations. 1870-1913** (Londres: George Allen & Unwin. 1978). Pp. 31-54.

con el primer «patrón divisa» de la historia financiera contemporánea: la libra esterlina. Pero hacia finales del siglo, el dólar ya logró configurar su área de influencia y los ingleses empezaron a tener problemas con sus cobros en libras esterlinas en América Central y el Caribe, por las dificultades de reconversión de las remesas en dólares que hacían estos[178]. Los gobiernos centroamericanos con frecuencia pagaban sus deudas en dólares (cuando lo hacían). El Consejo Británico de Tenedores de Bonos Extranjeros constantemente se estaba quejando de la pobre participación de su gobierno en este asunto y de la escasa presión que ejercía para que los centroamericanos pagaran en libras esterlinas. Resulta que este hábito estuvo vigente durante unos cuarenta años, de esta manera los centroamericanos hicieron ajustes en sus prácticas financieras, administrativas y contables, para que los pagos pudieran hacerse en el nuevo «patrón divisa» que se avizoraba en el horizonte: el dólar americano. Un ajuste decisivo fue el desplazamiento hacia plazas financieras y bursátiles de nuevo cuño, tal como la Bolsa de Valores de Nueva York. Esto agravaba la situación para los acreedores británicos en América Central, puesto que tenían que pagarle al competidor para que administrara sus cobros y recaudaciones en una moneda sobre la que tenían muy poco control[179].

Después de 1890 escuchamos en América Central las voces de la reforma monetaria, que empezarán a tener lugar a principios del siguiente siglo. Pero esto sucederá en un nuevo ambiente financiero internacional, donde ya Gran Bretaña ha pasado a ocupar un segundo lugar en la organización de los

178. Otra vez los reportes consulares están repletos de este tipo de quejas: no hay acuerdos establecidos entre británicos, norteamericanos y centroamericanos en relación con la forma en que se harían los pagos. A veces se reportan los pagos hechos en dólares, otras en libras esterlinas, lo que significaba un gran problema para el Consejo Británico de Tenedores de Bonos Extranjeros, en el momento de hacer las transferencias de un país a otro.

179. Kenwood, A.G. y Lougheed, A.L. **Op. Cit.** Capítulo 6. También: Jenks, Leland. **The Migration of British Capital to 1875** (Londres: Nelson's University Paperbacks. 1971). Capítulos V y VI.

créditos de los productores centroamericanos, y los Estados Unidos se han hecho cargo de la mayor parte de la financiación de las cosechas para la exportación en América Central.

Los cambios que mencionamos se hicieron sentir también en la organización del comercio exterior, y en la forma en que se realizarían la recolección y presentación de las estadísticas de importación y exportación. Las cuentas nacionales, los cálculos sobre las balanzas comercial y de pagos, empezaron a manejarse con más cuidado, desde el momento en que los gobiernos de los agroexportadores, a finales de siglo, se preocuparon por introducir nuevas técnicas contables. Costa Rica y Guatemala fueron pioneros en lo que a eso se refiere, creando oficinas de estadísticas y censos que harían más fácil la comprensión y administración de los cambios en el comercio exterior de esos países.

Los sistemas de recolección de impuestos y de pagos de las deudas interna y externa se mejoraron notablemente, al menos en lo que respecta al tratamiento del detalle[180]. Las convenciones y los tratados comerciales con gobiernos extranjeros se consolidaron cuando fue posible someterlos a revisión y actualización, además se establecieron otros nuevos con los recién llegados a la comunidad comercial internacional. Pero las cuentas centroamericanas seguían teniendo un problema estructural: las diferencias de valor entre las importaciones y las exportaciones eran muy difíciles de registrar y mucho menos de cuantificar. Los años que se estudian aquí fueron para América Central de aparente bonanza comercial, cuando las exportaciones ficticiamente sobrepasaban a las importaciones (véase el capítulo V). Este espejismo era el resultado de presuntos errores de procedimiento estadístico, que se arrastrarían hasta los años treinta del presente siglo.

---

180. Román Trigo, Ana Cecilia (1995). **Op. Cit.** Pp. 7-21.

El mercado, en la plaza principal de Granada, Nicaragua, 1856

Si estudiamos las cuentas nacionales de América Central de acuerdo con los procedimientos de cálculo desarrollados por los británicos, nunca encontraremos respuesta al problema que planteamos arriba. Para ellos las exportaciones centroamericanas superaban en toda la línea a las importaciones, porque los pueblos de esta región eran malos importadores. En América

Central el consumidor promedio tenía un problema real: la demanda internacional por los productos de exportación de sus países era sumamente elástica, lo que impactaba sus posibilidades de crédito, en vista de la incertidumbre denotada por un flujo de capitales irregular y en abierta contracción. Estas valoraciones es obvio, no se encontrarán en los reportes consulares que los diplomáticos ingleses acostumbraban enviar por año a su gobierno, desde América Central. Pero sí es posible hallarlas en la correspondencia privada, ya que es en ella donde tales diplomáticos opinaban abiertamente acerca de las posibles implicaciones de su fracaso comercial en la región.

Tampoco se encontrarán registrados los pagos que los centroamericanos hacían a los británicos (en libras esterlinas primero y luego en dólares americanos) para cubrir el alto costo de los créditos facilitados por ellos, de los bienes de capital y de los combustibles. En apariencia, América Central era un regular importador de textiles ingleses, pero lo que aquella tenía que pagar para financiar sus ferrocarriles no aparecía por ninguna parte en las cuentas que llevaban los expertos contadores de la Foreign Office o del Consejo Británico de Tenedores de Bonos Extranjeros[181].

La balanza de pagos de los países centroamericanos, entonces, siempre aparecía deficitaria en las cuentas nacionales, y era superavitaria según las cuentas llevadas por los británicos. Es que la forma en que los expertos de Su Majestad Británica realizaban los cálculos nunca incluía «los invisibles» en la cuenta corriente, sólo se basaba en los negocios «visibles». De esta forma, en la balanza comercial no incluían la transferencia de intereses y aparecía intacta la cuenta del capital. Es decir, casi podríamos manifestar que los ingleses les estaban «regalando» los costos del capital a los centroamericanos. Para estos, por el contrario, y de acuerdo con las nuevas prácticas introducidas

181. Kenwood y Lougheed. **Op. Loc. Cit.**

por los norteamericanos y los alemanes, la balanza comercial no era sólo la diferencia absoluta en el valor de las importaciones y las exportaciones. La balanza comercial era parte de la balanza de pagos, pero debía también permitir una descripción de la estructura de la cuenta corriente, donde las nuevas técnicas contables habían hecho su aparición para clarificar la diferencia entre comercio invisible y comercio visible.

Los centroamericanos llegarían al nuevo siglo utilizando las viejas técnicas contables, lo que perjudicaba el enfoque de sus negocios con el resto del mundo, y al mismo tiempo creaba en los ingleses la sensación de que este era un mal mercado para sus productos. Esta ficción fue muy bien aprovechada por los competidores, porque en cuestión de cincuenta años los comerciantes ingleses quedaron fuera del mercado centroamericano. No hay que olvidar que los contadores británicos llevaban sus cuentas de acuerdo con instrumentos utilizados por primera vez en el siglo XVII, y habían variado muy poco al iniciarse el XX[182]. La estructura empresarial inglesa de corte clánico no desaparecería hasta después de la Segunda Guerra Mundial (1939-1945), lo que sucedió por la presión de las circunstancias, no por la convicción sobre las bondades de los nuevos procedimientos inventados por los norteamericanos y los alemanes.

De este modo, entonces, el investigador del comercio exterior centroamericano debe tener cuidado sobre la forma en que está construyendo sus matrices estadísticas, de lo contrario, corre el riesgo de hacer afirmaciones mal sustentadas en la realidad, debido a que los informantes ingleses, durante el siglo XIX en América Central fueron regularmente muy lúcidos en sus valoraciones de la coyuntura. Sin embargo, en lo que se refiere a su pericia para la recolección de la información y en su tratamiento de la misma, el investigador también debe ser muy

182. Jenks, L. (1971). **Op. Loc. Cit.**

prudente sobre el procedimiento seguido por su informante. Era corriente escuchar a los diplomáticos ingleses, por ejemplo, decir siempre que la situación política era desastrosa en esta parte del mundo, pero nunca dijeron por qué razón. Omitían toda consideración sobre los problemas sociopolíticos; tanto así que, sería muy difícil escribir algo en relación con el movimiento obrero centroamericano según lo percibieron dichos diplomáticos. No es que el insípido respeto inglés por los asuntos ajenos se los impidiera (recordemos a Chatfield para indicar lo contrario), es que siempre consideraron a la América Central un coto de caza privado de los Estados Unidos[183]. Por este motivo les fue tan fácil negociar el Tratado Clayton-Bulwer (1850) y el Tratado Hay-Pauncefote (1901), con los que finalmente los ingleses renunciaban prácticamente a cualquier participación en el rediseño del panamericanismo. No podía haber sido de otra manera: los Estados Unidos habían decidido que los europeos no irían a tener protagonismo de ningún tipo en América Central y el Caribe por razones geopolíticas, puesto que los norteamericanos ni siquiera discutirían las razones comerciales.

La larga marcha de la economía de agroexportación hasta el siglo XX, trajo un acompañante decisivo en América Central: el movimiento obrero. Los enclaves bananero y minero, controlados por el capital extranjero, con la connivencia de los grupos sociales dominantes locales, abrieron el paso a un sector de la sociedad en América Central, que estaría realizando revoluciones importantísimas en el siglo XX. Por esta razón la inserción real al mercado mundial de Centroamérica (1851-1881), tiene dos características históricas indubitables:

1. La alianza imperialista, integrada por los capitalistas ingleses y norteamericanos, con los grupos de interés en la región.

183. Woodward, R.L. (1985). **Op. Cit.** Cap. 5.

2. El surgimiento del movimiento obrero y revolucionario.

Sin estas dos, no es posible entender la historia centroamericana anterior a la inserción imperialista de la región en el mercado mundial (1881-1915), asunto que trataremos en el capítulo siguiente de este libro.

Por último, si la etapa de inserción real fue esencialmente depresiva para América Central, para el imperialismo no, ya que fue en ese momento cuando se dio cuenta que los bananales estaban llenos de «progreso y modernización». Por este motivo, bien podemos manifestar que la inserción real fue en América Central una forma de hacer su ingreso en el siglo XX, una bien preparada alianza imperialista que dejó muy poco al azar, y que definió incluso hasta los resultados de la conflictividad social en esta región. El sandinismo no puede ser entendido sin la guardia nacional somozista, fundada por el Departamento de Estado norteamericano en Nicaragua para «modernizar» a ese país. De la misma manera sucedería con el resto de América Central.

CAPITULO IV.
CENTROAMERICA Y GRAN BRETAÑA: LA INSERCION IMPERIALISTA AL MERCADO MUNDIAL (1881-1915)

UN POCO MAS SOBRE EL IMPERIALISMO

Que alguien hable hoy de imperialismo es un acontecimiento insólito, puesto que el mencionado término ha dejado de ser representativo de una realidad que ahora nadie quiere ver, al menos en Costa Rica. Ya no es culto hablar de imperialismo cuando se puede decir que la historia llegó a su límite, y resulta «démodé» no darse cuenta que han triunfado irremediablemente el capitalismo y la civilización burguesa. Por lo tanto, corremos el riesgo de que nos tilden de reaccionarios por utilizar una terminología que algunos consideran innecesaria, «anticientífica», o de que nos acusen de resentidos. Manifestaba el gran Merleau-Ponty que al revolucionario no lo hace la ciencia, sino la indignación ética y política. En ese caso, escribir sobre historia de América Central en el siglo XIX sin hacer ni la más mínima mención del imperialismo, es indicio más bien de otra cosa: de arribismo y zalamería tal vez, pero jamás de integridad política.

No obstante, tememos que a pesar del cinismo en el que muchos han caído hoy, debido a las profundidades de los cambios que se han suscitado, el historiador no puede darse el lujo de descartar así no más, utillajes teóricos, conceptuales y metodológicos que fueron de gran valor en el pasado, sobre todo cuando se trata de la historia de América Central. Es decir, en las manos del historiador todo debería convertirse en historia, pero resulta que son pocos los historiadores que tienen la vocación del

Rey Midas, y algunos otros se asustan cuando las herramientas con que trabajan, se vuelven impotentes ante los ajustes que la realidad sufre exactamente por razones históricas, las que el humanista dedicado a estos menesteres debería interpretar y estudiar a fondo antes de desprenderse desamorizadamente de los andamiajes que lo sostuvieron por tanto tiempo. Sería como el artesano de la zapatería que guardara sus herramientas (diseñadas para trabajar el cuero en bruto), ahora que sólo se trabaja con materiales sintéticos.

El humanista que se dedica a las investigaciones históricas no debería renunciar tan fácilmente a los aparatos conceptuales, como ha estado sucediendo en el presente. Y con inaudita indiferencia, más que nada por oportunismo político. Estamos convencidos de que se llega a esas renuncias cuando nunca se tuvo nada sólido en el corazón. Es que, para estudiar el imperialismo se requiere pasión y no sólo saber contar «matitas de café». Por esta razón se ha titulado este capítulo de la manera que se ha hecho, para que el lector sepa sin ambages frente a quién está y qué tipo de interpretación historiográfica se le está ofreciendo.

El imperialismo ha sido una realidad tangible en América Central, durante toda su historia, por más esfuerzos que hagamos para esconderla. Y tuvo, y tiene, expresiones muy concretas que tampoco podemos ocultar. La responsabilidad del historiador es revelarlas y denunciarlas, no adobarlas para que sean más digestibles a los lectores del presente y del futuro. Hacer eso es precisamente, contribuir con el imperialismo a que la realidad sea llamada de otra forma, a la espera de que un cambio de nombre conjure los malos espíritus que habitan en ella. Lo triste de este asunto es que el imperialismo encuentra en nuestros países una gavilla impresionante de malos magos que ponen a su servicio las más antiguas artes del servilismo y de la quiromancia de cabaret. ¡Cuándo será que los divos de las ciencias humanas entiendan que en América Central el imperialismo nunca ha dado nada a cambio de nada!

LA RIVALIDAD INTERIMPERIALISTA EN AMERICA CENTRAL (1881-1915)

Aspectos comerciales y financieros

El conflicto era antiguo: se remonta al siglo XVII, cuando las diferentes potencias coloniales se disputaban el control sobre el Caribe y el istmo centroamericano, con fines comerciales más que evidentes. Se agudizó en el siglo siguiente, a consecuencia de la liberalización aduanera formulada por los Borbones, y siempre con un perfil muy definido (la rivalidad entre España y todos los demás por sus mercados coloniales), el conflicto en cuestión adquirió su mejor contorno cuando vio en el istmo centroamericano la salida óptima para la construcción de una ruta interoceánica. Pero con la primera Revolución Industrial (1770-1840), el capitalismo inglés tomará la delantera y, el interés por América Central y el Caribe iría más allá de la simple fascinación canalera[184].

La penetración inglesa en la zona (que se vuelve sistemática desde 1655, año de la captura de Jamaica por la Corona Británica) rebasaría los aspectos técnicos de la ingeniería del canal a través de Nicaragua (desde siempre el mejor sitio para su construcción), y se extendería a los aspectos comerciales, financieros y obviamente geopolíticos de su control sobre la región[185].

---

184. Naylor, Robert A. «The british role in Central America prior to the Clayton-Bulwer Treaty of 1850». **HAHR** (1960: Vol. 40). Pp. 361-382. Van Alstyne, Richard W. «The Central American policy of Lord Palmerston (1846-1848)». **HAHR** (1936: Vol. XVI. Nº 3). P. 339. Pierson, William W. «The political influences of an interoceanic canal, 1826-1926». **HAHR** (1926: Vol. VI. Nº 4). Pp. 205-231. Rodríguez, Mario. **Central America** (New Jersey: Prentice Hall. Englewod Cliffs. 1965). Pp. 54-55. Folkman, D.I. **The Nicaraguan Route** (University of Utah Press. 1972). Pp. 56-98. Bancroft, Hubert H. **History of Central America** (San Francisco: The History Company Publishers. 1887). Vol. III.

185. Woodward, Ralph Lee (1985). **Op. Cit**. Pp. 121-123.

La revolución de los transportes que se produjo a lo largo del siglo XIX, y la espectacular agilización del tráfico internacional de mercancías renovaron la discusión sobre el presunto canal a través de Nicaragua. Aunque el siglo XIX en América Central es el siglo de la «norteamericanización» de la región, los ingleses, siempre conscientes de esta situación, no dudaron un instante para participar en el debate y el diseño de hechos concretos que facilitaran su preeminencia comercial. El tema en discusión consistía en quién finalmente terminaría ejerciendo el control efectivo de la supuesta vía interoceánica que se construyera en Nicaragua, o en cualquier otra parte de Centroamérica. Incluso Francia, como es bien conocido, estuvo presente en esta serie de hechos y especulaciones sobre la tan ansiada vía interoceánica.

Desde Belice, Jamaica y la región mosquitia, los ingleses fueron tejiendo sus aspiraciones de control comercial —y político, cuando fue posible—, de la América Central y el Caribe[186]. Cuando fue necesaria la ocupación violenta de sitios, zonas o regiones que consideraron de interés, no sólo comercial sino también geopolítico, lo hicieron sin detenerse a pensarlo mucho[187]. Y si así fue requerido, asimismo interfirieron en los asuntos internos de los países centroamericanos, solapadamente algunas veces, otras con toda la fuerza de su poder económico, diplomático y militar[188].

Sólo que los Estados Unidos, Alemania, Francia, España, y algunos otros países latinoamericanos, como Chile, México y Argentina, también quisieron inmiscuirse en el asunto de la utilidad estratégica de un canal a través del istmo

186. Idem. **Loc. Cit.**
187. Idem. **Loc. Cit.**
188. Rodríguez, Mario. «The prometheus and the Clayton-Bulwer Treaty». **The Journal of Modern History** (1964: Vol. XXXVI. Nº 3). Pp. 260-278. Van Alstyne, Richard W. «British diplomacy and the Clayton-Bulwer Treaty». **The Journal of Modern History** (1939: Vol. XI. Nº 2). Pp. 149-183.

centroamericano[189]. Por último, la solución la aplicaría quien sería el interesado más lógico, pero no necesariamente el más obvio: después de la Guerra Civil (1861-1865), los Estados Unidos pondrían un poco más de atención a sus intereses y niveles de influencia en América Central y el Caribe. La simple lógica indicaba que el norteamericano era el poder económico con probada eficacia para comprometerse en la construcción del supuesto canal tantas veces mencionado, pero su conflicto interno lo había vuelto el constructor menos obvio, en función de que el mismo exigió toda la energía y atención necesarias para unificar industrialmente a ese país.

Al terminar la Guerra Civil los norteamericanos empezaron sistemáticamente a presionar, con el propósito de que los europeos redujeran al mínimo su presencia en América Central y el Caribe. A partir de entonces, los Estados Unidos iniciaron una oleada de revisiones y actualizaciones de sus tratados comerciales con los latinoamericanos y los europeos, para que el desplazamiento de estos últimos estuviera bien articulado y no perdiera su verdadero sentido: invitarlos a que se cuidaran más de sus asuntos en Europa y Africa, y un poco menos de Asia y América Latina. También por esos años, los norteamericanos comenzaban a interesarse seriamente en las economías del Pacífico asiático.

De aquella generación de nuevos tratados y acuerdos internacionales, el Tratado Hay-Pauncefote de 1901[190], vino a ser uno de los pilares decisivos en la política comercial y militar de los Estados Unidos en un ámbito que los europeos alguna vez habían considerado tierra de nadie. Con este nuevo tratado los Estados Unidos lograron diseñar una estrategia de dominación en el Caribe y América Central, que tuvo dos elementos fundamentales:

---

189. Hickson, G.F. «Palmerston and the Clayton-Bulwer Treaty». **Cambridge Historical Journal** (1931: Vol. III. Nº 3). Pp. 295-303.
190. Idem. **Loc. Cit.**

1. Con el Tratado Clayton-Bulwer de 1850, los norteamericanos lograron marcar el perímetro dentro del cual —en América Central y el Caribe— toda potencia extracontinental debía contar para emprender cualquier tipo de acción que pudiera perjudicar los intereses norteamericanos en el largo plazo.

2. Pero el anterior fue un tratado cuyas aspiraciones se agotaron rápidamente, en virtud de que el énfasis nacionalista en Europa suponía una expansión de la influencia colonial, lo que exacerbaba los conflictos con Estados Unidos en otras partes del mundo, tales como América Central y el Caribe. Esto obligó a los norteamericanos a precisar los límites con los cuales todo tipo de empresariado europeo debía contar para invertir en esta región. Más aún cuando se trataba de rozar el muy sensible tema del canal interoceánico.

Era inevitable, los Estados Unidos no estarían dispuestos a ceder ni un centímetro de su dominación en la zona, incluso a costa de la independencia real de los mismos pueblos centroamericanos y caribeños. Las acciones tomadas en Nicaragua en 1895 y aquellas tomadas en Cuba en 1901, con el fin de desalojar toda oposición a sus designios, ya retrata la tendencia general del imperialismo norteamericano para el siglo XX, de madurez imperialista en esta parte del mundo[191].

Pero los europeos nunca discutieron el escenario en el que estaban actuando, donde el actor principal escribía el guión y hasta hacía de tramoyista. Los ingleses encontraron difícil el cambio de rumbo después de 1850, porque ello significó ceder en terrenos donde regularmente habían tenido la última palabra:

191. Mires, Fernando. **La Rebelión Permanente. Las Revoluciones Sociales en América Latina** (México: Siglo XXI Eds. 1988). Cap. 7. Pp. 376-433. Langley, Lester (1985). **Op. Cit.** Ver sobre todo las dos primeras partes.

el pequeño comercio de bienes manufacturados y la oferta de bienes de capital. La competencia desleal que aplicaron los norteamericanos en ambos terrenos, vino a ser la tónica con que los Estados Unidos terminarían expulsando a los europeos de América Central en particular. Era desleal lograr ciertos privilegios con los gobiernos centroamericanos, que los ingleses, por ejemplo, habían tenido que disputar durante largas y agotadoras jornadas diplomáticas. Fue desleal, además, marcar el terreno de influencia primero y luego negociar cuotas de acceso al mismo. En estos casos, los ingleses siempre salieron perdiendo, no sólo sus cuerpos diplomáticos sino también sus empresarios y hombres de negocios.

Si la industria británica en 1870 representaba una tercera parte de la producción mundial, para 1900 sólo era una quinta y en 1913 una sétima parte[192]. El comercio, asimismo, se vio reducido en similares proporciones, y en estos casos, la preocupación con que el imperio británico abordó su colapso comercial en regiones como la centroamericana, evidenciaba además la angustia de su comunidad empresarial ante la eventualidad de que se produjeran situaciones parangonables en otros sectores del imperio. No olvidemos que los ferrocarriles construidos por los británicos en América Latina, Asia y Africa no fueron tanto el instrumento mediante el cual se logró articular la «colonización occidental» en esas regiones, como el instrumento imperialista por excelencia para mantener abiertas todas las rutas comerciales y de extracción de riqueza de esos países. Eran ferrocarriles que no estaban al servicio de la unificación y la apertura de aquellos continentes, como sucedió en los Estados Unidos, Australia o la India, sino que fueron concebidos única y exclusivamente para servir al sector exportador[193]. De tal

192. Woodruff, William. «The emergence of an international economy. 1700-1914». En **The Fontana Economic History of Europe. The Emergence of Industrial Societies** (Glasgow: Fontana-Collins. 1977. Vol. 2. Edición de Carlo M. Cipolla). Pp. 656-737.

193. Idem. **Loc. Cit.**

manera que cuando las inversiones ferroviarias inglesas en América Central entraron en crisis, en vista de la feroz competencia que les oponían los norteamericanos y los alemanes, el sector exportador centroamericano se impactó pero también el empresario inglés tuvo que afrontar la seria contracción de sus utilidades, si es que las había.

No sorprende la vulnerabilidad del sector de los transportes en una región como América Central, donde su construcción reposó considerablemente sobre las espaldas de trabajadores contratados en condiciones detestables. Es una maldición de los países periféricos que su sistema de transportes debiera ser muy intensivo en trabajo, para importar mercancías altamente intensivas en capital. Y América Central no fue la excepción. Los inversionistas ingleses en estos casos, tuvieron que aliarse con otros empresarios extranjeros o hacer importantes concesiones, con el afán de no perder el terreno alcanzado. De nuevo es este el caso de América Central, donde su pérdida de influencia comercial llegó a tales niveles, que los británicos no encontraron ningún respaldo de su gobierno frente a la deslealtad con que los otros inversionistas europeos o norteamericanos los estaban desplazando de los mercados centroamericanos. La Corona Británica prefería conservar buenas relaciones con los gobiernos alemán y norteamericano, antes que proteger a sus compatriotas dedicados al comercio y las inversiones en América Central.

Una política de las relaciones internacionales de este tipo no era nueva en el caso inglés, ya que en varias ocasiones anteriores, la Foreign Office británica tuvo que atender innumerables quejas de sus connacionales en América Central, debido al descuido con que se atendían sus asuntos legales y comerciales en esos países[194]. Tal desatención, clamaban los afectados, pondrá

194. Sobre el caso Mattey/Wallernstein véase la colección de cartas que se conserva en el PRO. FO. 21/12/1858, con diferentes fechas.

en entredicho la verdadera influencia del imperio británico en la región, y al mismo tiempo, alejará a cualquier otro comerciante o inversionista que deseara hacer negocios ahí. Pues era política de la Corona Británica en ultramar no interferir con los asuntos de sus súbditos, si dicha intervención iba a poner en riesgo las relaciones diplomáticas con el gobierno local o con la potencia más cercana e interesada.

El Departamento de Estado norteamericano y la Cancillería alemana estaban bien informados de estos asuntos, y presionaban para que los juicios comerciales en América Central, donde hubiera ingleses involucrados fueran lentos y problemáticos. Era una forma muy efectiva de sacar partido a la lentitud de los gobiernos y de la justicia en los países centroamericanos[195].

En América Central nunca se les dio a los comerciantes británicos la oportunidad de organizar una oposición efectiva frente a sus colegas alemanes y norteamericanos. Su propio gobierno les negó el apoyo e incluso se puso en su contra cuando, en ciertos juicios, la Corona consideró que su imagen internacional podía salir dañada. La derrota comercial y financiera de los ingleses en América Central, fue el resultado de la confluencia de varios factores a la vez: la competencia desleal de norteamericanos y alemanes, por ejemplo, de los gobiernos centroamericanos y del mismo gobierno británico. Por competencia desleal aquí debe entenderse el esfuerzo hecho por otros inversionistas extranjeros en América Central, para que los antiguos espacios mercantiles que controlaban los ingleses, les fueran asignados sin que estos se percataran de ello. En tales casos se acudía a negociaciones con los gobiernos y empresarios nacionales que no eran siempre lo diáfanas que se hubiera esperado, como sucedió cuando se le hicieron ciertas concesiones a los proyectos ferrocarrileros de la United Fruit Company

195. Idem. **Loc. Cit.**

(UFCO), para sacar del negocio a los británicos. Por lo anotado, no debemos descartar incluso hasta el recuento de las actitudes conspirativas contra los últimos, pues con frecuencia se cree que abandonaron América Central porque solamente estaban interesados en poner toda su atención en otras latitudes de su imperio. Bien podría afirmarse que en lo que compete a Centroamérica se les obligó a llegar a esa conclusión: era mejor fijarse más en la India o en Africa Occidental que enfrentar a los norteamericanos en América Central y el Caribe. Con los alemanes el asunto era diferente, puesto que en realidad Alemania nunca tuvo un imperio colonial de proporciones relevantes, de donde se desprende su interés por regiones comercialmente prometedoras. Las otras aristas de esta supuesta confabulación comercial contra los ingleses se tornan entonces más sobresalientes, porque cuando los barcos británicos vigilaban las costas de Honduras, como una forma de presionar para que se les pagaran deudas atrasadas, quienes en realidad se incomodaban eran los norteamericanos. Por eso algunas políticas independientes de ciertos gobiernos centroamericanos —como el de Zelaya en Nicaragua (1893-1909)— fueron interpretadas por el Departamento de Estado norteamericano como una fuerte inclinación eurocéntrica, y la mejor excusa para invadir ese país cuantas veces se les ocurrió de ahí en adelante.

En la segunda parte del siglo la situación descrita se profundizó notablemente, a causa de que los norteamericanos empezaron a cerrar el círculo de dominación sobre la zona del Caribe y América Central, no sólo con sus actividades diplomáticas, comerciales y financieras, sino también militares. Los alemanes actuarían diferente, tal vez más discretos militarmente, pero más enfáticos en operaciones que garantizaran ganancias inmediatas, tales como el café en Guatemala y Costa Rica o la banca en Nicaragua[196]. Estarían muy interesados en cubrir hasta

196. Milne, G.T. **Reports to the Board of Trade on the Conditions and Prospects of British Trade in Central America, Colombia and Venezuela** (P.P. 1913. Tomo LXVIII). Pp. 431 y ss.

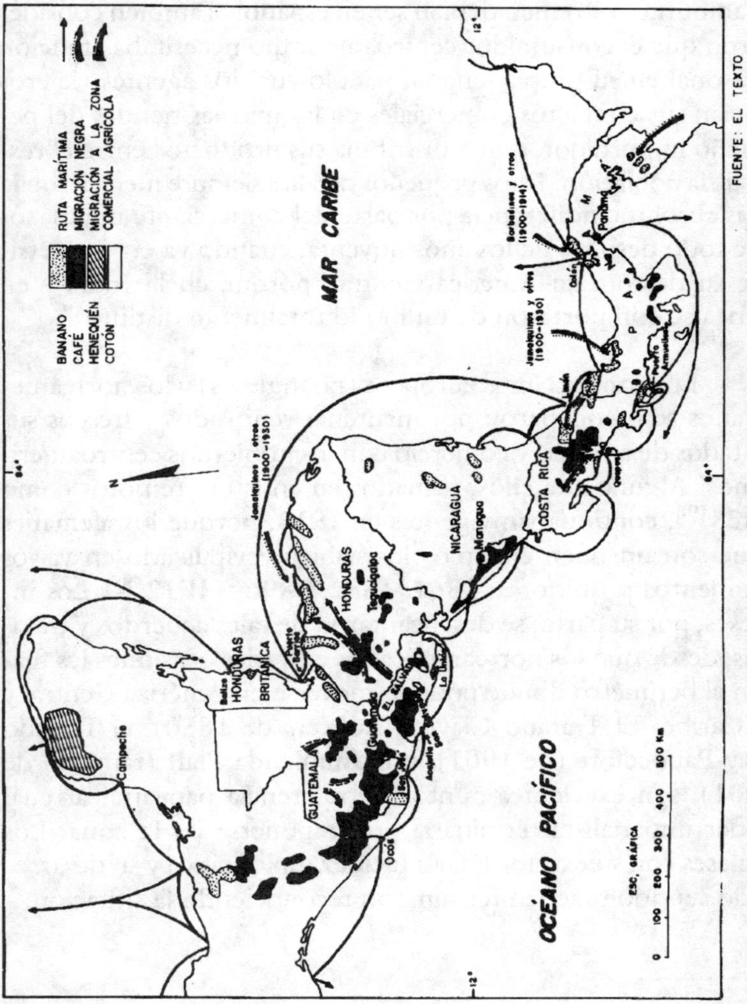

Mapa Nº 4. América Central. La modernización (1900-1945)

el mínimo detalle de su influencia comercial y financiera en la región. No olvidarían tener claro que su idioma no lo hablaba todo el mundo, y que los catálogos para encargar compras en Hamburgo o Bremen debían ser en español. También consideraron que el consumidor centroamericano necesitaba atención personal en su propia lengua, para lo cual los agentes viajeros hacían sus contactos comerciales en las mismas tiendas del pequeño importador, quien distribuía sus productos entre el resto de la población. Estos pequeños detalles siempre merecieron la más absoluta indiferencia por parte del comerciante inglés, sobre todo después de los años noventa, cuando ya era irreversible su derrota en América Central, porque en la India y en Africa se comportaron de un modo totalmente distinto[197].

Los comerciantes europeos (no ingleses) y los norteamericanos se preocuparon por mantener renovados y frescos sus tratados de amistad y comercio con los gobiernos centroamericanos. Algunos de ellos, firmados en años tan remotos como 1828[198], continuaban vigentes en 1913, porque los alemanes (que son un buen ejemplo) los habían revitalizado en varios momentos posteriores: 1864, 1882, 1896 y 1912[199]. Los ingleses, por su parte, se desencantaron de tales acuerdos y tratados, desde que los norteamericanos en varias ocasiones les fijaron el perímetro donde podrían moverse en América Central y el Caribe. El Tratado Clayton-Bulwer (de 1850), el Tratado Hay-Pauncefote (de 1901), o la Enmienda Platt (también de 1901), son excelentes puntos de referencia para indicar cuál poder imperialista terminaría por imponerse en la zona. Los ingleses con su extraordinaria lucidez diplomática y su desarrollado sentido práctico terminaron reconociendo la situación.

197. Idem. **Loc. Cit.**

198. Rodríguez, Mario. **A Palmerstonian Diplomat in Central America: Frederick Chatfield Esq.** (Tucson. 1964). También la tabla cronológica que viene en el texto de Woodward, Ralph L. (1985). **Op. Cit.** Pp. 284-307.

199. Idem. **Loc. Cit.**

Igual suerte correrían los convenios comerciales firmados con las líneas navieras que visitaban los puertos centroamericanos: en el Atlántico, los barcos de la UFCO que ligados con la Morgan Line o con la Hamburg American Line unían a América Central con los Estados Unidos y Europa, hacían unas rutas acordadas y pactadas en sus eventualidades con las compañías del ferrocarril, ahora administradas por empresarios norteamericanos. Era similar lo que sucedía en el Pacífico con la Kosmos Line y la Pacific Mail Steamship Co., las que mediante acuerdos con anterioridad firmados y bien estructurados les permitían a los centroamericanos tener contacto con América del Sur, los Estados Unidos y Europa[200]. Desde que la Royal Mail inició sus viajes a América Central en 1849, los acuerdos firmados con ellos nunca remontaron la revisión y jamás se acercaron a una modernización de las rutas o del servicio prestado[201].

Una situación parecida se presentó con la deuda externa centroamericana, pues los ingleses siempre quisieron negociar sus deudas con estos países sobre la base de una capacidad de pago ficticia. Hacían las indagaciones financieras correspondientes, sus diplomáticos se informaban, eran muy inteligentes en sus valoraciones, pero al final el Consejo Británico de Tenedores de Bonos Extranjeros insistía en que los pagos debían hacerse según el criterio establecido por ellos, es decir, contra los ingresos aduaneros de los gobiernos centroamericanos, lo cual suponía poner en manos de una potencia extracontinental prácticamente el instrumento principal de la política comercial y económica de estos pequeños estados. Por este motivo, los Estados Unidos intervinieron constantemente en tales negociaciones: sus comisarios vigilaban y fiscalizaban los ingresos aduaneros de Honduras, Nicaragua y Costa Rica[202].

---

200. Milne, G.T. **Op. Loc. Cit.**
201. Reynolds, Thomas C. y otros. **Reports of the USA, Central and South American Commission** (Washington: Government Printing Office. 1886). P. 164.
202. Sobre el asunto de la deuda externa de los países centroamericanos con Gran Bretaña hay varios documentos de gran utilidad. Algunos de ellos son los

Se hacía difícil, entonces, negociar con los ingleses, porque eran de la opinión de que tenían derechos adquiridos en América Central y por ello los Estados Unidos debían acercárceles primero, luego, sólo muy luego, a los gobiernos centroamericanos. La rebatiña que se desató por los acuerdos de consolidación de esas deudas, entre 1884 y 1896, hizo aparecer un puñado de cazacomisiones que se movía entre Londres, Nueva York y América Central, apostando contra las aduanas de estos últimos países[203]. Sólo la modernización de la estructura monetaria en casos como el de Guatemala o Costa Rica, permitió dejar por fuera a tales aventureros, pues tanto los ingleses como los norteamericanos debieron ajustarse a las nuevas ofertas de pago que se harían después de 1896. El nuevo patrón divisa, el dólar, obligó a los británicos a renegociar sus deudas en esa moneda y nadie, en ninguna parte, les prometió compensación por las pérdidas incurridas con las diferencias de cambio. Los banqueros norteamericanos, por su parte, debieron resignarse a que un país como Honduras pagara en dólares sin respaldo metálico, ya que el grueso de este salía del país para financiar la conclusión del ferrocarril. Con una economía asombrosamente desintegrada, Honduras era un país que contaba con una cantidad llamativa de dólares, un papel moneda que los ingleses se negaban a recibir como medio de pago de deudas adquiridas

conservados por la Oficina de Comercio (Board of Trade) del gobierno inglés, y que se citan a continuación según fueron clasificados por la sección de Papeles Confidenciales de la Biblioteca del Museo Británico en Londres, Inglaterra:

a. Costa Rica. FO. Confidential (8666). **Memorándum** de 1906.
b. Idem. FO. Confidential (9118). **Memorándum** de 1908.
c. Idem. FO. Confidential (9558). **Memorándum** de 1908.
d. Guatemala. FO. Confidential (8587). **Memorándum** de 1906.
e. Idem. FO. Confidential (9559). **Memorándum** de 1909.
f. Idem. FO. Confidential (9775). **Memorándum** de 1910.

También puede verse el capítulo VIII de este trabajo más adelante.

203. Guatemala. FO. Confidential (9529). **Memorándum** de 1902. Se reportan varios de estos casos en cartas cruzadas entre diplomáticos ingleses ubicados en América Central y el Consejo Británico de Tenedores de Bonos Extranjeros en Londres (PRO. FO. 21/70/1894-1905).

El viejo pueblo minero de San Antonio del Oriente, Honduras

en libras esterlinas. Por esta razón hubo que renegociar y, de nuevo, los ingleses salieron perdiendo[204].

Ahora bien, si se estudian algunas de las inversiones realizadas por empresarios ingleses en América Central, para atender diversos aspectos del desarrollo urbano, o se quiere recuperar también parte de la vieja experiencia inglesa, en antiguos rubros de capitalización, nos encontramos con la sorpresa de que no siempre están solos en las juntas de fundación de las corporaciones creadas para tal propósito. O hallamos a inversionistas alemanes, norteamericanos, franceses y españoles con ellos, o nos damos cuenta de que se trata de organizaciones cuya duración no va más allá del gesto de incorporación a las Actas de Compañías de 1886, por ejemplo, cuando ya se aceptaban las

204. Honduras Railway Company, Ltd. (PRO. BT. 31/4102-26325).

juntas directivas multinacionales en inversiones tramitadas por empresarios ingleses.

La minería seguía siendo un aspecto atractivo para el empresario europeo y norteamericano en América Central, particularmente en un momento en que eran factibles las inversiones compartidas. En compañías tales como la Butters Salvador Mining Company (fundada en 1899), donde se giraban a veces dividendos de hasta un 80% contra el capital bruto, era frecuente encontrar que estaban dirigidas por juntas de diversas procedencias nacionales, aunque el responsable directo de la inversión fuera inglés[205]. Otras compañías, por su lado, como las que se indican en el Cuadro Nº IV-1, cuando producían algún dividendo se reinvertía en las instalaciones, con lo que incrementaban los costos y dificultaban el reembolso, lo cual provocaba que las quiebras estuvieran a la orden del día. Con la Butters sucedía una situación diferente: los dividendos se transferían a la cuenta del capital, ello reducía los costos del dinero y motivaba al inversionista para seguir girando dinero[206].

Quisiéramos llamar la atención del lector sobre un aspecto digno: cuando se indica que la mayoría de las compañías no generaban ningún dividendo, es porque se trataba de compañías fundadas con criterio exploratorio. Excepcionalmente, las compañías salvadoreñas, y algunas nicaragüenses fueron más allá de la etapa exploratoria y se consolidaron como verdaderas fuentes de inversión, pero la experiencia duró muy poco[207].

No fue tan catastrófico el caso de compañías integradas para atender el servicio urbano en algunos países centroamericanos.

205. Los datos mejor elaborados sobre la Butters Salvador Mining Company, Ltd., se encuentran en el **Anuario de la Bolsa de Valores** de Londres, desde 1899 hasta 1923 aproximadamente.
206. Idem. **Loc. Cit.**
207. Idem. **Loc. Cit.**

Cuadro Nº IV-1. Lista de compañías mineras con capital transnacional ubicadas en América Central (1870-1921)

PAIS	COMPAÑIA	DIVIDENDOS
COSTA RICA	1. The Costa Rica Gold Mining Co. (1872)*	Ninguno
	2. The Costa Rica Pacific Gold Mining Co. (1889)	Ninguno
	3. Costa Rica Mining Co. (1887)	Ninguno
HONDURAS	1. Omoa & Cleland Iron & Coal Co. (1883)	Ninguno
	2. Honduras & Gold Placer Mining Co. (1891)	Ninguno
	3. Retiro Gold Mining Co. (1892)	Ninguno
	4. Aramecina Gold & Silver Mining Co. (1904)	Ninguno
	5. Honduras Mining Co. (1912)	Ninguno
NICARAGUA	1. Chontales Consolidated Mining Co. (1875)	Ninguno
	2. Javalí Company (1877)	Ninguno
	3. Las Encinas Gold Mines (1901)	Ninguno
	4. Javalí Gold Mine & Trading Company (1902)	Ninguno
	5. San Albino Gold Mines (1903)	Ninguno
	6. Nicaragua Development Syndicate (1906)	Ninguno
	7. Santa Francisca Gold Estates (1909)	Ninguno
	8. Leon Syndicate (1910)	Ninguno
	9. Jícaro Gold Estates (1911)	Ninguno
	10. Cordero y Syndicate (1921)	Ninguno
EL SALVADOR	1. Butters Salvador Mining Company (1899)	80%

* Fecha aproximada de fundación.

FUENTE: **Anuario de la Bolsa de Valores de Londres** (Banco Inglaterra. 1875-1921).

Tales fueron los casos de la Costa Rica Electric Light & Traction Company (1900) y de la Costa Rica Markets & Tramway Company (1896). Los consorcios bancarios alcanzaron también cierto nivel de éxito, algunos son: London Bank of Central America (1894), Cortés Commercial & Banking Company, British Bank of Central America (1890), British Bank of Nicaragua (1893), Honduras Government Bank & Trading Company (1893), y finalmente el Central America Banking Trust (1901). Todos ellos lograron al menos atender algunas de las necesidades más fundamentales de los centroamericanos, tales como la de los sistemas de pago internacionales, monedas, giros postales y otras cuestiones relacionadas con el sistema mundial de ahorro y crédito[208].

Las inversiones en actividades agrícolas fueron muy fructíferas para los alemanes, en Guatemala, por ejemplo (véase el capítulo VI más adelante). Pero los ingleses no tuvieron el mismo impacto. Asociaciones como la Costa Rica Coffee Estates Company (1898), el Sarapiqui Syndicate (1896), el Costa Rica Agricultural & Colonisation Bank (1891), la Santa Ana Central Coffee Company (El Salvador: 1903), la Soconusco Rubber Plantations Company (1911) y la Honduras Land Company (1890), fueron organizaciones financieras convocadas con el afán de recaudar fondos de diversas procedencias nacionales, y explorar las posibilidades de un renglón en el que los ingleses tenían muy poca experiencia en América Central[209].

La asesoría en cuestiones crediticias y mercantiles no les garantizaba la misma habilidad para el manejo directo de

208. Costa Rica (1897) (PRO. BT. 31/31603-56447) y (1886-1942) (PRO. BT. 31/23126-31049). Nicaragua (1901-1905) (PRO. FO. 56/71); (1904) (PRO. BT. 31/31900-80809); (1890) (PRO. BT. 31/4663-30668); (1893) (PRO. BT. 31/15340-39628). Honduras (1893) (PRO. BT. 31/5636-39281).

209. Costa Rica (1898-1913) (PRO. BT. 31/15869-54989); (1896) (PRO. BT. 31/6659-46834); (1891) (PRO. BT. 31/5131-34621). También ver los volúmenes del **Anuario de la Bolsa de Valores** para los años de 1891 a 1913.

Planta procesadora de café, cerca de Ahuachapán, Honduras

compañías involucradas en el procesamiento del café, el azúcar, el cacao o el algodón. Por este motivo la inversión privada directa entre los años 1881 y 1915, en manos británicas, tuvo que extender su participación a otros inversionistas europeos y norteamericanos. El resultado fue que, finalmente, estos empresarios terminaban quedándose con la entidad comercial o financiera creada por los ingleses. Tales fueron los casos de los ferrocarriles que fueron atrapados por los norteamericanos, y de las fincas de café o de la explotación de caucho en Guatemala, Honduras y Nicaragua bajo el control de alemanes, franceses y españoles[210]. Con estos socios, el empresario inglés esperaba salir adelante y recuperar parte de lo invertido en el período anterior, el de la inserción real al mercado mundial, cuando

210. Idem. Loc. Cit.

todavía los ingleses soñaban que podían recuperar el nivel de incidencia de sus actividades en el mercado centroamericano. La Primera Guerra Mundial (1914-1918) terminaría por sacarlos completamente de América Central.

Un porcentaje significativo de esas compañías a las que aquí nos hemos referido, fueron eliminadas, vendidas, transformadas o traspasadas a manos de otros inversionistas europeos y norteamericanos poco después de la guerra. Con frecuencia, al realizar cualquiera de esas transacciones, los ejecutivos a cargo no disponían ni de un «penique» para pagar los costos legales de la operación correspondiente[211]. Es más, en casos como las organizaciones bancarias, los conflictos tomaban años, pues algunos accionistas no aceptaban las declaratorias de quiebra y entonces se iba a juicios que tardaban una eternidad. El papeleo, los abogados, las convocatorias a los tribunales, el pago de las comisiones, la devolución de los capitales invertidos (o al menos de parte de ellos), podían hacer que una institución como el British Bank of Nicaragua (1893-1933), produjera volúmenes de documentos de valiosa utilidad histórica, ya que el juicio por lo que hoy llamaríamos su «curación» se extendió por décadas.

Las juntas directivas de estas compañías, integradas como ya sabemos por hombres de negocios de diversas procedencias nacionales, presentaban también el problema de que o se trataba de organismos fantasmales o a veces eran nombres que aparecían tres y cuatro veces en el mercado bursátil inglés, presidiendo empresas mineras, ferrocarrileras, navieras y otras. Se trataba de nombres cuyas direcciones casi nunca pudimos encontrar y, cuando lo logramos, estaban incumpliendo la ley británica en lo que se refería a la membresía múltiple en compañías dedicadas a la inversión extranjera. Era normal, aunque ilegal, hallar a un individuo determinado como accionista y miembro propietario directivo en varias compañías a la vez[212].

---

211. Idem. **Loc. Cit.**
212. Idem. **Loc. Cit.**

La prensa inglesa regularmente hacía este tipo de denuncias, y el ejemplo de la Costa Rica Railway Company fue mencionado como muy significativo en ese sentido (véase el capítulo VII más adelante). Varios de sus miembros directivos, como expondremos, eran también accionistas y presidentes en otras organizaciones, tales como líneas navieras y compañías mineras[213]. El negocio de la doble representatividad, que fue posible gracias a que un hombre como Minor C. Keith respaldaba económicamente este tipo de acciones, permitía recibir dietas y dividendos, desde distintas fuentes a la vez, a quienes él consideraba sus asociados. Keith, el gran propietario de ferrocarriles, barcos, tierras, bananos y hombres en América Central, a través de su compañía, la UFCO (1899), le pagaba (a veces de su propio bolsillo) a presidentes incondicionales en la junta directiva de la Costa Rica Railway Company, con el fin de que aprobaran la construcción de vías férreas, de puentes y muelles que no le perjudicaran el negocio a la primera. El propósito era, en aquellos años de competencia feroz contra la última, lograr información y finalmente, ¿por qué no?, la compra o alquiler del ferrocarril por parte del gobierno de Costa Rica, siempre y cuando Keith y su empresa terminaran administrándolo[214]. Algunos presidentes británicos de esas juntas directivas como Sir Arthur B. Forwood, fueron socios y amigos incondicionales de Keith, que lo ayudaron a obtener la información

213. Varios periódicos extranjeros de la época se ocupaban de este tipo de información; algunos de ellos eran los siguientes:
a. **Themining Investor.**
b. **The Foreign Times.**
c. **Star and Herald** (Panamá).
d. **Financial News.**
e. **Money Market Review.**
f. **The Bullionist.**
g. **British Trade Journal.**
h. **The South American Journal.**
i. **The Railway Times.**
Con la excepción del **Star and Herald**, todos los demás eran ingleses. Aquí estamos citando la colección de recortes de periódicos que conservan los bibliotecarios de la Guildhall Library de Londres.

214. Murillo Chaverri, Carmen. **Op. Cit.** Pp. 39-41.

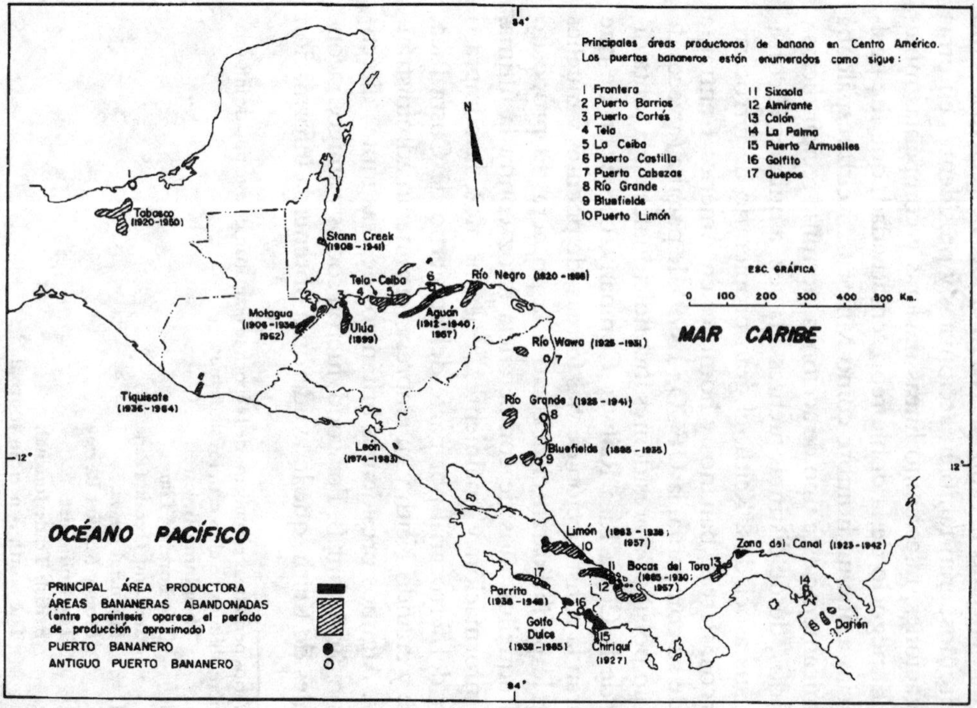

FUENTE: EL TEXTO

Mapa Nº 5. Las mayores áreas de producción bananeras en América Central (1860-1985)

requerida para que con la Northern Railway Company (subsidiaria de la UFCO), pudiera poner fuera del negocio a los empresarios ingleses que controlaban a la Costa Rica Railway Company[215].

Lo mismo sucedió también con las compañías del ferrocarril en El Salvador, Honduras y Guatemala; tanto así, que el International Railway System (asimismo controlado desde la mesa directiva de la UFCO, es decir, por Keith), terminó por ser la salida inevitable del proceso de monopolización que venía teniendo lugar desde aproximadamente el año 1884. En este momento, en América Central, la relación aparente entre capital bancario y capital industrial nunca estuvo tan cerca de parecerse tanto al imperialismo: todo en manos de Keith y su UFCO. Los bancos norteamericanos y la industria del banano encontraron el apoyo del gobierno de los Estados Unidos, para sacar a los ingleses de América Central. Entre tanto, el gobierno de Su Majestad Británica sólo alcanzó a sugerir la búsqueda de mejores oportunidades y mejores lugares para sus súbditos dedicados al comercio y las finanzas en el istmo. La monarquía británica recomendaba la India, Nueva Zelandia, Indonesia o Africa Occidental, como sustituto de lo que había sucedido en América Central alguna vez a principios del siglo XIX. En último caso, para evitar los traumas del desplazamiento geográfico a otro continente, recomendaba Argentina, Chile, Venezuela o México; lugares muy prometedores para continuar con las inversiones en América Latina y no despegarse totalmente. El problema era que los Estados Unidos estaban dispuestos a sacarlos de todo el continente americano[216].

---

215. Idem. **Loc. Cit.**
216. Cottrell, Peter L. **British Overseas Investments in the Nineteenth Century** (Londres: The MacMillan Press Ltd. Studies in Economic and Social History. The Economic History Society. 1975). P. 19.

Cuando llegamos a la Primera Guerra Mundial (1914-1918), las compañías inglesas más importantes en América Central han incorporado en su seno al menos a un miembro no británico, que con raro oportunismo casi siempre se trata de un representante de bancos o accionistas norteamericanos. Es que, el imperialismo norteamericano no pensaba dejar absolutamente nada al azar: el proceso de desplazamiento de las fuerzas comerciales, financieras, políticas o militares extracontinentales debía ser completo y así lo hizo. La gran guerra concluyó la tarea.

Después de 1920, aún los ingleses conservarían una porción de su influencia en América Central, sólo que esta vez tal influencia fue negociada, y estaría sujeta a las disposiciones que «sugeriría» el imperio bananero en el istmo. «La cortina de banano» se había tendido sobre el futuro económico, social, político y cultural de América Central, y de ahí en adelante su historia sería otra completamente distinta[217] a la que habían tratado de configurar los ingleses.

No obstante, como este libro no trata sobre el imperialismo bananero en América Central, sino sobre los alcances del imperialismo inglés, el lector deberá poner sus ojos en otra parte. La Rubia Albión (Inglaterra), sin embargo, colaboró muchas veces de forma ominosa, y otras muy activa, a que se tejiera la «cortina del banano», tanto así que es obligación del historiador economista establecer hasta dónde llegó esa alianza informal interimperialista, asombrosamente efectiva en algunos tramos del proceso histórico centroamericano de los últimos cien años.

Sin atender, o al menos sin explicar debidamente, cómo se expresó el imperialismo inglés en América Central, cuándo

217. Torrielo Garrido, Guillermo. **Tras la Cortina de Banano** (La Habana, Cuba: Editorial de Ciencias Sociales. 1976). Cap. 1. Pp. 45-64.

entró en conflicto con los Estados Unidos y cuándo fue su más obediente aliado, es muy difícil tener una idea aproximada de las relaciones económicas internacionales del istmo, durante la segunda parte del siglo XIX, eso fue lo que pretendimos hacer con este capítulo.

En el siguiente capítulo, a partir de un estudio detallado de la estructura del comercio exterior centroamericano, intentaremos precisar la dinámica de tales relaciones económicas. Como ha sucedido hasta aquí, el grueso de la documentación es original, pocas veces vista antes por algún investigador centroamericano. La idea es precisar todavía más el notable perfil imperialista que tuvieron las relaciones comerciales y financieras entre Gran Bretaña y América Central durante el siglo XIX.

CAPITULO V.
AMERICA CENTRAL Y GRAN BRETAÑA: LA COMPOSICION DEL COMERCIO EXTERIOR (1851-1915)

PRESENTACION

Este capítulo es una versión un tanto corregida y aumentada de otra ya publicada en 1985 por el **Anuario de Estudios Centroamericanos** (San José: UCR. Nº 11. Fascículo 2. Pp. 77-92). Hemos querido introducirlo aquí, porque creemos que el trabajo desde entonces parece haber tenido una buena acogida sobre todo por los académicos costarricenses. En él hacemos un balance descriptivo y crítico de la composición estructural del comercio exterior de América Central, particularmente referido a las relaciones sostenidas con Gran Bretaña durante el siglo XIX. Hemos ido directo al grano, y evitado hasta donde fue posible, las especulaciones teóricas y las afirmaciones gratuitas sobre una situación comercial y financiera, la centroamericana, que no por nuestros análisis históricos iba a ser mejor o peor de lo que ya era.

EL PERIODO

El período 1851-1915 fue crucial en la historia del desarrollo del capitalismo. Podríamos manifestar que el mismo comprendió dos momentos fundamentales: el de la realización del capital a escala mundial, caracterizado por el impulso de la política del libre cambio (1860-1890); y el de la acumulación a escala mundial, caracterizado por las manifestaciones iniciales del capitalismo imperialista (1873-1915) (sobre ambos ya tratamos en el capítulo I de este trabajo).

Al iniciarse la segunda parte del siglo XIX, Gran Bretaña se encuentra en capacidad de ir sentando los elementos que le permitirían expandir su Revolución Industrial en dos direcciones, no necesariamente excluyentes. Por una parte, la creación de economías complementarias, y por otra, la competitividad con economías muy receptivas a las transformaciones que había puesto en curso la misma Revolución Industrial.

Durante los años 1869-1890, las economías centrales o metropolitanas, para seguir utilizando el viejo lenguaje dependentista (principalmente Inglaterra), se caracterizaron porque el papel del aparato de Estado fue mínimo, en lo que se refería a la toma de decisiones aplicadas por los inversionistas en sus relaciones con el mercado mundial. La mayor parte de las empresas, sino todas, eran pequeñas y competitivas, si las comparamos con aquellas que surgirían en los años posteriores a 1890. Como resultado, dichas empresas no podían ejercer ningún control monopólico sobre los mercados o las inversiones. Los canales de las finanzas internacionales eran relativamente «democráticos»[218]. El poder central de los bancos todavía no alcanzaba alturas absolutistas, de aquí que fueran pequeños capitales, centralizados y canalizados a través de la Bolsa de Valores, los que predominaban. Como apuntaba Jenks, refiriéndose al período que media entre los años 1821 y 1875, el imperialismo no es el factor predominante en el movimiento del capital británico[219].

El control monopolista del capital y la producción están aún separados y el comercio como tal predomina. Los «préstamos de atadura» no son todavía el patrón hegemónico[220]. La necesidad por ciertas materias primas o estratégicas en particular, aunque importante para esta época, no era crucial.

218. Nabudere, Dan. **The Political Economy of Imperialism** (Londres: Zed Press. 1977). P. 87.
219. Jenks, Leland H. (1971). **Op. Cit.** P. 334.
220. Nabudere, Dan. **Op. Loc. Cit.**

Estas características, entonces, nos obligan a señalar lo siguiente: Gran Bretaña había alcanzado un punto en que el crecimiento del comercio exterior dependía simplemente de su dominio industrial y del éxito en haber profundizado sus relaciones con un mundo subdesarrollado que ella en buena parte había contribuido a forjar entre los años 1780 y 1815[221]. En pocas palabras, para 1850, un capitalismo británico considerablemente diversificado y consciente de su poderío, iniciaba su proceso de consolidación a nivel interno y a nivel externo[222]. Las economías complementarias, por su parte, iniciaban también sus respectivos períodos de crecimiento y expansión, pero especializadas en aquellos renglones comerciales que sólo les interesaban a los compradores británicos: hasta el inicio de la Guerra Civil (1861-1865), el algodón del sur de los Estados Unidos; la lana de Australia; los nitratos y el cobre chilenos; el guano de Perú; los vinos de Portugal; los tintes naturales y el café centroamericanos. Después de 1870, un nuevo grupo de países se incorporaría a este circuito comercial que giraba en torno a Londres, nos referimos a Argentina con su trigo y sus cereales, Nueva Zelandia con sus productos lácteos, Dinamarca con su tocino, Africa del Sur con su oro y sus diamantes[223].

Hasta 1870, entonces, el capital británico tendió a realizarse por medio de una expansión comercial sin precedentes. Dicha expansión, es obvio, fue legitimada por las características de las estructuras productivas de las formaciones económico-sociales involucradas, pero fue el creciente poderío económico británico el que estableció las bases para fijarle su dirección a la inserción formal al mercado mundial que economías como las centroamericanas, iban a experimentar entre los años 1821 y 1851 (véase el capítulo II de este trabajo para más detalles).

221. Hobsbawm, Eric J. **Industry and Empire** (Londres: Penguin Books. 1979). P. 135.
222. Davis, Ralph. **The Industrial Revolution and British Overseas Trade** (Inglaterra: Leicester University Press. 1979). P. 62.
223. Hobsbawm, Eric (1979). **Op. Loc. Cit.**

El dominio político-económico, ejercido por los británicos sobre estas áreas por medio de instrumentos agresivamente imperialistas como las Actas de Navegación (puestas en marcha entre los años 1758 y 1802), puede considerarse una de las razones para que los sujetos de la dominación (América Central, por ejemplo) se inclinaran abrumadoramente por la producción primaria para la exportación, y la importación masiva de manufacturas inglesas[224]. Flexibilizadas en 1849, aunque no abolidas, el patrón político de dominación establecido con aquellas Actas, permaneció inalterado hasta el arribo de economías competitivas para los británicos, como la norteamericana, la alemana o la francesa.

Si entre los años 1850 y 1870-1890, el capital británico se realizó por medio del fomento a la especialización (la creación de lo que hemos llamado economías complementarias) y de un estímulo intenso a los intercambios comerciales, la depresión de 1873-1896 marcó un nuevo rumbo a los problemas de la acumulación. Sobre todo cuando dicho fenómeno depresivo puso en evidencia las necesidades de una reestructuración del sistema, que estaba arriesgando sus tasas de beneficio al poner el énfasis sobre la expansión del capital comercial y al fomentar el desarrollo de una estructura del capital y de la firma, en la que la tradición familiar seguía pesando enormemente[225].

Los años 1870-1890 y 1915 recogen la lenta agonía de los criterios del beneficio hasta ese momento puestos en práctica por los empresarios británicos, para abrir paso a nuevas formas de acumulación a escala mundial, implementadas por los norteamericanos, los alemanes, los franceses y más tarde por los japoneses[226].

---

224. Thompson, Allan. **La Dinámica de la Revolución Industrial** (Barcelona: Oikos-Tau. 1976). P. 152.
225. Payne, P.L. **British Entrepreneurship in the Nineteenth Century** (London and Basingstoke: The MacMillan Press. 1978). Sección IV. Pp. 28 y ss.
226. Amin, Samir. **La Acumulación a Escala Mundial. Crítica de la Teoría del Desarrollo** (México: Siglo XXI Eds. 3a. edición. 1977). Pp. 56 y 61.

De cualquier manera, el paso de la realización del capital a su acumulación a escala mundial, no transcurrió sin ser notado por aquellos empresarios. Después del colapso financiero de la Casa Baring Brothers, entre los años 1876 y 1888[227], y de la moratoria declarada por Costa Rica, Honduras, Paraguay y Santo Domingo en 1874[228] (véanse los capítulos III y VIII de este libro), una nueva estrategia de las inversiones hacia las economías complementarias, empezó a ser diseñada por el empresariado británico. Tal estrategia ya era el resultado de una nueva forma de enfrentar una crisis sin precedentes en el sistema, y los centroamericanos apenas se percataron de ello, a no ser por las señales que les llegaban cuando los precios del café fluctuaban de una manera incontrolable.

A una primera etapa en la que los mecanismos financieros aún no estaban totalmente centralizados, y en la que los intercambios mercantiles eran el motor de la expansión del sistema, le sucede una etapa de alta concentración y centralización del capital, en la que junto a la dinámica del capital comercial se da una agresiva política imperial que ya no se satisface con el simple control y abastecimiento de los circuitos comerciales, sino que ahora se trata de controlar y desarrollar hasta la infraestructura misma de tales circuitos. Serían los norteamericanos y los alemanes los encargados de impulsar este proceso.

Hacia 1850, se puede sostener que la inversión internacional privada en las economías complementarias era relativamente pequeña, y no adquiriría importancia hasta poco antes de la Primera Guerra Mundial (1914-1918).

Por otra parte, la inversión británica empezó a decaer de 73 millones de libras esterlinas anuales entre los años 1870 y 1878, a 28 millones de libras anuales para 1875 y 1879[229]. Es

227. Cottrell, P.L. **Op. Cit.** P. 39.
228. **Report of the Select Committee on Foreign Loans** (Londres: Papeles del Parlamento. XI. 1875). Diversas páginas.
229. Lewis, W. Arthur (1978). **Op. Cit.** P. 37.

más, no es cierto que el capital británico haya salido del país entre los años 1873 y 1913, debido a la escasez de posibilidades de inversión en el mercado doméstico. Tal afirmación es absurda desde el momento en que a lo largo del primer período, el precio del dinero estuvo cayendo. El capital tendió a salir como respuesta a una baja productividad de la economía británica, que caía vertiginosamente a causa de una población que no crecía y de una capacidad instalada muy obsoleta, si la comparamos con la norteamericana o la alemana. De aquí la tendencia del capital británico a emigrar hacia las áreas vacías donde el viejo capital fijo no existía y era posible crear uno nuevo.

La emigración tomó fuerzas espectaculares para el período 1899-1913. A pesar de todo, la tendencia general de la economía británica a lo largo de los años entre 1873 y 1913 fue hacia la baja, caracterizada esencialmente por una seria contracción de las exportaciones. Por último, valga la pena señalar que aunque la Revolución Industrial alcanza su etapa cumbre entre los años 1850 y 1875, en el momento de iniciarse la larga onda depresiva para la economía británica (entre 1873 y 1913), se inicia simultáneamente una etapa expansiva de nuevo signo en la que van a predominar las grandes concentraciones del capital industrial y bancario, encabezadas por los Estados Unidos, Alemania, Francia, Bélgica y Japón.

Ahora bien, la inserción de las economías centroamericanas al mercado mundial dentro de esa etapa que hemos llamado de la realización del capital a escala mundial, fue casi el resultado directo de la revolución de los transportes que tuvo lugar a partir de 1850. El transporte hizo posible, por primera vez, la movilización de grandes cantidades de mercancías que necesitaban espacios considerables al ser transferidas del productor al consumidor. Antes de la introducción de la navegación a vapor, el contacto con las economías tropicales se reducía al intercambio con algunos productos que podían pagar pesados costos de transporte, y el número de personas que podían pagar tales costos era modesto, por lo que el contacto en cuestión era igualmente limitado. Sin embargo, entre los años 1883 y 1913, el volumen del comercio tropical se multiplicó por tres[230]. Este importante incremento respondía ahora a que la especialización, fomentada desde la metrópoli, contaba con un capital fijo instalado y equipado con inversiones procedentes siempre del centro y que constituían parte del nuevo rumbo tomado por la acumulación capitalista a escala mundial. Lo anterior significa que durante el período de realización del capital, se produjo en las economías de la periferia una inserción formal al mercado mundial y que durante el proceso de acumulación a escala mundial, se operó una inserción real (véanse los capítulos II y III de este libro).

Entre los años 1824 y 1870, América Central basó sus contactos comerciales con el mercado mundial, en particular con Gran Bretaña, en unos cuantos productos agrícolas: colorantes, maderas, cueros y caucho. La escasez de puertos de importancia, era notable en el período, tanto en el Atlántico como en el Pacífico, lo que dificultaba las actividades comerciales, que atendían líneas navieras como la Royal Mail Steamship Company hacia el primero y la Pacific Mail Steamship Company de Nueva York hacia el segundo. Con inconvenientes, la Royal Mail visitaba los «puertos» convenidos desde 1848 —aunque lo venía haciendo irregularmente desde 1839— y la Pacific Mail hacía lo mismo desde 1853[231].

Este es un período en el que América Central dificilmente contó con representantes de casas comerciales extranjeras, y la inversión privada indirecta fue el patrón de financiamiento que caracterizó a las operaciones comerciales realizadas en el

230. Stover, Charles C. «Tropical exports». En Lewis, W.A. (editor) (1970). **Op. Cit.** P. 46.

231. Pletcher, David M. «Inter-American shipping in the 1880's: a loosening tie». **Inter-American Economic Affairs** (1956: Vol. X. Nº 3). P. 19.

área[232]. Al abrirse el último cuarto del siglo XIX, el apogeo cafetalero estableció una nueva dirección para el crecimiento económico de las economías centroamericanas. Con la posible excepción de Honduras, la cual se vislumbraba ya desde 1869 como una economía de enclave (bananero y minero)[233], la expansión cafetalera en Costa Rica, El Salvador, Guatemala y Nicaragua, vendría a ser el motor que haría posible la inserción real de estas naciones al mercado mundial. Pero tal proceso adquirió su envergadura total sólo desde el momento en que la especialización internacional, dictada desde las economías centrales, iniciara a partir de los años setenta, una nueva etapa en la que sobresaldrían la expansión de la producción de alimentos, de materias primas y estratégicas[234].

Hay que señalar que al dar inicio la etapa que ahora nos concierne (es decir, de 1870 a 1915), la agricultura fue en las economías centrales una actividad de importancia pero declinante. Sólo en Gran Bretaña, su participación en el ingreso nacional decayó de un 20,3% en 1851 a un 6,4% en 1901[235]. En ese sentido, entonces, era necesario invertir en aquellas áreas vacías que podían suplir los alimentos para una población básicamente volcada sobre la producción industrial.

La construcción de ferrocarriles, el mejoramiento portuario, la inversión privada directa en general, terminan por dinamizar el salto de la inserción formal a la inserción real de las economías centroamericanas al mercado mundial, en torno a la producción cafetalera y bananera. Habría que mencionar

---

232. Greenhill, Robert. «Merchants and the Latin American trade: an introduction». En Platt, Christopher (editor) (1977). **Op. Cit.** P. 195.
233. Mariñas Otero, Luis. **Honduras** (Madrid: Ediciones de Cultura Hispánica. 1963). P. 86.
234. Cardoso, Ciro y Pérez Brignoli, Héctor. **Centro América y la Economía Occidental. 1520-1930** (San José: EUCR. 1977). Pp. 208 y ss.
235. Chambers, T.D. y Mingay, G.E. **The Agricultural Revolution. 1750-1880** (Londres: B.T. Batsford Ltd. 1978). P. 210.

una tercera etapa que, más adelante (en el capítulo IV) hemos llamado de inserción imperialista, pero en vista de que intentamos dejar este capítulo más centrado en las cuestiones cuantitativas que teóricas, remitimos al lector al capítulo en cuestión.

EL TEMA

Ahora interesa describir y evaluar la composición del comercio exterior entre Gran Bretaña y América Central. Se refiere a la composición del comercio exterior y no al complejo importaciones-exportaciones, desde el momento en que el estudio de este último asunto supone una amplia explicación de la relación dinámica entre infraestructura comercial, infraestructura financiera, balanza de pagos y otros aspectos que se mencionaran sólo marginalmente.

El análisis de la composición del flujo de mercancías entre el imperio británico y las economías complementarias de América Central, permitirá al lector formarse una idea sobre cómo operaba la relación centro-periferia a partir de la segunda mitad del siglo XIX, debido al hecho de que el sector exportador definió la dinámica de las economías de la región, así como el sector importador fijó la función del crecimiento de unas sociedades profundamente dependientes de lo que podía suplirles el mercado mundial.

Tanto la oferta de determinados productos agrícolas y materias primas, como la demanda de determinadas manufacturas, bienes para el consumidor y bienes de capital, facilitaron la percepción del tipo de relaciones mercantiles que las economías centroamericanas mantuvieron con el imperio británico. Pero no sólo eso, sino permitieron también ponderar el proceso mediante el cual Gran Bretaña era progresivamente desplazada del mercado centroamericano, hasta ser por último sustituida por economías más modernas y agresivas, como la de los Estados Unidos y la de Alemania.

LAS FUENTES

La información cuantitativa que se ha manejado para este trabajo es fundamentalmente británica, lo mismo la información cualitativa. En el primer caso, se han trabajado las **Trade Accounts (Cuentas de Comercio)** conservadas en el Museo Británico y publicadas en los **Parliamentary Papers (Papeles del Parlamento**). También se han utilizado algunos **Statistical Abstracts (Resúmenes Estadísticos)**, así como algunas **Statistical Tables Relating to Foreign Countries (Tablas Estadísticas Relativas a Países Extranjeros)** publicadas en la misma colección mencionada. Para el segundo caso (la información cualitativa), la documentación procede sobre todo de los **Reportes Consulares** y de fuentes manuscritas depositadas en las colecciones de la **Foreign Office (FO)** y de la **Board of Trade (BT)** del **Public Record Office** en Kew Gardens, Londres, Inglaterra. Un balance crítico general sobre este tipo de fuentes, y de su utilidad para el investigador que desee trabajarlas en Gran Bretaña, se encuentra en un índice que el autor publicó hace unos años[236].

AMERICA CENTRAL: LAS EXPORTACIONES

Los productos agrícolas

Las exportaciones agrícolas centroamericanas hacia el mercado británico estuvieron marcadas obviamente por el signo del café. El temprano «despegue» cafetalero de Costa Rica, al iniciarse el año 1830, estableció la pauta en el comportamiento del volumen de exportaciones agrícolas de estos países.

236. Quesada Monge, Rodrigo. «Una aproximación a la historia de América Central en los archivos británicos (índice bicolumnar)». **Estudios Sociales Centroamericanos** (San José: mayo-agosto de 1982. Año XI. Nº 32). Pp. 149-159.

El Cuadro Nº V-1 y el Gráfico Nº 1 son más que elocuentes en ese sentido. El peso específico del café es realmente abrumador. No en vano Gran Bretaña era considerada el mejor cliente para el café centroamericano y, sobre todo, del costarricense. Sólo en este período, del total del café exportado por la región hacia ese mismo mercado, cerca del 80% procedía de Costa Rica.

No quisiéramos que el lector perdiera de vista que Guatemala y El Salvador, y más tardíamente Nicaragua, arribaron a la producción unilateral del café, cuando ya el producto era casi la única fuente de riqueza con que contaba Costa Rica[237].

Hasta bien entrado el siglo XIX, los dos primeros países centroamericanos citados se habían concentrado en la producción de tintes naturales[238], y el tercero en la producción ganadera para abastecimiento regional[239].

El Cuadro Nº V-2, por su parte, indica que la participación promedio de los productos agrícolas en el total exportado por América Central hacia el mercado británico, en el período estudiado, fue de un 53%. Esto sin tomar en cuenta que sólo entre los años 1856 y 1870, el referido porcentaje fue de un 44%.

El despunte cafetalero fue en realidad perceptible a partir de 1871 y con notable vigor hacia los años ochenta. El Gráfico Nº 1 es especialmente revelador en ese aspecto, pues entre los años 1851 y 1880 puede notarse el movimiento ascendente de las exportaciones agrícolas centroamericanas definidas por el

237. Cardoso, Ciro. «Historia económica del café en Centroamérica. Siglo XIX. Estudio comparativo». **Estudios Sociales Centroamericanos** (San José: enero-abril de 1976. Año IV. Nº 10). P. 12.
238. Acuña Ortega, Víctor Hugo (1980). **Op. Cit.** P. 71.
239. Lanuza Matamoros, Alberto. «Comercio exterior de Nicaragua (1821-1875)». **Estudios Sociales Centroamericanos** (San José: mayo-agosto de 1976. Año V. Nº 14). Pp. 109-136.

Cuadro Nº V-1. Productos alimenticios centroamericanos importados por el Reino Unido (1851-1915). (En libras esterlinas y porcentajes)

Años	Café	%	Bananos	%	Otros**	%	Total	%
1851-1855*	210,295	99	—	—	2,112	1	212,357	100
1856-1860	523,244	94	—	—	35,482	6	558,726	100
1861-1865	651,652	82	—	—	139,515	18	791,167	100
1866-1870	1,399,557	88	—	—	189,824	12	1,589,381	100
1871-1875	3,790,883	97	—	—	135,985	3	3,926,868	100
1876-1880	4,522,433	99	—	—	32,795	1	4,555,228	100
1881-1885	4,308,304	99	—	—	46,740	1	4,355,044	100
1886-1890	4,966,024	98	—	—	46,348	2	5,042,372	100
1891-1895	4,657,991	100	—	—	3,339	—	4,661,330	100
1896-1900	3,995,505	100	—	—	4,294	—	3,999,799	100
1901-1905	3,707,079	79	924,351	20	47,609	1	4,679,039	100
1906-1910	3,905,620	56	2,939,761	42	80,878	2	6,926,259	100
1911-1915	5,947,226	62	3,393,830	36	191,765	2	9,532,821	100
TOTAL	42,585,763	89	7,393,830	8	956,688	3	50,830,391	100

* Incluye sólo los años 1854 y 1855. Para los años anteriores carecemos de información. Esto rige para el cuadro siguiente.

** Incluye zarzaparrilla, azúcar sin refinar y cacao.

FUENTES: La documentación utilizada para levantar este y los cuadros siguientes, procede de 67 reportes estadísticos localizados en el Museo Británico, con el título de **Trade Accounts (Cuentas de Comercio)**, y reproducidos en los **Parlamentary Papers (Papeles del Parlamento)**, que cubren los años desde 1849 hasta 1921. Debemos mencionar también a las **Statistical Tables Relating to Foreign Countries (Tablas Estadísticas Relativas a Países Extranjeros)**, y el **Annual Estatement of the Trade and Navigation of the United Kingdom with Foreign Countries and British Possessions (Estado Anual del Comercio y la Navegación del Reino Unido con Países Extranjeros y Posesiones Británicas)**. Estas dos últimas fuentes cubren diversos años.

Gráfico Nº V-1. América Central: exportaciones al mercado británico (1851-1915)

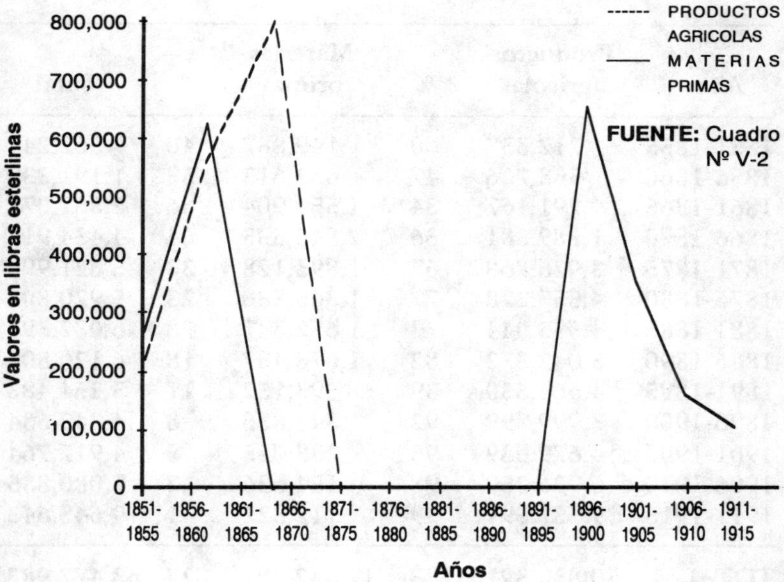

signo del café, con una tasa geométrica de crecimiento anual para todo el período del 17% según quinquenio.

Las plantaciones existentes en Asia (Ceilán, India y Java) para esta época habían sido devastadas por las enfermedades y definitivamente, entonces, América Central compartiría con Brasil, Colombia, México y Venezuela el primer lugar en las exportaciones mundiales de café[240]. La producción cafetalera venezolana entró en la bancarrota para 1899, y se recuperaría ligeramente hasta después de 1910[241].

240. Stover, Charles C. **Op. Cit.** P. 53.

241. Norbury, F. «Venezuela». En Lewis, W.A. (editor) (1970). **Op. Cit.** P. 130.

Cuadro Nº V-2. Valor total de productos centroamericanos exportados a Gran Bretaña (1851-1915). (En libras esterlinas)

Años	Productos agrícolas	%	Materias primas	%	Total
1851-1855	212,357	60	149,887	40	362,244
1856-1860	558,726	47	632,613	53	1,191,339
1861-1865	791,167	34	1,559,904	66	2,351,071
1866-1870	1,589,381	36	2,845,535	64	4,434,916
1871-1875	3,926,868	67	1,895,128	33	5,821,996
1876-1880	4,555,228	77	1,365,580	23	5,920,808
1881-1885	4,355,044	72	1,677,347	28	6,032,391
1886-1890	5,042,372	82	1,078,437	18	6,120,809
1891-1895	4,661,330	89	593,152	11	5,254,483
1896-1900	3,999,799	92	343,835	8	4,343,634
1901-1905	4,679,039	95	238,725	5	4,917,764
1906-1910	6,926,259	98	154,626	2	7,080,885
1911-1915	9,532,391	99	112,822	1	9,645,643
TOTAL	50,830,391	73	12,647,592	27	63,477,983

FUENTES: Las mismas del Cuadro Nº V-1.

A partir de los años ochenta, la producción mundial del grano tuvo un crecimiento promedio anual del 2,3%, al menos durante los primeros quince años del siglo. En los quince años siguientes sólo creció en un 1,9%. Una fractura parecida se produjo con los precios, pues estos serían superiores en un 42% para 1896 con respecto a 1883, y empezaron un desplome casi indefectible hasta 1910[242]. Dichas perturbaciones parecen registrarse en el Gráfico Nº 1, así como también el hecho de que

242. **Annuaire Statistique Retrospectif** (París: Institut National la Statistique et des Etudes Economiques. 1951). Pp. 417-418.

la producción de materias primas cediera su lugar, con un descenso espectacular, a una concentración altamente deformante en la exportación de productos agrícolas, esto es, de café.

Por otra parte, las estadísticas británicas parecieran indicar que Gran Bretaña fue un tardío consumidor del banano centroamericano. Aunque durante los primeros quince años del siglo XIX, la demanda inglesa por el banano producido en la región se triplica, el lector no debe perder de vista que tal fenómeno puede estar estrechamente ligado con la «manía ferroviaria», en la cual los capitalistas británicos jugaron un papel descollante para evitar ser desalojados por los norteamericanos, con quienes el binomio banano-ferrocarriles sí tenía todo el significado histórico indicado[243].

En relación con el azúcar de caña, el cacao y la zarzaparrilla, el imperio británico lograba satisfacer sus propias necesidades. Igual como en el caso del café, esos otros productos, cuando procedían de áreas marginales al imperio, casi siempre se les reexportaba a la Europa continental[244].

Hacia los años 1820, el azúcar de caña había sido durante siglo y medio el mayor artículo británico de importación, hasta el momento cuando fue reemplazado por el algodón. Como no se daba producción inglesa o europea en general, la mayor parte se importaba de América, Asia y Africa. A partir de ese instante, entonces, los principales suplidores pasaron a ser las colonias de las Indias Occidentales, Java y Mauricio. En 1844 un derecho de importación altamente discriminatorio fue establecido, con el fin de proteger a los productores coloniales[245].

243. Murillo Chaverri, Carmen. **Op. Cit.** Cap. 1. Pp. 21-44.
244. Davis, Ralph. **Op. Cit.** P. 31.
245. Ibídem. **Op. Cit.** P. 43.

Entre los años 1882 y 1900 el azúcar de caña entró en una feroz competencia con el azúcar de remolacha, cuya producción creció en casi un 188% por esos años, contra sólo un 86% de la primera. Por otro lado, el elevado índice de tecnologización de los ingenios empezó a aislar a aquellos países que no podían mantener el ritmo, tal era el caso de los países centroamericanos. Una situación parecida puede señalarse para el cacao y la zarzaparrilla, ya que la producción centroamericana no soportó la competencia de Ecuador primero y de Costa de Oro después[246]. Como puede observarse, el dominio del café en las exportaciones agrícolas de la región hacia el mercado inglés era casi absoluto: dominio acompañado por unos cuantos productos marginales de poca o nula competitividad internacional.

Las materias primas

En este renglón de exportaciones, la dinámica comercial de América Central vuelve a estar determinada por la uniformidad y la monotonía, de nuevo con un único producto: los tintes naturales. Guatemala y El Salvador particularmente, habían sustentado su crecimiento económico, desde finales del siglo XVI, en la exportación de colorantes[247]. En ambos casos, la producción cafetalera fue la única salida viable cuando los citados colorantes fueron dejados de lado en el mercado internacional al inventarse los tintes sintéticos, despuntando los años ochenta del siglo pasado.

El Cuadro Nº V-3 y el Gráfico Nº 1 señalan cuál fue el comportamiento financiero de las materias primas centroamericanas, cuando se trató de colocarlas en el mercado británico. En general, el mercado mundial sólo negoció exportaciones de añil por un valor de dos millones de dólares en 1913, aunque

246. Stover, Charles. **Op. Cit.** Pp. 55 y 59.
247. Acuña Ortega, Víctor Hugo (1980). **Op. Cit.**

Cuadro Nº V-3. Materias primas centroamericanas importadas por el Reino Unido (1851-1915). (En libras esterlinas y porcentajes)

Años	Cueros y pieles	%	Maderas	%	Caucho	%	Tintes*	%	Otros**	%	Total	%
1851-1855	—	—	6,152	4	—		133,695	89	10,040	7	149,887	100
1856-1860	74,085	12	86,627	14	—		433,926	69	37,975	5	632,613	100
1861-1865	118,471	8	78,613	5	42,121	3	1,269,493	81	51,206	3	1,559,904	100
1866-1870	63,265	2	259,075	9	142,198	5	2,337,167	82	43,830	2	2,845,535	100
1871-1875	63,683	3	333,872	18	210,967	11	1,275,500	67	11,106	1	1,895,128	100
1876-1880	10,785	1	266,841	20	146,002	10	941,951	69	—	—	1,365,580	100
1881-1885	24,506	1	375,953	22	144,484	9	1,132,404	68	—	—	1,677,347	100
1886-1890	—	—	2,327,788	22	31,394	3	814,255	75	—	—	1,078,437	100
1891-1895	1,167	0	152,444	26	19,097	3	411,185	69	9,260	2	593,153	100
1896-1900	918	0	73,550	21	21,104	7	238,284	69	9,979	3	343,835	100
1901-1905	—	—	54,088	23	17,521	7	154,039	65	13,077	5	238,725	100
1906-1910	—	—	60,555	39	15,759	10	65,009	42	13,303	9	154,626	100
1911-1915	—	—	52,481	47	10,426	9	43,074	38	6,841	6	112,822	100
TOTAL	356,881	2	2,033,039	21	801,073	6	9,249,982	68	206,617	3	12,647,598	100

* Incluye añil, cochinilla y grana.

** Incluye bálsamo de Perú, metales, algodón bruto, cebo, concha-perla y concha de tortuga.

FUENTES: Las mismas del Cuadro Nº V-1.

treinta años antes había sido superior trece veces. Con igual seriedad fueron afectadas las maderas tintóreas[248]. El fenómeno no fue diferente en América Central, pues como indica el Gráfico Nº 1, el descenso fue definitivamente irreversible a partir de 1881. Sin embargo, aunque dicho descenso fue muy notable en números absolutos de acuerdo con el Cuadro Nº V-3, el estable descenso en números relativos apunta hacia el hecho de que en vísperas de la Primera Guerra Mundial (1914-1918), los tintes naturales centroamericanos seguían siendo utilizados por la industria textil británica, al lado de los tintes sintéticos; obviamente con una menor capacidad de aprovechamiento debido al lento proceso de preparación al que eran sometidos los primeros.

Si del total de los productos agrícolas exportados por América Central hacia el mercado inglés, el 89% lo constituía el café, el que el 68% de las materias primas estuviera constituido por tintes naturales, identifica a un buen cliente de corte tradicional y fija la unilateralidad (dependencia) de la producción centroamericana con respecto a ese mismo cliente, durante el período en estudio.

Las maderas importadas por Gran Bretaña eran de dos tipos: maderas suaves para construcción, las cuales procedían en su mayoría de las zonas frías del norte europeo, los Estados Unidos y Canadá; y maderas de lujo para mueblería, procedentes de las tierras costeras del mar Caribe. Una parte considerable del primer tipo de maderas era utilizado para los velámenes en el transporte marítimo, así como para los durmientes en el transporte ferroviario[249]. Al iniciarse la navegación a vapor y la fabricación de barcos con casco de acero, la demanda británica de aquel tipo de maderas se redujo considerablemente y, en consecuencia, su precio tendió también a subir.

248. Stover, Charles. **Op. Cit.** P. 61.
249. Davis, Ralph. **Op. Cit.** Pp. 46-49.

En el caso de las maderas para mueblería, la columna correspondiente del Cuadro Nº V-3, le pertenece casi en su totalidad a Honduras. Este país fue sometido a una severa devastación pirata de sus bosques, desde la segunda parte del siglo XVIII hasta bien entrado el XIX, por aventureros ingleses que vendían la caoba, el cocobolo y el cedro hondureños a precios astronómicos en los mercados europeos, para la fabricación de sofisticada mueblería[250]. Las cifras que recoge al respecto el Cuadro Nº V-3, deben estar muy por debajo del volumen real pero desconocido de ese impresionante contrabando. No obstante, del total de las materias primas exportadas por América Central, Inglaterra compraba el 21% en maderas, otro rubro que nos define la limitada naturaleza productiva de estas naciones.

El consumo de estas maderas alcanza su punto pico en el quinquenio 1881-1885, y empieza a descender a partir de entonces, aparentemente por dos razones básicas: el relativo agotamiento de los bosques centroamericanos elevó los precios de estas maderas en el mercado europeo, y la presencia cada vez más intensa de los norteamericanos en la zona, redujo de manera considerable la piratería inglesa, al combinar la explotación maderera con la expansión del enclave bananero.

En el mismo orden de importancia, el Cuadro Nº V-3 nos indica que el caucho o el hule (ulli en náhuatl) fue también una materia prima de relativo significado en las importaciones que hacía Gran Bretaña desde América Central. Puede notarse que en el quinquenio 1871-1875 las exportaciones de caucho llegaron a su máximo nivel (11% del total de las materias primas), procedentes posiblemente de Nicaragua en una proporción nada despreciable[251]. Antes y después la proporción relativa

250. Ibídem. **Loc. Cit.**

251. Lanuza Matamoros, Alberto. **Op. Loc. Cit.** También del mismo autor y otros: **Economía y Sociedad en la Construcción del Estado en Nicaragua** (San José: ICAP. 1983). Pp. 51 y ss.

en ese mismo rubro fue en realidad modesta, con la excepción del quinquenio 1906-1910 (10%), aunque en números absolutos siguió siendo más que pobre.

La producción mundial de caucho creció entre los años 1880 y 1913, de 11 mil a 125 mil toneladas métricas. El artículo había sido conocido por siglos, pero no fue hasta que en la segunda parte del siglo XIX el proceso de vulcanización empezó a ser utilizado, cuando el producto adquirió su merecida relevancia. En 1913, tres quintas partes de la oferta mundial, eran de caucho silvestre y el valle del Amazonas eran el principal abastecedor. El cambio hacia las plantaciones se produjo a fines del siglo XIX, cuando Malasia pasó al primer plano de la oferta mundial con un crecimiento de la extensión sembrada de 5,000 acres en 1900 a 1,250,000 acres en 1913. El desplazamiento de países como Nicaragua, Brasil, Bolivia, México, Perú, Nigeria, Congo Belga y Costa de Marfil tuvo lugar no tanto por la devastación de los bosques, que adquirió su máximo nivel en 1900, sino también porque a partir de 1913 la calidad del producto malayo resultó superior[252].

En números absolutos la exportación de «otras» materias primas hacia el mercado inglés, pareció inclinarse especialmente en favor de los algodones en bruto y de los metales. El quinquenio 1861-1865 estuvo marcado por la Guerra Civil en los Estados Unidos, y a su vez, por un auge de las exportaciones del algodón nicaragüense hacia ese mercado y hacia el mercado inglés, que era el principal consumidor del producto norteamericano. El breve auge minero que se ubica entre los años 1868 y 1910 pareció prefigurar también la relativa incidencia de la producción nicaragüense que nos registra el Cuadro Nº V-3[253].

252. **Annuaire Statistique.** P. 432.

253. Lanuza Matamoros, Alberto y otros (1983). **Op. Cit.** Pp. 57 y 65. También: Quesada Monge, Rodrigo. «La inversión británica en América Central: dos compañías mineras en Nicaragua (1868-1910)». **Estudios Sociales Centroamericanos** (San José: setiembre-diciembre de 1981. Año X. Nº 30). Pp. 125-145. Además, Araya Pochet, Carlos. **Op. Cit**. Pp. 13 y ss.

Finalmente, el consumo de algunas plantas medicinales y de artículos exóticos por parte de los ingleses desde Centroamérica, no merece mención especial, debido a que su gravitación sobre el total de las materias primas exportadas era de poca importancia.

La composición del rubro de las exportaciones centroamericanas hacia el mercado inglés, claramente indica cómo una división internacional artificiosa del trabajo[254] estableció para la región, el papel de abastecedora de productos primarios. Con un 54% como promedio de las exportaciones agrícolas y un 47% en las exportaciones de materias primas, no resulta sorprendente la hipertrofia que se operó en el sector exportador de los países centroamericanos (véase el Cuadro Nº V-2). Las demoledoras consecuencias que trajo consigo el librecambismo (1860-1890) harían todavía más doloroso para Centroamérica, el paso de la inserción formal a la inserción real al mercado mundial (véanse los capítulos II y III de este libro).

América Central, como el resto de los países de la periferia capitalista, adoptaría el mecanismo bastante distorsionador de su sector de la exportación, que consistía en exportar artículos altamente intensivos en fuerza de trabajo, para ser intercambiados por artículos con una elevada densidad de capital. De tal forma que el superávit en la balanza comercial que registra el Cuadro Nº V-8 a favor de América Central, es un mero espejismo, pues no sólo la composición orgánica de los artículos intercambiados se toma aquí en cuenta sino también los cambios de dirección operados en la cuenta corriente con Gran Bretaña, cambios que empiezan a notarse cuando aparecen sus competidores.

254. Barratt-Brown, Michael. **La Teoría Económica del Imperialismo** (Madrid: Alianza Universidad. 1975). Caps. 5 y 6.

Durante la etapa más ostensible del capítulo librecambista, es decir, durante los años comprendidos entre 1860 y 1890, la balanza comercial fue favorable para los países de la región centroamericana, no sólo por la composición orgánica de los artículos que exportaban, sino también porque el flujo de capital inglés (que parcialmente financió la infraestructura comercial de las cinco naciones), supuso que estas pagarían sus importaciones cada vez más caras, fenómeno que el Cuadro Nº V-8 y el Gráfico Nº 3 no podían registrar en forma debida. No en vano Marx decía que la balanza comercial, en condiciones similares, «deba ser siempre, en términos generales, favorable al resto del mundo y desfavorable a Inglaterra»[255].

AMERICA CENTRAL: LAS IMPORTACIONES

1. Los textiles y sus manufacturas

El período que analizamos es rico en acontecimientos económicos, políticos y sociales, no sólo a nivel centroamericano, sino también a nivel internacional. Esto significa esencialmente que el sistema capitalista ha entrado ya en su etapa expansiva definitiva, es decir, la etapa imperialista con todas las implicaciones que ello trajo consigo para el istmo. Al interior de este proceso, las importaciones centroamericanas de productos británicos estarían condicionadas por los límites establecidos con la dinámica expansiva del mercado mundial capitalista. Se compra y vende lo que este último autoriza para que entre en la corriente del intercambio comercial.

En países como los centroamericanos, cuya composición de las exportaciones estaba definida por una estructura de la producción totalmente «extrovertida», el balance que se podría hacer de la composición de las importaciones, siempre debería contemplar que las mismas ayudaron a profundizar la mencionada «extroversión». Cuando nos percatamos de que los rubros de

255. Marx, Karl y Engels, Frederick. **Materiales para la Historia de América Latina** (Buenos Aires: Cuadernos de Pasado y Presente. Nº 30. 1972). P. 129.

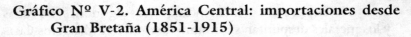

Gráfico Nº V-2. América Central: importaciones desde Gran Bretaña (1851-1915)

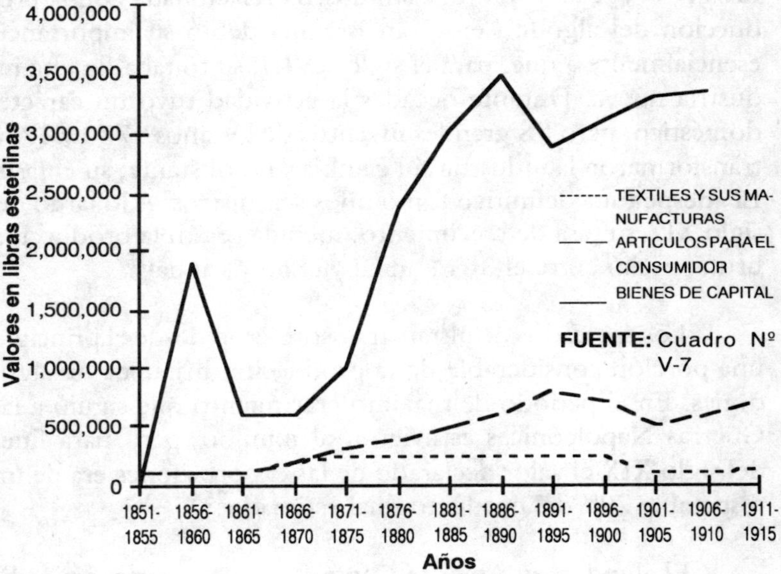

mayor peso específico fueron aquellos que incidieron directamente en los patrones de consumo de las clases dominantes, en particular interesadas en mantener y consolidar su hegemonía, las importaciones se convierten en un elemento vertebral para entender cómo se construyó esta última. Este es un renglón de la investigación historiográfica costarricense reciente que ha rendido muy buenos frutos, a pesar de que pudiéramos no estar de acuerdo con algunas de las conclusiones que ciertos de esos historiadores extraen de la documentación utilizada[256].

---

256. En este sentido existen varias excelentes colecciones de artículos editados por Molina Jiménez, Iván y Palmer, Steven (1992). **Op. Cit.** y **El Paso del Cometa. Estado, Política Social y Culturas Populares en Costa Rica (1800-1950)** (San José: Ed. Porvenir-CIRMA. 1994), finalmente **La Voluntad Radiante. Cultura Impresa, Magia y Medicina en Costa Rica (1897-1932)** (San José: Ed. Porvenir-CIRMA. 1996).

No es por pura coincidencia que los algodones, las ropas y los metales despuntan su dominio, según lo indican los Cuadros N$^{os.}$ V-4 ,V-5 y V-6. La industria relacionada con la producción del algodón en Gran Bretaña debió su importancia esencialmente a que, para el siglo XVIII, se trataba de una industria nueva. Durante décadas la actividad tuvo un carácter doméstico, pero los grandes inventos de los años 1770 y 1780 transformaron la industria sin cambiar, no obstante, su énfasis. El «despegue» definitivo tomó unos seis lustros. A lo largo del siglo XIX su tasa de crecimiento, medida según la producción bruta, osciló entre el $3^{1}/_{2}$% anual y el $6^{1}/_{2}$% anual[257].

Los mercados de ultramar absorbieron desde el principio una porción considerable de la producción británica de algodones. En el período de máximo crecimiento que siguió a las Guerras Napoleónicas estuvieron al mínimo, pero para fines del siglo XIX el valor declarado de las exportaciones era de un respetable 79% del producto final estimado[258].

El algodón en América Central, por otra parte, era utilizado como tributo durante la dominación española, particularmente en los casos de Guatemala y Nicaragua, pero también fue utilizado por las artesanías locales, las más de las veces para consumo doméstico. De tal forma que la introducción del algodón en bruto en la región, así como de sus manufacturas, indica la manera en que América Central empezó a vincularse al mercado mundial, como una expresión más de los espasmos expansivos de la Revolución Industrial.

Para el período que aquí nos atañe, el Cuadro Nº V-4 es descripción suficiente. Del total de las importaciones textiles y sus manufacturas puede notarse que el 85% le corresponde al

257. Deane, Phyllis y Cole, W.A. **British Economic Growth. 1688-1959** (Cambridge University Press. 2a. edición. 1978). P. 186.
258. Ibídem. P. 188.

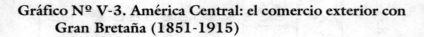

Gráfico Nº V-3. América Central: el comercio exterior con Gran Bretaña (1851-1915)

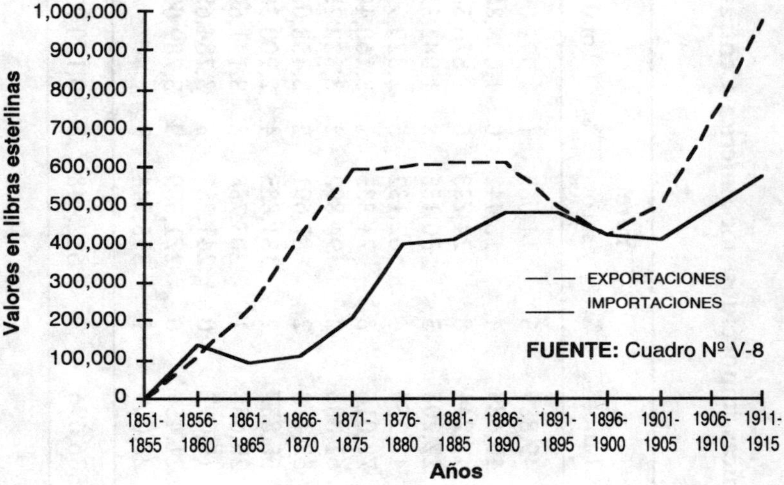

algodón, el cual se usaba para la fabricación de telas y artículos de consumo popular que se vendían en los días de mercado, en las principales ciudades de la región[259].

En realidad, después de las Guerras Napoleónicas, los países latinoamericanos salvaron a la producción inglesa de algodones, pues la depresión y fluctuación crónicas de sus precios en los Estados Unidos y las Indias Occidentales, habían hecho declinar notablemente su demanda internacional. A partir de 1820, el mercado latinoamericano superó a estos últimos países en toda la línea, en relación con el consumo de algodones y textiles de algodón británicos[260].

259. Wagner Moritz y Sherzer, Carl. **La República de Costa Rica en la América Central** (San José: Ministerio de Cultura, Juventud y Deportes. 1974). Tomo I. Pp. 280-281.
260. Davis, Ralph. **Op. Cit.** P. 18.

Cuadro Nº V-4. Textiles y manufacturas británicas importados por América Central (1851-1915). (En libras esterlinas y porcentajes)

Años	Lanas	%	Sedas	%	Linos	%	Yute y sacos	%	Total	%
1851-1855	860,700	87	56,855	6	49,889	5	11,065	1	991,092	100
1856-1860	994,855	91	38,474	4	40,685	4	15,442	0	1,098,802	100
1861-1865	461,906	80	30,077	5	47,244	8	24,733	5	576,540	100
1866-1870	455,862	80	27,833	5	27,208	5	50,155	8	1,082,371	100
1871-1875	885,384	86	41,605	4	43,250	4	62,132	6	2,829,976	100
1876-1880	2,601,403	92	67,460	2	73,016	3	71,335	2	3,160,401	100
1881-1885	2,828,697	90	145,089	5	61,836	2	94,892	2	3,322,257	100
1886-1890	2,926,768	88	216,430	7	52,478	2	87,691	2	3,453,021	100
1891-1895	2,901,185	84	343,078	10	55,837	2	131,335	4	2,900,301	100
1896-1900	2,388,847	82	270,695	9	25,688	1	205,738	8	3,141,602	100
1901-1905	2,635,655	84	248,608	8	15,097	0	241,287	8	3,284,655	100
1906-1910	2,733,255	83	258,562	8	21,459	0	271,379	9	3,789,096	100
1911-1915	3,167,624	84	243,219	6	23,009	1	355,244	9		
TOTAL	25,842,150	85	1,987,985	6	536,696	3	1,622,448	5	30,150,953	100

FUENTES: Las mismas del Cuadro Nº V-1.

Cuadro Nº V-5. Productos británicos no textiles para el consumidor importados por América Central (1851-1915). (En libras esterlinas y porcentajes)

Años	Ropas y mercería	%	Alimentos en conserva	%	Porcelanas y lozas	%	Candelas	%	Drogas y medicinas	%	Jabones	%	Manufacturas de cuero	%	Total	%
1851-1855	27,355	68	—	—	12,719	32	—	—	—	—	—		—	—	40,074	100
1856-1860	61,904	64	—	—	21,890	23	—	—	—	—	12,565	13	—	—	96,539	100
1861-1865	50,257	60	—	—	17,529	21	—	—	—	—	15,483	19	—	—	83,269	100
1866-1870	105,614	57	16,972	9	38,994	21	—	—	—	—	25,213	13	—	—	186,793	100
1871-1875	117,909	49	41,612	17	38,552	16	—	—	—	—	44,641	18	—	—	242,714	100
1876-1880	167,449	64	10,050	—	31,539	12	8,799	3	—	—	23,998	9	18,996	8	260,831	100
1881-1885	142,398	57	—	—	23,732	10	19,753	8	13,544	5	19,605	8	29,749	12	248,781	100
1886-1890	102,863	43	—	—	18,909	8	29,892	12	47,962	20	15,132	7	24,457	10	239,155	100
1891-1895	93,384	42	13,656	6	3,236	1	30,136	14	54,061	24	12,461	6	15,869	7	222,753	100
1896-1900	62,054	35	23,911	13	—	—	33,563	19	34,917	20	20,025	11	3,902	2	178,372	100
1901-1905	40,930	38	11,457	11	—	—	24,303	23	20,321	39	10,212	9	286	—	107,509	100
1906-1910	31,027	28	11,358	10	—	—	19,241	18	22,965	21	25,949	23	—	—	110,540	100
1911-1915	20,791	12	34,615	20	4,942	3	8,466	5	46,252	27	59,781	35	—	—	175,847	100
TOTAL	1,023,825	27	163,631	7	212,042	11	174,153	8	241,022	10	285,065	13	93,259	4	2,192,97	100

FUENTES: Las mismas del Cuadro Nº V-1.

Tal situación hizo que en países como los centroamericanos, las artesanías domésticas del algodón fueran desalojadas progresivamente del mercado por las manufacturas importadas. Alguna vez, los ingleses habían sostenido que sus algodones jamás serían una buena competencia para los algodones locales, pues la distancia y las tarifas aduaneras hacían muy difícil esa posibilidad[261]. Aún así, los algodones importados desde Gran Bretaña terminaron imponiéndose en el mercado centroamericano, sin lograr un aislamiento definitivo de la producción autóctona.

El Cuadro Nº V-4 también muestra que las lanas inglesas se consumían poco, pero aquí, obviamente, se trataba sobre todo de casimires que eran consumidos por los sectores sociales de mayor poder de compra, para la confección de trajes a la medida. Con las sedas sucedía una situación parecida, a pesar de que con regularidad dichas fibras se importaban mezcladas con el algodón, por ejemplo. El lino era utilizado para ropas de consumo popular; el yute y los sacos de yute eran adquiridos por los exportadores de café para empacar el grano costarricense que se enviaría al mercado europeo. Importantes cantidades de estos sacos de yute procedían de las fábricas de Dundee ubicadas en Escocia.

2. Los artículos no textiles para el consumidor

En lo que respecta a esta cuestión de las telas y ropas, el Cuadro Nº V-5 es un importante complemento de las afirmaciones hechas en el apartado anterior. Puede observarse que las ropas y la mercería consumen el 47% de las importaciones centroamericanas. El consumo de productos británicos no textiles, era en este caso un buen indicador de lo que el historiador norteamericano Richard Graham llamaba el «estilo urbano»,

261. Ibídem. **Loc. Cit.**

cuando se refería al caso brasileño[262]. El consumo de alimentos sofisticados en conserva, de las porcelanas y de las lozas tienen un porcentaje bastante respetable (7 y 11%, respectivamente) en el Cuadro Nº V-5, al lado de las corbatas, los sombreros y los pañuelos de seda que también registra el mismo en su primera columna. Tales cambios en la dieta y en el gusto por el lujo no dejan de ser llamativos. Los jabones, casi en su totalidad de buenos perfumes franceses —reexportados por los ingleses—, poseen un porcentaje sorprendentemente superior a las medicinas y las candelas. El centroamericano acomodado prefería no aliviarse de un malestar o pasar sus noches a oscuras, a cambio de un buen perfume francés. Las manufacturas de cuero registran un porcentaje poco significativo, pero se trata de arneses y utilería que los grupos sociales adinerados podían consumir, como sucedía con los jabones de perfume francés. Las manufacturas de cuero se importaban para sacar mejor partido del ganado que se utilizaba en el transporte, también para la fabricación de zapatería de alta distinción y calidad.

3. Los bienes de capital

Estos indican con cierto nivel de certeza la forma en que la inserción en el mercado mundial, les posibilitó a los centroamericanos una mayor complejidad y diversidad en las estructuras de dominación que estaban construyendo sus grupos sociales poderosos. El Cuadro Nº V-6 a ese respecto indica que los metales, los artículos de ferretería y la maquinaria consumían el grueso de las importaciones en lo que aquí llamamos bienes de capital.

Como en los dos cuadros anteriores, el cambio de orientación en el consumo —cambio cualitativo y no rigurosamente cuantitativo—, se empieza a notar con mayor empuje a partir

262. Graham, Richard. **Britain and the Onset of Modernization in Brazil. 1850-1914** (Cambridge University Press. 1972). Cap. IV.

Cuadro Nº V-6. Bienes de capital británicos importados por América Central (1851-1915). (En libras esterlinas y porcentajes)

Años	Artículos de ferretería*	%	Maquinaria **	%	Metales	%	Abono natural ***	%	Papel y papelería	%	Carbón y sus productos	%	Cemento	%	Químicos y sus productos	%	Total	%
1851-1855	39,969	47	12,275	15	31,961	38	—	—	—	—	—	—	—	—	—	—	84,223	100
1856-1860	32,557	35	30,182	33	29,049	32	—	—	—	—	—	—	—	—	—	—	91,788	100
1861-1865	31,305	41	12,181	16	33,381	43	—	—	—	—	—	—	—	—	—	—	76,867	100
1866-1870	47,543	35	30,794	16	110,297	58	—	—	—	—	—	—	—	—	—	—	188,634	100
1871-1875	88,023	30	49,637	17	151,702	53	—	—	—	—	—	—	—	—	—	—	299,362	100
1876-1880	91,542	25	81,860	22	191,521	53	—	—	—	—	—	—	—	—	—	—	364,923	100
1881-1885	90,168	20	121,512	27	229,721	53	—	—	—	—	—	—	—	—	—	—	441,201	100
1886-1890	109,464	16	166,446	25	368,617	59	—	—	—	—	—	—	—	—	—	—	664,527	100
1891-1895	119,350	14	233,498	28	445,670	53	3,478	0	12,757	1	25,330	3	1,768	0	5,149	1	847,000	100
1896-1900	100,700	13	182,598	24	410,374	53	8,628	1	22,894	3	29,125	4	9,724	1	3,992	1	768,035	100
1901-1905	80,456	15	113,179	21	288,405	53	6,513	1	25,270	5	26,902	5	1,953	0	6,514	0	549,252	100
1906-1910	84,042	14	140,286	23	292,807	49	3,619	1	9,010	1	57,187	9	70	0	17,988	3	603,009	100
1911-1915	109,875	17	226,486	34	249,183	38	—	—	—	—	—	—	—	—	75,978	11	661,522	100
TOTAL	1,023,014	24	1,400,734	23	2,852,748	49	22,238	0	69,931	1	138,544	2	13,515	0	109,621	1	5,630,345	100

* Incluye cuchillería y herramientas.
** Incluye molinos manuales para café.
*** Incluye guano.
FUENTES: Las mismas del Cuadro Nº V-1.

Cuadro Nº V-7. Valor total de productos británicos importados por América Central (1851-1919). (En libras esterlinas y porcentajes)*

Años	Textiles y sus manufacturas	%	Artículos para el consumidor	%	Bienes de capital	%	Total
1851-1855	991,092	86	40,704	4	84,225	8	1,115,391
1856-1860	1,898,802	85	96,359	7	91,788	7	1,286,949
1861-1865	576,540	78	83,269	11	76,867	10	736,676
1866-1870	570,839	60	186,793	20	188,634	20	946,266
1871-1875	1,032,371	66	242,714	16	289,362	18	1,564,447
1876-1880	2,829,976	82	260,831	8	364,923	11	3,455,730
1881-1885	3,160,401	82	248,781	6	441,201	11	3,850,383
1886-1890	3,322,257	79	239,155	6	664,527	16	4,225,939
1891-1895	3,453,021	76	222,753	5	847,000	19	4,522,774
1896-1900	2,900,301	75	178,372	5	768,035	20	3,846,708
1901-1905	3,141,602	83	107,509	3	549,252	14	3,798,363
1906-1910	3,284,655	82	110,540	3	603,009	15	3,998,204
1911-1915	3,789,096	82	175,847	4	661,522	14	4,626,465
TOTAL	30,150,953	79	2,192,997	6	5,630,345	15	37,974,295

* Con un margen de error de aproximadamente un 2%.

FUENTES: Las mismas del Cuadro Nº V-1.

de los años setenta del siglo pasado. La construcción de líneas férreas absorbía la totalidad de las importaciones en bienes de capital; lo mismo podría mencionarse del vigoroso progreso que estaba teniendo lugar en la producción cafetalera y que se traducía en la variada adquisición de maquinaria para ese propósito.

La importación de los abonos naturales (como el guano) era en realidad de poca importancia, en virtud de que era reemplazable por los abonos locales, de las mismas o parecidas condiciones nutricionales. No obstante, los agroexportadores más ricos los importaban siempre, entre otras razones, por su fuerte apego a la tradición de tratar sus tierras con abonos naturales. En el caso del carbón, del cemento y de los productos químicos, la competencia norteamericana y alemana se dejó sentir y así fue como a partir de principios del siglo XX no se registraron importaciones británicas de consideración en esos renglones. Con el papel y la papelería una situación parecida hizo la competencia francesa en los mercados centroamericanos de estos productos.

Por último, puede percibirse, entonces, leyendo el Cuadro Nº V-7 y el Gráfico Nº 3, que la principal orientación de las importaciones centroamericanas de productos británicos se centró en los textiles y sus manufacturas, y en los bienes de capital.

Tratándose de economías con un sector exportador tan vulnerable, la dinámica de las importaciones no podía ser otra que aquella que consolidara y ampliara dicha vulnerabilidad. Esta situación tuvo los efectos obvios de aniquilar o cuando menos desplazar al pequeño productor artesanal local, fenómeno que se acentuó conforme los costos y la rapidez del transporte marítimo mejoraron al finalizar el siglo anterior[263].

263. Greenhill, Robert. «Shipping. 1850-1914». En Platt, Christopher (editor) (1977). **Op. Cit.** Pp. 119 y ss.

Cuadro Nº V-8. Indicadores del comercio exterior de América Central con el Reino Unido (1851-1915). (En libras esterlinas)

Años	Exportaciones totales	Importaciones totales	Valor total	Déficit	Superávit
1851-1855	376,545*	1,229,519**	1,606,064	852,974	—
1856-1860	1,230,940	1,434,273	2,665,213	203,333	—
1861-1865	2,413,766	884,277	3,298,043	—	1,529,488
1866-1870	4,473,108	1,191,590	5,664,690	—	3,281,518
1871-1875	5,981,490	2,098,609	8,070,099	—	3,892,822
1876-1880	6,008,437	3,946,452	9,954,689	—	2,061,955
1881-1885	6,230,603	4,216,648	10,447,251	—	2,813,985
1886-1890	6,160,383	4,792,988	10,961,371	—	1,375,395
1891-1895	5,297,399	5,162,761	10,460,160	—	134,638
1896-1900	4,378,174	4,401,721	8,779,985	23,547	—
1901-1905	5,097,232	4,271,425	9,368,657	—	825,807
1906-1910	7,205,338	4,806,427	12,011,765	—	2,398,911
1911-1915	9,628,631	5,607,738	15,436,369	—	4,020,893

* Incluye sólo los años 1854 y 1855.
** Incluye todo el quinquenio.

FUENTES: Las mismas del Cuadro Nº V-1.

Las cifras anotadas en la primera columna del Cuadro Nº V-7 son en realidad desalentadoras, pues resulta especialmente llamativo el hecho de que en países como Guatemala, con una larga tradición textilera indígena, se haya tenido que acudir en volúmenes tan considerables a la importación de textiles desde Gran Bretaña. Pero tales volúmenes de importación textil no resultan tan escandalosos, si notamos que las cifras son aún más representativas para los casos de Costa Rica, El Salvador y Honduras. La gente optó en estos países por vestirse con ropas importadas, cuando podían, y cuando no, lo hacían con aquellas fabricadas localmente, pero con materias primas importadas.

Una situación similar sucedió con los bienes de capital, pues la maquinaria para procesar el café, los productos químicos y sus preparados, que se utilizaban en las industrias cervecera y farmacéutica locales, y los artículos de ferretería, eran empleados con patente inglesa para abastecer al mercado interno. Este fenómeno puede observarse con mayor precisión al inicio de los años setenta del siglo pasado, cuando ya surgían las primeras fábricas de cerveza, fósforos y perfumes, que luego intercambiarían sus productos por algunos similares o relativamente diferentes con el resto de los países latinoamericanos. La adquisición de maquinaria inglesa para procesar un café que luego sería vendido a los mismos ingleses para poder pagar el costo de aquella, no fue sólo sintomático de las características del intercambio desigual, sino que refleja también la hipertrofia alarmante del sector exportador de las naciones centroamericanas.

LA BALANZA COMERCIAL (CONCLUSION)

Lógicamente el lector podría preguntarse cómo es posible que América Central tuviera una balanza comercial tan favorable como parecen indicar el Cuadro Nº V-8 y el Gráfico Nº 3, pero hay que recordar que ello es meramente un espejismo, como ya se indicó páginas atrás. Para Gran Bretaña el crecimiento de las exportaciones no hubiera tenido sentido sino hubieran crecido igualmente las importaciones, que permitieran la realización de los ingresos generados por las primeras. Un razonamiento similar podría aplicarse a la situación centroamericana. No obstante, una diferencia básica que debe ser tomada en cuenta está en los posibles desajustes que podía experimentar ese mecanismo de compra y venta, el cual los ingleses contrapesaban con sus exportaciones de capital. Porque es obvio, los desbalances negativos podían crear serias perturbaciones en el mercado financiero inglés. Si una relativamente inelástica demanda por importaciones supera en dinamismo a la demanda por exportaciones, la inseguridad de las reservas y la acumulación de deudas habrían exigido la reducción de las primeras y la introducción de medidas correctivas en el empleo y el ingreso. Sin embargo, estos ajustes no fueron necesarios en el caso inglés y sí lo fueron para los países centroamericanos, casi siempre por medio de medidas políticas cuyo costo social y económico fue en realidad importante. Tales ajustes no fueron necesarios en el caso inglés, porque el relajamiento casi total de los procesos crediticios fue tal, que el costo real de vincularse al mercado mundial, para los países de América Central, suponía absorber posibles desajustes, casi siempre de corta duración en el caso de la demanda inglesa de productos agrícolas o materias primas, que se transferían a la órbita de los precios y adquirían características estructurales por parte de la oferta.

Los créditos concedidos a largo plazo a los gobiernos centroamericanos no aspiraban a superar dichos desniveles sino más bien a profundizar el «handicap» de la oferta, que frecuentemente operó a la inversa de como le funcionó a Gran Bretaña en el período anterior a las Guerras Napoleónicas. Con tales deficiencias en la dinámica de la oferta (siempre en el largo plazo), y con una disponibilidad de crédito de proporciones considerables, que no conocía límites, los países centroamericanos terminaron por ser «malos» importadores, cuando en realidad estaban pagando por encima de su valor las importaciones de productos británicos o el crédito mismo. Todo ello sin percibir que la utilización de la fuerza de trabajo local, por el capital norteamericano, terminaría de cerrar su proceso de vinculación real al mercado mundial relevando a los ingleses de su lentitud en comprender que el superávit a favor de los centroamericanos, residía en seguir profundizando la expansión de los mecanismos financieros que impidieran a toda costa una alteración en las malformaciones de la demanda por exportaciones. A este respecto los norteamericanos fueron y son insustituibles.

acumulación de divisas fue una caída de la producción de [illegible] por [illegible] en el primer [illegible] para los países centroamericanos, [illegible] importante. [illegible] de la crisis.

[illegible] los gobiernos [illegible] importancia [illegible]

CAPITULO VI.
LA DIPLOMACIA INGLESA Y EL SECTOR EXPORTADOR DE GUATEMALA (1850-1914)

PARA EMPEZAR

Desde la segunda parte del siglo XVIII, la diplomacia inglesa pasó a ser uno de los cuerpos de negociadores más eficaces que pueda recordar la historia de la sociedad burguesa occidental. No pudo haber sido de otra forma, pues al convertirse con la Revolución Industrial en el «taller capitalista» más productivo del planeta, fue necesario para las islas británicas dotarse de un grupo de hombres que recorrieran el mundo predicando las bondades del capitalismo inglés. Pero ahí no se quedó todo: con la estructura política británica se tuvo la sabiduría de separar el conjunto de gestiones que procedían de la Corona, en lo que concernía a la ejecución de medidas de efecto interno y externo (para fines militares y coloniales), de aquel atinente a los asuntos menudos de la actividad diplomática en cualquier parte del planeta. De tal manera muchos de los aciertos y errores en esta última esfera bien podían no recibir la bendición directa de la Corona.

Este mecanismo, puesto en práctica por primera vez en 1547 por Enrique VIII, para contrapesar sus conflictos con el Papado y la Monarquía española, fue reforzado en el siglo XVIII, con el propósito de que las decisiones imperiales tuvieran dos perfiles distintos pero no necesariamente divergentes, al menos en lo que a las apariencias se podía haber referido. Durante la Segunda Guerra Mundial (1939-1945) el sistema en cuestión rindió frutos de extraordinarias implicaciones internacionales, como bien lo prueban las negociaciones con los nazis sobre Checoslovaquia y Polonia, en el momento en que la guerra era detonada.

Por eso cuando historiadores como Mario Rodríguez[264] tratan de reconstruir las relaciones diplomáticas entre Gran Bretaña y América Central, durante la primera parte del siglo XIX, se encuentran con los problemas documentales corrientes de cualquier investigación en la que esté implicada la diplomacia británica. De igual manera, el investigador a veces se halla atrapado por la confusión que representa el que la documentación diplomática procedente de la Foreign Office, no coincide frecuentemente con aquella generada por los diplomáticos «in situ», trátese de Africa o América Central. Estas son dificultades insalvables. De igual forma, siempre será indemostrable la verdadera participación de la Corona inglesa en las decisiones antojadizas de Frederick Chatfield, en relación con la Federación Centroamericana (1824-1840). Porque si se manifiesta que el señor diplomático, como representante de la Corona británica en el área tuvo mucho que ver en el desplome de aquella, primero se nos puede acusar de «neodependentistas» y de inmediato se agrega que el imperialismo inglés nunca existió; que si la Federación Centroamericana se vino abajo fue la responsabilidad exclusiva de los centroamericanos. Pero, desde el presente, los mismos historiadores no dudan un instante en recomendarnos pensar a la civilización occidental (léase capitalista) como una totalidad.

Dicha totalidad supone que los fundamentos más profundos de la expresividad política latinoamericana[265] tienen mucha relación con lo que se hace, y se hizo, en las grandes metrópolis del capitalismo occidental. En ese sentido, América Central no escapa al análisis que se pueda hacer de otras burguesías

264. Rodríguez, Mario (1964). **Op. Cit.**
265. Fuentes, Carlos. **El Espejo Enterrado** (México: FCE. 1993).

latinoamericanas, en lo que respecta a su funcionamiento y a sus aspiraciones, a pesar de que los países centroamericanos, con frecuencia, puedan ser considerados problema de segundo orden[266]. Es esa valoración, precisamente, la que hoy nos interesa, cuando al acometer el estudio de la diplomacia inglesa y el sector exportador en un país centroamericano, nos percatamos de que los esquemas de política exterior que utiliza la Corona inglesa, por su poco realista uniformidad, van a encontrar en esta parte del mundo un conjunto de problemas, resultado de una imprecisa percepción de lo que los centroamericanos podían ofrecer, comercialmente hablando podemos decir.

Ciertamente, no se puede seguir sosteniendo (como lo hacían los leninistas en el pasado)[267], que la expansión imperialista configura una especie de «continum» a todo lo largo del siglo XIX. Menos aun que la crisis de mediados de siglo introduce un sesgo, un cambio de dirección o, si se quiere, una nueva dimensión a la mencionada expansión imperialista[268]. Es bien sabido en la actualidad que los europeos tenían intereses económicos, sociales, políticos y religiosos de carácter imperialista recién iniciado el siglo XIX, pero la naturaleza de los mismos era tan desigual, que tratar de aplicar el aforismo aquel de que «detrás de la bandera viene el negociante» a todas las áreas de interés europeo por igual, puede resultar, sino políticamente útil sí históricamente superficial.

Por otro lado, si hay un cambio de dirección a partir de la segunda parte del siglo XIX, al menos en lo que tiene que ver con políticas comerciales expansionistas, es de suma relevancia anotar que aquellas sólo alcanzan a ser coincidentes con las transformaciones que se están suscitando en la periferia, pero no las

266. Florescano, Enrique (comp.). **Historia de la Burguesía en América Latina** (México: Nueva Imagen. 1985).
267. Dos Santos, Theotonio. **Imperialismo y Dependencia** (México: ERA. 1982).
268. Fieldhouse, David K. **Op. Cit.**

provocan. Si, en lo que concierne a la América Central, partimos del postulado de que el expansionismo europeo de que hablamos es esencialmente comercial, el historiador del presente puede encontrarse con el serio problema de cómo legitimar el «pronóstico retrospectivo» que hacen algunos, cuando nos hablan de la eventual continuidad entre el imperialismo inglés y el norteamericano. Es difícil establecer algún tipo de eslabón histórico entre la crisis de la Federación Centroamericana (si queremos responsabilizar a Chatfield) y la invasión norteamericana a Nicaragua de mediados de siglo.

Mientras la Revolución Industrial está en curso de maduración en Europa y los Estados Unidos, en América Central, al menos, la idea de nación —requisito fundamental en el despegue del proceso arriba mencionado— es apenas un corolario de la estrategia para deshacerse de la herencia colonial española. Por eso es que entre los años 1824 y 1856, la diplomacia inglesa se sirvió de esa misma herencia para llevar sus asuntos en América Central. Para los diplomáticos británicos, esta era una sola unidad geográfica y político-administrativa. Sería hasta bien entrado el siglo XIX cuando la información consular empezó a desagregarse por países. No se olvide que la participación comercial de América Latina en el mercado mundial en 1780, ascendía solamente al 11%, disminuyó a 8% entre 1820-1850, a 6% en 1860 y a 5% en 1899, aumentando después nuevamente a 8% en 1913[269]. Es decir, la importancia comercial de un área como América Central, era percibida por la diplomacia inglesa a partir de sus conflictos geopolíticos con los norteamericanos, pero nunca a partir de sí misma[270]. Ya que, como sucedió con la mayoría de los países latinoamericanos durante los primeros

269. Rostow, Walt Whitman. **The World Economy: History and Prospect** (Austin. 1978).

270. Schneider, Jürgen. «Sinopsis sobre el comercio exterior en Latinoamérica. 1810-1850». En Liehr, Reinhard (editor). **América Latina en la Epoca de Simón Bolívar. La Formación de las Economías Nacionales y los Intereses Económicos Europeos. 1810-1850** (Berlín: Colloquium Verlag. 1989).

cincuenta años posteriores a la independencia, América Central difícilmente participaba en forma activa del flujo internacional de mercancías y crédito[271].

Ahora bien, si para América Central, esos dos últimos elementos mencionados se tornaron decisivos en la segunda parte del siglo XIX, para el expansionismo comercial europeo (e inglés en particular) los mismos no fueron utilizados para fines imperialistas, como sí lo harían los norteamericanos después de 1850. Posteriormente al Tratado Clayton-Bulwer de ese mismo año, los constantes roces entre la diplomacia inglesa y la norteamericana por el ejercicio del poder en Centroamérica, pusieron en evidencia la frágil posición británica, tan sustentada en la mera práctica comercial y no tanto en la «diplomacia de las cañoneras» norteamericana.

Para nosotros era muy importante hacer esta introducción porque, en virtud de hablar del Imperialismo (así con mayúscula), no vamos a sustentar una argumentación abstracta contra la que las prácticas efectivas e históricas tienen muy poco que decir. Lo inverso es también cierto: el imperialismo como instrumento de penetración y destrucción del país victimado no nos autoriza a las generalizaciones teóricas en las que la única argumentación válida es su significado político. Por hacer antiimperialismo no se va caer en el «pronóstico retrospectivo», error perdonable en los sociólogos pero no en los historiadores.

EL ARGUMENTO

La segunda parte del siglo XIX en América Central estuvo marcada por el signo del café[272]. Pero, para los ingleses, en tanto que consumidores del mismo, los criterios de importación

---

271. Platt, D.C.M. «Dependency in nineteenth century Latin America: an historian objects». En **LARR** (Illinois: Urbana. Nº 15). P. 1.
272. Samper, Mario (1993). **Op. Cit.** Tomo IV.

venían a estar ajustados por una práctica comercial jerarquizada en estricta atención a la realidad, según la cual Africa, el Extremo Oriente y Brasil, jugaban el papel principal. Lo anterior, algunos historiadores centroamericanos lo olvidan con mucha facilidad, pues en el momento de ponderar la inserción de la región en el mercado mundial, ponen el énfasis en la óptica con que los políticos e intelectuales percibían a este último, y nos dejan por fuera el verdadero enfoque que, por ejemplo los diplomáticos británicos, tenían de América Central como unidad de mercado dentro de la jerarquía mercantil arriba referida[273].

De esa forma, al tener claras las perspectivas reales del valor que el comerciante inglés y su representante diplomático le otorgaban a los negocios con América Central, nos podemos plantear ciertos problemas que han empezado a ser discutidos con rigor al estudiarse ejemplos como el de Brasil[274] o México[275]. El caso es que existen serias limitaciones para seguir sustentando la vieja tesis con respecto a que el imperialismo comercial inglés era funcionalmente idéntico al imperialismo geopolítico norteamericano, lo que se evidencia en la correspondencia consular británica. El anacronismo no da para tanto, si queremos desde el presente, poner esa documentación a decir lo que nunca dejó registrado.

Está claro que el imperialismo comercial inglés vino a complementar las políticas mercantiles centroamericanas, después de 1870, por muy erráticas que estas fueran en algunas ocasiones. Tal inconsistencia sólo puede ser atribuible, con cierta

273. Pastor Reina, Rodolfo. **Op. Cit.**

274. Peláez, Carlos Manuel. «The theory and reality of imperialism of nineteenth century Brazil». **Economic History Review** (2a. serie. Nº 29. 1976). P. 2.

275. Thompson, Guy P. «Proteccionism and industrialization in Mexico, 1821-1854: the case of Puebla». En Abel, Christopher y Lewis, Colin M. (editores). **Latin America: Economic Imperialism and the State. The Political Economy of the External Connection from Independence to the Present** (Oxford University Press. 1985).

prudencia, a la inestabilidad del aparato político-institucional en la mayor parte de las repúblicas centroamericanas. Sin un soporte económico de relativa funcionalidad, resultaba difícil diseñar una institucionalidad que le fuera consecuente. Curioso como puede sonar, el grueso de las dictaduras centroamericanas del momento, contribuyeron notablemente —como en otras partes de América Latina— a que tal institucionalidad viniera al mundo[276]. Por eso habría que preguntarse qué relación genética podríamos establecer entre el café centroamericano y las dictaduras de la región, durante el despegue agroexportador.

Si el imperialismo comercial inglés reforzó el proyecto nacional en la mayor parte de los países centroamericanos (el caso de Costa Rica es ejemplar), no sólo aportando crédito, mercados y «espíritu empresarial», también es conveniente y oportuno indicar que lo mismo fue posible porque las elites centroamericanas, desde la segunda parte del siglo XVIII, hacían agotadores esfuerzos por articularse al mercado mundial y salirse de la dimensión regional. En la segunda mitad del siglo XIX, los centroamericanos fueron excelentes consumidores y, con frecuencia, sus balanzas comerciales fueron portadoras de holgados superávit (véase el capítulo anterior).

La diplomacia inglesa sólo alcanzó a diseñar, en ese momento que describíamos arriba, una estrategia comercial con un área marginal que (nos referimos a la estrategia) nunca fue más allá de la competencia cotidiana de tenderos con los alemanes y los norteamericanos. Pero esa «competencia de tenderos» les permitió a los centroamericanos acelerar el proceso hacia la monetarización de su economía, les facilitó el acceso a los flujos internacionales del crédito y les dio la posibilidad de contar con instituciones que los pusieran al día con la civilización capitalista occidental.

---

276. Labastida Martín del Campo, Julio (editor). **Dictaduras y Dictadores** (México: Siglo XXI Editores. 1986).

LAS FUENTES

Para este capítulo se han utilizado esencialmente los reportes consulares de los diplomáticos ingleses acreditados en Guatemala, para el período que media entre los años 1856 y 1914. Extraídos del **Public Record Office** (Inglaterra) y de los **Confidential Papers** (Biblioteca Británica, antiguamente la Sala de Lectura del Museo Británico), tales documentos son de incalculable valor porque en ellos puede seguirse a pie juntillas lo que pensaban los hombres de negocios ingleses, con respecto a lo que sucedía comercialmente en Guatemala, y que de una u otra forma podía afectarlos.

Desde el reporte simple y superficial hasta el complejo y detallado, la documentación consular inglesa facilita al historiador del comercio centroamericano una visión panorámica no sólo de los números, sino también de la calidad de las preocupaciones que los representantes de Su Majestad Británica en el área podrían haber tenido, para alcanzar el mayor provecho de sus actividades en la región. Con la debida prudencia, sin creerles todo lo que nos pueden decir, se deben estudiar estos reportes para comprender un poco mejor las políticas y acciones comerciales de la Corona inglesa en América Central.

DIPLOMACIA DE TENDEROS

Con sobrada justicia, el mejor resumen histórico, en relación con las actividades de los ingleses en América Central, para los años que van desde 1805 hasta 1874 sigue siendo, hasta ahora, el escrito por el historiador norteamericano Ralph Lee Woodward[277]. Igualmente lúcido es su argumento de que si los mercaderes ingleses jugaron un papel central en promover el comercio con América Central, más importantes tal vez fueron

277. Woodward, Ralph Lee (1985). **Op. Cit.**

los diplomáticos, quienes desde la época de Chatfield (1839-1852), harían notables esfuerzos para que sus compatriotas tuvieran de los gobiernos centroamericanos el mejor trato comercial posible[278].

Sin embargo, si los ingleses se creyeron, en un momento determinado, los herederos inevitables de los resultados de las guerras de independencia —debido a su participación en el desplome del imperio español en América— para la segunda mitad del siglo XIX, los supuestos desplantes imperialistas de que nos habla Woodward* fueron considerablemente superados por el imperialismo norteamericano (del que el mismo autor habla muy poco)[279].

La actitud de los ingleses en la primera mitad del siglo —al menos en lo que se refiere a la América Central— debe ser atribuida a su creencia de que, como había sucedido en América del Sur —con sus intervenciones militares en Argentina y Chile, por ejemplo—, en el istmo centroamericano sólo encontrarían una oposición desarticulada y poco eficaz. Así sucedió en varias ocasiones, pero los norteamericanos después de 1850 dejarían bien claro que de ahí en adelante, el más leve indicio de intervención extracontinental en estos lugares, no pasaría por alto para el Departamento de Estado del gobierno de los Estados Unidos[280], o para el Ejército de ese mismo país[281]. De tal manera que identificar un imperialismo poco orgánico, como el practicado por los ingleses sobre América Central en la primera parte del siglo XIX, con el ejercido por los norteamericanos en la segunda parte (hasta el presente), pudo conducir al

---

278. Idem. **Op. Cit.** P. 128.

* El historiador norteamericano habla constantemente del «imperialismo británico», pero no menciona el de los Estados Unidos.

279. Langley, Lester (1985). **Op. Cit.**

280. Idem (1989). **Op. Cit.**

281. La Feber, Walter. **Inevitable Revolutions. The United States in Central America** (New Jersey: Norton & Co. 1984).

error que señalara Peláez, en su estudio sobre el caso de Brasil[282]: la noción de imperialismo si se usa arbitraria e indiscriminadamente, termina por hacer que los posibles avances logrados por los historiadores para comprenderlo mejor, sean reemplazados por discusiones insípidas sobre sus implicaciones políticas e ideológicas. No debe olvidarse que el verdadero imperialismo inglés se ejerció con soltura y generosidad de medios en Africa y Asia. En América Central, los norteamericanos irían a impedir que ello se repitiera.

La diplomacia inglesa, después de 1850, tendría que tener bien claro aquel asunto, de lo contrario corría el riesgo de estarse enfrentando con los norteamericanos en terrenos en los que la partida estaba perdida de antemano. Se trataba, entonces, de negociar con los gobiernos centroamericanos, previa consulta con los Estados Unidos, en temas tales como la deuda externa, los ferrocarriles y el comercio exterior[283].

De esa forma, el imperialismo norteamericano logró reducir al «imperialismo de las cañoneras de la Reina Victoria» en América Central[284], al ejercicio de lo que aquí se ha llamado «diplomacia de tenderos». Al diplomático inglés le tocó en América Central una labor ingrata y llena de obstáculos. No sólo tuvo con frecuencia que involucrarse con la comunidad comercial del país en donde ejercía (poco o ningún interés manifestaba en aprender el español), sino que también tuvo

---

282. Peláez, Carlos Manuel. **Op. Cit.** Pp. 276-290.

283. Quesada Monge, Rodrigo. «Ferrocarriles y crecimiento económico: el caso de la Costa Rica Railway Company. 1871-1905». **Anuario de Estudios Centroamericanos** (San José: 1983. Vol. 9). Publicado en este libro como capítulo VII. «Diplomacia y deuda externa: el caso de Honduras. 1897-1912». **Anuario de Estudios Centroamericanos** (San José: 1984. Vol. 10). Publicado en este libro como capítulo VIII. «América Central y Gran Bretaña: la composición del comercio exterior. 1851-1915». **Anuario de Estudios Centroamericanos** (San José: 1985. Vol. 11. Fascículo Nº 2). Publicado en este libro como capítulo V.

284. Woodward, R.L. (1985). **Op. Cit.** P. 134.

que ser el negociador en última instancia entre el Consejo Británico de Tenedores de Bonos Extranjeros, la Foreign Office, el gobierno del país centroamericano correspondiente y el de los Estados Unidos, cuando de deuda externa se trataba.

Con una extraordinaria lucidez, en 1873 el Cónsul Corbett nos heredaba siete puntos que consideraba fundamentales para comprender el deterioro del comercio británico en América Central, ellos eran los siguientes[285*]:

1. Guatemala, nos decía, presenta el problema de que es irregularmente visitada por barcos mercantes ingleses, ya que la representación correspondiente (casas comerciales de esa nacionalidad) no existía, lo que hacía que los pocos navíos que llegaban tuvieran que regresar prácticamente vacíos.

2. Los comerciantes alemanes y franceses decidieron utilizar sus propios barcos, los que llegaban cargados y así regresaban, en lugar de usar el más rápido servicio ofrecido por la compañía de origen norteamericano Pacific Mail Co., cuyo sistema de transbordo era un riesgo para personas y mercancías. De esta manera, los comerciantes ingleses quedaban fuera del juego.

3. El establecimiento de líneas directas bajo control alemán y francés, hacia Colón en Panamá, reducía la participación inglesa al mínimo en lo que respecta al servicio de transbordo.

4. La cercanía del mercado norteamericano servido por la Pacific Mail, y el servicio prestado por el ferrocarril transcontinental que llegaba hasta San Francisco, hacían que

285. Cónsul Corbett. **Trade Report.** 1874. P.P. LXVIII. P. 32.
* P.P. significa **Papeles del Parlamento.** Tomo LXVIII. P. 32.

el movimiento de mercancías desde y hacia Guatemala fuera más expedito, limitando las posibilidades de los ingleses.

5. Con frecuencia los agentes comerciales norteamericanos compraban la cosecha de café sin haber sido bajada de las matas. Estos agentes, por lo general, igual que alemanes y franceses, aprendían rápidamente el español y promovían sus mercancías en catálogos escritos en ese idioma.

6. La cochinilla guatemalteca, que antes se vendía casi en su totalidad en el mercado inglés, empezó por esos años a ser adquirida en las mismas proporciones por los alemanes.

7. La representación comercial en Guatemala de origen alemán, francés y norteamericano, reducía al mínimo las posibilidades competitivas de los ingleses.

En esas circunstancias, el comerciante británico tuvo que regatear, negociar (ocasionalmente de forma clandestina) y servirse de los canales comerciales abiertos por sus competidores para poder sobrevivir. Esa labor, la del negociador ducho y experimentado, tuvo que cumplirla el diplomático. Este, quien se casaba con hijas de las familias de más rancia prosapia, cubría los flancos que el comerciante recién llegado a Guatemala todavía no conocía. El mismo juego iba a tener que realizar en el resto de los países centroamericanos. ¿Diplomacia de tendero? Por supuesto, ya que el diplomático inglés en Guatemala (léase Centroamérica), cubriría al detalle los aspectos comerciales que alemanes, franceses y norteamericanos satisfacían al por mayor.

DIPLOMACIA Y PRODUCTOS COLONIALES

La economía guatemalteca abre la segunda parte del siglo XIX apoyada esencialmente en la producción de tintes naturales, conocidos en los mercados internacionales como «pro-

Chichicastenango, Guatemala. Mujeres indígenas capaces de cargar hasta 100 libras de peso

ductos coloniales»[286]. Los tímidos intentos por introducir el café desde 1834, siguiendo en alguna forma la experiencia costarricense, todavía no rindieron los resultados esperados. En efecto, Guatemala, El Salvador y Nicaragua llegaron tarde a la producción cafetalera, si por tarde se entiende aquí el parangón que se establece con Costa Rica, que desde 1844 ya cuenta con canales de exportación directa del grano hacia los mercados europeos[287]. Como tardía puede entenderse también la articulación de esos países al mercado mundial que, desde finales de la Colonia, hacían ingentes esfuerzos por contar con una o varias mercancías que les fijaran un derrotero comercial hacia las

286. Castellanos Cambranes, Julio. «Café sangriento». **Polémica** (San José: 1982. Nº 3).

287. Obregón Quesada, Clotilde (1982). **Op. Cit.**

principales potencias económicas del mundo, en particular hacia Gran Bretaña[288].

Pero mientras Guatemala hacía su transición hacia la producción cafetalera y, en vista de que los tintes sintéticos estaban impactando a la producción de tintes naturales en ese país, el algodón emergió como una posibilidad. Sobre todo, cuando la Guerra Civil en los Estados Unidos hizo más positiva esa promesa para El Salvador y Nicaragua[289]. En esa ocasión, el cónsul británico se involucró de lleno en la promoción de la agricultura algodonera[290]. Hacia 1858, habían sido suplidas unas veinte balas de semillas de algodón por la Manchester Cotton Supply Association, para ser distribuidas entre los pobladores (principalmente indígenas) de Los Altos, en el departamento de Quetzaltenango y en Verapaz, con la intención de que cubrieran sus necesidades de vestido. El diplomático inglés se había hecho cargo de las negociaciones correspondientes con los empresarios de Manchester, con el fin de que las semillas en cuestión y la información indicada para establecer los cultivos en Guatemala, fueran totalmente gratuitas. Pero resulta que los indígenas habían terminado vendiendo las balas de algodón en bruto (de entre 75 y 100 libras de peso) a un precio que oscilaba entre 17 y 18 reales, a los propietarios de cultivos importantes de tal fibra.

En Los Altos, por ejemplo, hacia 1861, algunos de esos mismos propietarios habían recibido de la compañía inglesa ya mencionada —vía Cónsul Hall— máquinas desmotadoras que procesaban lo que los indígenas les vendían para exportar. Ese año también, con expresas indicaciones del cónsul inglés, el gobierno guatemalteco ofrecía la exclusividad de la producción a quien se atreviera a desmotar algodón en Suchitepéquez, donde la fibra producida era más larga y menos blanca que aquella

288. Bulmer-Thomas, Víctor. **Op. Cit.** P. 3.
289. Woodward, R.L. (1985). **Op. Cit.** P. 131.
290. Cónsul Hall. **Trade Report.** 1862. P.P. LIX. P. 88.

que se daba en Verapaz. En este lugar, aparte de que la fibra era más limpia, blanca y corta (ideal para las textileras de Manchester, que sobre todo fabricaban ropa de consumo popular) los «empresarios» se encontraron con el problema de que el gobierno les negó un subsidio (por bala y tonelada exportadas), reduciendo al mínimo las posibilidades reales de la producción algodonera en ese sector. Aún así, en 1861 otra vez, por lo menos unas cien toneladas de algodón habían sido exportadas hacia el mercado inglés.

Es necesario también apuntar que en abril de 1860 casi la totalidad de la cosecha de tintes naturales había sido lavada por las fuertes lluvias, dejando en la quiebra a sus plantadores y produciendo un pánico financiero importante. Junto a ello, desde 1856, los colorantes sintéticos afectaban a ese renglón de producción en Guatemala. De tal forma, los cultivadores habían adquirido una deuda entre 600 y 700 mil pesos con los prestamistas, quienes habían sido puestos en contacto con los compradores de Manchester por el Cónsul Hall, principal vocero de los mismos en Guatemala. Este argumentaba que una de las razones básicas para la quiebra de los plantadores de tintes naturales era que el grueso de las ganancias que hacían con las exportaciones del artículo, se iban en las peleas de gallos y en inversiones suntuarias, lo que impedía la reinversión y el ahorro, bloqueando de esta manera, la capacidad de resistir cualquier crisis que se presentara. Evidentemente, al Cónsul Hall se le olvidaba que estaba refiriéndose a campesinos latinoamericanos y no a empresarios británicos, cuya capacidad de ahorro se confundía con frecuencia con la pura y simple tacañería, pero en el caso del indígena guatemalteco se estaría hablando de sobrevivencia pura y llana en la mayoría de los casos. El cónsul inglés se quejaba además, de la cantidad de días feriados y de que tanta «vagancia» (sic) fuera posible en tiempos de crisis.

Sin embargo, el mismo diplomático reportaba con alegría que el comercio exterior de Guatemala dependía en sus dos terceras partes del mercado inglés. De aquí su ánimo en buscar salidas a la crisis que experimentara la cosecha de tintes naturales. Y como ya viéramos con el algodón, el mencionado diplomático también mostró interés en el tabaco, el azúcar y el café.

En relación con este último producto, el Cónsul Hall nos decía que la mayor parte de los sembradíos se encontraban en Cobán y Verapaz, donde aseguraba haber visto cerca de medio millón de matas perfectamente cuidadas y dispuestas para atender la transición desde la crisis de los colorantes naturales. Junto al café, el General Carrera, con el apoyo de Hall, había hecho esfuerzos para que la minería figurara también como una alternativa a la crisis en cuestión; tanto así que compañías mineras como la inglesa Central American Company y la francesa Noveau Monde, intentaban en Chiquimula lo que parcialmente se había logrado en los Montes del Aguacate en Costa Rica y con la Butters Salvador Mining Company en El Salvador. Esta, por su parte, se apuntaba los más altos dividendos jamás logrados por ninguna compañía minera inglesa en América Central.

Pero en Guatemala, el algodón se exponía ahora a las plagas de langosta, a los aguaceros torrenciales y a los fortísimos vientos, que para un diplomático como el cónsul inglés Hockmeyer, darían al traste con los intentos por reemplazar los tintes naturales con la fibra en cuestión[291]. A finales de 1865, dice este cónsul, una tejedora a vapor había sido importada desde Bristol, por un costo de doce mil libras esterlinas, con una capacidad para producir 300 libras diarias de tejido. Sin embargo, tal era el caso solamente de unos cuantos empresarios agrícolas con capacidad para tolerar las pérdidas que el costo de mantener dicha clase de maquinaria representaba. Pues resulta que si en apariencia Guatemala ese año reportaba un superávit de 400 mil libras esterlinas en su comercio exterior

291. Cónsul Hockmeyer. **Trade Report.** 1867-1868. P.P. LXVIII. P. 56.

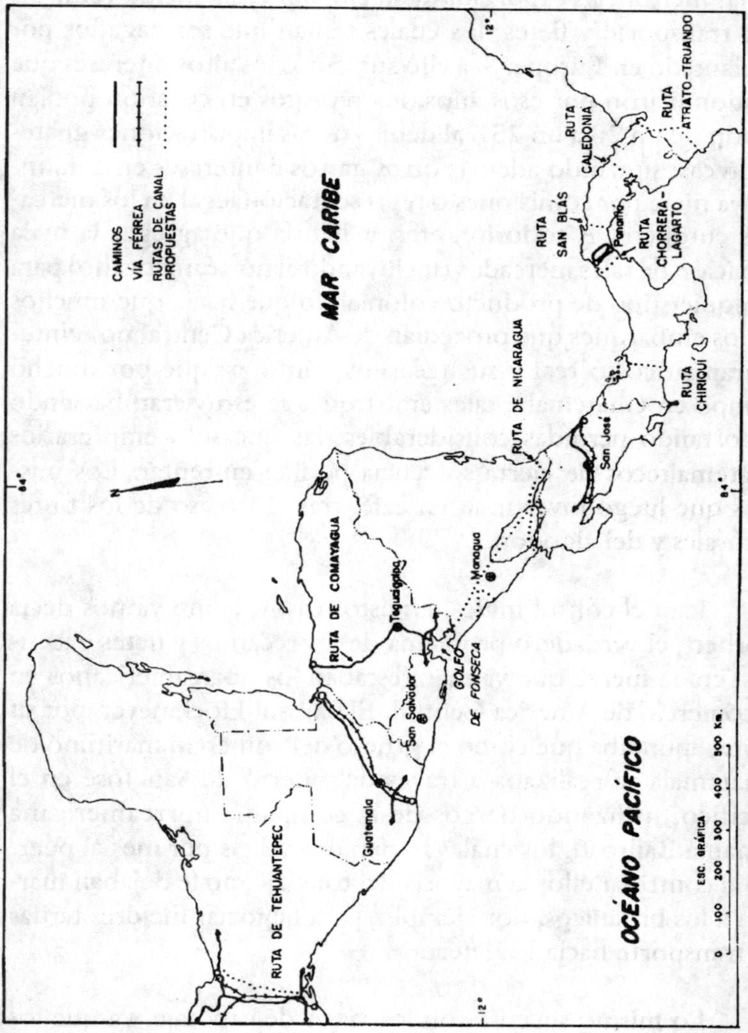

Mapa Nº 6. Rutas transístmicas en Centroamérica

con los ingleses, esto se debía con frecuencia a que los cálculos que hacían los diplomáticos se basaban en el precio del costo de las mercancías exportadas y su empaque, sin incluir recargos por transporte y fletes, los cuales tenían que ser pagados por adelantado en Europa. Si a ello sumamos los altos intereses que predominaron por esos años, los recargos en cuestión podían añadir de un 20 a un 25% al débito de las importaciones guatemaltecas; sumando además otros gastos e intereses en conjunto, ya fuera por comisiones o representación legal en los mercados europeos. A todo lo anterior habría que agregar la mala situación de tales mercados (incluyendo al norteamericano) para cualquier tipo de producto colonial, lo que hacía que muchos de los embarques que procedían de América Central no reintegraran su costo real y sus recargos, tanto así que por mucho tiempo en Guatemala, tales embarques se estuvieran haciendo soportando pérdidas considerables, las que sólo empresarios guatemaltecos de cierta solvencia podían enfrentar. Los mismos que luego invertirían en café, tras el fracaso de los tintes naturales y del algodón.

Para el cónsul inglés, en estos casos, como ya nos decía Corbett, el verdadero problema de los recargos y fletes excesivos, era la fuerza que ya manifestaban los norteamericanos en el comercio de América Central. El Cónsul Hockmeyer, por su parte, apuntaba que como el grueso del comercio marítimo de Guatemala se realizaba a través del puerto de San José en el Pacífico, utilizando barcos de la compañía norteamericana Panamá Railroad, los cuales hacían dos visitas por mes al puerto, al controlar ellos la mayoría del tonelaje, no le dejaban margen a los británicos, por ejemplo, para negociar mejores tarifas de transporte hacia Inglaterra.

Lo mismo sucedía con los viajes de cabotaje, ya que los puertos costeros no eran sitios de depósito ni de embarque, y en el momento en que las mercancías tocaban puerto, tenían que ser transferidas de inmediato al interior del país para pagar sus impuestos. Además, todo el país se abastecía desde la capital, razón por la que el precio de los artículos subía aún más, debido a los costos de transporte terrestre.

Con la intención de abrirle espacio a su gente, el Cónsul Hockmeyer buscó conversaciones con empresarios de Bristol y Liverpool para construir un muelle en el puerto de San José, con el fin de facilitar el cargo y descargo de la mercancía. Las fuertes mareas terminaron con el sueño de la estructura para el muelle que había traído el vapor Ercyna en octubre de 1866. De nuevo, los tres pequeños cargueros (de sesenta toneladas cada uno) con los que contaba Guatemala, retomaron aquella labor, siempre al servicio de la Panamá Railroad.

Pero el Cónsul Hockmeyer no se dio fácilmente por vencido y a fines de 1866, sostuvo negociaciones para el gobierno guatemalteco, con un empresario de apellido Derby, quien tenía interés en abrir una ruta de vapores hacia el Atlántico hasta la ciudad de Gualán, sobre el río Motagua, para servirse del puerto de Santo Tomás. La intención esta vez era reactivar los negocios con Belice, al movilizar el acercamiento de los comerciantes de Honduras y El Salvador. Con lo anterior se esperaba también que ciudadanos suramericanos (sobre todo ecuatorianos), se lanzaran a la explotación de las ricas zonas costeras aledañas al puerto de Santo Tomás en el Atlántico, que prometían mucho, debido a la profundidad de sus aguas.

Al iniciarse los años setenta, la escasa cobertura diplomática inglesa en América Central, seguía sin resolverse. El nuevo cónsul británico Scholfield, se lamentaba de que la ausencia de personeros consulares en puertos como San José de Guatemala, impedía la recopilación de información exacta sobre el comercio exterior de ese país. Pero agregaba en su reporte anual que solamente uno o dos vaporcitos mensuales, procedentes de Belice, visitaban al puerto de Izabal, debido a que la mayoría de los cargueros que llegaban al Pacífico guatemalteco zarpaban casi

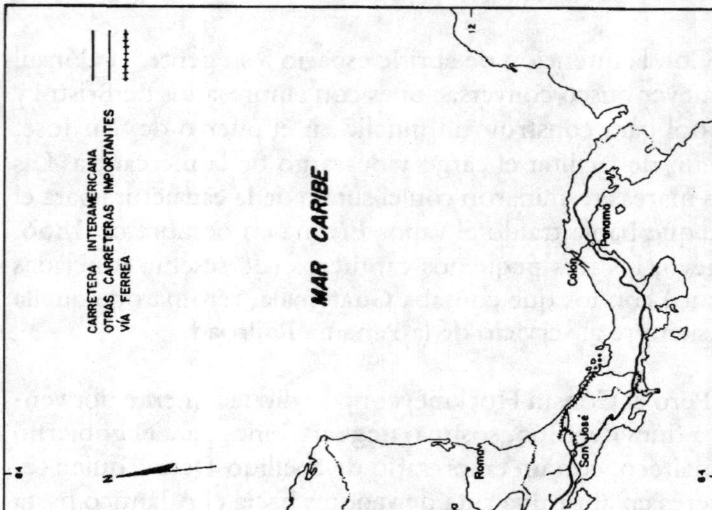

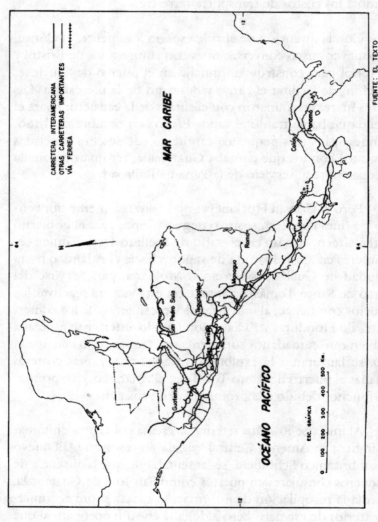

Mapa Nº 7. Ferrocarriles y carreteras en Centroamérica (siglo XIX)

siempre con lastre nada más. Con un peso de cuatrocientas toneladas cada uno, resultaba muy difícil llenarlos con otras mercaderías que no fueran café o azúcar, cuando por lo general tales cosechas aún no habían concluido. Otros productos de poca monta tomaban entonces su lugar en calidad de lastre, nos referimos a cueros, conchas y artesanías menores.

De cualquier manera, el Cónsul Scholfield[292] tenía claro que si el servicio de vapores en el Pacífico guatemalteco era cubierto por la Pacific Mail, la comunicación quincenal con México (Acapulco), San Francisco, Japón y China, seguiría durante mucho tiempo en manos de los norteamericanos. Además, otros tres vapores cubrían el contacto comercial desde y hacia Panamá también una vez al mes, conectando con una línea que viajaba a Nueva York y cinco líneas que hacían la ruta hacia Europa, desde Colón, el punto terminal atlántico de la Panamá Railroad.

En su momento, Scholfield creyó oportuno empezar a poner atención al hecho de que la aparente decadencia de las exportaciones de tintes naturales guatemaltecos hacia el mercado inglés, se debía, por una parte, a que el Reino Unido estaba siendo abastecido por las nopaleras de Tenerife (Islas Canarias) y, por otra, que los Estados Unidos, después de la Guerra Civil, estaban reforzando su consumo de la producción guatemalteca de ese artículo. Lo mismo sucedía con el café y el azúcar, que se enviaban a California.

En estos años el istmo centroamericano ya resiente el repliegue comercial de Belice, pues el volumen más importante de exportaciones lo realizaba Guatemala con Europa, sirviéndose de Panamá y de los vapores de la Pacific Mail, aun pagando tarifas altísimas de transbordo. Scholfield creía que sólo un

292. Cónsul Scholfield. **Trade Report**. 1873. P.P. LXIV. P. 128.

ferrocarril interoceánico que habilitara al puerto de Izabal en el Atlántico, podría eventualmente rehabilitar de nuevo a Belice.

El incremento en el comercio con los Estados Unidos, ya notable por esta época, se debía entre otras cosas, a las relativas facilidades brindadas por la Pacific Mail Steamship Company, la que hacía dos visitas al mes, como indicamos, a los puertos guatemaltecos del Pacífico, vía Panamá y California. También a las ventajas que el Pacific Railway, socio de aquella, ofrecía para trasladar los productos al interior y a los estados del este de los Estados Unidos, cuando el mercado de San Francisco se encontraba saturado.

Debe indicarse que hacia mediados de los años setenta el servicio prestado por la Pacific Mail estaba siendo sometido a escrutinio crítico, debido a las altas tarifas y a lo inseguro que resultaba el servicio prestado, pues con frecuencia en el proceso de transbordo las mercancías sufrían un serio maltrato. Por esta razón algunos comerciantes, como los alemanes, decidieron acudir a veleros acondicionados para realizar una jornada más larga, pero menos costosa y riesgosa, desde el Atlántico. Ellos también insistían en que, al menos un camino hacia esa zona, hubiera solucionado rápidamente los serios problemas comerciales que presentaba el monopolio de la Pacific Mail en el sector del Pacífico.

La Pacific Mail Steamship Company, fundada por capitalistas norteamericanos en 1848[293] y dueña de varias subsidiarias en el Caribe y América Central, no debe ser confundida con la Pacific Steam Navigation Company inglesa, que junto a la Royal Mail Steam Packet Company, desde 1840, mantenía un tráfico irregular en esa misma zona[294]. Esta aclaración es de

293. Otis, F.N. **History of the Panamá Railroad and of the Pacific Mail Steamship Co.** (New York, 1867).
294. Greenhill, Robert. «Shipping. 1850-1914». En Platt, Christopher (editor) (1977). **Op. Cit.**

relevancia a esta altura y, creemos que también para el lector, desde el momento en que algunos historiadores hablan de la Pacific Mail Steamship Navigation Company como una compañía inglesa[295], lo que puede crear una confusión, pues desde 1853 el verdadero monopolio del comercio marítimo en el Pacífico centroamericano lo controlaba la compañía norteamericana Pacific Mail.

Los intentos por agilizar la circulación de mercancías no incluían únicamente el proyecto de ferrocarril (idea que recorrió a toda América Central por la misma época), sino también la construcción de caminos, tales como aquellos que logró abrir Guatemala para comunicarse con El Salvador y otro que ligaba a Quetzaltenango con Champerico, sin despojarse del viejo ideal de tender líneas férreas entre el puerto de San José en el Pacífico y Santo Tomás en el Atlántico[296].

Aquellos proyectos ya formaban parte de un esquema mayor, cuyo eje era el auge de la producción y exportación cafetaleras, que componía tres cuartas partes de las exportaciones totales de Guatemala en 1875[297], y una quinta era absorbida por el mercado inglés. El otro producto de exportación en orden de importancia era la cochinilla, que comprendía un octavo del total exportado y más de la mitad lo consumía Gran Bretaña. El resto de las exportaciones hechas por Guatemala incluía cueros, índigo, maíz, artículos de lana, pieles, azúcar, zarzaparrilla y caucho. Del total exportado Gran Bretaña tomaba una cuarta parte, y California, Alemania, Francia, Nueva York, Belice y los Países Bajos tomaban el resto.

Tal activación comercial era el resultado sobre todo de que la economía guatemalteca estaba empezando a girar

---

295. Woodward, R.L. (1985). **Op. Cit.** P. 184.
296. Cónsul Magee. **Trade Report**. 1874. P.P. LXVI.
297. Cónsul Locock. **Trade Report**. 1875. P.P. LXXIV.

básicamente en torno al café, y por ello era posible pensar en construir telégrafos, alumbrar las calles de las principales ciudades, establecer bancos y en ningún momento abandonar el proyecto de ferrocarril, que por esos años empezaba a tomar verdadera forma a raíz de las negociaciones establecidas con Minor Cooper Keith, parcialmente suspendidas debido a problemas con la deuda inglesa de Guatemala.

Los diplomáticos ingleses, en este momento de despegue de la economía guatemalteca, aceleraron la apertura de conversaciones con el Consejo Británico de Tenedores de Bonos Extranjeros, dueño de la deuda externa del país centroamericano, para que por medio de Keith (como se hiciera con Honduras y Costa Rica) se establecieran ciertos acuerdos que no bloquearan el crecimiento de la infraestructura comercial, y despejaran el camino a la expansión de la producción y exportación cafetaleras.

Mientras las reformas liberales en Guatemala despojaban a la Iglesia de sus tierras y los grandes propietarios se las arreglaban para producir café acudiendo al viejo sistema de los mandamientos (de origen colonial) y que forzaba a los indígenas, agrupados en comunidades de campesinos, a realizar labores que con frecuencia eran motivo de quejas y problemas con los corregidores[298], los propietarios extranjeros como el belga Rossignon y el inglés Meany[299] recibían todo el apoyo de sus gobiernos y diplomáticos[300]. Estos últimos bien sabían que el café prometía una fuente de riqueza de perspectivas notables para sus compatriotas. Más aún cuando las exportaciones superaban a las importaciones y, entonces, se encontraban con el problema de no poder explicar por qué razón el capital no crecía. Olvidaban que regularmente Guatemala, igual que el resto

298. Castellanos Cambranes, Julio (editor) (1992). **Op. Cit.** Tomo 1.
299. Pérez Brignoli, Héctor (1985). **Op. Cit.**
300. Cónsul Scholfield. **Trade Report.** 1878-1879. P.P. LXXV. 1636.

de los países centroamericanos, importaba moneda extranjera, pues algunos cafetaleros, en vista de la inexistencia de buenos bancos, consideraban más seguro atesorar el dinero extranjero que invertir en importaciones.

Este problema con el dinero hacía que la cochinilla, los cueros y otros artículos de menor importancia que el café, experimentaran serios problemas para ser exportados. Cuando se lograba colocarlos en Europa o los Estados Unidos se hacía con grandes pérdidas, pues el grueso de los ingresos que Guatemala recibía por su café era financiado con capital inglés, lo que impedía financiar otro tipo de cosechas. El café no comprometido también presentaba dificultades de comercialización, sobre todo cuando era adquirido por los importadores de artículos extranjeros, quienes ante la escasez de letras de cambio (es decir, de dinero) lo utilizaban como tal para pagar sus facturas con el proveedor extranjero. Las dificultades se presentaban cuando dichos importadores guatemaltecos adquirían aquel café a precios altísimos, confiando en que no variarían en el momento de ser negociado por el proveedor en el mercado internacional. Si no era de este modo, el importador guatemalteco o extranjero residente en Guatemala iba a tener graves inconvenientes para cubrir los faltantes en el valor adeudado de sus facturas. Estas situaciones eran las indicadas para que el diplomático inglés interviniera, con el fin de que proveedor y deudor (también ingleses) no fueran a la quiebra, o que, al menos el primero no entrara en conflictos con sus socios.

Pero resulta que compradores-especuladores de diferentes países competían con los importadores por el café sobrante y no estaban dispuestos casi nunca, a realizar el viaje hasta Guatemala para regresar con las manos vacías. Para ello confiaban básicamente en las fluctuaciones del mercado internacional, con el fin de evitarse las pérdidas o ponían a sus diplomáticos a negociar las deudas con los importadores locales. El agricultor e importador sin deudas, por su parte, tenían a su favor el que a veces obtenían hasta cuatro peniques por libra de café sobrante (es decir, no comprometido con los compradores ingleses) de toda una cosecha.

En vista, entonces, de que el café sobrante era tan atractivo tanto para los importadores residentes en Guatemala, como para los especuladores extranjeros, la Royal Mail Steam Packet Company propuso incrementar sus servicios hacia el puerto de Livingston, donde se comprometió a recoger hasta cincuenta toneladas de aquel café por viaje, para cubrir deudas no satisfechas por el café previamente comprometido. Otra línea ofreció un servicio parecido, para que sus cúters y lugres también visitaran Panzós, Izabal y Livingston como puntos de salida de las riquezas extraídas en calidad de pago. El Cónsul Graham fue el arquitecto de estas ideas, junto con el gobierno de Guatemala e importadores destacados del país, quienes vieron en ellas un mecanismo ideal para contrapesar su progresiva adquisición de deudas con los abastecedores ingleses de mercancías de lujo[301].

La situación se había llegado a tornar más problemática debido a que el negocio del café en Guatemala, no contaba con bancos capacitados para tramitar transacciones con el extranjero. Aún así la balanza comercial del país seguía siendo positiva en los inicios de los años ochenta. El desagüe comercial estaba en que era muy fácil adquirir cualquier tipo de moneda extranjera de plata. Francesas, chilenas y peruanas se localizaban con relativa anuencia por parte de las autoridades financieras guatemaltecas y ello aceleraba los trámites bursátiles con París, Londres o Nueva York[302].

Algunas instituciones bancarias que harían aparición hacia finales de los años setenta, empezaron a solucionar un problema que tanto en Guatemala, como en otros países del istmo,

301. Cónsul Graham. **Trade Report.** 1878-1879. P.P. LXXI. 180.
302. Cónsul McNider. **Trade Report.** 1878-1879. P.P. LXXII. 1558.

había facilitado que muchas personas contaran con dineros y monedas para realizar ellas mismas transacciones que institucionalmente le correspondían a los gobiernos nacionales. Lo que estaba sucediendo con el café sobrante fue una advertencia para que otras actividades como el azúcar y el trigo, se sujetaran también a una homologación financiera y monetaria que no perjudicara al país como un todo. Lo mismo puede decirse de las inversiones en caminos y líneas férreas. Guatemala terminó modernizándose en ese sentido y acelerando el mejoramiento de su infraestructura de la circulación, introduciendo y ampliando sus líneas telegráficas así como sus contactos financieros con el resto de los países del istmo.

Sin embargo, a pesar de todas estas mejoras, el contrabando de moneda no se detuvo totalmente. Los diplomáticos ingleses, por su parte, buscaron proveerse de la información que beneficiara a los suyos, acudiendo a fuentes mejor abastecidas de la misma, controladas por los norteamericanos[303]. Estos también facilitaban a los diplomáticos ingleses información que competía al movimiento portuario en el Pacífico de Guatemala. Como los puertos de San José y Champerico en la realidad eran fondeaderos más que cualquier otra cosa, cuando las mercancías eran trasladadas del barco al muelle, tenían que pagar tarifas más altas que aquellas cargadas por la línea naviera que había hecho el viaje desde Europa a San José, por ejemplo. Pero las tarifas en cuestión, controladas por monopolios norteamericanos que habían adquirido prácticamente todo el terreno donde se realizaban estas operaciones —con el afán de levantar ahí algún día un ferrocarril—, podían ser negociadas entre diplomáticos, como sucedía con frecuencia. Ingleses y norteamericanos, para los años ochenta del siglo pasado en Guatemala, a pesar de la supuesta competencia comercial, en realidad se ayudaban para no perjudicarse a profundidad. Los diplomáticos ingleses lograban ciertas concesiones de sus colegas norteamericanos, en lo que respecta a costos de muellaje y faro, cuando

303. Cónsul Bennett. **Trade Report**. 1884. P.P. LXXXI. P. 1672.

los pocos viajes que realizaban a Guatemala la Pacific Steam o la Royal Mail podían hacer que los mismos resultaran muy caros para los exportadores británicos.

Ese tráfico de información entre la Embajada del Reino Unido y la Embajada de los Estados Unidos en Guatemala, hacía posible que también se negociara con el alto precio del café nacional en los mercados internacionales y con los bonos de inversión en valores guatemaltecos, porque ello hacía fluir hacia el país una dosis considerable de moneda extranjera. Sólo en los primeros seis meses de 1888, entraron en Guatemala por el Pacífico unas 240,000 libras esterlinas en oro, el cual era acaparado esencialmente por los comerciantes y viajeros ingleses y norteamericanos, quienes recibían de sus representantes diplomáticos la información correspondiente sobre dónde y cuándo conseguir el oro para sus pagos y compras en el extranjero[304].

Los acuerdos entre diplomáticos ingleses y norteamericanos se expandieron aún más, sobre todo con la llegada de la producción bananera y de la apertura de líneas férreas en Guatemala. Tal tipo de actividades significó para un país como Honduras, por ejemplo, que los ingleses y los norteamericanos terminaran negociando entre ellos la deuda externa de ese país, y le concedieran al gobierno nacional el mero gesto de ratificar los acuerdos alcanzados[305].

Resulta que para los años noventa, ya está debidamente configurado el perfil del sector exportador guatemalteco, y con él ya adquiere cierta consistencia la propuesta del «crecimiento triangular» sustentado en sus tres componentes esenciales: 1. comercio exterior; 2. deuda externa; y 3. agricultura o industria

304. Cónsul Hayes-Sadler. **Trade Report.** 1890. P.P. LXXV. P. 9.
305. Le sugerimos al lector que revise el capítulo VIII de este libro, donde encontrará más información sobre esta historia.

según el caso[306]. La teoría tradicional del imperialismo[307], en estas situaciones, nos ayuda muy poco para valorar en su justa dimensión los esfuerzos hechos por los centroamericanos para acercarse al crecimiento[308]. Al poner el énfasis en los componentes externos, es decir, en uno o en dos de los elementos arriba mencionados de dicho crecimiento, se olvida de la dinámica de mutuo condicionamiento entre todos ellos. Esto es clave para comprender lo que sucede en América Central, entre los años 1890 y 1914, porque es precisamente la comprensión de este asunto, la que facilitó a los diplomáticos ingleses y norteamericanos aprovecharse de medio a medio, en favor de sus connacionales, del crecimiento que estarían presenciando en Guatemala. Las embajadas de ambas potencias eran, por esta época, verdaderas fuentes de información (como ya se indicó), y bien podría decirse que, antes que en el terreno económico y político, la batalla comercial en Centroamérica la perdió Gran Bretaña sobre todo diplomáticamente en favor de los Estados Unidos.

La aparente paradoja que se articula entre el cruce de información y la deslealtad comercial de los Estados Unidos en América Central, en relación con Gran Bretaña, vino a resolverla en esencia, el crecimiento del capitalismo agrario guatemalteco. La inclinación de la balanza a favor de los norteamericanos, no excluía que estos suplieran a los ingleses de la información requerida, cuando era necesaria para sus fines comerciales, pues bien sabían que al final, los británicos les estaban roturando su campo de influencias.

Todo aquello se percibe con mayor precisión si nos fijamos un poco más en el ritmo de crecimiento de la agricultura guatemalteca. Esta había estado recibiendo un apoyo gubernamental sistemático desde las Reformas Liberales de 1871, ya

306. Gerschenkron, Alexander. **Atraso Económico e Industrialización** (Barcelona: Ariel. 1970). P. 167.
307. Kemp, Tom. **Op. Cit**. Pp. 21-41.
308. Ford, A.G. (1966). **Op. Cit.** Capítulo III. Pp. 119-120.

fuera abaratando la adquisición de tierras o consiguiendo trabajo forzado, cuando los brazos escaseaban para los propietarios agrícolas. A partir de 1887 empezaron a aparecer algunos comités de agricultores, que se habían organizado para realizar experimentos con tierras y facilitar consejo a los agricultores con problemas de productividad. El Ministerio de Obras Públicas era el encargado de vehiculizar la información correspondiente, con la debida asesoría de los diplomáticos ingleses y, sobre todo, norteamericanos[309].

Nadie estaba mejor informado que dichos diplomáticos sobre la calidad del suelo, las posibilidades de adquisición de las mejores tierras y de los precios internacionales, cuando el café en Guatemala inició su despegue. Lo mismo puede manifestarse respecto a la calidad de la información de que disponían, en lo que compete a medios de transporte, ferrocarriles, flujos de crédito, mercados extranjeros y las cuestiones logísticas para abastecerse de esa misma información. Por ejemplo, uno de los más serios problemas que tuvieron que enfrentar los centroamericanos para poner su café en el mercado mundial, fue el asunto de los medios de comunicación con los puertos. Pues bien, mucho antes de que los agricultores supieran sobre las intenciones de los gobiernos de construir líneas férreas, los diplomáticos extranjeros ya lo sabían[310].

Esos mismos diplomáticos (ingleses y norteamericanos otra vez) también fueron informados que los capataces de las fincas andaban de visita en los villorios indígenas para contratar el trabajo requerido, en las grandes haciendas cafetaleras propiedad de extranjeros[311]. Como los indígenas no se querían contratar por dinero, pues poseían por lo general una parcela, algunos cerdos, gallinas, dos o tres ovejas, y sembraban su propio

309. Cónsul Hayes-Sadler. **Op. Cit.** P. 9.
310. Cónsul Roberts. **Trade Report**. 1897. P.P. XCL. P. 16.
311. Castellanos Cambranes, Julio (1992). **Loc. Op. Cit.**

maíz y trigo, los cónsules ingleses concluían, entonces, que «como no querían acumular, era muy conveniente negociar con ellos en sus propios términos»[312], para suplir a las fincas de los extranjeros con la fuerza de trabajo requerida.

Cuando los trabajadores indígenas se contrataban, lo preferían a destajo, y no lo hacían por más de un mes consecutivo, pues luego regresaban a su lugar de origen. Por esta razón no se podía contar con ellos regularmente y, entonces, se acudía a otro grupo más fresco que, en ocasiones, estaría integrado por mujeres y niños que viajaban hasta treinta millas desde el amanecer, para trabajar desde las once de la mañana por un salario que podía oscilar entre un chelín y un penique, hasta un chelín y seis peniques la jornada. Pero era frecuente que los propietarios extranjeros se encontraran con dificultades para contratar este tipo de fuerza de trabajo y por ello acudían al apoyo del gobierno, para reclutar a presidiarios en labores del campo, por un salario de un chelín y dos peniques. Con regularidad se escapaban y cuando se les atrapaba, eran regresados a sus celdas, dejando al propietario extranjero con deudas y con su problema de mano de obra sin resolver.

Los diplomáticos ingleses también atesoraban información sobre el valor de la propiedad agrícola y hacían cálculos en relación con las mejores adquisiciones en ese sentido. Desde 1884, la última había triplicado su valor. Una finca de unos cien acres, bien situada, a unos tres mil pies de altura sobre el nivel del mar, podía costar en 1888 unas dos mil doscientas libras esterlinas; mientras que en 1884 sólo costaba setecientas. Otras cosechas y la crianza de ganado también les interesaban a los diplomáticos ingleses, que veían en ello «un saludable proceso de diversificación agrícola», producto del auge que estaba tomando la producción cafetalera[313].

312. Cónsul Hayes-Sadler (1890). **Op. Cit.** Pp. 10-11.
313. Cónsul Roberts. **Op. Cit.** P. 17.

Bien informados como estaban, aquellos diplomáticos ingleses, sobre cuestiones laborales, inversiones mineras y medios de transporte, se daban el lujo también de hacer pronósticos sobre las posibilidades de la producción cafetalera. La Ley de Trabajadores, puesta en función el 17 de febrero de 1894, ya era conocida por el Cónsul Trayner antes de su publicación[314]. Les llamaba la atención a sus compatriotas sobre algunas cuestiones dignas de tomar en cuenta en el momento de hacer inversiones agrícolas en el país; sobre todo aquellas que tenían relación con la represión de los trabajadores, como también el establecimiento de una guardia rural que se encargaría de:

1. Patrullar los distintos distritos agrícolas en todas direcciones.

2. Demandar salvoconductos para todo sospechoso.

3. Rastrear a todo trabajador que «desertara».

4. Detener a todo aquel que estuviera guiando ganado y no pudiera demostrar que estaba en posesión de él legalmente.

5. Investigar y detener a todo aquel involucrado en robos, asesinatos o riñas.

6. Exigir a aquellos propietarios que hubieran contratado a trabajadores fugitivos de otras haciendas, la inmediata devolución de los mismos a sus «legítimos dueños».

Todo esto, nos decía Trayner, expresa un poder demasiado amplio, tanto así que «va a ser imposible controlar los sobornos».

314. Cónsul Trayner. **Trade Report**. 1898. P.P. XCVI. P. 5.

En ocasiones, estos mismos diplomáticos se atrevían a opinar sobre la mejor manera de realizar inversiones ferroviarias y argumentaban con frecuencia, que «era mejor traspasar las mismas a manos extranjeras que estar cargando al pueblo con impuestos» para el sostenimiento de tales inversiones. Igual pensaban sobre los recursos minerales del país, ya que sabían que los subsuelos de Guatemala podían dar oro, plata, hierro, cobre, plomo, yeso, mármol, sulfuro y sal.

Establecían comparaciones y promovían los posibles beneficios de las tierras guatemaltecas para producir café, con una solvencia técnica y teórica que cualquier economista del presente se la desearía. Trayner, uno de los más lúcidos y críticos de estos diplomáticos ingleses, decía que, por ejemplo, una estimación del costo y de la producción de café en una plantación de cien árboles, sembrados a una distancia de tres por dos yardas, durante cinco años, podía ser en 1867, como sigue (sus cálculos se basaban en un libro de J.B. Wetham, titulado **Across Central America,** publicado ese mismo año):

1.	Costo al final del quinto año:	
	a. Costo de 225 acres de tierra apta para el café	800 libras
	b. Costo de preparación de la tierra	810 libras
2.	Total	1,610 libras
3.	Mantenimiento de las siembras	1,708 libras
4.	Costo total	3,220 libras

Seguidamente, se elaboraba un costo aproximado de la producción, como se indica de inmediato:

1.	Maíz para ser obtenido al año de plantado	200 libras
2.	Producción posible de café al cuarto año de plantado, o sea, media libra por planta (500 quintales a 2 libras esterlinas)	1,000 libras
3.	Producción posible al quinto año, o sea, dos libras por planta (2,000 quintales a 2 libras esterlinas)	4,000 libras
4.	Producción total	5,200 libras

La ganancia neta estimada sería entonces:

1.	Resultado al final del quinto año:	
	a. Valor de cien mil matas	7,400 libras
	b. Valor de los pastos	100 libras
	c. Valor de la maquinaria	1,000 libras
2.	Producción total	5,200 libras
3.	Costo al final del quinto año	3,220 libras
4.	Ganancia neta estimada	16,920 libras*

Lo escrito significaba que una finca de valor estimado en 8,250 libras esterlinas, produciría unos dos mil quintales de café a dos libras esterlinas el quintal anualmente, generando cuatro mil libras esterlinas al cambio de 1867, o sea, una libra equivalente a 5 pesos guatemaltecos.

Ahora, si comparábamos estos resultados con los que arrojaba una finca de 1897, cuyo valor aproximado era de 6,956 libras esterlinas y producía unos mil quintales a un precio de 2,10 libras con sus chelines por quintal, el resultado sería de unas 2,104 libras. Para el Cónsul Trayner, esto demostraba que no se había producido un cambio sustancial entre los años 1867 y 1897 en lo que tenía que ver con costos y producción cafetalera. Como el precio del café finalmente variaba mucho, pues el más pobre de calidad oscilaba entre 25 y 45 chelines en el mercado financiero de Londres, y el de mejor calidad lo hacía entre 75 y 110 chelines, Trayner argumentaba que la única variante a tomar en cuenta en los costos de producción del «nuevo tipo» de hacienda cafetalera era la introducción de maquinaria que, en su mayoría, también procedía de Inglaterra.

En ese mismo sentido, entonces, resultaban de inapreciable valor los comentarios de Trayner en relación con la crisis

* Se trata de libras esterlinas inglesas.

cafetalera de finales de siglo, pues sostenía que ni aun las compañías alemanas podían hacer frente al fenómeno en Guatemala[315].

La Plantagen Gesellschaft Conception de Hamburgo, formada en febrero de 1897, había emitido para la compra de propiedades un «stock» en obligaciones por un millón quinientos mil marcos. Su capital en acciones era de dos millones de marcos, dividido en dos mil acciones de mil marcos cada una.

Los negocios de dicha compañía cubrían diferentes actividades: cultivo de café, manufactura de azúcar y cría de ganado. Al 30 de setiembre de 1898, la misma compañía arrojaba un déficit de 94,000 marcos, atribuido a la caída de los precios del café en el mercado internacional. Su producción de azúcar de caña había llegado solamente a 25,000 quintales.

Por otro lado, su producción de café alcanzó la cifra de 5,100 quintales, y habían sido sembrados 8,500 árboles nuevos en reemplazo de los viejos y agotados. Desde su fundación esta compañía alemana había sido capaz de sembrar 27,800 árboles nuevos, lo que hacía un total sembrado de 547,000 árboles, muchos de los cuales se esperaba estarían produciendo ya en 1899 por primera vez. Junto a todo ello, la compañía había logrado destilar 264,300 botellas de brandy, las cuales a pesar de su bajo precio no se vendían mucho.

Otra empresa alemana, la Hanseatische Plantagen Gesellschaft Guatemala-Hamburg, fundada en 1899, poseía tres haciendas conocidas como Los Diamantes, Las Viñas y El Zapote. Este negocio estuvo girando por años dividendos de hasta el 7% anual. Pero al 30 de setiembre de 1898, los dividendos se habían esfumado y además tenía que hacer frente a pérdidas de unos 22,000 marcos, atribuibles a cosechas muy pequeñas, bajos precios internacionales, altos costos tecnológicos y salarios inflados.

315. Idem. **Trade Report**. 1899. P.P. C. P. 32.

La tercera compañía alemana en importancia con relevantes inversiones en Guatemala era la Osuna-Rochela Plantagen Gesellschaft-Hamburg, que reportaba pérdidas por causas similares a los casos ya anotados. En los primeros dos años de su inserción financiera, esta empresa había pagado dividendos de $7^{1/2}$ y 5% respectivamente, pero en el último año registraría pérdidas de 33,000 marcos.

Por su lado, la Guatemala Plantagen Gesellschaft-Hamburg, cuya principal propiedad era la hacienda El Porvenir, reportó en 1896 dividendos del 12%, debido a una cosecha extraordinaria. En 1897, obtenía dividendos del 10%, y en 1898 del 4%, a pesar de la caída de los precios que tanto afectaría a las otras empresas. Una ganancia de 80,000 marcos por una cosecha de 15,000 quintales, completaba el negocio de dicha compañía para ese último año.

Finalmente, la Chocola Plantagen Gesellschaft-Hamburg, que para 1898 reportaba también una caída considerable en sus ingresos (cuando en años anteriores había pagado hasta el 20% en dividendos), sólo pudo pagar esta vez un dividendo del 4%, debido a las razones conocidas para los otros casos aquí mencionados. Había sido seriamente afectada por el colapso de los precios del café y del azúcar, y por lo insuficiente de la demanda de ganado, con el que también negociaba. De esta manera, los costos de la fuerza de trabajo no habían podido ser cubiertos.

Trayner consideraba que, a pesar de todos estos contratiempos, los empresarios alemanes podrían salir adelante en vista del desplome de la producción cafetalera en Brasil[316]. Sostenía incluso que, «el café es poco prometedor en Guatemala, por lo que los agricultores deberían adaptarse para empezar a producir cacao, tabaco, índigo y vainilla. Esto en vista de las

316. Idem. Pp. 13-19.

características del mercado internacional»[317]. «Es sorprendente, agregaba, la cantidad de actividades agrícolas que suplen el mercado interno de subsistencias: maíz, cacao, tabaco, frijoles, maderas y ganado». Por eso el cónsul creía que Guatemala era un país «con la capacidad de codearse con cualquier potencia menor de Europa», pues el movimiento comercial era notable al empezar el siglo XX. Recomendaba que las maderas guatemaltecas continuaran siendo explotadas por compañías extranjeras pues, según él, eran las únicas con la «experiencia» para hacerlo. Se refería a las que laboraban en el Petén, tales como The Guatemalan and Mexican Mahogany and Export Company, la Compañía de Cortes de Madera del Norte y a la Federico Arthes Company, las que también cultivaban y explotaban el caucho. Lo único que el cónsul lamentaba era la cantidad considerable de reglamentos y leyes que obstaculizaban una más ágil inversión extranjera.

Durante el primer lustro del siglo XX, las exportaciones seguían superando a las importaciones, lo que provocaba que los cónsules ingleses siguieran creyendo que la situación guatemalteca era en realidad envidiable. Uno de ellos, sin embargo, llamaba la atención sobre el hecho de que, por esos años, la capacidad para importar de Guatemala se había contraído[318]. También apuntaba que la tendencia del comercio exterior guatemalteco a poner el énfasis en el mercado alemán parecía irreversible, pues el orden era Alemania, Inglaterra y los Estados Unidos, en lo que respecta a exportaciones e importaciones. Al Cónsul Hervey tampoco lo sorprendía el voraz avance de la producción bananera y el descenso, en consecuencia, de la agricultura de subsistencia. Asimismo, recogiendo la información suplida por el Vicecónsul Michovsky en el puerto de Livingston, llamaba la atención sobre las exportaciones clandestinas de caoba que se hacían por ese puerto, hacia los mercados de Londres, Boston y Nueva York.

317. Idem. **Trade Report.** 1902. P.P. CVIII. P. 11.
318. Cónsul Hervey. **Trade Report**. 1904. P.P. XCIX.

Una de las ventajas que siempre tuvieron los informes consulares heredados por los diplomáticos ingleses, fue su riqueza cabalística, pues siempre hacían pronósticos respecto al futuro más inmediato. El Cónsul Hervey, a quien ya hemos citado, era uno de esos diplomáticos con capacidad para traducir los signos de los tiempos: a finales de 1904 sostenía que «la situación en Guatemala era una repleta de grandes posibilidades para lo mejor, porque las condiciones políticas habían evolucionado considerablemente debido sobre todo a que las protestas de los descontentos habían disminuido. La conclusión del ferrocarril en Guatemala abriría notables posibilidades para reducir las distancias comerciales entre Europa y los Estados Unidos. Junto a ello, los vapores ingleses y alemanes ya estaban visitando Puerto Barrios. Lo que representaba un poco de competencia para los de la United Fruit Company, completando de esa manera la ruptura del monopolio gozado hasta ese momento por la Panamá Railroad Company, las pequeñas compañías americanas de vapores y los ferrocarriles. Todo con el afán de reducir las tarifas y de incrementar una sana competencia comercial en el istmo centroamericano»[319].

Pero los problemas portuarios continuaban. En Guatemala, como en el resto de los países centroamericanos, ese seguiría siendo uno de los grandes obstáculos para un tráfico comercial más elástico[320]. Era frecuente escuchar a los vicecónsules quejarse de las pésimas condiciones del servicio que se prestaba por ejemplo en Quetzaltenango, porque los puertos de Ocós y Champerico con serias dificultades podían ser atendidos por la Compañía de Agencias, la que a veces dejaba por meses grandes cantidades de mercancía sin desalmacenar, a un altísimo costo para los importadores, como expondremos después[321].

319. Idem. **Trade Report**. 1904. P.P. Annual Series. Nº 3469.
320. Samper, Mario (1993). **Op. Cit.** Pp. 1-45.
321. Cónsul Fleischmann. **Trade Report.** 1904. P.P. Annual Series. Nº 3400.

La poca flexibilidad comercial que caracterizaba a los servicios prestados en los puertos guatemaltecos hacía, entonces, que los hombres de negocios buscaran rutas más caras pero que les permitieran realizar el intercambio con el mercado mundial en el momento indicado. Algunos en Quetzaltenango enviaban sus productos hasta el puerto de San José y de ahí, vía ferrocarril hasta Mazatenango, para ponerlos en manos de la Pacific Mail o de la Kosmos alemana[322]. Con estas líneas navieras eran frecuentes las discusiones y negociaciones por asuntos de tarifas de exportación[323], pues debido a la búsqueda de rutas más largas y costosas, los comerciantes guatemaltecos debían también negociar con los diplomáticos extranjeros para que intercedieran en su favor, ante las juntas directivas de las líneas navieras en cuestión[324].

No sorprende, entonces, que ese tipo de negociaciones raramente se hiciera con la participación directa del gobierno guatemalteco[325]. Por lo general se realizaba entre los comerciantes, las líneas navieras, los concesionarios de los ferrocarriles y los diplomáticos extranjeros, ingleses en particular, para el caso que nos ocupa[326]. Tales eventos terminaban, claro está, con la bendición del gobierno nacional guatemalteco[327], pero rara vez este se enteraba de las características y dimensiones reales de lo que estaban ratificando[328]. De aquí que, muchos de los reclamos de los súbditos ingleses contra el gobierno de Guatemala carecían de sentido para este, ya que desde finales del siglo XIX, los ingleses habían empezado a ser desalojados por alemanes y norteamericanos en el favor de las esferas oficiales

322. Cónsul Hervey. **Trade Report.** 1905. P.P. Annual Series. Nº 3686.
323. Cónsul Fleischmann. **Trade Report.** 1905. P.P. Annual Series. Nº 3620.
324. Idem. **Trade Report**. 1906. P.P. Annual Series. Nº 3924.
325. Cónsul Ascoll. **Trade Report.** 1906. Annual Series. Nº 3890.
326. Cónsul Fleischmann. **Trade Report.** 1907. P.P. Annual Series. Nº 4101 y **Trade Report**. 1907. P.P. Annual Series. Nº 4098.
327. Idem. **Trade Report.** 1908. P.P. Annual Series. Nº 4384 y Annual Series Nº 4339.
328. Cónsul Paget. **Trade Report**. 1902. P.P. Confidential. Nº 7768.

guatemaltecas[329]. Sobre todo en lo que respecta, como expusimos, a las negociaciones sobre rutas comerciales y concesiones tarifarias marítimas[330].

Resentimientos comerciales producidos por esas situaciones a la larga beneficiaron al historiador, quien ahora puede denunciar por ejemplo que en las costas de Guatemala los diplomáticos norteamericanos, en alianza con bancos de su país, compraban y revendían sin problemas grandes propiedades dedicadas a la explotación de caucho para la exportación. Cuando escaseaban los brazos para la recolección del producto, el jefe político del lugar obligaba a la población a contratarse en esas labores y, con frecuencia, llegaba hasta el homicidio para complacer a los empresarios extranjeros[331].

En un contexto como el arriba descrito, no nos toma por sorpresa la preocupación constante puesta de manifiesto por los diplomáticos ingleses, debido a que, «súbditos británicos de color negro» se veían involucrados en problemas con las autoridades guatemaltecas por el tipo de tareas clandestinas que algunos «jefes políticos inescrupulosos» les demandaban[332]. Así resultaba que los diplomáticos ingleses manifestaban todavía más sus celos cuando algunos de sus «súbditos» eran contratados por empresarios norteamericanos, para destruir la posible influencia comercial británica en Guatemala. Eso hacía que nuestros diplomáticos fueran aún más cuidadosos con los arreglos pendientes de la deuda externa de Guatemala con Inglaterra, porque el asunto estribaba en no molestar a los empresarios norteamericanos, quienes podrían ver dichas negociaciones como un entorpecimiento de las suyas con los guatemaltecos[333].

329. Carden a Grey. **Memorándum.** 1907. P.P. Confidential. Nº 9017.
330. Idem. **Memorándum**. 1907. P.P. Confidential. Nº 9286.
331. Idem. **Memorándum**. 1908. P.P. Confidential. Nº 9528.
332. Para mayor detalle sobre estos asuntos véase el capítulo VIII de este libro.
333. Carden a Grey. **Memorándum**. 1909. P.P. Confidential. Nº 9637.

Había antecedentes en aquella dirección[334], por lo tanto, nada tenía de extraño que la deuda externa de Guatemala se razonara como parte de la composición de las exportaciones de este país. Cuando los diplomáticos ingleses abordaban el asunto de esta forma, los empresarios norteamericanos y el gobierno de Guatemala buscaban apropiarse de la deuda externa, negociando no tanto su principal como la garantía del pago de sus intereses. Manejar estos suponía estar en control de ferrocarriles, plantaciones de caucho, de banano y de haciendas cafetaleras. Para los contabilistas del siglo XIX poseer el control sobre los intereses de una deuda cualquiera, era controlar también su garantía y, en este caso, fiscalizar el flujo de intereses de la deuda guatemalteca significó, como en el resto de los países centroamericanos, llegar a ser en la práctica, el propietario de la estructura de la exportación de Guatemala.

En el apartado siguiente: Los productos del imperio, se tratará de describir y evaluar el proceso de las importaciones, es decir, la otra cara de la moneda de las actividades comerciales de Guatemala con Gran Bretaña y el resto de los países del capitalismo central en el siglo XIX.

LOS PRODUCTOS DEL IMPERIO

En un artículo del autor de este libro publicado en 1985, se hizo una taxonomía del comercio exterior de América Central para los años que se ubican entre 1851 y 1915[335]. En esa ocasión, el interés se concentró en el mercado inglés como abastecedor importante de ciertos productos básicos para el consumidor centroamericano. Este es el momento oportuno para ampliar algunas de las cuestiones estudiadas en aquel entonces, utilizando como ejemplo referencial el caso de Guatemala.

---

334. Idem. **Memorándum.** 1909. P.P. Confidential. Nº 9833 y Confidential 1913. Nº 10024.

335. Véase el capítulo V de este libro.

Ahora bien, como en la sección anterior, se tratará de hacer una descripción lo más minuciosa posible de la relación que se estableció entre diplomacia y actividades comerciales en un país centroamericano, a mediados del siglo XIX. Es de relevancia este aspecto, porque incluso en los trabajos más recientes sobre la actividad cafetalera y su universo económico en el istmo, es difícil encontrar referencias veraces en relación con el verdadero impacto de la participación de los diplomáticos ingleses en el comercio exterior guatemalteco[336]. Algunos aspectos menos fríos y menos éticos que muchos de los que en esos valiosos trabajos se estudian, serán motivo de nuestro énfasis en esta oportunidad.

Los diplomáticos ingleses abren sus reportes sobre Guatemala, al empezar la segunda mitad del siglo XIX, con una queja que no dejaría de escucharse durante todo el período estudiado: ¿por qué Guatemala era tan mal importador de los productos británicos?[337]. Las respuestas que se dieron en diversas ocasiones fueron de diferente naturaleza; dos de ellas merecen destacarse:

1. La población indígena guatemalteca era de proporciones respetables y eso hacía que mucho de lo que necesitaba ese mercado podía ser abastecido por ella misma.

2. Guatemala, como el resto de los países centroamericanos, no poseía condiciones portuarias indicadas para hacer más ágiles los trámites requeridos para el ingreso de mercancías extranjeras.

Algunos estudiosos mencionan que la población de Guatemala a mediados del siglo XIX era de unas 700,000 personas y que un 85% vivía en zonas rurales, el resto se «distribuía

336. Castellanos Cambranes, Julio (1992). **Op. Cit.**
337. Cónsul Hall. **Op. Cit.** P. 85.

en la capital de la República y en unas pocas como pequeñas localidades de rango urbano del interior, lugar de residencia de las autoridades regionales del Estado y centros comerciales de escasa importancia»[338]. El grueso de esa población rural era indígena, la que poseía un enorme potencial de autoabastecimiento, al menos hasta el momento en que se suscitan los despojos promovidos por las reformas liberales en ese país. El diplomático inglés considera, entonces, que este tipo de consumidor puede llegar a ser una mala inversión si se dejan intactos sus hábitos de consumo. Por lo tanto, no dudará un segundo en embarcarse en empresas que le posibiliten el progresivo resquebrajamiento de tales hábitos. Una de ellas será —debido al descuido financiero en que lo tendrá siempre la Corona—, dedicarse a las actividades comerciales con la comunidad campesina y, por encima de todo, con los circuitos capitalinos más solventes del país, creándole a estos las necesidades requeridas para abastecerlos con los productos que sólo las altas burguesías europeas consumían a veces. Lo mismo sucedía con los otros países centroamericanos[339]. Pero el diplomático inglés no acostumbraba quedarse en la simple negociación con campesinos indígenas o aprendices de burgués: intervenía directamente sugiriendo la mejor política tarifaria a seguir, para que la actividad en los puertos no se redujera al contrabando con piratas negros procedentes de Belice. «Si las importaciones guatemaltecas permanecen estacionarias es porque la tarifa portuaria oscila demasiado: en sólo nueve meses ha pasado del 30 al 50% del total de lo importado, lo que obliga a los comerciantes a traer las mercancías utilizando los puertos salvadoreños donde la tarifa no sólo es más baja, sino más estable»[340].

---

338. Castellanos Cambranes, Julio (1992). **Op. Cit.** Tomo I, capítulo 5, p. 303.
339. Vega, Patricia. «De la banca al sofá. La diversificación de los patrones de consumo en Costa Rica (1857-1861)». En Molina Jiménez, Iván y Palmer, Steven (editores) (1992). **Op. Cit.** Pp. 109-136.
340. Cónsul Hall. **Op. Cit.** P. 87.

Las reclamaciones de los comerciantes importadores ingleses abonaron un terreno fértil en las negociaciones casi personales con las autoridades guatemaltecas. Durante los años sesenta, cuando los algodones ingleses ya eran un artículo reconocido en el mercado guatemalteco, debido a la Guerra Civil en los Estados Unidos subieron de precio, pero la decisión de muchos importadores de cortar sus abastecimientos desde Europa contó con el apoyo y la indemnización del gobierno guatemalteco[341]. No sucedía así cuando se trataba de guerras (con El Salvador, por ejemplo), o cuando se presentaban las sequías o las plagas, pues el gobierno guatemalteco razonaba que estos accidentes debían atenderlos los finqueros afectados y no tenían ninguna —o muy poca— relación con las actividades de la comunidad comercial. Por eso, en caso de conflicto militar, los diplomáticos se quejaban porque el gobierno obligaba a los comerciantes a contribuir en el esfuerzo de guerra y ello desestimulaba a las posibles fuentes de crédito de los ingleses residentes[342].

El panorama empezó a modificarse un poco más en profundidad cuando el café tendió a convertirse en el eje de las exportaciones guatemaltecas. Los diplomáticos ingleses registran con vehemencia y pasión un despunte de la actividad comercial en su favor, debido a la activación de la producción cafetalera, pues ella permitió con mayor regularidad a partir de 1865, la importación de maquinaria para el procesamiento del café y del azúcar. El grueso del volumen de estos artículos entraba por el puerto de San José en el Pacífico, a lo que debemos sumar unas 200 toneladas que hacían ingreso por Izabal desde España, y otras 40 toneladas para consumo local, compuestas de fruta seca, licores y vinos que llegaban de Belice. Esta dinámica estuvo vigente hasta inicios de los años setenta, cuando los liberales regularizaron el asunto estableciendo tarifas portuarias

341. Cónsul Hockmeyer. **Op. Cit.** P. 54.
342. Idem. P. 56.

fijas. A partir de entonces, van a ser frecuentes los espejismos de que las exportaciones guatemaltecas están superando a las importaciones, cuando el caso es que de ahí en adelante los cálculos hechos por los diplomáticos van a empezar a proceder de los envíos originales, que sólo comprendían el precio de costo de las mercancías y su empaque; mientras que los recargos por transporte, seguro contra incendios, comisiones e intereses y los fletes que eran pagados por adelantado en Europa, no se tomaban en cuenta en el momento que las aduanas hacían sus cálculos correspondientes. Si consideramos los altos intereses que predominaban por aquellos años (debido a una inestabilidad monetaria recurrente), tales recargos arriba mencionados podían añadir entre un 20 y un 25% al débito de importaciones de Guatemala, sumados los gastos y los intereses en conjunto.

No debe olvidarse tampoco la mala situación en que se encontraban los mercados europeos y norteamericanos para todo tipo de producto extranjero, lo que hacía que muchos de los embarques que se enviaban desde Guatemala no reintegraran su costo y sus recargos, al extremo de que por mucho tiempo tales embarques se hicieron soportando grandes pérdidas. Este problema se reflejaba en el cambio monetario internacional que mantenía Guatemala (de un $2^{1}/_{2}$% y 5% de pérdida por toda transacción en moneda extranjera); a lo que debemos sumar las inútiles exportaciones de dinero amonedado, que durante los años sesenta tuvieron un promedio de 40,000 libras esterlinas anuales.

Cuando los liberales asumieron el poder, creyeron que el tipo de problema descrito podía corregirse introduciendo reformas, que fijaran los parámetros con que Guatemala realizaría sus transacciones comerciales con el extranjero, pero el mercado mundial les dio una nueva lección, como había sucedido en el pasado con los conservadores.

Es bien sabido que, en lo que respecta a política comercial, las prácticas introducidas por conservadores y liberales en el istmo centroamericano, tuvieron más bien diferencias de matiz que de fondo. Durante los años setenta del siglo pasado, cuando ya el perfil comercial de Guatemala estaba casi definido —según puede deducirse de las conclusiones que avanza el historiador costarricense Mario Samper—[343], las importaciones desde Gran Bretaña empezaron a desplomarse. Era natural, desde el instante en que muchos de los productos alemanes y franceses que los ingleses reexportaban, ya eran adquiridos directamente por los guatemaltecos en esos mercados. Por lo tanto, era indiferente para liberales y conservadores, si los ingleses podían sostenerse en el mercado guatemalteco o no. Lo que importaba era el abastecimiento del artículo con que se trataba. Los liberales, sin embargo, fueron más radicales en el momento de precisar quién sería el beneficiado con el consumidor guatemalteco, pues no dudaron en atraerse al oferente que mayor agresividad mostrara al presentar sus productos. Por eso la talabartería, las pieles curtidas, la joyería y el vino fueron los primeros artículos en reorientar el comercio de importación guatemalteco, en beneficio de Alemania y Francia. La mercancía ofrecida por estos países era negociada por agentes que hacían sus operaciones en español, con catálogos en este idioma e intermediarios guatemaltecos cuando no había otra salida[344]. La situación descrita dejaba en total desventaja al comerciante inglés.

Exactamente lo mismo sucedía con la maquinaria, la mueblería, el brandy y el vino californianos que venían en los vapores de la Pacific Mail desde San Francisco. Un embate competitivo así los diplomáticos ingleses lo resentían como si siempre hubieran tenido el privilegio sobre el mercado importador guatemalteco. Alemanes y franceses tendían a ser percibidos como intrusos, no así los norteamericanos, a quienes se les concedía la ventaja de su ubicación geográfica. Pero es que Guatemala para los ingleses era idéntica a Centroamérica. En el diseño de

343. Samper, Mario y Pérez Brignoli, Héctor (editores) (1994). **Op. Cit.**
344. Corbett a Granville. **Memorándum.** 1874. P.P. LXVIII. P. 32.

su política exterior para dicha región y el Caribe, la diplomacia inglesa siguió muy de cerca las nociones geográficas, administrativas e imperiales establecidas en el Caribe español. De esta manera, hasta finales de los años cincuenta del siglo XIX, América Central era una sola unidad, y ello significa que, ya se tratara de aranceles o de la deuda externa, esa unidad geográfico-administrativa llamada América Central o Guatemala, debía ajustarse a las disposiciones establecidas por el gobierno británico, no a las que ella decidiera establecer.

No deja de asombrar el ver cómo los organismos británicos que tenían negocios con los países centroamericanos, valoraban a estos como si fueran prolongaciones de las decisiones tomadas en relación con Guatemala. Esto sucedía todavía al iniciarse el siglo XX. Era requisito fundamental para los diplomáticos ingleses radicados en Guatemala, que toda decisión sobre aranceles, por ejemplo, debía aplicarse por igual a Honduras o Costa Rica[345].

Es por esta razón que las estadísticas inglesas de importación y de exportación deben ser desagregadas a partir de 1857, en lo que respecta a América Central cuando, a pesar de su presentación por país, siempre van a tener en su contra un tratamiento del flujo de las importaciones de Costa Rica, por ejemplo, como si estuviera sucediendo exactamente lo mismo en Guatemala o El Salvador. Por eso se nos crea el espejismo de que las exportaciones centroamericanas estaban por encima de las importaciones. «El mercado es pequeño, el transporte es lento, los impuestos son altísimos y sólo cierto tipo de artículo se puede vender», nos decía un cónsul inglés en 1871[346].

Un razonamiento así desarrollado para Guatemala no hacía consideraciones de orden geográfico o político-administrativo,

345. Idem. **Memorándum.** 1906. P.P. Confidential. Nº 8587 y Confidential 1909. Nº 9559.
346. Cónsul Scholfield. **Op. Cit.** P. 126.

cuando se presentaba la necesidad de aplicarlo al resto de la región. Si el mercado importador era pequeño en Guatemala, por simple lógica también tendría que serlo en Costa Rica y Honduras[347]. Fueron esta clase de conclusiones las que le costaron caro a los comerciantes ingleses en América Central, porque los alemanes y los franceses trataron al importador guatemalteco de igual a igual: se trataba de un comprador más y eso era todo. Para el inglés el mercado centroamericano era un mercado marginal, por lo tanto, no merecía la atención que otros le daban[348].

Mientras el comerciante inglés partía de que «el mercado de los textiles era muy pobre, pues dos o tres yardas de algodón por persona al año eran suficientes»[349], el importador alemán, francés o norteamericano pensaba que era posible no sólo expandir ese mercado sino suplirlo con artículos que desconocía[350]. Fue así como empezaron a llegar a Centroamérica una serie de mercancías de lujo que sólo unos pocos podían adquirir, nos referimos a perfumes franceses, maquinaria y vinos alemanes y norteamericanos. No olvidemos el material pesado para la construcción ferrocarrilera, que en su mayor parte procedió de los Estados Unidos, cuando los ingleses decidieron que los mercados centroamericanos ya eran marginales, desde el momento en que su control suponía enfrentar la competencia del comerciante estadounidense.

Puede parecer extraño pero cuando los ingleses se veían beneficiados por las crisis en que sus competidores europeos se veían envueltos (como sucedió durante la guerra franco-prusiana

347. Corbett a Granville. **Memorándum.** 1910. P.P. Confidential. Nº 9775.
348. Idem. **Memorándum.** 1906. P.P. Confidential. Nº 8647; Confidential 1909. Nº 9436; Confidential 1910. Nº 9562; Confidential 1911. Nº 9851 y Confidential 1912. Nº 9952.
349. Cónsul Scholfield. **Op. Cit**. P. 127.
350. Corbett a Granville. **Memorándum.** 1906. P.P. Confidential. Nº 8666; Confidential 1910. Nº 9118 y Confidential 1910. Nº 9558.

de 1870-1871), los diplomáticos se tornaban sumamente indulgentes con el mercado guatemalteco o centroamericano[351]. Una situación similar sucedía con los Estados Unidos, a los que los ingleses percibían como los competidores más arrogantes, no sólo por razones comerciales sino también políticas y militares, pues durante los inicios de la depresión de 1873-1896 se encuentran reportes consulares que tienden a valorar la competencia del coloso norteamericano con cierta displicencia[352]. Sin embargo, los Estados Unidos seguían siendo un formidable competidor, particularmente cuando los ingleses se sentían desplazados del tráfico de moneda importada que los norteamericanos introducían en El Salvador por medio de Guatemala, para atender sus inversiones mineras en aquel país centroamericano[353].

Al iniciarse los años ochenta, ya se vislumbraba el apogeo que llegaría a tener el comercio norteamericano en Guatemala. Para 1888, los artículos de algodón, de lana, la harina de trigo, los alimentos enlatados, los vinos y los materiales para ferrocarril procedentes de los Estados Unidos y de Alemania eran motivo de seria angustia para los comerciantes ingleses. Otros artículos les seguían en importancia y daban también indicio de que finalmente serían abastecidos por aquellos dos países: nos referimos a la cerveza, las sedas, la cera, alguna maquinaria para café y azúcar, y la mercería. Los sacos para el empaque del café entraban libres de impuestos hasta 1887, pero ya en 1888 fueron gravados. Debe anotarse que los artículos ingleses y alemanes de importación se vendían a precios muy altos, lo que hacía que fueran más adquiridos por sectores sociales relativamente pudientes de la nueva burguesía guatemalteca[354].

El comerciante inglés se ofendía con frecuencia cuando se le pedía que supliera una mercancía menos trabajada, menos

351. Cónsul Magee. **Op. Cit**. P. 169.
352. Locock a Derby. **Memorándum.** 1875. P.P. LXXIV. Pp. 380-381.
353. Cónsul Bennett. **Op. Cit**. P. 1678.
354. Cónsul Hayes-Sadler. **Op. Cit.** P.P. LXXV. P. 9.

elaborada que aquella que acostumbraba colocar en el mercado guatemalteco o centroamericano en general. Lo anterior no sólo por tener que bajar los precios, sino sobre todo porque el mismo artículo alemán era de menor calidad y se vendía a un precio similar. Aquella solicitud a que hacíamos referencia arriba, se la hacían a los europeos los importadores de mercancía inglesa y alemana y también belga, francesa, española y holandesa. Lo que estaba sucediendo era que debido a la decadencia y el deterioro del patrón monetario plata a escala internacional, muchos productos estaban tendiendo a volverse más caros y a ser sustituidos por otros más burdos y menos elaborados. Para los ingleses, entonces, una solicitud de esta envergadura representaba alterar patrones de calidad bastante arcaicos que reposaban esencialmente en la tradición y no veían la utilidad práctica con que el consumidor buscaba determinado tipo de mercancía. Tal era el caso de los machetes y otros artículos de ferretería. El inglés pensaba más en la tradición de fabricar machetes pesados pero duraderos, el alemán o el norteamericano, por el contrario, fabricaban uno menos pesado (más manipulable), aunque con una vida útil menos larga que el fabricado por los ingleses[355].

En ese sentido, los gobiernos centroamericanos hacían todos los esfuerzos necesarios para atraer a los mejores comerciantes posibles, sin estar realmente tan obsesionados sobre la calidad de las mercancías, como lo estarían los ingleses. Por eso se aprovechó con pompa y boato la Exhibición Internacional de 1897, abierta el 15 de marzo de ese año como un experimento para detectar las necesidades reales del consumidor promedio guatemalteco. Varios países europeos, suramericanos, norteamericanos y centroamericanos enviaron sus artículos para dicha actividad de promoción comercial[356].

355. Cónsul Roberts. **Op. Cit.** P. 18.
356. Cónsul Trayner. **Trade Report.** P.P. XCVI. P. 31.

La Exhibición Internacional, no obstante, no dio los resultados esperados. El razonamiento que hacían los grandes comerciantes era que América Central, y particularmente Guatemala, estaban gobernados por dictadorcillos que impedían un tráfico de negocios y una actividad financiera más elástica y enérgica. Su apego a las instituciones tradicionales, seguían diciendo, hacía que a finales del siglo XIX, tales dictadores centroamericanos estuvieran trabajando con estructuras impositivas y arancelarias que pertenecían a los años treinta. Con estas argumentaciones a la mano, sólo terminaron participando los comerciantes de menor rango[357].

Para complicar todavía más la situación, la fuerte estación lluviosa echó a perder parte de las instalaciones donde la exhibición estaba llevándose a cabo y, junto a ello, las autoridades policiales guatemaltecas no tuvieron el suficiente coraje para combatir el bandolerismo que las mercancías extranjeras particularmente habían provocado. El gobierno, entonces, tuvo que indemnizar a los participantes del exterior con fuertes sumas de dinero, ya que las pérdidas apenas podían calcularse.

Desde el momento en que la actividad empezó a organizarse (31 de diciembre de 1896), hasta su cierre (31 de diciembre del año siguiente), los ingresos difícilmente habían superado las 40,300 libras esterlinas; cantidad insignificante, si consideramos los gastos en que se había incurrido (87,500 libras esterlinas) para realizar la mencionada exhibición. Más aún cuando un importante sector de la comunidad comercial guatemalteca se había involucrado con agresividad en el evento. Cuando decimos comunidad comercial guatemalteca, no olvidemos que estamos incluyendo a los otros países centroamericanos y, obviamente, a los hombres de empresa ingleses residentes en el istmo.

357. Idem. P. 34.

La exhibición permitió, entre otros aspectos, clarificar con mayor precisión el sitio que en la región centroamericana estaban ocupando los productos del mercado internacional. Los principales artículos de importación que enviaba Gran Bretaña, por ejemplo, podían ser divididos en dos grandes grupos:

1. Ferretería y todos aquellos artículos manufacturados con hierro y acero; les seguían los implementos agrícolas, la maquinaria, el vidrio y las pinturas.

2. Mercancía seca o artículos textiles, o sea, lanas, linos, algodones, sedas y todas sus manufacturas.

Para esta época, Gran Bretaña ocupaba el segundo lugar, después de los Estados Unidos, como país desde el cual Guatemala importaba ciertos productos de primera necesidad. Esta situación podría haber sido alterada si los ingleses hubieran tomado las medidas convenientes para dejar ese segundo lugar. Algunas de ellas habían sido introducidas debido a la presión de la realidad comercial de América Central; nos referimos, por ejemplo, a la actualización y traducción de los catálogos ilustrados con las mercancías que se ofrecían. Sin embargo, los mercaderes ingleses que seguían visitando Guatemala, tenían el problema que no se preocupaban por conocer bien la lengua y la cultura del país con el cual negociarían. Seguían aferrados a la oferta de una única línea de productos y no intentaban contribuir con la diversificación de los gustos del consumidor centroamericano, como sí hacían los importadores alemanes y norteamericanos.

Algunos ejemplos podrán ayudarnos a comprender mejor lo que estamos argumentando. Las láminas de hierro galvanizado de medidas pequeñas, el alambre de púas para cercar y el alambre corriente provenían esencialmente de los Estados Unidos y Alemania. En el pasado eran los ingleses quienes abastecían a los centroamericanos con estos artículos, pero ni la mejor calidad de los mismos impidió que sus competidores terminaran arrojándolos fuera de ese mercado. Junto a problemas de precio por flete (desde San Francisco eran $10 por tonelada, mientras que desde Gran Bretaña eran 2 libras esterlinas con 15 chelines), los productos ingleses no traían manual para su uso, y si lo hacían no venía en el idioma nativo, en cambio los alemanes y norteamericanos sí se preocupaban por hacer frente a estos asuntos.

Los azadones, ampliamente utilizados en la agricultura del café, procedían sobre todo de Birmingham y se esperaba de ellos que fueran largos, pesados, manipulables y totalmente de hierro, además, debían tolerar el fuego. Las hachas eran, a su vez, abastecidas también por los competidores alemanes y norteamericanos. Aquí se presentaban algunos problemas, pues las hachas fabricadas por los últimos tenían un hoyo redondo para el puño, mientras que en las inglesas el mismo hoyo era ovalado. Para el agricultor lo anterior era relevante, ya que si en las labores del campo se le partía el puño, era más fácil reemplazarlo con una rama cualquiera cuando el hacha era norteamericana, pero si era inglesa la reparación era problemática.

Los picos y las palas eran básicamente utilizados por extranjeros en labores de minería, motivo por el que se los liberaba de gravámenes a tales artículos. Pero con los machetes (aparte de las consideraciones que hiciéramos líneas atrás) se volvían a presentar problemas, porque los norteamericanos fabricaban (en Hartford) uno que tenía una hoja de unas 18 a 22 pulgadas, y los ingleses (en Birmingham) fabricaban uno más largo en 2 ó 4 pulgadas, lo que lo hacía difícil de manipular cuando no se trataba de sembradíos de centeno o cebada.

Es curioso, pero el fabricante inglés no se molestaba en lo más mínimo por complacer a su cliente centroamericano, a pesar de que este muchas veces estaba dispuesto a pagar un elevado precio por un artículo que deseara obtener. Tal era el caso de la cuchillería de etiqueta para la mesa del buen burgués guatemalteco, quien muchas veces había pagado por un cuchillo para la carne, adquirido en Hamburgo o Viena, la extraordinaria suma de 4 libras esterlinas. Con los cuchillos de zapatería y los utilizados por el indígena en labores agrícolas o incluso de defensa personal, los fabricantes que más se esmeraban por ser complacientes eran de nuevo los alemanes y los norteamericanos.

La talabartería (arneses y guarniciones) destinada a la comodidad de los jinetes de la ciudad, era suplida por fabricantes ingleses. Pero la más rústica llegaba sobre todo de México, donde como con frecuencia sucedía en Guatemala, los indígenas llenaban las necesidades locales en el trabajo rural.

Las barras de hierro y acero no eran materiales que se utilizaran mucho en la construcción escolar o ferroviaria, a pesar del proceso expansivo de ambos renglones, debido en particular a sus altos precios de costo, pues llegaban de Bélgica y Alemania. La madera era más usada para esos fines, pero los bosques de Guatemala se hacían cargo de llenar ese rubro, aunque con ciertos problemas como expondremos. Toda clase de cerraduras y clavos que se necesitaran en las escuelas y los colegios venían de los Estados Unidos, donde los precios eran más bajos. Una situación similar sucedía con los cementos belgas y alemanes, que eran preferidos a los ingleses, no sólo por la baja calidad de estos últimos sino también por sus altos precios.

La maquinaria que los países centroamericanos importaban de Europa y los Estados Unidos era sobre todo aquella que se utilizaría en los ingenios azucareros y en el beneficiado del café. Las firmas inglesas negociaban con el pequeño productor. Algunas norteamericanas que fabricaban maquinaria ligera en Búfalo (con un precio de dos libras esterlinas por unidad) negociaban, a su vez, con el gran productor, al que también abastecían con utensilios para descascarar maíz e incluso para fabricar tortillas.

Como mencionamos arriba, Guatemala poseía bosques generosos en maderas duras y suaves (caoba, cedro, cocobolo y otras), óptimas para la fabricación de mueblería de lujo y para los mástiles de algunos veleros que todavía surcaban los mares. Los norteamericanos empezaron a financiar la instalación de aserraderos cerca de las plantaciones de banano, para así tener acceso a las maderas más difíciles y codiciadas, utilizando de paso, los medios de transporte levantados en los bananales.

Las pinturas, los barnices, las lámparas y similares utilizados en la construcción escolar eran traídos en su casi totalidad de los Estados Unidos, ya que el riesgo de hacerlo desde Europa (de Inglaterra o de Alemania) era muy alto para correr con los gastos de unos aditamentos que se consideraban de lujo y de enorme fragilidad. En ese caso, como sucedía con frecuencia, algunas de las casas de los grandes cafetaleros eran iluminadas con lámparas francesas o belgas importadas en exclusividad por comerciantes norteamericanos, pero era la excepción nunca la regla, menos cuando se trataba de construcción escolar.

El desplazamiento de Gran Bretaña por parte de los Estados Unidos y de Alemania del mercado guatemalteco y centroamericano en general, se debía no sólo a la mejor calidad de algunos artículos ofrecidos por los segundos, sino también al bajo precio. Es más, a esto habría que añadir la casi total ausencia de casas importadoras británicas en América Central; cuestión que no sucedía con Alemania o los Estados Unidos, quienes sí se hacían representar debidamente. En consecuencia, era obvio que estas últimas preferían importar desde sus propios países, con excepciones como las ya mencionadas de las lámparas de lujo para la residencia de los grandes empresarios guatemaltecos, casi siempre de origen alemán. Todavía más: los empleados y agentes vendedores contratados por las firmas británicas para relacionarse con el mercado centroamericano, eran norteamericanos o alemanes, particularmente en el ramo de la ferretería y la maquinaria. Los británicos se reservaban el privilegio de negociar todo lo que tuviera relación con ferrocarriles y telégrafos; lo anterior al menos hasta vísperas de la Primera Guerra Mundial.

En algunos renglones de importación que fueron por años un sector controlado por los británicos, como era el caso de los tejidos de algodón, encontramos que al empezar el siglo XX, importadores más agresivos como los italianos lograban desplazarlos por largos períodos. Una casa importadora de Génova intentó introducir manufacturas finas de algodón al mercado centroamericano, casi sin percatarse los importadores británicos. Resultó, entonces, que tales manufacturas eran esencialmente consumidas por la burguesía cafetalera y estaban por encima del gusto y de la capacidad promedio de compra del consumidor centroamericano. En otros países como Brasil, casas importadoras del mismo tipo de manufacturas habían logrado colocar hasta 30 millones de francos, razón por la que los británicos estaban realmente preocupados. La amenaza no se concretó en las proporciones que los ingleses pudieran haber pensado, pero los italianos se abrieron un lugar en el mercado centroamericano que ya nadie les disputaría, al menos en lo que se refería a manufacturas textiles de lujo.

Ahora bien, si Guatemala abre su siglo XX en medio de una seria crisis económica debida al desplome de los precios del café, al caer a la mitad su capacidad de importación, el país tuvo que reducir notablemente la modernización estructural de su sector exportador. Nos referimos a que la construcción de caminos, la ampliación de los ferrocarriles, la modernización de puertos y muelles, y el desarrollo educativo para la transformación técnica del país tuvo que esperar, hasta después de la Primera Guerra Mundial. La inestable situación política, la dificultad para negociar la venta de ferrocarriles tan importantes como el de la Northern Railroad a empresarios extranjeros, y la desconfianza general en el ambiente comercial del país, expresada en el cierre casi epidémico de casas importadoras, fueron factores que hicieron que el contacto del país con el resto del mundo de los negocios se redujera casi únicamente a la exportación (por cierto muy voluminosa) del café.

Al empezar el siglo XX, tanto Guatemala como los otros países centroamericanos, se encontraban con el problema de que los trabajos de expansión y modernización urbana están paralizados casi nueve meses del año. Los contratistas encontraban dificultades para recuperar el dinero invertido y sólo cuando se trataba de empresas realmente prometedoras, permanecían en el país hasta la conclusión del contrato, como sucedía con los tranvías o los telégrafos.

Pero al reducirse el tráfico comercial con los importadores tradicionales, y sobre todo cuando los competidores de los británicos (como los alemanes y los norteamericanos) se habían visto obligados a limitar su presencia en el mercado centroamericano, otros importadores crecían en importancia. Tal es el caso de México y algunos países de América del Sur, como Chile. Los mexicanos, entre los años 1888 y 1897 habían logrado triplicar su comercio con los centroamericanos. En lo que se refiere a Chile en particular, curiosamente quienes se beneficiaban con este nuevo importador eran los británicos, pues las mercancías que procedían de América del Sur eran traídas por la Pacific Steam Navigation Company y por la Línea Chilena de Vapores, que visitaban los puertos centroamericanos con vapores ingleses. Pero de este negocio, lo que más sorprende es que a esta altura América Central es ya un notable importador de alimentos básicos, tales como harina de trigo, maíz, patatas, frijoles y arroz. Su situación cambiaria es tan deficiente, que un país como Guatemala importa hasta 20,000 libras esterlinas en oro amonedado desde Gran Bretaña, para hacerle frente a sus obligaciones financieras con ese mismo país y con el resto de sus clientes extranjeros[358].

358. Idem. **Trade Report.** 1899. P.P. C. P. 612.

Los inicios del siglo XX, entonces, encuentran a Guatemala con una caída de aproximadamente 110,000 libras esterlinas en sus negocios con Inglaterra, Alemania, Francia y los Estados Unidos. Sin embargo, las proporciones del colapso son diferentes en cada caso: si la reducción para los Estados Unidos es de sólo 5,000 libras esterlinas, para Inglaterra es de 30,000, para Alemania es de 57,515 y para Francia de 17,500 libras[359].

Ahora bien, a pesar de una situación tan poco halagüeña como la señalada, los cuatro países en cuestión se turnaban para relevarse en el primer lugar, en relación con las actividades de importación centroamericanas. Había épocas en que las máquinas inglesas o alemanas entraban rápidamente en obsolescencia, entonces, Francia o los Estados Unidos abastecían de inmediato al consumidor guatemalteco. Las grandes haciendas cafetaleras, por ejemplo, importaban maquinaria agrícola fabricada por John Gordon & Co. de Londres, y las poleas Pelton procedían de los Estados Unidos, así como los dínamos eléctricos eran fabricados por los alemanes para poner en acción a los ingenios azucareros y a los patios de beneficiado. Secadoras, trilladoras y desgranadoras (de quince revoluciones por minuto) eran también fabricadas por John Gordon & Co.

En América Central frecuentemente se encuentran ingenios azucareros montados en su totalidad por fabricantes extranjeros. Casas como la de Fawcet, Preston & Co. de Liverpool abastecían la maquinaria requerida para que un determinado ingenio (de unos tres mil acres sembrados) produjera de 10,000 a 12,000 quintales de café, 30,000 quintales de azúcar, 22,000 galones de leche, 300,000 botellas de aguardiente, alimentara a 2,000 cabezas de ganado y le diera trabajo a 1,300 personas.

Los Krupp de Alemania también eran fabricantes de maquinaria para el tratamiento del café, el azúcar, los cereales, el

359. Idem. **Trade Report.** 1902. P.P. CVIII. P. 502.

maíz, el arroz; para la manufactura de galletas y pólvora. La casa Säschische Maschinen Fabrik de Chemnitz vendía a los compradores centroamericanos tornos, hornos y motores a vapor (de 5 a 20 caballos de fuerza). Los Kirchner und Co. de Leipzig colocaban maquinaria para los aserraderos. Los Abt und Winterthur de Suiza estuvieron fabricando y dándole mantenimiento a las plantas eléctricas que procesaban el coque con el que se movían los ferrocarriles guatemaltecos, como el de Quetzaltenango. Algunas panaderías importaban sus hornos fabricados por Werner und Pfleiderer, Cannstatt Würtemburg.

Por otro lado, una casa importadora holandesa traía a Guatemala implementos agrícolas de Phillip Jones de Nueva York; molinos, rastrillos y segadoras de Probst & Co., también de la misma ciudad. Casi toda la maquinaria azucarera importada por ellos procedía de la fabricada por Henry Buchanan & Co. de Leadenhall, Londres. Y, como hemos señalado, el grueso de la maquinaria agrícola procedía de Alemania, desde el momento en que los agricultores guatemaltecos más importantes eran de esa nacionalidad. Una casa importadora belga, por su lado, traía maquinaria e implementos agrícolas de Londres (fabricados por John Gordon & Co.); de Indianápolis (por Nordyke & Marmon Co.); de Nueva York (por León Alexánder & Co.); de Manchester (por Richmond & Chandler); de Darmstadt (por Frederick Sarg & Co.); de Düllmen, Westphalia (por Actien Gesellschaft Eisenhütte «Prinz Rudolph»); de Búfalo (por The G.L. Squier Manufacturing Co.); de Louisville, Kentucky (por B.F. Avery & Sons); y de Bélgica (por Charles Legrand, Mons.)[360].

Puede notarse, entonces, que indiferentemente de la situación crítica con que Guatemala iniciaba su siglo XX, las casas importadoras, sobre todo alemanas y norteamericanas (y aquellas británicas representadas por agentes de otras nacionalidades), se

360. Idem. **Loc. Cit.** P. 19.

mantenían verdaderamente activas. No obstante, en todo este negocio de la representación para importaciones, los grandes perdedores fueron los ingleses, quienes no quisieron ponerse a tono con el ritmo establecido por los intermediarios y representantes de otras partes de Europa y Estados Unidos. El costo de esta derrota comercial fue ingresar al siglo XX con actividades de naturaleza económica muy errática, al menos en lo que respecta a Centroamérica. Lograron mantenerse sobreviviendo en las ya tópicas, pero en aquellas que decidirían sobre la naturaleza definitiva del sector exportador de los países centroamericanos (transportes y producción agrícola) serían desalojados de manera irreversible por los norteamericanos y los alemanes.

MERCADERES Y DIPLOMATICOS: LOS LIMITES DE LA CAPACIDAD PARA IMPORTAR

No sorprende, entonces, que algunos diplomáticos ingleses se expresaran de manera tan despectiva, como lo hacía el Cónsul Paget en 1902, refiriéndose a Guatemala y a Nicaragua. Pareciera que el resultado de la incompetencia comercial británica en América Central, debiera haber sido atribuido a gobiernos o a personas en particular. «De las cinco repúblicas centroamericanas, afirma Paget, Guatemala y Nicaragua son las dos con las que las relaciones comerciales y diplomáticas son más difíciles. Porque, aunque los gobiernos de Costa Rica, Honduras y El Salvador aún presentan algunos trazos de honestidad, justicia y autoestima (en ínfimo grado, por supuesto), los gobiernos de las dos repúblicas primero mencionadas no presentan ninguno. Es imposible, sin residir ahí, y sin ningún contacto personal con los gobiernos locales, darse cuenta de hasta dónde pueden llegar el vicio y la deshonestidad que predominan en estos países»[361]. Por estas razones era que se hacía tan conflictivo el comercio con ellos, según el diplomático británico.

361. Paget a la FO. **Memorándum.** 1902. P.P. Confidential. Nº 7768. P. 4.

«En Guatemala y Nicaragua, continúa Paget, el Presidente y sus Ministros son sin excepción hombres de clase baja, prácticamente sin educación. Los ministros de los diversos departamentos de gobierno son meros peleles a quienes el señor Presidente les ha indicado no hacer nada sin antes consultarle a él»[362].

De esta manera, señalaba el diplomático inglés, es prácticamente imposible lograr algún tipo de acuerdo que les beneficiara comercialmente, pues quienes siempre tienen el privilegio de ser escuchados por el gobierno de estos países son los norteamericanos. «Es notable, agregaba Paget, la cantidad de obstáculos que los funcionarios guatemaltecos le oponen al diplomático o comerciante inglés, para ver al Presidente y negociar con él, pues se acude a los más infantiles recursos y excusas para evadir sus responsabilidades diplomáticas»[363].

Debido, entonces, a que los asuntos diplomáticos más importantes debían ser resueltos «de manera amigable», muchas decisiones de relevancia debían posponerse constantemente, ocasionando problemas de mayor impacto a los británicos, en vista de la generosa inclinación que los gobiernos centroamericanos sentían por los Estados Unidos. En una ocasión, apuntaba Paget, el Dr. Hunter, embajador norteamericano en Guatemala, le hizo la insinuación al gobierno de este país de que podían desentenderse de sus obligaciones con potencias extracontinentales, pues los Estados Unidos los protegerían de cualquier reacción que se produjera. El resultado fue, entonces, que las negociaciones de los británicos con el gobierno guatemalteco por el asunto de su deuda externa se atrasaron varios meses, lo que afectó seriamente los oficios interpuestos por el Consejo Británico de Tenedores de Bonos Extranjeros en toda América Central a favor de sus representados, pues como anotamos páginas atrás,

362. Idem. **Loc. Cit.** P. 5.
363. Idem. **Loc. Cit.** Pp. 8-9.

para la Corona Inglesa, Guatemala y América Central eran lo mismo[364].

Con esta perspectiva, pensaba Paget, sólo un argumento podía ser utilizado con algún resultado positivo para los comerciantes, inversionistas y diplomáticos ingleses en América Central: el argumento de la fuerza. «Es simpático, apuntaba otra vez, cómo todo el gobierno se pone en acción cuando una amenaza de invasión está a las puertas del país pues, el miedo no es tanto a la invasión en sí, como a la pérdida de prestigio del gobierno de turno, y a la posibilidad de que el partido gobernante sea desalojado del poder»[365].

Paget, como puede verse, tenía esa franqueza un tanto extraña en diplomáticos de su alcurnia, pues era común (¿lo sigue siendo hoy?) ocultar los verdaderos designios de la diplomacia extranjera en América Central. Opina, por ejemplo, que las guerras entre los ejércitos centroamericanos benefician al comercio extranjero, pues desde el momento en que se trata de guerras por disputarse el liderazgo político y militar en la región, los mercaderes ingleses, por ejemplo, podían jugar un papel importante como abastecedores de armamento y parque, lo que en realidad había enriquecido a muchos negociantes norteamericanos y alemanes[366].

Sir Lionel Carden (otro diplomático inglés igualmente franco) consideraba absurdo inmiscuirse en los asuntos privados de los centroamericanos, puesto que casi siempre «se trata de ejércitos de soldaditos de plomo» con los que hasta los presidentes pierden la vida, como le sucedió al de El Salvador cuando su ejército se enfrentaba al de Guatemala en 1906[367]. Para Carden, el protectorado «de hecho» que los Estados Unidos

364. Idem. **Loc. Cit.** Pp. 10-11.
365. Idem. **Loc. Cit.** P. 14.
366. Idem. **Loc. Cit.** Pp. 15-18.
367. Carden a Grey. **Memorándum**. 1907. P.P. Confidential. Nº 9017. P. 4.

ejercían sobre América Central, no debía de tomar por sorpresa a la diplomacia inglesa; esta más bien, seguía pensando Carden, debería «adaptarse y sacar provecho de la situación, pues el dominio comercial casi absoluto que los Estados Unidos tienen en Centro América ya es irreversible»[368]. Sin embargo, continuaba Carden, en algunas ocasiones era importante hacer valer ciertos derechos, como sucedía con los trabajadores de las Antillas inglesas que eran contratados por las empresas bananeras en un país como Costa Rica, donde debía negociarse con los exportadores norteamericanos de la fruta (United Fruit Company) los beneficios que obtendría el gobierno de Su Majestad al suplirles los brazos necesarios para que sus empresas operaran óptimamente. Al gobierno de Costa Rica sólo le correspondería (como al de los otros países centroamericanos) la ratificación oficial de los acuerdos alcanzados[369]. Para Carden, esto era «tener influencia en la política exterior de Costa Rica», sobre todo cuando el señor Luis Anderson (hijo de un connotado comerciante inglés en el país) había sido puesto a cargo de las negociaciones con los norteamericanos, relacionadas con los trabajadores antillanos que serían contratados por las bananeras[370].

Cuando los límites de la capacidad para importar eran políticos y no en realidad económicos o meramente comerciales, se tiende a pensar que diplomáticos como Carden son de gran ayuda para entender por qué a México le preocupaba tanto que los países centroamericanos cayeran (en condiciones de protectorado) en la custodia de los Estados Unidos. Su aislamiento (el de México) hubiera sido total y, por ello, se esforzaba tanto en hacer comprender a un país como Guatemala la necesidad de mantener buenas relaciones con los británicos, a pesar de la «profunda admiración» que el dictador guatemalteco

368. Idem. P. 8.
369. Véase el capítulo VIII de este libro.
370. Carden a Grey (1907). **Loc. Cit.** P. 11.

Manuel Estrada Cabrera tenía por los Estados Unidos y su Presidente Roosevelt[371].

Era conveniente, proponían los mexicanos con el apoyo de Carden, que los centroamericanos fueran capaces de firmar tratados como el que se había acordado con Cuba, con el fin de que los comerciantes ingleses obtuvieran ciertos privilegios que en otras condiciones sería imposible conquistar. Era el caso del enlistamiento forzoso en el ejército guatemalteco de súbditos británicos procedentes de Belice, Jamaica o las Islas de la Bahía. Con un tratado como el sugerido, tales personas evitarían verse en problemas con las autoridades guatemaltecas por negarse a la conscripción, en el instante mismo en que fueran portadoras del pasaporte británico. Para los empresarios norteamericanos (con el apasionado apoyo de su gobierno) la propuesta era muy peligrosa, porque significaba ajustarse a ciertos requisitos legales para contratar su personal en las bananeras centroamericanas. Era mejor dejar las cosas como estaban, y así se quedaron. Peor aún: súbdito británico del Caribe que se atrapara pescando o cazando furtivamente en Guatemala, sería enviado de inmediato a las bananeras como reo por vagabundería[372]. Claro está, este tipo de problemas no los tenían los grandes empresarios británicos del café en Guatemala, como los señores Rosing Bros. & Co. y Chalmers, Guthrie & Co., para quienes el servicio militar en un país tan «incivilizado» como Guatemala era sencillamente inconcebible.

Pocas veces podrá encontrarse una caracterización más aguda de un dictador latinoamericano, como la que hace Carden al referirse a Manuel Estrada Cabrera (1857-1923) de Guatemala (en el poder entre los años 1898 y 1920). Afirmaba este diplomático inglés del dictador guatemalteco: «Abogado de profesión, es un absoluto autócrata, vengativo y duro con

371. Idem. P. 16.
372. Idem. Pp. 18-21.

sus oponentes, y con frecuencia muy cruel. Su naturaleza suspicaz le ha creado muchos enemigos. Aunque no pueda pensarse en él como un hombre con ambiciones centroamericanistas, su talento para la intriga y su tortuosa noción de la política, le ha generado serios problemas con sus vecinos. Su pueblo lo odia con cordialidad y, por ello, vive constantemente temeroso de morir asesinado, por lo que raramente deja su casa. En realidad debe su permanencia en el poder a la imbatible obediencia de su ejército de indígenas, con el que aterroriza al que se le oponga y destruye al que complote en su contra»[373].

Con este tipo de informes se abastecía a la Foreign Office británica para la promoción y el fortalecimiento de las relaciones entre Gran Bretaña y los países centroamericanos. Debido a que las autoridades diplomáticas inglesas consideraban a Guatemala y a Centroamérica como nociones políticamente idénticas, era frecuente que las quejas y reclamaciones hechas por súbditos ingleses en el área, tuvieran mucha relación con sus inversiones en cualquier país del istmo. Nos estamos refiriendo a que, regularmente, si no existía un tratado de comercio o amistad entre los países involucrados en un reclamo determinado, el súbdito inglés tendía a pedir que sus conflictos en Guatemala, por ejemplo, se rigieran por las cláusulas estatuidas en el tratado de comercio firmado entre Costa Rica y Gran Bretaña. Este tipo de absurdos fueron eliminándose conforme América Central hacía su ingreso al siglo XX y se logró firmar tratados de comercio con cada país por separado, como venía haciendo Estados Unidos desde los años noventa del siglo XIX[374].

Ante la situación descrita, cuando el 20 de abril de 1907 intentaron asesinar a Estrada Cabrera, un diplomático como Carden se angustiaba considerablemente, porque el hecho hacía que el tratado de comercio y amistad (que se firmaría en

373. Carden a Grey. **Memorándum**. 1908. P.P. Confidential. Nº 9286. P. 15.
374. Idem. Pp. 12-19.

1908), estuviera a punto de saltar en pedazos, pues los detalles más insignificantes del proceso hacia su ratificación tenían que serle consultados al dictador[375].

Situaciones similares se presentaban cuando el ambiente político centroamericano se alteraba, pues el dictador consideraba que si daba el visto bueno para el tratado con Gran Bretaña sin consultarle a los Estados Unidos, estos podían reaccionar negativamente en razón de lo que estaba sucediendo en Nicaragua. Entonces, acudía a las evasivas y a la postergación aunque al final daba su aprobación, pero dejaba al diplomático extranjero exhausto y repleto de prejuicios en su contra[376].

El ámbito de operacionalidad real de este tipo de tratados era considerablemente reducido, ya que si un país como los Estados Unidos decidía que ciertas de sus cláusulas o algunas de sus consideraciones podían afectarlo, el gobierno centroamericano no dudaba un segundo para hacerlo en la práctica totalmente inútil. Lo anterior sucedía con cierta frecuencia: no olvidemos los casos de los tratados de comercio con Alemania y Francia, que fueron revisados casi en su totalidad por el gobierno de los Estados Unidos antes de que el gobierno guatemalteco pudiera darles el visto bueno[377].

Con sus conocidas franqueza y prudencia, Carden señalaba la cantidad de dudas y aprensiones que tenía para que el tratado de comercio con Gran Bretaña fuera finalmente aprobado por el gobierno guatemalteco, previo consentimiento del Departamento de Estado norteamericano. Durante todo el año 1907, el diplomático inglés estuvo en constantes conversaciones con los oficiales guatemaltecos, con el fin de remontar los

375. Carden a Grey. **Memorándum.** 1908. P.P. Confidential. Nº 9528.
376. Carden a Grey. **Memorándum.** 1909. P.P. Confidential. Nº 9637. P. 9.
377. Hassert, K. y Lutz, O. **Mittelamerika als ziel der Deutschen Auswanderung** (Berlín y Postdan. 1919). Pp. 345-654.

posibles obstáculos que opondrían los diplomáticos norteamericanos. Los Estados Unidos evaluaban el asunto como perjudicial, en virtud de la incierta situación política nicaragüense, que podría tomarse como una excusa para que potencias extranjeras (Gran Bretaña, por supuesto) terminaran interviniendo en la región, con el pretexto de reclamar sus derechos y de proteger a sus nacionales. La deuda externa de los países centroamericanos con los ingleses, por ejemplo, preocupaba a los norteamericanos, para quienes tal deuda había dejado de existir desde los inicios de la década de los setenta, cuando había sido renegociada entre los Estados Unidos y Gran Bretaña con el afán de controlar, a partir de ella, toda la infraestructura de los transportes de América Central[378].

En su momento, el gobierno del Presidente Taft (1909-1913) llegaría a tener claro todo este asunto y tomaría las medidas requeridas para que Centroamérica terminara fuera de la influencia europea y, por supuesto, mexicana. Las medidas en cuestión fueron las siguientes:

1. En 1908, en Honduras, fue nombrado el último embajador norteamericano en América Central, para completar así la lista de embajadores independientes. La idea era hacerle ver a los británicos que el gobierno de los Estados Unidos sí consideraba a los países del área como unidades políticas autónomas, y que de ahí en adelante demandaría que siguieran siendo tratados como tales. Por lo tanto, ningún criterio de negociación decimonónico sobre comercio exterior sería considerado válido dentro de la esfera de influencia mesoamericana y caribeña del gobierno de los Estados Unidos, si antes no era debidamente consultado.

---

378. Carden a Grey. **Memorándum.** 1909. P.P. Confidential. Nº 9637. P. 86.

2. Se decidió que la flota norteamericana ubicada en el Pacífico, estaría visitando con regularidad los puertos de América Central con fines de patrullaje internacional.

3. Se impuso sobre el gobierno de Honduras el nombramiento de un «asesor financiero» (por parte del Departamento de Estado), para que de ahí en adelante todos los problemas de los países centroamericanos con los ingleses por razones de deuda externa, fueran primero consultados con el gobierno de los Estados Unidos, que les encontraría la solución sin privilegiar al Consejo (británico) de Tenedores de Bonos Extranjeros. Honduras pasaba a ser como una especie de Estado tapón, contra el que todas las reclamaciones de los ingleses se estrellarían.

4. Se le negó a ese mismo Consejo de Tenedores de Bonos, la posibilidad de cualquier negociación sobre deuda externa con América Central en la que no estuviera presente un funcionario del gobierno de los Estados Unidos.

5. A El Salvador se le «sugirió» que acelerara sus trámites, con el fin de que un tratado pendiente de comercio con los Estados Unidos fuera aprobado lo más pronto posible, con la idea de hacer a un lado el que estaba por aprobarse con los ingleses.

6. Se les propuso a los gobiernos de las repúblicas centroamericanas entrar lo más pronto posible en tratos con la Corporación Morgan, la que tenía planeado establecer un banco en cada país, con el propósito de activar fondos para las empresas norteamericanas en la región. Esta acción contaría con el apoyo incuestionable del Departamento de Estado norteamericano.

7. Se impondría de cualquier manera, la finalización de la conflictividad militar en la región (El Salvador contra

Guatemala y Nicaragua contra Honduras), con el objetivo de garantizar un mejor clima financiero a los inversionistas norteamericanos.

8. Por su insolencia al objetar ciertas «recomendaciones» del Departamento de Estado norteamericano respecto a los derechos de las bananeras, se desconocería al gobierno del Presidente nicaragüense José Santos Zelaya (1853-1919), quien estaría en el poder entre los años 1893-1909.

9. Se buscaría la forma de enjuiciar al mismo presidente nicaragüense, como responsable personal del fusilamiento de ciudadanos norteamericanos que se le opusieron.

10. El posible reconocimiento oficial del gobierno de Nicaragua por parte de los Estados Unidos, estaría sujeto a que Zelaya fuera desalojado del poder[379].

El nuevo perfil de la diplomacia norteamericana en América Central, como puede verse, afectó directamente a los británicos, pero también tuvo consecuencias imprevistas en México, sobre todo cuando los mexicanos recibieron al expresidente nicaragüense Santos Zelaya en calidad de refugiado. Un dictador como Díaz no iba a dejar pasar la oportunidad para poner a prueba el verdadero nivel de la influencia norteamericana en la región. El dictador guatemalteco Estrada Cabrera, por ejemplo, se sintió aliviado cuando su enemigo Zelaya fue eliminado, pero sabía que tarde o temprano la misma medicina podía ser aplicada en su país. Eran frecuentes las acusaciones del gobierno mexicano de Porfirio Díaz sobre el presunto olvido de los Estados Unidos respecto a que Estrada Cabrera era un dictador del que debían deshacerse lo más pronto posible, de lo contrario el desprestigio de la nueva plataforma diplomática

379. Idem. Pp. 6-7.

norteamericana en el istmo sería total. Los británicos se mantenían activos en Guatemala y México para sacar provecho de los desacuerdos entre ambos países, y de ellos dos contra los Estados Unidos, de tal forma que pudieran aprobarse rápidamente los términos con los cuales su deuda les sería cancelada[380].

Los años que van entre 1905 y 1910 fueron decisivos para los ingleses. Esos fueron los años cuando definitivamente la realidad les hizo ver que su influencia había llegado al límite en América Central. Los dictadores de Guatemala, Honduras y Nicaragua eran sostenidos por los Estados Unidos y, casi la totalidad de los acuerdos con los ingleses (aprobados con grandes dificultades desde 1890), habían sido ignorados, en vista de que los norteamericanos pretendían que algunas de sus corporaciones bancarias adquirieran la deuda externa centroamericana con los británicos a un precio risible.

La situación se les complicó a los ingleses todavía más cuando los italianos, por ejemplo, obtenían notables concesiones en Guatemala y El Salvador, acogiéndose a los tratados comerciales de 1901, mediante los cuales varios de los productos franceses entraban a esos países casi sin pagar un centavo. Cuando Inglaterra quiso hacer lo mismo, los Estados Unidos se opusieron definitivamente argumentando que el Congreso Comercial Panamericano (de febrero de 1911) acabaría con esa clase de «privilegios obsoletos», porque no podrían ser aprobados sin el apoyo total de todos los países centroamericanos. Tres de los mismos eran incondicionales de los Estados Unidos. La situación se mantendría sin modificaciones hasta la Primera Guerra Mundial (1914-1918).

Como bien lo señala el historiador norteamericano Lester Langley, los acuerdos de 1907 con los centroamericanos son el punto culminante de la diplomacia norteamericana en esta área,

380. Idem. P. 11.

al menos para la primera parte del siglo XX[381]. Decisiva en lo que respecta a establecer los fundamentos para que de ahí en adelante, ninguna potencia extranjera (y esto incluía a México) se viera involucrada en los asuntos internos centroamericanos o caribeños. Estaba claro para los Estados Unidos que la única forma de tener algún control real sobre dicha situación era manipulando los problemas financieros de América Central y del Caribe. Mediante presiones sobre los gobiernos de Guatemala y Honduras, lograron obtener importantes concesiones para que algunas empresas bancarias norteamericanas rediseñaran la estructura financiera de esos países y refundieran la deuda externa con Gran Bretaña, apoyados sobre garantías de tanta importancia como los ferrocarriles, los muelles, importantes regalías territoriales y definitivas simpatías legislativas que lesionarían, por ejemplo, la independencia de Honduras de manera irreparable.

Para los ingleses esa situación había perdido su novedad desde finales del siglo XIX, ya que el gobierno de los Estados Unidos creía que sólo mediante un reavivamiento de la vieja idea de la Federación Centroamericana podían obtenerse algunos resultados conducentes a la paz y la estabilidad política de la zona, el gobierno de Su Majestad quiso participar como «protagonista tácito» en las conferencias de 1907, 1908 y 1911[382]. La tradición de la presencia inglesa en la zona indicaba que siempre estarían en contra de resucitar la idea de la Federación.

No olvidemos que, para este momento, el interés de los británicos en América Central se había reducido al máximo esfuerzo posible para recuperar algo de la vieja deuda externa, cuya última fecha de vencimiento era la de 1895. La Corporación Morgan trataba en Guatemala y Honduras, mediante tesoneras presiones, de lograr que los tenedores de bonos ingleses

381. Langley, Lester (1989). **Op. Cit**. Capítulo 2. P. 45.
382. Idem. P. 47.

cedieran sus intereses atrasados a cambio de nuevos bonos con un precio más bajo[383]. Estaba más que probado, sostenía la diplomacia inglesa, que los recursos financieros y económicos de esos países eran suficientes, para poder hacerle frente a la nueva deuda consolidada con los tenedores de bonos británicos. Este tipo de gestiones siempre decepcionaba a los accionistas ingleses.

Por la misma época, Guatemala hacía todos los esfuerzos para lograr acuerdos internacionales con países como Bélgica, Alemania, Brasil y México, con el fin de resolver viejos conflictos fronterizos y, simultáneamente, obtener concesiones postales que le beneficiaran en el corto plazo, sobre todo cuando las firmadas con Gran Bretaña a principios de siglo estaban dejando de ser prácticas, en vista de que las relaciones internacionales guatemaltecas se habían diversificado y profundizado con el tiempo. Los años 1910 y 1913, fueron muy activos en ese sentido. Las concesiones logradas con Alemania, por ejemplo, y particularmente con los Estados Unidos, hicieron posible que Guatemala y los otros países centroamericanos reactivaran antiguas preocupaciones postales, relacionadas con patentes, marcas registradas y derechos sobre invenciones que, en el pasado, les produjeron serios problemas con el uso de maquinaria no patentada para imprenta[384].

Los nuevos convenios con Bélgica, Alemania, Francia y los Estados Unidos vendrían a resolver parcialmente este tipo de asuntos. Y decimos parcialmente porque algunos continuaron, como los conflictos por compra de armas de parte del ejército guatemalteco a empresarios ingleses que luego le reclamaban a Estrada Cabrera unas facturas sin respaldo legal alguno, es decir, se trataba de armas con marcas no registradas. Este tipo de piratería era muy bien aprovechada por el dictador, a

383. Carden a Grey. **Memorándum**. 1911. P.P. Confidential. Nº 9833. Pp. 7-8.
384. Idem. P. 9.

quien luego se le olvidaba con mucha facilidad cancelar sus cuentas con los abastecedores británicos de armas para su ejército de indios ineptos, como solían manifestar los diplomáticos al servicio de Su Majestad[385].

Al aproximarse la Primera Guerra Mundial (1914-1918), los países centroamericanos aún no resolvían sus viejos embrollos financieros con los ingleses, pero (y esto es de relevancia) los norteamericanos sí estuvieron muy beligerantes, con el fin de obtener la concesión gubernamental que les posibilitaba el control casi absoluto de los ingresos de países tan ricos como Guatemala. La consolidación de aquellas deudas suponía tener acceso a una fiscalización efectiva de lo que en realidad entraba a Guatemala, por concepto de impuestos y dividendos de la exportación cafetalera.

Ya no sorprende a esta altura que las recomendaciones hechas por las corporaciones bancarias norteamericanas, interesadas en aquella operación, fueran excesivas sugiriendo la forma en cómo los impuestos por importación deberían ser recaudados. La mentalidad neocolonial estaba tan bien prefigurada en vísperas de la gran guerra, que el gobierno de los Estados Unidos creía que, diciéndole a los centroamericanos y caribeños cómo administrar su relativa independencia política, se podía también enviar ejércitos de mercenarios para imponer sus «sugerencias», cuando estas no parecían haber sido comprendidas a cabalidad, como había sucedido con Cuba en 1906 y con Nicaragua en 1912[386].

Cuando las características del escenario geopolítico que los Estados Unidos estaban construyendo en América Central y el Caribe se desplegaron por completo para los ingleses, fue cuando las cortes de justicia norteamericanas empezaron a intervenir en

385. Idem. P. 13.
386. Langley, Lester (1983). **Op. Cit.** Pp. 34-63.

los casos que algunos de estos últimos tenían pendientes con la justicia guatemalteca. Los que la Corte de Justicia Centroamericana no podía atender debidamente (esto es por no existir jurisdicción, como en el caso de las patentes que mencionáramos arriba), eran enviados para «consulta» a los Estados Unidos. Muchos de estos asuntos así tratados tenían relación con arbitrariedades (según decían los diplomáticos ingleses), que el dictador Estrada Cabrera había cometido contra empresarios y hombres de negocios súbditos de la Corona Británica, sin mencionar, obviamente, el asunto de la deuda externa. Las resoluciones emitidas casi nunca dejaron satisfechos a los quejosos, quienes insistían en estar enviando sus reclamos a la Foreign Office, una oficina que haría muy poco por sus conciudadanos en América Central, durante la mayor parte del siglo XIX.

Bien puede notarse, entonces, que los límites de la capacidad para importar de América Central no tuvieron tanto que ver con la habilidad para negociar, o con la solvencia económica de aquella, como con la generosa ineficacia diplomática de los centroamericanos. La misma no debe evaluarse sólo a partir de la ausencia de tradición, sino además por la ausencia de un concepto preciso de nacionalidad, lo que convertía a la política exterior de los países centroamericanos en una secuencia errática de intentos por encontrar la salida correcta a la deuda externa adquirida con los ingleses, la que todavía al empezar los años cincuenta del siglo XX preocupaba a tirios y troyanos.

No vamos a valorar el asunto de la nacionalidad, que ha sido estudiado con gran competencia por otros historiadores[387], pero sí nos preocupa dejar bien claro que el deterioro de la diplomacia centroamericana durante la segunda parte del siglo

387. Palmer, Steven (1992). **Op. Cit**. También de Acuña Ortega, Víctor Hugo. «Nación y clase obrera en Centroamérica durante la época liberal (1870-1930)». En Molina Jiménez, Iván y Palmer, Steven (editores) (1994). **Op. Cit**. Pp. 145-166.

XIX, no corresponde únicamente a una política exterior imperialista muy eficaz, sino sobre todo a la escasez en América Central de los instrumentos institucionales idóneos para enfrentarla. Lo anterior puede sonar tautológico, pero es que la política exterior de los centroamericanos durante el período en cuestión está repleta de tautologías, ya que los ingleses jamás les hicieron la concesión de transformar el sector exportador, para que la capacidad para importar funcionara más allá de los límites establecidos por el imperio. Esto lo aprovechó maravillosamente uno nuevo en gestación: el imperio norteamericano, que vino a darles solución a todas las tautologías posibles de la diplomacia centroamericana de una vez y para siempre.

ALGUN BALANCE FINAL

El lector avispado, que tuvo la paciencia de soportar la maraña de información de este capítulo, habrá podido darse cuenta de dos situaciones:

1. En ningún momento el imperialismo inglés (menos aún su diplomacia) aceptó como irreversible el desplome de su influencia en el istmo centroamericano.

2. La diplomacia centroamericana, por llamarla de alguna manera, jamás se percató de que el diseño del sector exportador estaba en relación directa con el fortalecimiento del imperialismo norteamericano.

Añadamos algo más, para algunos de nuestros lectores tal vez resulte extraño que un historiador del siglo XXI todavía hable de imperialismo, cuando tal categoría para algunos intelectuales y escritores pertenece al pasado. Pero es que resulta que en América Latina, algunos de los problemas del siglo XIX aún no han sido atacados a profundidad. Las deficiencias del sector exportador, en su gran mayoría heredadas por la dominación española, y fortalecidas durante el período de formación del

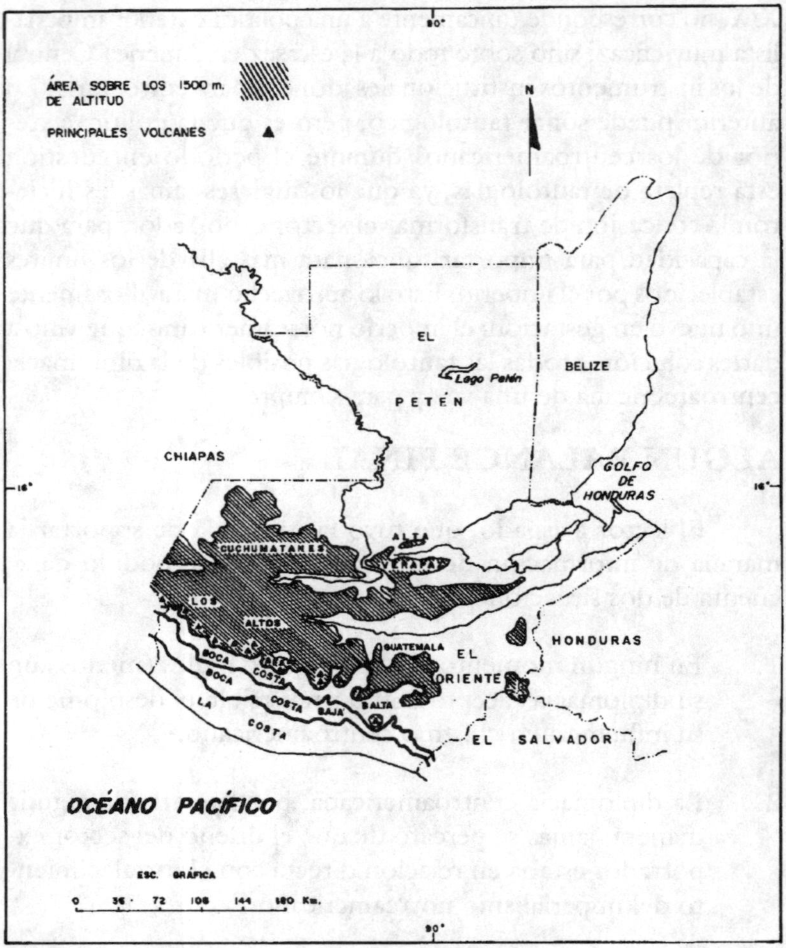

FUENTE: EL TEXTO

Mapa Nº 8. Areas culturales de Guatemala

Estado nacional, parecieran seguir vigentes en nuestros días con una crudeza que a veces asombra. La enorme divergencia de una historia común, como lo plantea el historiador Mario Samper[388], no es un asunto que pueda rematarse de un solo plumazo.

Con este capítulo, sólo hemos querido hacer una contribución para comprender un poco mejor, la relación que tuvo la diplomacia británica (como diplomacia de imperio) con las naciones centroamericanas y, particularmente, con Guatemala.

Hablamos de «diplomacia de imperio», porque existe una profunda diferencia entre las prácticas diplomáticas establecidas por los ingleses para relacionarse con Francia o con el Imperio Austro-Húngaro, y aquellas fijadas para entrar en contacto con la India, Afganistán, Palestina o Guatemala[389]. Para el imperialismo británico, durante la segunda parte del siglo XIX esencialmente, la diplomacia fue un instrumento de negociación para resolver conflictos entre iguales. Sería un instrumento de presión (¿y extorsión?) cuando se trató de Africa, Asia y América Latina.

Por eso es tan importante para los centroamericanos, perfilar y caracterizar los límites que alcanzó la diplomacia del imperio británico, cuando al relacionarse con países como Guatemala, el imperio norteamericano fijaba las reglas. Este asunto fue problemático, porque a los británicos les resultó difícil de digerir que a todo lo largo del siglo XIX (con mayor precisión después de 1823, año de la Doctrina Monroe), los Estados Unidos siempre estuvieran detrás de los gobiernos centroamericanos, no en realidad para proteger la integridad territorial, política o económica de estos, sino básicamente para hacer valer sus propias aspiraciones geopolíticas.

388. Samper, Mario (1993). **Op. Cit.** Tomo IV. Cap. 1. Pp. 11-110.
389. Fieldhouse, David K. **Op. Cit.**

Con el perfil de la Doctrina Monroe como legitimación de sus acciones, este tipo de despliegue imperial era perfectamente válido, si partimos de la base que para las decisiones que tomara el Departamento de Estado norteamericano en América Central, toda otra codificación le debía ser tributaria[390]. En el ámbito de la «economía-mundo» nada se decide ni se emprende al azar. El voluntarismo diplomático (al estilo de los antiguos romanos), no hubiera tenido ningún sentido para el capitalismo maduro de la segunda parte del siglo XIX.

Ese fue el capitalismo con el que los centroamericanos ingresaron realmente al mercado mundial. A todo lo largo de este capítulo se puede detectar con sobrada precisión, lo bien que le fue al capitalismo europeo y norteamericano en América Central. Hubo perdedores es cierto: los principales fueron los pueblos centroamericanos, pero con la feroz competencia que promovía ese capitalismo, los otros fueron los británicos, porque toda la segunda mitad del siglo XIX en América Central fue para los ingleses una etapa depresiva de su comercio exterior, cuya naturaleza fue expresada con claridad meridiana por la «diplomacia de tenderos» que practicaban en esta región unos diplomáticos que sólo tenían de tales los documentos extendidos por la Corona, como forma de legitimar las pequeñas actividades comerciales practicadas en países que recién salían de la dominación colonial.

Los comerciantes ingleses llegaron a América Central con la intención de apropiársela. Y en vista de la frustración que resultó tener que enfrentar a los Estados Unidos, se optó por la diplomacia del regateo. El problema más grave aquí fue que esta estrategia de pulpero fertilizó el terreno para que los alemanes, franceses y norteamericanos terminaran quedándose con lo mejor del mercado centroamericano: devoraron no sólo sus riquezas naturales, sino también acapararon a sus consumidores.

---

390. Echeverría, Bolívar. «Modernidad y capitalismo: quince tesis». En **Review, Fernand Braudel Center** (New York. Vol. XIV. Nº 4). P. 191.

El diplomático inglés pareciera que nunca entendió que si al empezar el siglo XX, un país como Guatemala, todavía se autoabastecía de ciertos artículos que los comerciantes británicos pretendían venderle, era porque la tradición indígena se complementaba notablemente con las aspiraciones del imperialismo norteamericano y alemán, por medio de la manipulación que políticos como Estrada Cabrera elaboraban con mucha habilidad. Los indígenas que adoraban al dictador creían que si los Estados Unidos lo apoyaban y lo sostenían en el poder, era porque su amistad se concretaría en ferrocarriles, muelles y manufacturas de lujo que pocos podían pagar. Desde este momento empieza a vislumbrarse la división de los indígenas, en relación con los beneficios de la modernidad capitalista. Situación que fue muy bien aprovechada por los mercaderes, financistas y banqueros norteamericanos.

Con este capítulo, el lector habrá podido apreciar el enorme talento del diplomático inglés para la pequeña intriga. Habrá podido valorar también que, si la gran preocupación de tales diplomáticos fue cómo encontrar la salida para obligar a pagar su deuda externa a un gobierno como el hondureño, no hicieron concesiones para alcanzar su propósito de la forma que fuera, aún negociando con la independencia de ese país si era necesario (como se ha apuntado en otra parte de este libro).

Hemos manifestado que, aunque el eje de las exportaciones centroamericanas en el siglo XIX fue el café, también otros productos empiezan por la misma época a generar posibilidades prometedoras, tales fueron los casos de la caña de azúcar, los cueros, la ganadería y otros, que ingresaron con solvencia en la dinámica internacional del capitalismo moderno. Pero esos nuevos rubros de producción tendrían que esperar un rato, para llegar a significar una oferta viable en las aspiraciones de diversificación que tenían algunos empresarios nacionales y extranjeros en América Central. En ese sentido, hemos expresado que los alemanes y norteamericanos fueron inversionistas decisivos, para imprimirle a la estrategia de diversificación del sector exportador guatemalteco el signo que se esperaba: el de la casi total dependencia del mercado norteamericano.

Es por esto que estudiar los límites de la capacidad para importar, como aquellos establecidos por la potencia del sector exportador, puede reducir el campo de análisis y llevarnos a la conclusión parcialmente cierta de que en América Central el café definió qué se importaba y por quién. Era valioso para nosotros también sacar a la luz el protagonismo en los ingleses, no sólo en las exportaciones, sino también en las importaciones. Si a la larga lo que se impone es la conclusión tópica de que los Estados Unidos terminaron acaparando el mercado centroamericano, es de igual relevancia hacerle notar al lector crítico de este capítulo que los ingleses, por ejemplo, estuvieron muy activos en la defensa de su porción de ese mismo mercado. Su desalojo final de Centroamérica no fue tampoco una tarea fácil para el imperialismo norteamericano. En esa dirección, el estudio de las dimensiones diplomáticas del neocoloniaje en América Central era de importancia decisiva por razones políticas, vigentes hoy más que nunca.

CAPITULO VII. FERROCARRILES Y RIVALIDAD IMPERIALISTA: COSTA RICA (1871-1905)

I. INTRODUCCION

En un artículo publicado en 1944, el historiador norteamericano Leland H. Jenks indicaba la necesidad de abordar el estudio de los ferrocarriles desde dos perspectivas distintas, pero no excluyentes: por un lado, lo concerniente a las actividades de construcción, y por otro, lo relacionado con la oferta de servicios[391]. Aunque después Gourvish[392], un historiador inglés que objetara aquella propuesta sobre la base de su escasa utilidad metodológica, nos indicara que lo mejor en la investigación de los ferrocarriles era estudiarlos como unidades empresariales, creemos que la sugerencia positivista de Jenks es muy útil, al menos para el tratamiento de una compañía como la Costa Rica Railway Company.

Las actividades de construcción y la producción de servicios adquieren en la historia del ferrocarril al Atlántico de Costa Rica, una caracterización casi tajante, no podía haber sido de otra manera. Como en otras «áreas vacías» de América Latina[393], la etapa de construcción fue fundamental en el caso de Costa Rica, para agilizar la movilidad de los factores de la producción vinculados directa o indirectamente a las posibilidades del ferrocarril como medio de transporte.

391. Jenks, Leland H. «Railroads as an economic force in american development». **Journal of Economic History** (Vol. IV. 1944). Pp. 1-20.
392. Gourvish, T.R. **Op. Cit.** P. 20.
393. Goodwin, P.B. **Op. Cit**. Pp. 613-632.

Pero también a diferencia de esas mismas «áreas vacías», el ferrocarril en Costa Rica no fue competitivo ni alternativo con respecto a otros medios de transporte. En los casos argentino y mexicano, en el momento en que los primeros rieles empezaron a ser tendidos ya existía un complejo sistema de carreteras y caminos que era debidamente servido por carretas y carretones de diferentes tipos y tamaños[394].

El ferrocarril al Atlántico costarricense fue construido, con el fin de resolver el problema de lo costoso que resultaba enviar café hacia los mercados europeo y norteamericano, a través del puerto de Puntarenas en el Pacífico.

Hacia la costa del Atlántico antes de 1871, no existía ninguna forma efectiva de comunicación, rápida y barata. El camino a Matina se pasaba la mayor parte del año cerrado a causa de las inundaciones. El ferrocarril en este contexto, iba a ser una empresa que exigiría un enorme esfuerzo humano, económico y técnico. Sólo en los primeros seis meses de construcción en la división del Atlántico perdieron la vida unos 400 hombres, debido a las pésimas condiciones sanitarias de la región[395].

Ahora bien, si seguimos de cerca la indicación de Jenks, en este capítulo se ha hecho lo siguiente. Para la segunda sección, donde se estudia el período 1875-1891, describiremos las dificultades que hubo que superar para construir el ferrocarril y la manera en que Minor Cooper Keith (según el poder otorgado por el Contrato Soto-Keith de 1884) logra seducir al gobierno de Costa Rica, para que su propuesta sobre el trayecto de la línea del ferrocarril fuera finalmente aceptada, con todas las implicaciones que eso tendría.

394. Ringrose, D.R. «Carting in the hispanic world: an example of divergent development». **HAHR** (Vol. 50. 1970). Pp. 30-51.

395. Stewart, Watt. **Op. Cit**. Pp. 36-37.

En la tercera sección, describiremos y evaluaremos las consecuencias de un esquema de operaciones financieras parecido al mecanismo descrito por Ford, en un libro de 1966 sobre Argentina[396]. Esta sección pondrá en evidencia cómo el ferrocarril al Atlántico costarricense fue concebido también para reforzar la dependencia de Costa Rica sobre su sector exportador. Con esto conseguimos establecer el grado de incidencia de la expansión de los servicios sobre el crecimiento económico de Costa Rica. El método usado para lograrlo fue un simple estudio de indicadores operacionales. En nuestro caso, el análisis contrafactual (counter factual analysis) hubiera carecido de seriedad, pues como se indicó, Costa Rica adolecía de una estructura de los transportes relativamente estable y productiva antes de la llegada del ferrocarril. En el cálculo de los ahorros sociales, por ejemplo, un medio de transporte alternativo es un requisito indispensable.

Nueve de los once cuadros que hemos elaborado están basados en los reportes financieros anuales de la Costa Rica Railway Company. En cada uno de esos cuadros se introdujeron los ajustes estadísticos necesarios, para que aquellos aspectos históricos no necesariamente cuantificables también puedan ser considerados.

El cuadro Nº VII-10, por ejemplo, es el resultado de una muestra elaborada con 48 matrices, para cuantificar una gran variedad de diferentes elementos, los cuales una descripción meramente cualitativa hubiera tornado aburrida y estéril. El cuadro en cuestión es claro, preciso y sobre todo muy elocuente.

La escogencia del período bajo estudio en esta sección, está en función de dos criterios. Primero, la Costa Rica Railway Company fue registrada en Londres el 22 de abril de 1886 según las actas vigentes de compañías de 1862 y 1883. Sin

---

396. Ford, A.G. (1966). **Op. Cit.** Pp. 120-122.

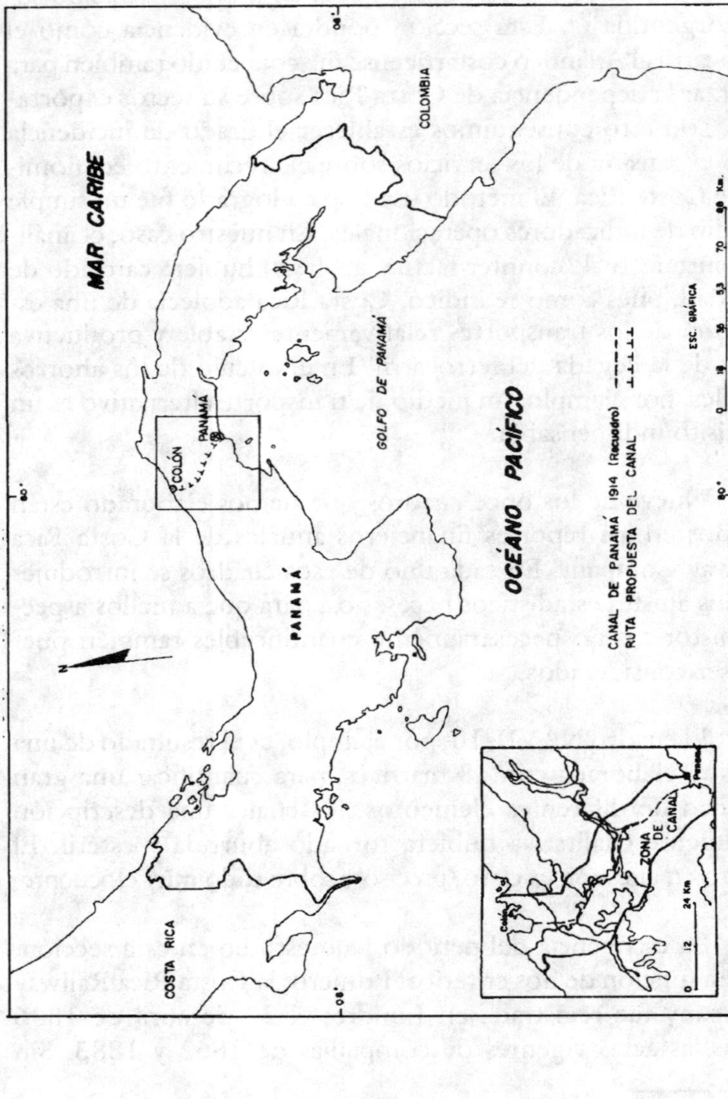

Mapa Nº 9. Ruta transístmica de Panamá (1855-1914)

embargo, el ferrocarril no pasaría a manos de los británicos hasta el 1 de julio de 1891. Segundo, contamos con material atinente a las actividades de la administración británica solamente para los años 1892-1904. El 15 de junio de 1905 las instalaciones y el capital social de la Compañía (así la llamaremos de ahora en adelante) eran arrendados por una subsidiaria de la United Fruit Company, nos referimos a la Northern Railway Company.

A partir de este último año, los reportes anuales de la empresa se limitan a informar sobre los pagos hechos por la Northern, y sobre las inversiones que con ese dinero la Costa Rica Railway hacía en otras organizaciones empresariales, un asunto que les produciría a sus ejecutivos posteriormente muchos dolores de cabeza.

De tal forma que nos ocuparemos de un período de trece años, cuya riqueza como se verá es notable. Las fuentes utilizadas, entonces, son básicamente los Reportes Anuales de la compañía, las Memorias de Fomento publicadas por el gobierno de Costa Rica y la prensa financiera de Londres.

Para la cuarta sección de este capítulo se han aislado los instrumentos institucionales facilitados por el Contrato Soto-Keith de 1884. Así se conoce en la historia financiera de Costa Rica, al documento firmado entre don Bernardo Soto, Ministro de Finanzas del gobierno de don Próspero Fernández y Minor Cooper Keith, el 21 de abril de 1884. Ese mismo documento sería luego ratificado el 3 de junio de 1885, cuando era Presidente de Costa Rica el mismo don Bernardo Soto. Se trata de un contrato decisivo para entender no sólo la historia institucional de este país, sino también su historia económica, social y política. El poder de manipulación de los instrumentos institucionales arriba mencionados, puso en manos de Keith la capacidad para definir tanto el futuro de la Compañía, como la configuración que tendría la vinculación de Costa Rica al mercado mundial, así como la correspondiente a la estructura agraria costarricense. Pero en la cuarta sección hacemos algo más: definir y caracterizar las relaciones empresariales existentes entre Keith y los directores de la Costa Rica Railway Company. Esta relación permite particularizar el tipo de empresario con el que Costa Rica tuvo que negociar, pero sobre todo permite asignar responsabilidades en las consecuencias económicas, sociales y políticas que el fenómeno tuvo para el desarrollo integral del país.

II. EL FERROCARRIL COMO EMPRESA DE CONSTRUCCION (1871-1891)

A. Los antecedentes

Como en toda economía de exportación, la infraestructura de los transportes en Costa Rica fue concebida para servir las necesidades del país en cuanto a transferir de la manera más viable posible, los artículos exportables, del interior a los puertos de embarque.

Durante la dominación española y en gran parte de su vida independiente, Costa Rica careció casi por completo de un transporte terrestre adecuado y efectivo. La mayor parte de los caminos o senderos para llamarlos correctamente, unían por una parte, al Valle Central con las costas del Atlántico y del Pacífico y, por otra, con Nicaragua y Panamá. El camino de Matina, abierto en 1638, comunicaba con el valle del mismo nombre, donde se desarrollaba la explotación cacaotera y un fructífero comercio de contrabando con los ingleses establecidos en Jamaica desde 1655[397].

397. Díez de Navarro, Luis. **Descripción del Reino de Guatemala. 1743-1744** (FO. 252/49/ff. 243-259). Soley Güell, Tomás. **Compendio de Historia Económica y Hacendaria de Costa Rica** (San José: ECR. Colección Biblioteca Patria. Vol. 12. 1975). P. 32. Solórzano Fonseca, Juan Carlos. **Comercio Exterior de la Provincia de Costa Rica. 1690-1760** (San José: Universidad de Costa Rica. Tesis de Licenciatura. 1977). Pp. 27-38. Estrada Molina, Ligia. **La Costa Rica de Don Tomás de Acosta** (San José: ECR. 1965). Pp. 70-71.

Ferrocarril al Atlántico de Costa Rica

Otra ruta importante la constituía la que unía a la ciudad de Cartago con el puerto de Caldera, en la costa del Pacífico, abierta hacia finales del siglo XVI[398]. Y el camino de mulas —abierto posiblemente hacia 1601—, enlazaba a la región central del país con los pueblos indígenas de Quepos y Boruca, pero también con la ciudad de Panamá[399]. Estas rutas perdieron importancia cuando el ciclo de exportación que les dio vigencia entró en crisis hacia 1760, nos referimos a la producción y exportación de cacao[400].

398. Solórzano Fonseca, Juan Carlos. **Op. Loc. Cit.**
399. Ibídem. **Loc. Cit.**
400. Ibídem. Pp. 213-214.

Hacia 1824, el gobierno de Costa Rica evaluaba la posibilidad de un camino a Puntarenas[401]. En 1835, mediante la obtención de dos préstamos forzosos de 15,000 pesos cada uno, el gobierno del Presidente don Braulio Carrillo esperaba reabrir el camino a Matina. Esta decisión respondía al auge que el cultivo del café había venido adquiriendo desde 1832[402]. En 1839, el mismo Carrillo comisionó al señor Henry Cooper para realizar una exploración del camino en cuestión y así establecer sus posibilidades reales[403].

El viaje de 180 millas entre San José y el Atlántico tardaba 30 días en llevarse a cabo, para ello se hacía uso de diferentes medios de transporte. Entre San José y Cartago se viajaba en carreta de bueyes, entre Cartago y Matina se viajaba a caballo. Desde Matina a las bocas del río del mismo nombre, los pasajeros y las mercancías eran transportados en balsas. La última etapa de la jornada hacia el atracadero de Moín se hacía a lomo de mula. El costo de transportar 100 libras de mercaderías por esta ruta era de 6 pesos y el doble para los pasajeros[404].

En 1843, los grandes plantadores costarricenses de café integraron la Sociedad Económica Itineraria, cuyo objetivo principal era promover la construcción de caminos para el transporte del grano. Con el impuesto establecido en 1841 de un real por quintal de café exportado, la Sociedad había iniciado en 1844 el camino hacia el puerto de Puntarenas, que fue concluido en 1846. Sin embargo, los caminos accesorios que facilitaran el

401. Cardoso, Ciro. «La formación de la hacienda cafetalera en Costa Rica: siglo XIX». **Estudios Sociales Centroamericanos** (San José: Nº 6. 1973). P. 38.
402. Soley Güell, Tomás. **Op. Cit.** P. 37.
403. Cooper, Henry. **Diario del Camino de Matina Principiado por el Antiguo** (FO. 252/33/ff. 102-108).
404. Houk, Richard. «The development of Foreign Trade and communications in Costa Rica to the construction of the first railway». **The Americas** (Octubre de 1953. Nº X). P. 202. Debe notarse que el jornal por semana en las haciendas cafetaleras para los varones era de 2,000 pesos por semana. **La Paz y el Progreso** (San José, 23 de enero de 1848. Trimestre 1, Nº 9. Año 1. Vol. 1).

traslado del café de las haciendas al camino principal, seguían siendo defectuosos o totalmente inexistentes[405].

Entre los meses de enero y abril de cada año, miles de carretas transportaban el café hacia Puntarenas. Cada carreta cargaba entre 6 y 7 quintales métricos a un costo que oscilaba entre 15 y 20 pesos por tonelada en 1857[406]. Ese año, el cónsul chileno en Guatemala estimaba que unas 700 carretas diarias hacían la jornada; y agregaba que posiblemente existían en Costa Rica unas 10,000 de ellas[407].

En 1849, conforme las necesidades del país crecían en cuanto a agilizar las exportaciones del café, y en medio de las argumentaciones internacionales acerca de la urgencia de construir un canal interoceánico a través de Panamá o Nicaragua, Costa Rica surgió como una alternativa más. Un proyecto al respecto fue promovido por la Pacific Navigation Company de Londres, pero el intento no pasó de ser una simple operación especulativa[408].

Mientras los trabajos en la carretera al puerto de Limón se atrasaban debido a la tremenda dificultad de conseguir mano de obra capaz de soportar las condiciones sanitarias de la región, el gobierno del Presidente Juan Rafael Mora Porras aprobó un contrato con el señor Ricardo Farrer en 1854 para la construcción de un ferrocarril entre Puntarenas y Barranca[409]. La compañía que surgió al efecto fue registrada el 12 de agosto de 1856 con el nombre de The Costa Rica Railway Company,

---

405. Seligson, Mitchell. **Peasants of Costa Rica and the Development of Agrarian Capitalism** (The University of Wisconsin Press. 1980). P. 17.
406. Cardoso, Ciro (1973). **Op. Loc. Cit.**
407. Fernández Guardia, Ricardo. **Costa Rica en el Siglo XIX. Antología de Viajeros** (San José: EDUCA. 1979). P. 259. Houk, R. **Op. Cit.** P. 206.
408. Anónimo. **Junction of the Atlantic and Pacific Oceans. Statement of the Costa Rica Route** (FO. 1849. 21/2/ff. 275-279).
409. Seligson, Mitchell. **Op. Cit.** P. 50. Meléndez, Carlos. **El Dr. José María Montealegre** (San José: ECR. 1968). P. 151.

Ltd. Con un capital de 30,000 libras esterlinas en acciones de diez libras cada una, la nueva compañía pretendía construir un ferrocarril entre San José y Puntarenas[410]. El trecho entre Puntarenas y Barranca fue concluido en 1857; pero lo que iba a ser el primer ferrocarril de Centroamérica sería movido con tracción animal: en este caso por burros que sólo eran capaces de tirar de un carro vacío a una velocidad de dos millas por hora[411].

La atención se tornó de nuevo sobre la costa atlántica. En 1866, el gobierno del Presidente José María Castro Madriz contrató los servicios del ingeniero alemán Franz Kurtze, quien elaboró un mapa de la primera ruta interoceánica a través de Costa Rica. La que escogió seguía casi el mismo trayecto que la naturaleza había establecido, y es prácticamente la misma que se usaría para construir el ferrocarril[412]. Kurtze fue encargado también para que negociara con una organización norteamericana, la financiación del ferrocarril, pero el intento fracasó.

Ese mismo año 1866, Kurtze otra vez estableció conversaciones con el general John C. Freemont (otro empresario interesado en este tipo de proyectos), pero fracasaron de nuevo en febrero de 1868[413]. Junto a este fracaso estarían por venir muchos más, de proyectos ferroviarios y de canales interoceánicos que nunca irían más allá de su formulación en el papel.

El costo aproximado de una operación así, según el criterio de ingenieros europeos, era de unos tres o cuatro millones de libras esterlinas, mientras que ingenieros norteamericanos sostenían que tal costo podría reducirse a dos o dos y medio millones de libras. El tráfico local y los ingresos por concepto

410. The Costa Rica Railway Company, Ltd. (BT. 31/ff. 4-26).
411. Seligson, Mitchell. **Op. Loc. Cit.**
412. Kurtze, Franz. **The Interoceanic Route Through the Republic of Costa Rica** (New York: s.e. 1866). P. 17.
413. Seligson, Mitchell. **Op. Loc. Cit.**

de fletes, agregaban los últimos, podrían ascender a unas 80,000 libras anuales, o al 2% de la cantidad mayor sugerida (es decir, dos millones). El gobierno de Costa Rica emitiría bonos a favor de los contratistas por un valor de 60,000 pesos o 12,000 libras por milla de ferrocarril construida, redimibles en un período de 40 años. La propuesta fracasó también en 1869[414].

Al año siguiente, el general Tomás Guardia Gutiérrez llegaba al poder mediante un golpe de Estado contra el Presidente Jesús Jiménez, de esa manera recogía las inquietudes de un sector de la burguesía cafetalera que deseaba romper con el esquema de comercialización del producto establecido por la Sociedad Económica Itineraria. La mejor forma de lograr lo anterior era con la construcción de un ferrocarril hacia el Atlántico. Pero el monopolio de las carretas y el control sobre el camino a Puntarenas eran de vital importancia para los círculos vinculados a la mentada sociedad, entre los que destacaba el cónsul británico Allan Wallis. La oposición contra Guardia y contra el proyecto que tanto le había valido su acceso al poder, no se hizo esperar y fue agresiva y sistemática, como lo prueban los consecutivos intentos por tumbar a Guardia, lo mismo que a sus sucesores. Con el fin de contrarrestar dicha oposición, el presidente general decidió emplear a los carreteros para construir la sección de línea de $26^{1}/_{2}$ millas que atravesaría las grandes haciendas cafetaleras del Valle Central[415].

Guardia no logró aplacar totalmente la oposición a la idea de construir el ferrocarril. Tomó más fuerza cuando se iniciaron las negociaciones con las casas británicas que financiarían la

414. Cónsul Wallis. **Trade Report** (1868) (FO. 252/127/f. 37). Allan Wallis to the Board of Trade (San José, Costa Rica: March 5th, 1869. FO. 21/31/f. 92). **Abstract of the Contract between the Government of Costa Rica and Edward Reilly, Alexander Hay, William H. Mc. Cardney and David Vickers, Citizens of the United States.**

415. «Opening of the Costa Rica Railway». **The South American Journal** (London: February 21st. 1891). (G.L.Pc.C. Costa Rica: Vol. IV. f. 19).

realización de la empresa. La historia de estos préstamos merece capítulo aparte, de cualquier forma, ha sido realizada por otros autores y para nuestros efectos la daremos por conocida. Los primeros rieles del ferrocarril al Atlántico de Costa Rica, fueron tendidos el 8 de octubre de 1871 en la provincia de Alajuela y el 15 de noviembre del mismo año en el puerto de Limón[416].

Los trabajos cubrirían unas 123 millas y habían sido planeados de la siguiente manera:

Cuadro Nº VII-1. Plan de los trabajos para construir un ferrocarril a la costa atlántica de Costa Rica (1872)[a]

División central	Millaje	División atlántica	Millaje
Secciones		Secciones	
Cartago-San José	14 millas	Limón-Pacuare	38 millas
San José-Alajuela	15 millas	Pacuare/Angostura	28 millas[b]
		Angostura-Cartago	28 millas

(a) No incluye la Segunda División del Atlántico, la cual empezó a construirse el 20 de agosto de 1886. Véanse el texto y los mapas números 10, 11 y 12 en las páginas siguientes.

(b) En la búsqueda de una ruta alternativa hacia La Angostura, tres trabajadores habían muerto. Dicha alternativa representaba un costo aproximado de 20 millones de pesos, lo que la hacía evidentemente impracticable. («The Costa Rica Railroad». **Star and Herald.** Panamá: Junio 21 de 1872. G.L.Pc.C. Costa Rica: Vol. 1. F. 9)*.

FUENTE: Hopkins, John Baker. **Costa Rica: A financial investigation** (Londres: 1872) (G.L.Pc.C. Costa Rica: Vol. 1. F. 12).

* G.L.Pc.C. significa Guildhall Library, Colección de Recortes de Periódicos.

416. Stewart, Watt. **Op. Cit.** P. 29.

Plan de los trabajos para construir un ferrocarril a la costa atlántica de Costa Rica (1872)

B. La División Central

Podría decirse, sin temor a exagerar en términos comparativos en relación con el resto de la línea, que las secciones que comprendían esta división fueron las más fáciles de construir. Las condiciones del terreno en el Valle Central facilitaron la labor y la ruta seleccionada acalló al menos por algunos años la oposición de los caficultores que inicialmente habían obstaculizado el proyecto. Este último era el resultado de un contrato firmado en julio de 1871 con Henry Meiggs —el célebre constructor que estuvo relacionado con la construcción de los ferrocarriles chileno y peruano—, quien luego lo cedió a su sobrino Henry Meiggs Keith, el cual, a su vez, lo transfirió a su hermano Minor Cooper Keith en 1873[417].

La División Central fue la única que Henry Keith logró concluir y poner en servicio al final de sus tres años dirigiendo la empresa. Cuando los trabajos dieron inicio en Alajuela, la mayor parte del material rodante y de los implementos necesarios habían sido transportados en barco desde Panamá hasta Puntarenas y de aquí al interior en carretas de bueyes a un costo realmente enorme[418]. Los rieles de madera no empezarían a ser reemplazados por rieles de hierro hasta 1888[419]. El primer recorrido de media milla se realizó desde Alajuela el 31 de marzo de 1872. El viaje a San José, de unas 14 millas, se llevó a cabo el 30 de diciembre de 1872 y el correspondiente a Cartago,

417. Ibídem. **Loc. Cit.** Cónsul Meugens. **Trade Report** (1873) (FO. 252/137/f. 326).
418. **Star and Herald** (1872). **Op. Loc. Cit.** Cónsul Meugens. **Trade Report** (1872) (FO. 252/142/f. 33).
419. Costa Rica Railway Company (en adelante C.R.R.C.). **Report of the Directors** (London: 1888).

el 30 de noviembre de 1873[420]. La segunda sección (San José-Alajuela) generaba ingresos de $2,000 mensuales en 1873[421]. La totalidad de la División producía ganancias de 7,000 pesos mensuales en 1886, de 23,000 pesos en 1890 y se esperaba un incremento de 7,000 pesos más sobre la última cantidad para 1891, en el momento en que la Costa Rica Railway Company se haría cargo de la línea[422].

C. La División del Atlántico

En lo que respecta a esta División, Henry Keith sólo pudo avanzar algunas cuantas millas. De la primera sección, logró abrir la ruta de Limón a Matina; unas 21 millas, más 5 millas adicionales de Pacuare a Siquirres. Esta ruta se extendía desde Limón hasta la Laguna de Moín, donde un puente de 200 pies de longitud comunicaba con la playa. Seguidamente se recorrían $7^{1}/_{2}$ millas hasta encontrarse con el puente sobre el río Matina, que se hallaba a media milla de la confluencia de los ríos Chirripó y Barbilla, en la parte libre de inundaciones. Del puente sobre el Matina —el cual tenía unos 350 pies de largo y 40 pies de altura cuando el río se encontraba en su más bajo nivel—, la línea continuaba hasta el Pacuare: una distancia de 15 millas cubierta de corrientes sobre las cuales había unos 200 puentes de madera y piedra. El trecho de Limón a Moín había sido el más difícil de construir a causa de la necesidad que hubo de perforar la montaña.

En la segunda sección se hizo poco. Para el trecho entre Fajardo y Cartago de la tercera sección, las operaciones habían sido otorgadas por contrato a un determinado número de individuos, que con los empleados del hospital de Cartago sumaban

---

420. Stewart, Watt. **Op. Loc. Cit.**
421. Cónsul Meugens. San José, Costa Rica. December 18th. 1872 (FO. 252/137/f. 378). También August 8th. 1873 (FO. 21/46/f. 161).
422. «The Costa Rica Railroad». **Financial News** (London: December 10th. 1890). (G.L.Pc.C. Costa Rica: Vol. IV. f. 16).

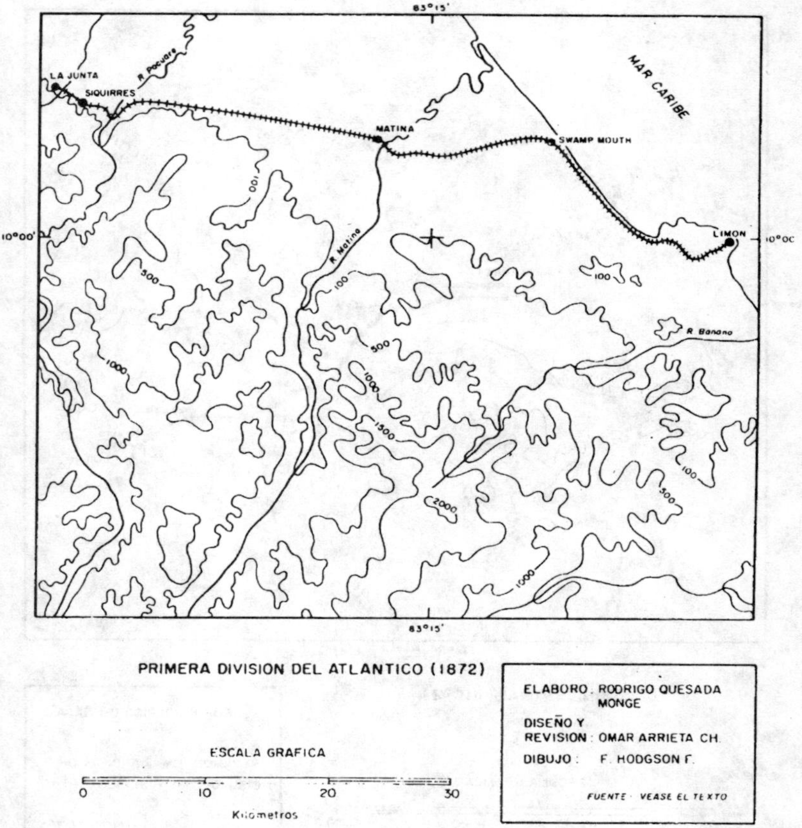

Mapa Nº 10. Divisiones del Ferrocarril al Atlántico de Costa Rica. Primera División del Atlántico (1872)

unas 1,560 personas. A estos trabajadores se sumaban 28 yuntas de bueyes, 120 mulas y caballos y 26 carretas en constante actividad.

En la sección de Cartago estaban empleados unos 600 trabajadores, de los cuales 300 eran chinos. Para el abastecimiento del pan, una panadería en Cartago era capaz de procesar diez

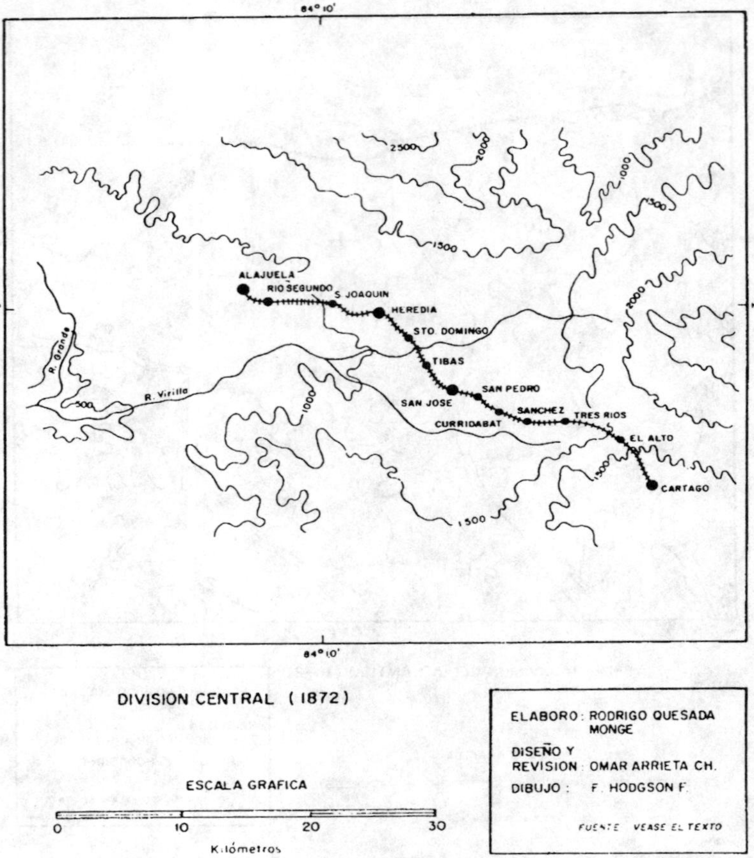

Mapa Nº 11. Divisiones del Ferrocarril al Atlántico de Costa Rica. División Central (1872)

quintales de harina al día, otra panadería en Fajardo cubría una cuota de seis quintales al día.

A pesar de que 5,000 millas de terreno pantanoso habían sido drenadas y reducidas a 2,000, la malaria hacía serios estragos

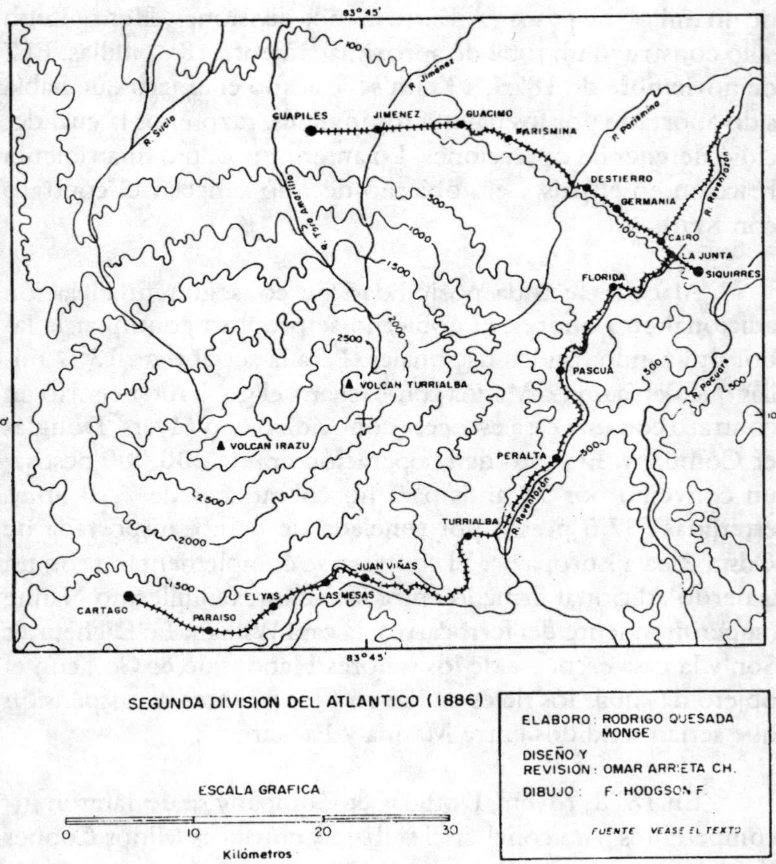

Mapa Nº 12. Divisiones del Ferrocarril al Atlántico de Costa Rica. Segunda División del Atlántico (1886)

particularmente entre la población china. El hospital de Cartago nunca tenía menos de 150 chinos enfermos de malaria.

La imposibilidad de penetrar las montañas de Fajardo hizo desistir a Henry Keith del intento, el cual resultó en una pérdida de un millón de pesos[423]. Entre las dos divisiones, Henry Keith sólo construyó un total de aproximadamente $48\frac{1}{2}$ millas. El 7 de noviembre de 1873, a Keith se le acabó el dinero que había sido aportado por los banqueros ingleses, razón por la cual decidió detener las operaciones. Lo anterior produjo una violenta reacción en el país y el gobierno decidió cancelar el contrato con Keith.

Al cerrarse toda posibilidad de conseguir financiación adicional en Londres, el gobierno se propuso continuar la labor utilizando fondos nacionales. Para la sección de $13\frac{1}{2}$ millas que debía unir a Matina con Pacuare, el gobierno negoció un contrato con una casa escocesa conocida como Myers, Douglas & Company. El costo de la operación era de 200,000 pesos y un convenio por 99 años para no cobrar más de 7,10 libras esterlinas (37,5 pesos) por tonelada de flete transportada de Costa Rica a Europa[424]. El contrato se complementaría con un acuerdo adicional firmado entre los señores Guillermo Nanne (superintendente del ferrocarril), la casa William Le Lacheur & Son y la casa escocesa de los señores Handyside & Co., con el objeto de suplir los rieles de hierro y los puentes de suspensión que serían tendidos entre Matina y Pacuare[425].

En 1878, Myers, Douglas & Company se declararon incompetentes para concluir el trabajo y entonces Minor Cooper Keith se hizo cargo. Ese mismo año se empezó a promover la construcción de lo que podría llamarse la Segunda División del Atlántico (La Junta-Cartago y La Junta-Carrillo). La segunda

423. Stewart, Watt. **Op. Cit.** Pp. 36-37-67 y 70. «The Costa Rica Railroad». **Star and Herald** (Panamá: September 21st. 1873). (G.L.Pc.C. Costa Rica. Vol. I. P. 32.). Cónsul Meugens. San José, Costa Rica. May 13th. 1873 (FO. 21/36/f. 99). También Meugens. **Trade Report** (1872). **Loc. Cit.**

424. Stewart, Watt. **Op. Cit.** P. 38. «The Costa Rica Railway». **The Sun** (London: January 14th. 1875). (G.L.Pc.C. Costa Rica: Vol. I. ff. 196-197).

425. «The Costa Rica Railway». **The Times** (London: March 20th. 1875). (G.L.Pc.C. Costa Rica: Vol. I. f. 196).

sección (La Junta-Carrillo), necesitaba unos 194 puentes con longitudes probables de 3 a 1,044 pies, un ancho de 3 pies, $3^{1}/_{2}$ pulgadas, para soportar pesos máximos de 2,240 libras. La cantidad de puentes puede parecer exagerada pero en realidad un trayecto de 34 millas sólo era cruzado por tres ríos dignos de ese nombre: Toro Amarillo, Jiménez y Sucio. El resto de los puentes no eran más que vías de acceso sobre quebradas inofensivas[426].

La necesidad de construir esta segunda sección era fundamental, pues eso significaba incorporar a la producción las dos mil millas cuadradas de las riquísimas tierras conocidas como llanuras de Santa Clara[427]. El 14 de febrero de 1879, el gobierno de Costa Rica encargó nuevamente a Minor Keith para construir el trecho de línea entre Pacuare (donde Myers, Douglas & Company se habían detenido), hasta La Junta: una distancia de 5 millas que Keith concluyó con un préstamo de 75,000 pesos otorgados por el señor John Wilson, conocido comerciante del puerto de Limón[428]. El 8 de setiembre de 1879 se firmó un nuevo contrato entre Keith y el gobierno de Costa Rica, con el fin de construir el trecho entre el río Reventazón y el río Sucio de Carrillo: una distancia de 30 millas que se esperaba completar a fines de 1881, con un costo de 1,750,000 pesos[429].

Mientras se concluía el trecho mencionado, se decidió construir una carretera del puerto de Limón a Carrillo. El contrato para tal efecto fue firmado el 12 de julio de 1881 y se estimó la operación en unos 210,000 pesos. Dicho contrato se firmó entre la casa comercial de Fernández y Tristán, Minor C.

---

426. «The Costa Rica Railway». **Star and Herald** (Panamá: September 31st. 1878). (G.L.Pc.C. Costa Rica: Vol. II. f. 122).
427. «The Costa Rica Railway». **The Foreign Times** (London: November 9th. 1878). (G.L.Pc.C. Costa Rica: Vol. II. ff. 118-120).
428. Stewart, Watt. **Op. Cit.** P. 46.
429. Ibídem. P. 47.

Keith y el gobierno nacional. En el proceso de construcción la casa comercial citada entró en bancarrota y Keith perdió unos 400,000 pesos[430].

El 17 de abril de 1882 Keith tomaba en arriendo por cinco años la totalidad del ferrocarril construido hasta ese momento. Con el Contrato Soto-Keith del 21 de abril de 1884, Keith adquiría la obligación de construir la primera sección (La Junta-Cartago) de la Segunda División del Atlántico[431]. Keith, contratado ahora por la Costa Rica Railway Company, compañía que había surgido el 22 de abril de 1886 al calor del Contrato Soto-Keith de 1884, iniciaba los trabajos el 20 de agosto de 1886, con la aspiración de construir la mencionada sección[432]. Esta última, considerada la más difícil de todas, había sido objeto de estudio para tres posibles trayectos: uno de ellos ya se había intentado en el período 1871-1873 con la administración de Henry Keith y había probado ser absurdo, como ya se indicó. Sólo quedaban, entonces, dos alternativas más: una planteada por el gobierno y sus ingenieros consistía en trazar la ruta partiendo de San José, atravesar las montañas del norte hasta llegar a un lugar conocido como La Palma, desde donde se cruzaría luego hacia las llanuras de Santa Clara por el sector norte de los volcanes Irazú y Turrialba, hasta entrar finalmente a Carrillo, desde donde se pasaría al río Reventazón para cerrar el trayecto. Con este plan en mente, se le había otorgado a Keith como hemos visto, la construcción del trecho de 30 millas entre Carrillo y el Reventazón (citada varias veces). La dificultad del trecho residía en la cantidad de ríos y colinas que se inundaban o deslizaban durante la estación lluviosa. El sector Toro Amarillo-Río Sucio será luego producto de enconadas discusiones (como ya sabemos). El plan propuesto por el gobierno

430. Ibídem. P. 51. Cónsul Sharpe. San José, Costa Rica. July 12th. 1881 (FO. 21/44/112).
431. Cónsul Sharpe. April 25th. 1882 (FO. 21/45/f. 98).
432. Stewart, Watt. **Op. Cit.** P. 66.

demostraba ser tan caro y tan poco versátil como el sugerido por Henry Keith. Con el fin de invalidar la construcción de esta primera sección siguiendo el trayecto hasta La Palma, Keith presentó una tercera y definitiva propuesta.

El sector de Carrillo a La Palma tenía unas 12 millas que debían ser triplicadas al construirse el ferrocarril sobre un declive del 2%. Esas 36 millas debían sumarse a las 14 que separaban a La Palma de San José, lo que nos daba un total de 50 millas entre Carrillo y la capital. La distancia entre Cartago y La Junta, más la de un trecho de vía a lo largo del Reventazón sumaban las mismas 50 millas. La diferencia de altura de esta nueva ruta era de 4,447 pies, por lo que se podía introducir un desnivel del 2% sin alargarla. Todo esto significaba que la distancia de 30 millas entre La Junta y Carrillo podía economizarse tendiendo la línea entre Limón y San José paralela al río Reventazón. Esta fue la ruta que se escogió[433].

Keith dividió la sección en dos partes: Cartago-Santiago (14 millas) y Reventazón-Santiago (16 millas). La construcción estuvo a cargo de una administración principalmente compuesta de extranjeros, al frente de los cuales se encontraba el señor Louis Wichman. Para finales de 1887 unos 2,000 trabajadores operaban en la primera subsección.

Las inundaciones y la primera huelga que se conoce en la historia laboral de Costa Rica, efectuada por los trabajadores italianos, de quienes hablaremos más adelante, obligaron a Keith a solicitar prórrogas al gobierno de Costa Rica en dos ocasiones, para la conclusión de la tarea[434]. Al 30 de junio de 1888, había unos 4,000 trabajadores concentrados en la construcción; 2,800 de los cuales realizaban las labores en la sección de La Junta-Cartago. Según el contrato de abril de 1884, Keith

433. Ibídem. Pp. 67-70.
434. Ibídem. P. 120.

sólo iba a tender 26 millas de rieles de hierro, pero arreglos posteriores incrementaron esa cantidad en $12^{1/2}$ millas más hasta Cartago.

Para junio de 1889, se habían removido 2,017,000 yardas cúbicas de terreno, o sea, el 73% de la cantidad requerida, más 31,300 yardas cúbicas, o sea, el 55% de la remoción necesaria para el levantado de la albañilería. El 31% de los puentes ya estaba debidamente tendido y el 75% de las estaciones ya se había construido[435].

Entre setiembre de 1889 y mayo de 1890, nuevas inundaciones y deslizamientos habían bloqueado totalmente la línea e interrumpido la continuación de las labores. Durante algunas semanas la mayor parte de los trabajadores se concentraron en remover las toneladas de lodo y desechos que obstaculizaban el tráfico de materiales para la construcción. Para setiembre de 1890, se habían tendido 1,800 toneladas en puentes y aún faltaban 1,000 toneladas más. El puente clave era el que iba a ser construido sobre el río Birrís, un afluente del río Reventazón. Al tender este puente se podría afirmar que prácticamente la comunicación entre el puerto de Limón y San José estaba resuelta. El mismo empezó a ser levantado el 22 de setiembre de 1890. Consistente de cuatro entramados de 150 toneladas cada uno, con una altura máxima de 300 pies y 650 toneladas distribuidas en una longitud de 600 pies, se esperaba concluirlo para finales de noviembre de ese año. En cuanto al resto de esta sección aún quedaba por ser removido el 2% de la ruta, el 4% para albañilaje y el 40% del lastrado. Por esta época, se hacían reparaciones importantes a lo largo de la ruta entre puerto Limón y Carrillo. Los empinados desniveles cercanos a la laguna de Moín habían sido reducidos y unas 12 millas cuadradas de pantanos habían sido drenadas, lo que permitió levantar y expandir el embarcadero.

---

435. C.R.R.C. **Report of the Directors** (London: 1889).

Para prever las inundaciones, cinco muelles «martillados» habían sido levantados a cierta distancia uno de otro. En setiembre, unos 600 hombres estaban reparando los puentes de la milla 22 en Matina, el de la milla 5 en Guácimo, y el de la milla 58 en Santa Clara, los cuales habían sido seriamente dañados por las inundaciones mencionadas atrás[436].

El domingo 7 de diciembre de 1890, el primer tren hacía el viaje directo de puerto Limón a San José. Esta sección del ferrocarril (La Junta-Cartago) había costado 8,444,628.57 pesos. La Costa Rica Railway Company recibió la línea el 1 de julio de 1891, mediante un contrato por el cual la explotaría durante 99 años[437].

D. La fuerza de trabajo

Uno de los más serios inconvenientes con que se realizó la construcción del ferrocarril al Atlántico, fue la escasez de fuerza de trabajo. Si el Presidente Braulio Carrillo en la década de los cuarenta, podía darse el lujo de enviar por la fuerza contingentes de trabajadores a participar en la rehabilitación del camino a Matina; para los años setenta la situación había cambiado sustancialmente y la mayor parte de los campesinos desposeídos eran contratados en las haciendas cafetaleras del Valle Central, para recolectar el fruto y en otras actividades similares. Sin embargo, los hacendados cafetaleros seguían quejándose de la escasez de fuerza de trabajo, sobre todo en las labores de recolección del producto, para las cuales se pagaban jornales que oscilaban entre 4 chelines y 4 chelines con 6 peniques en 1873, es decir, un chelín diario más que en 1872, y el doble más que en 1868[438].

436. C.R.R.C. **Report** (London: 1890).
437. Stewart, Watt. **Op. Loc. Cit.**
438. Soley Güell, Tomás. **Op. Cit.** Cónsul Meugens. **Trade Report** (1873). **Loc. Cit.**

El inicio de las labores de construcción en el ferrocarril afectó aún más seriamente el abastecimiento de fuerza laboral para las haciendas cafetaleras del Valle Central, aunque el «peón» costarricense seguía viendo con repugnancia trasladarse a las mortíferas comarcas del puerto de Limón por un salario que no le garantizaba ni siquiera la subsistencia.

Para contrarrestar esa repugnancia del peón costarricense, la cual obstaculizaba el avance de la construcción del ferrocarril, se decidió en febrero de 1873 introducir 650 trabajadores chinos: 250 fueron contratados en las haciendas cafetaleras para las labores de recolección y como empleados domésticos, el resto fue contratado en el ferrocarril. El precio de introducción que se había pagado por cada chino era de 400 pesos (80 libras esterlinas). Se les garantizó una paga mensual de 4 pesos (16 chelines), más la alimentación y el vestido. Cada contrato fue firmado por un período de ocho años[439]. Esos cuatrocientos chinos, sumados a los 600 jamaiquinos y 500 negros de las Islas del Cabo Verde que Guillermo Nanne, el superintendente de la línea, había contratado en 1872, hacían una población laboral total de 1,500 personas. Sin embargo, debe señalarse que estas cifras no son seguras, pues trabajadores aventureros británicos y canadienses, así como negros de Belice, eran contratados ilegalmente por Henry Keith, incluso acudiendo a expediciones piratas como sucedió varias veces con el último caso mencionado[440]. Estos trabajadores ocasionales eran contratados con salarios de un chelín diario y como en el caso de los chinos, eran afectados mortalmente por las condiciones sanitarias.

El 22 de abril de 1878, el gobierno de Costa Rica introdujo un nuevo sistema para regular las labores de construcción

439. Cónsul Meugens. **Trade Report** (1874). (FO. 252/147/f. 39).
440. Cónsul Meugens. San José, Costa Rica. November 15th. 1873 (FO. 21/36/f. 241). «The Costa Rica Railroad». **Star and Herald** (Panamá: June 21st. 1872). (G.L.Pc.C. Costa Rica. Vol. I. f. 9).

de la línea férrea, el que consistía en organizar a los trabajadores con una disciplina estrictamente militar. Eran divididos en grupos de cien, cada grupo se subdividía en cuadrillas de 25 hombres con la supervisión de un capitán. A las cinco de la mañana eran levantados por el llamado de una campana, se pasaba lista y luego se servía un desayuno rápido compuesto de café caliente y una tajada de pan; a las seis de la mañana los hombres recibían un almuerzo compuesto de arroz, frijoles, pan y café. El trabajo se reasumía hasta las tres de la tarde, cuando se servía la cena, compuesta de sopa, un poco de carne, frijoles o arroz y camote. A las seis de la tarde recibían un poco de sopa de verduras, café caliente, galletas o pan. Se acampaba por la noche para empezar la misma rutina al día siguiente.

El salario que recibía cada trabajador era de 4 chelines diarios por jornada de diez horas. En caso de que un trabajador fuera descubierto ocioso se le rebajaba parte del salario de aquel día, si reincidía tres veces consecutivas era despedido. Los capitanes de cuadrilla recibían sus órdenes de los jefes de sección, quienes a su vez las recibían del superintendente de la línea o del comandante en jefe de las operaciones de construcción. Los capitanes de cuadrilla eran responsables por la atención de las jornadas de trabajo y por el cuidado de las herramientas. Estaban obligados a llevar un libro o diario de control, el cual era sometido para inspección los viernes por la tarde al jefe de sección, quien lo comparaba con el suyo y si todo estaba en regla, los documentos eran transferidos al cajero, quien sobre esa base elaboraba las hojas de pago y luego las transmitía al ingeniero jefe, quien finalmente autorizaba los desembolsos por concepto de salarios. Estos últimos se efectuaban los sábados por la tarde o los domingos por la mañana[441].

A principios de 1887, el gobierno de Costa Rica autorizó a Minor C. Keith la introducción de 2,000 chinos más, los cuales

441. Stewart, Watt. **Op. Cit.** Pp. 48-49.

no llegaron al país en su totalidad. A mediados de ese mismo año, 762 italianos procedentes de la región del Piamonte ingresaban al país. Posteriormente, 738 italianos más harían un total de 1,500. Estos trabajadores entraron en una aguda disputa con Keith y el gobierno de Costa Rica, debido a que demandaban un mejor salario y mejores condiciones laborales. En 1888, 1,000 italianos se declararon en huelga, dándole a su acción las características del preludio a la importante acción laboral contra la United Fruit Company en 1934. «La huelga de los italianos» como la llama Stewart[442], pasó a ser la primera manifestación de fuerza de la clase trabajadora en la historia de Costa Rica.

El colapso del intento llevado a cabo por Ferdinand De Lesseps en Panamá, facilitó a Keith la adquisición de 1,000 trabajadores más de diferentes nacionalidades. Para principios de 1889, este empresario contaba con cerca de 4,200 hombres, el 40% de los cuales estaba concentrado en la conclusión de la sección La Junta-Cartago. Una vez terminado el ferrocarril, algunos de esos trabajadores continuaron trabajando con la Costa Rica Railway Company en las labores de mantenimiento y reconstrucción, pero el grueso de ellos debe haber sido absorbido por las plantaciones bananeras que el norteamericano tenía en plena producción desde 1879.

III. EL FERROCARRIL COMO EMPRESA PRODUCTORA DE SERVICIOS (1892-1905)

A. El transporte de pasajeros

El ferrocarril al Atlántico de Costa Rica fue concebido para agilizar las exportaciones de café y banano. El tipo de pasajero que hacía uso de los servicios del ferrocarril, era el trabajador

442. Idem. Loc. Cit.

La construcción del Canal de Panamá. Agosto de 1913

que laboraba en las fincas cafetaleras o en las plantaciones bananeras.

Cuando la línea del ferrocarril fue transferida de la Costa Rica Railway Company, el 1 de julio de 1891, recibió un total de 37 carros especialmente diseñados para el transporte de pasajeros. De dicha cantidad el 75% era de fabricación británica y el 25% restante norteamericana. Un porcentaje aproximado se obtiene al referirnos a los carros de primera y segunda clases (véase el Cuadro Nº VII-2). Lo que resulta particularmente interesante es el hecho de que entre un 20 y un 25% de los

Cuadro Nº VII-2. Material rodante de la Costa Rica Railway Company (1891-1904)

Años	Locomotoras	Carros de 1ª ingleses[a]	Carros de 2ª americanos	Total	Ingleses	Americanos[a]	Total	Combinaciones[b]	Total[c]
1891	17	—	—	16	—	—	13	8	37
1892	20	—	—	15	—	—	13	8	36
1893	23	—	—	14	—	—	14	8	36
1894	22	—	—	13	—	—	15	8	36
1895	22	—	—	14	—	—	15	7	36
1896	23	—	—	17	—	—	17	6	40
1897	23	—	—	17	—	—	17	6	40
1898	22	13	4	17	10	3	13	6	36
1899	22	13	4	17	10	3	13	8	38
1900	25	13	4	17	15	0	15	8	40
1901	27	13	4	17	15	0	15	8	40
1902	29	13	3	16	15	0	15	5	36
1903	29	13	3	16	15	0	15	5	36
1904	29	13	3	16	1	0	15	10	41

NOTA: Entre los años 1892 y 1895 las cuentas fueron arregladas por año fiscal. Con el afán de convertir el año fiscal en año civil, se ha seguido un procedimiento estadístico similar al aplicado por Coatsworth en su libro sobre México. **El Impacto Económico de los Ferrocarriles en el Porfiriato. Crecimiento y Desarrollo** (Sep. Setentas. 1976. Nos. 271-272). Vol. 1. P. 109.

a. Entre los años 1891 y 1897 no hay información que indique la nacionalidad del fabricante, pero el patrón dado a partir de 1898 debe haber sido el mismo para los años anteriores.

b. Entendemos por «carros combinados» los utilizados para el transporte de pasajeros, correo, bultos, equipaje, y aquellos convertidos en puestos móviles de pago a los trabajadores.

c. No incluye locomotoras.

FUENTES: The Costa Rica Railway Company, Ltd. **Report and Accounts** (Londres: de 1892 a 1904).

carros para pasajeros eran carros combinados. Esto significa que tales carros transportaban no sólo personas sino también el correo, bultos y equipaje.

Entre los años 1895 y 1904, la mayor parte de los carros usados para el transporte de segunda clase fueron convertidos en carros combinados, al extremo de que en 1904 el 75% de los carros de segunda clase eran «combinados», con el fin de ponerlos al servicio del transporte de ambas clases. Lo anterior explica que el tráfico de primera clase permaneciera estacionario casi desde los inicios de las operaciones con administración británica en 1891. Pues aunque el Cuadro Nº VII-2 indique una ligera diferencia a favor de los carros de esa clase, es obvio que un incremento anual del 13,78% en los ingresos por transporte de pasajeros de segunda, entre los años 1891 y 1897, debe haber motivado a la compañía para convertir cuantos carros de primera pudiera en «combinados» para el transporte de ambas clases de pasajeros[443].

Con toda esta serie de «combinaciones» pensadas no sólo para servir al transporte de trabajadores sino también para reforzar el transporte de mercancías, viajar en segunda clase debe haber sido considerablemente incómodo.

Los efectos de la reforma monetaria puesta en curso en 1896, se registran en el Cuadro Nº VII-3, cuando en números absolutos el total de pasajeros transportados empezó a decaer después de 1899. Sin embargo, el promedio diario de pasajeros transportados manifiesta cierta constancia, ya que a pesar de que el peón cafetalero sufriera una reducción en sus ingresos, no existía otro medio más rápido, barato y efectivo para trasladarse a la hacienda cafetalera. Lo mismo le debe haber sucedido al trabajador bananero[444].

---

443. C.R.R.C. **Report** (London: 1897).
444. Soley Güell, Tomás. **Op. Cit.** Pp. 57-58. C.R.R.C. **Report** (London: 1900). P. 8.

Cuadro Nº VII-3. Pasajeros transportados e ingresos recibidos por la Costa Rica Railway Company (1892-1904)

Años	1 Millas recorridas	2 Total de ingresos en libras	3 Nº de pasajeros transportados	4 Promedio de pasajeros transportados por día	5 Ingresos por pasajeros transportados (en libras)	6 Columna 5 como % de la columna 2
1892	—	107,669	263,841	723	18,169	17
1893	385,584	194,559	470,720	1,290	31,854	16
1894	372,633	215,309	507,392	1,389	34,488	16
1895	328,263	170,145	472,468	1,294	32,035	19
1896	353,337	238,010	574,722	1,570	38,655	16
1897	297,436	263,140	629,290	1,724	40,571	15
1898	280,848	232,234	601,197	1,647	29,746	13
1899	288,611	288,194	575,606	1,577	34,117	12
1900	291,248	259,136	529,360	1,450	43,906	17
1901	287,078	260,896	457,987	1,255	41,264	16
1902	276,041	243,140	394,727	1,081	38,117	16
1903	251,416	228,823	375,858	1,080	36,763	16
1904	265,163	229,103	407,441	1,116	42,684	19

NOTA 1: Todos los valores son expresados en libras esterlinas, con una equivalencia promedio de $11 (moneda costarricense) por cada libra.
NOTA 2: Hemos eliminado todos los números fraccionados.
FUENTES: Las mismas del Cuadro Nº VII-2.

Con el fin de contrarrestar los efectos de la reforma monetaria sobre sus ingresos por pasajero, la compañía retiró de circulación los «tiquetes de una milla». La decisión, tomada en la segunda parte de 1899, sólo podría haber afectado al trabajador más pobre, quien hacía uso con frecuencia de tales tiquetes y quien también era objeto de la especulación que se realizaba con estos últimos[445]. La Compañía tenía claro que dicha especulación le representaba pérdidas considerables y al uniformar las ventas de los tiquetes a partir de 1900, la medida surtió efectos positivos. Es más, el millaje promedio recorrido por pasajero creció, aunque la cantidad de los pasajeros-milla decreció después de 1900 (véase el Cuadro Nº VII-4).

De cualquier forma, el Cuadro Nº VII-3 muestra que un ingreso promedio del 16% sería el máximo que la Compañía recibiría por transportar a los trabajadores hacia los lugares donde se encontraban empleados.

B. El transporte de mercancías

En la historia económica de Costa Rica del siglo XIX, es bien conocido que el objetivo principal con que fue construido el ferrocarril al Atlántico era transportar mercancías, principalmente café y banano. En el Cuadro Nº VII-5 se registra el material rodante con el que contaba el ferrocarril para la realización de tales operaciones. Ahora bien, si comparamos los totales del Cuadro Nº VII-2 con aquellos del Cuadro Nº VII-5, notaremos que la proporción a favor de los carros para el transporte de mercancías es notablemente mayor que la correspondiente para el transporte de pasajeros. Habiendo iniciado las labores con administración británica en 1891 con una proporción de 6 a 1, la Compañía alcanzó una proporción de 10 a 1 en vísperas que las instalaciones fueran alquiladas a la Northern Railway Company en 1905.

Aproximadamente un 80% de los vagones cerrados era de fabricación inglesa, sobre todo los de mayor tonelaje, o sea, vagones de 12 y 20 toneladas de capacidad. Los vagones con una capacidad de 8 toneladas eran de fabricación norteamericana y,

445. C.R.R.C. **Loc. Cit.** P. 10.

Cuadro Nº VII-4. Ingresos por pasajero transportado por la Costa Rica Railway Company (1892-1904). (En libras esterlinas)[a]

Años	Pasajeros-milla[b]	Millaje promedio por pasajero	Ingreso promedio por pasajero transportado	Ingreso promedio por pasajero-milla
1892	—			
1893	5,388,039	10,96	0.1,4	1,2
1894	5,697,613	11,39	0.1,2	1,2
1895	5,334,524	11,2	0.1,2	0,1
1896	6,493,173	11,3	0.1,2	0,1
1897	6,837,499	10,9	0.1,2	1,36
1898	6,282,000	10,5	0.1,0	1,14
1899	7,215,423	12,54	0.1,2	1,14
1900	7,481,331	14,13	0.1,8	1,41
1901	6,679,744	14,59	0.1,10	1,48
1902	6,043,286	15,31	0.1,11	1,51
1903	5,822,626	15,49	0.2,0	1,52
1904	6,760,257	16,59	0.2,1	1,52

a. Véase el Cuadro Nº VII-3 para indicaciones generales.
b. Esta columna es el resultado de multiplicar cada valor de la columna Nº 4 (Cuadro Nº VII-3) por la columna Nº 3 de este.
FUENTES: Las mismas del Cuadro Nº VII-2.

entre los años 1899 y 1901, fueron reemplazados en su totalidad por 80 vagones nuevos importados desde Gran Bretaña[446].

Como se desprende del Cuadro Nº VII-5, el grueso del material rodante destinado para el transporte de mercancías está

446. C.R.R.C. **Report** (London: 1902). P. 11.

Cuadro Nº VII-5. Vagones para el transporte de mercancías de la Costa Rica Railway Company (1891-1904)

Años	Vagones cubiertos	Vagones para ganado	Vagones abiertos	Vagones planos	Vagones de freno	Otros[a]	Total
1891	67	13	9	46	4	[b]	139
1892	142	22	16	68	6	—	258
1893	185	24	20	49	8	—	288
1894	156	25	16	16	8	—	291
1895	267	34	18	32	13	—	399
1896	204	24	15	45	11	1	300
1897	204	24	15	44	11	3	301
1898	222	24	15	53	10	3	327
1899	249	20	15	48	10	3	345
1900	252	28	15	42	11	16	364
1901	325	25	15	48	10	15	438
1902	319	25	13	50	12	14	433
1903	314	18	13	57	17	18	437
1904	307	18	13	54	17	25	434

a. Incluye carros de campamento, grúa y carros para el agua.
b. No nos fue posible encontrar la información respectiva para 1891 y la primera parte de 1895.

FUENTES: Las mismas del Cuadro Nº VII-2.

compuesto por los mencionados vagones, los cuales, debido a lo perecedero del producto, debían haber sido usados fundamentalmente para el transporte del banano. El resto del material rodante para el transporte de mercancías, lo integraban los vagones para ganado, los vagones abiertos para el transporte de combustible, los vagones-plataforma para el transporte de pieles y sacos de café y finalmente los vagones-freno según el sistema de contención, típico de los ferrocarriles construidos durante la era victoriana.

Un detalle sobre el que se debe llamar la atención del lector es el que nos registra el Cuadro Nº VII-5, cuando a partir de 1900 la cantidad de vagones que se han clasificado como «otros» se incrementa notablemente. Dicho incremento responde a que los «vagones cerrados» de fabricación norteamericana, que empezaron a ser sacados de servicio por el reemplazo que se mencionó atrás, fueron reacondicionados para servir como «carros-campamento» a los trabajadores que cumplían con las tareas de reparación a lo largo de la línea.

1. El tráfico de las exportaciones

El Cuadro Nº VII-6 registra el volumen de la exportación total de café, banano y cueros realizada por Costa Rica durante el período, comparándolo con el volumen de los mismos productos transportados por la Costa Rica Railway Company. Puede notarse la importancia que en números absolutos y en números relativos tuvo el ferrocarril para el sector exportador de este país. Durante el período, mientras que la tasa promedio de crecimiento anual de las exportaciones totales de café fue de un 10%, el café exportado por la Compañía nos arroja una tasa de crecimiento del 11%. Con el banano sucedía una situación parecida, pues para ambos rubros la tasa de crecimiento se aproximaba al 11% anual. En el caso de los cueros y las pieles, las tasas de crecimiento reproducen los porcentajes correspondientes al café (tales tasas se calcularon según $r = \sqrt{Log.\ a - 1}$).

Por otro lado, la uniformidad de las tasas de crecimiento muestra la estrecha relación establecida entre la capacidad de transporte del ferrocarril y la exportación real efectuada por el país. No podía haber sido de otra manera en cerradas condiciones de monopolio. El Cuadro Nº VII-6 indica que la participación del ferrocarril en el volumen de exportaciones anuales de café efectuado por Costa Rica mantiene un movimiento estable, particularmente entre los años 1892 y 1898. A partir de

Cuadro Nº VII-6. Total de exportaciones nacionales de café, banano y cueros comparado con el tonelaje de los mismos productos transportados por la Costa Rica Railway Company (1892-1904)

Años	1 Total de café exportado[a]	2 Tonelaje transportado por la CRRC	3 % de 2 en 1	4 Total de banano exportado[b]	5 Tonelaje transportado por la CRRC	6 % de 5 en 4	7 Total de cueros exportado[a]	8 Tonelaje transportado por la CRRC	9 % de 8 en 7
1892	10,789,036	6,056,000	56	1,178,812	943,049	80	255,433	116,000	45
1893	11,442,041	7,504,000	65	1,278,647	1,061,277	83	287,051	177,000	62
1894	10,776,763	9,057,000	84	1,374,986	1,209,987	88	255,599	155,000	65
1895	11,089,523	5,825,000	52	1,585,817	1,458,951	92	277,391	167,000	60
1896	11,715,801	10,106,000	86	1,692,102	1,570,059	93	250,327	207,000	83
1897	13,871,363	12,559,000	91	1,932,012	1,847,960	96	281,504	239,000	85
1898	19,486,125	18,454,000	95	2,331,036	2,320,675	99	312,436	285,000	91
1899	15,366,671	13,232,000	86	2,962,771	2,938,660	99	361,782	179,000	49
1900	16,100,905	12,737,000	79	3,420,166	3,102,674	91	326,792	140,000	43
1901	16,574,025	16,182,000	98	3,870,146	3,589,108	93	338,577	268,000	79
1902	13,749,100	14,133,000	88	4,174,199	3,505,404	84	333,855	269,000	81
1903	17,332,613	12,550,000	72	5,139,063	2,565,391	50	316,658	257,000	81
1904	13,393,000	12,578,000	98	6,065,400	2,717,774	45	303,240	219,000	72

a. En kilogramos.
b. En racimos.
FUENTES: Las mismas del Cuadro Nº VII-2, más **Memorias de Hacienda y Comercio** (San José, Costa Rica: 1898-1905) y **República de Costa Rica. Resúmenes Estadísticos. 1883-1910. Estadísticas de Exportación** (San José, Costa Rica: 1912).

1899, el deterioro de los precios de café en el mercado mundial introduce ciertas perturbaciones que el mismo cuadro registra. Los años 1902 y 1904 posiblemente presentan considerables subestimaciones, pero esto responde a que se ha realizado un ajuste de dos millones de kilogramos en el primer caso y de un millón de kilogramos en el segundo caso, debido a que estas cantidades habían sido computadas como exportación cuando en realidad pertenecían al café de consumo doméstico, es decir, a lo que se conoce como tráfico local.

Severos deslizamientos e inundaciones detuvieron el tráfico entre la capital y el puerto de Limón, entre los años 1895 y 1902. Tales desastres provocaron en el último año, un desplazamiento de la cosecha de café que iba a ser exportada por el puerto de Limón, hacia el puerto de Puntarenas, haciendo uso de la vieja ruta a través de Panamá, con la única diferencia de que esta vez los vagones del ferrocarril al Pacífico hacían sentir su presencia a la Costa Rica Railway Company.

Cuatro quintos del café que se exportaba a través del puerto de Limón salía con la tarifa de «transporte directo» (through rate bill) que se había acordado entre la Costa Rica Railway Company y las compañías navieras que llevaban el café y el banano costarricenses a los mercados europeos y norteamericano, respectivamente[447]. Dicho acuerdo, cuya azarosa historia se describe más adelante en este mismo capítulo, le generaba a la Compañía 3 libras esterlinas y 15 chelines por cada tonelada de 2,240 libras de peso que se exportara[448].

Respecto al banano, el proceso de auge y caída en el volumen de carga transportado por el ferrocarril, tiene otras motivaciones. El mencionado volumen de carga manifiesta un ritmo de crecimiento estable entre los años 1892 y 1901. Durante todo

447. Cónsul Sharpe. **Trade Report** (1893). P.P. 1894. LXXXV. Pp. 579-593.
448. C.R.R.C. **Report** (London: 1893). P. 10.

este período, la Compañía había disfrutado del monopolio en los servicios de exportación según contratos de dudosa validez legal, como veremos, firmados con Minor C. Keith en 1886 y 1894.

En setiembre de 1902, Keith abrió una nueva línea entre Zent y el puerto de Limón. La Northern Railway Company, subsidiaria de la United Fruit Company, no sólo terminaría por absorber la totalidad del negocio de la exportación bananera, sino que también acabaría con el monopolio que la Costa Rica Railway Company ejercía sobre los muelles del puerto de Limón[449].

Después de 1902, el Cuadro Nº VII-6 es elocuente en el registro de los efectos de tal competencia. En 1905, la Northern Railway Company terminaba absorbiendo a la Costa Rica Railway Company.

2. El tráfico local

El Cuadro Nº VII-7 registra la composición del tráfico local. Desgraciadamente aunque el sistema de paquetes postales fue puesto al servicio público el 15 de diciembre de 1887, no existen datos al respecto para los años entre 1892 y 1899. Un decreto de noviembre de 1901, exonerando toda mercancía que ingresara a Costa Rica según el sistema postal y de acuerdo con el empaque usado, parece haber tenido efectos importantes, tal y como lo indica el cuadro citado a partir de 1902[450]. También se carece de información para precisar la composición de la columna dos, sin embargo, es posible sostener que la mayor parte de la madera para construcción era usada en el levantamiento de nuevas estaciones del ferrocarril, y en el mantenimiento de las viejas estaciones.

449. Seligson, Mitchell. **Op. Cit.** Pp. 54-56. Casey Gaspar, Jeffrey. **Limón. 1880-1940: Un Estudio de la Industria Bananera en Costa Rica** (San José, Costa Rica: ECR. 1978). Capítulo I. Cónsul Cox. **Trade Report** (1901). P.P. 1902. CVI. Pp. 393-402.

450. Cónsul Sharpe. **Trade Report** (1887). P.P. 1888. Cónsul Cox (1901). **Loc. Cit.**

Cuadro Nº VII-7. Tráfico local de mercancía transportada por la Costa Rica Railway Company (1892-1904)

Años	Bultos[a]	Madera y mercancía en general[a]	Ganado en pie[b]	Importaciones[a]
1892	—	12,108,000	1,224	11,270,000
1893	—	22,295,000	2,352	14,585,000
1894	—	34,993,000	3,694	18,047,000
1895	—	37,596,000	3,579	20,688,000
1896	—	34,558,000	6,430	23,145,000
1897	—	35,692,000	3,801	28,809,000
1898	—	38,857,000	3,458	20,192,000
1899	—	39,976,000	4,241	17,080,000
1900	575,000	50,409,000	4,509	20,807,000
1901	890,000	38,773,000	3,092	19,021,000
1902	1,259,000	39,853,000	2,475	17,957,000
1903	1,386,000	36,258,000	4,295	18,859,000
1904	1,420,000	43,542,000	4,025	16,476,000

a. En kilogramos.
b. Caballos y ganado vacuno por cabeza.
FUENTES: Las mismas del Cuadro Nº VII-2.

Asimismo, la información cualitativa de que se dispone indica que en esta columna también se incluía el carbón usado por las locomotoras del ferrocarril, así como provisiones para abastecer las bodegas de la Compañía con las que se suplía a las cuadrillas de trabajadores permanentes, que mantenían en buenas condiciones a la línea principal[451]. La Compañía daba importancia al tráfico local, en la medida en que la apertura de nuevos distritos cafetaleros significaba no sólo la contratación previa para el café de exportación (al cual se sumaba a veces en

451. C.R.R.C. (1893). **Loc. Cit.** P. 9.

las cuentas, como se ha señalado, el café de consumo local), sino también en la medida en que la formación de grandes haciendas cafetaleras —particularmente al este del Valle Central—, significaba la incorporación de grandes contingentes de trabajadores y, por ende, de poder de compra para las mercancías que la Compañía transportaba. Lo mismo puede mencionarse en relación con la expansión de los bananales, pues la Compañía transportaba las naranjas, las patatas, y los otros bienes de consumo utilizados por los peones bananeros.

La mayor parte del ganado que movilizaba la Costa Rica Railway Company, era importado de Alemania, Estados Unidos y Gran Bretaña para abastecer los hatos de crianza que se estaban desarrollando en las llanuras de Santa Clara, así como el que se introducía por las fronteras con Nicaragua para el consumo local, el cual suplía también grandes cantidades de fertilizantes naturales que el ferrocarril transportaba hacia las haciendas cafetaleras. Puede notarse que a lo largo del período, la Costa Rica Railway Company transportó 47,177 cabezas de ganado.

Finalmente, tal vez parezca extraño que hayamos introducido una columna de importaciones en el cuadro del tráfico local, pero es debido a que la mayor parte de aquellas entraban al país bajo consignación de los agentes locales que las trasladaban por ferrocarril hacia las estaciones del interior. De esta forma, la Compañía nos heredó a los historiadores unos reportes en los que se computa el tráfico local como parte de las importaciones.

A partir del 17 de octubre de 1892, la tarifa de artículos importados que hacían uso del ferrocarril fue de $36,65 (en pesos corrientes) por cada mil kilos, y de 84 centavos por cada pie cúbico. A lo largo de 1891, la tarifa había sido de $33,78 y de 78 centavos, respectivamente[452]. El cliente más importante

452. Ibídem. Loc. Cit.

que tenía la Compañía, en lo que se refiere a importaciones, era el gobierno de Costa Rica. Por lo general/el gobierno importaba grandes cantidades de materiales para la construcción escolar, armamento y parque para el ejército[453]. La construcción del ferrocarril al Pacífico, entre finales del siglo XIX y principios del XX, incrementó las importaciones de material rodante, rieles y otros que la Costa Rica Railway también transportó. El año 1900 fue particularmente rico en ese sentido. Sin embargo, la contracción de las exportaciones de café y la caída del precio del artículo en el mercado mundial tuvieron un serio efecto depresivo sobre la capacidad de importación del país, afectando no sólo la conclusión del ferrocarril al Pacífico —la cual se pospuso hasta 1903, cuando se abrió el trecho de San José a San Mateo—, sino también obligando a la Costa Rica Railway a importar e introducir al interior los fertilizantes químicos libres de gravámenes[454]. Obviamente la Costa Rica Railway Company, al renovar sus instalaciones y su material rodante, hacía uso de sus propios recursos para importar.

C. Los servicios colaterales

La Costa Rica Railway Company además de los servicios prestados en el transporte de pasajeros y de carga, ofrecía una serie de servicios menores que le reportaban importantes cantidades de dinero. Sobresalen el servicio de telégrafos y de muelles en el puerto de Limón. Aunque Costa Rica fue la primera nación centroamericana en establecer el servicio de telégrafos en 1869, a partir de 1886 la participación de la Costa Rica Railway Company y de los proveedores de bananos vinculados a ella, fue fundamental en el incremento y mejoría del servicio[455].

453. Ibídem. **Loc. Cit.**
454. C.R.R.C. (1902). **Loc. Cit.** P. 12.
455. Soley Güell, Tomás. **Op. Cit.** P. 60.

Respecto a la explotación de los muelles en el puerto de Limón, la Compañía disfrutaba de un monopolio establecido con el Contrato Soto-Keith de 1884[456]. Dicho monopolio fue finalmente roto por la Northern Railway Company. Para 1894, la competencia le estaba dejando a la Costa Rica Railway Company una pérdida de 30,000 libras esterlinas mensuales[457]. La Compañía también alquilaba los vagones que servían a los ramales que comunicaban las plantaciones bananeras y las haciendas cafetaleras con la línea principal[458].

Cuando la Compañía inició labores bajo administración británica, no existía arreglo alguno con las líneas navieras que visitaban puerto Limón. En la segunda parte de 1892 fue establecido un arreglo de ese tipo, para el transporte directo de las exportaciones de Costa Rica hacia los mercados europeo y norteamericano, sobre la base de pagos en oro contra la entrega de las mercancías. El mismo sistema no operaba con las importaciones debido a problemas administrativos en las aduanas, y a lo inestable de la clientela. Sin embargo, en 1894 la Compañía invirtió 5,000 libras esterlinas en la adquisición de bodegas, remolcadores y otras propiedades en el puerto, con la idea de expandir el servicio de «descargo directo» (through landing) tanto en las exportaciones como en las importaciones[459].

Valga la pena mencionar, finalmente, el servicio que la Compañía brindaba en sus bodegas cuando negociaba con excesos de equipaje, o cuando utilizaba su equipo técnico (pile drivers) para mantener los muelles, la línea principal y sobre todo los ramales de la misma, en perfectas condiciones. El carro

456. C.R.R.C. (1897). **Loc. Cit.** P. 6.
457. Casey Gaspar, J. **Op. Cit.** P. 6.
458. C.R.R.C. **Report** (London: 1894). P. 12. Hall, Carolyn. **El Café y el Desarrollo Histórico-Geográfico de Costa Rica** (San José, Costa Rica: ECR. 1978). Pp. 64-69.
459. C.R.R.C. **Report** (London: 1892). P. 4. C.R.R.C. **Report** (1894). **Loc. Cit.** P. 6.

restaurante había sido convertido en 1893 en un carro de primera clase. La Compañía también prestaba servicios especiales en el mantenimiento de las vías y los caminos que daban acceso a la ruta principal, sobre todo cuando los últimos habían sido abiertos por los mismos interesados.

D. El rendimiento económico de la empresa

El Cuadro Nº VII-8 reúne algunos indicadores económicos que le permitirán al lector ver la calidad de las operaciones alcanzada por la Compañía a lo largo del período en estudio.

La columna Nº 1 indica que en trece años la Compañía no expandió cualitativamente hablando el millaje en operación. La expansión cuantitativa, es decir, la construcción de ramales para servir a las plantaciones de café y banano fue considerable, pues para 1912 el total se acercaba a las 220 millas[460]. La mayor parte de los gastos en capital fijo se concentraba en el mejoramiento de la ruta principal, el material rodante, los muelles y la estación de Limón. Los mejoramientos en la ruta principal consistían básicamente en la remoción de los desechos dejados por las inundaciones, pero sobre todo en la construcción de ramales de línea y apartaderos (slidings) para el abastecimiento de combustible a lo largo de la ruta principal. Por ejemplo, en 1897 se abrieron seis apartaderos distribuidos de la siguiente forma: El Yas, La Florida, Moín, Moín Hill, Curridabat y Turrialba.

En 1900 se abrieron un ramal de línea sobre el camino de Rivera, un apartadero en la estación de Peralta y dos puentes nuevos, uno sobre el río Bonilla y otro sobre el río Virilla. En 1903, cuatro ramales nuevos fueron puestos en funcionamiento, conocidos como La América, La Herediana, La Indiana y Pacuare. Finalmente, en 1904, seis apartaderos más se construyeron en río Hondo, Las Lomas, en la milla 58, Quebrada Honda, Siquirres y Curridabat.

460. **Stock Exchange Yearbook** (London: 1912). P. 234.

Cuadro Nº VII-8. Indicadores operacionales de la Costa Rica Railway Company (1892-1904). (En libras esterlinas)

Años	Millas abiertas	Ingresos brutos	Costos de trabajo	Razón de trabajo	Ingreso neto	Pago a las acciones preferenciales	Disponible	Dividendos ordinarios
1892	137	107,668	69,624	65%	38,044	39,300	-1,256	—
1893	137	153,632	103,774	68%	49,887	45,421	4,466	—
1894	137	211,750	137,502	65%	74,247	44,171	30,076	—
1895	137	214,883	144,900	68%	75,730	52,536	23,394	—
1896	137	238,010	136,711	57%	101,299	52,852	48,447	—
1897	137	244,539	107,545	44%	139,507	90,019	49,488	2%
1898	137	237,234	103,916	44%	133,507	92,376	40,942	2%
1899	137	228,195	111,759	49%	118,692	87,579	31,133	2%
1900	137	259,136	123,584	48%	136,519	88,098	48,421	2%
1901	137	260,896	129,855	50%	131,792	92,253	39,539	2%
1902	137	244,141	116,353	48%	128,197	94,830	33,367	1%
1903	137	228,823	118,454	52%	110,372	94,925	15,447	1%
1904	144	230,000	115,000	50%	115,000	95,000	20,000	—

FUENTES: «The Costa Rica Railway: Unsatisfactory past, gloomy future». **The South American Journal** (London: July 23th. 1903). G.L.Pc.C. Costa Rica: Vol. IV. F. 9. Costa Rica Railway. Report of Directors (London: 1892-1904). **Stock Exchange Yearbook** (London: 1893-1912).

Sin embargo, el Cuadro Nº VII-9 muestra que tales inversiones no eran costosas, pues se trataba esencialmente de acondicionamientos en los cuales la fuerza de trabajo utilizada recibía pago fijo por una labor considerada parte de la actividad normal de la Compañía. De cualquier forma la construcción de estas vías de acceso fue vital en la incorporación de las tierras de los valles de los ríos Reventazón y Turrialba para la producción cafetalera, y de las llanuras de Santa Clara para la producción bananera y ganadera.

Cuando se trataba de inversiones en la importación de cierta tecnología, como en los casos del material rodante y del muelle de Limón, la Compañía disponía de considerables partidas, tal y como lo indica el Cuadro Nº VII-9.

En 1896 la Compañía adquirió 20 vagones de carga nuevos y 6 carros para pasajeros. Entre los años 1901 y 1902, 60 vagones más para el transporte de bananos y 2 locomotoras, incluyendo la modernización de los sistemas de frenos[461]. En setiembre de 1896, el gobierno de Costa Rica aprobaba los planes para la construcción de otro muelle en Limón. El 24 de noviembre de ese año se firmaba el acuerdo para la importación de la maquinaria requerida. En 1897 la Compañía concentraba en Limón el 89% de sus inversiones de capital fijo para todo el año[462].

Las particulares condiciones geográficas del puerto hacían que la Compañía prestara especial interés a sus muelles durante los ocho años siguientes. En 1903, la construcción de otro muelle atraería de nuevo la atención de la Compañía, lo que provocó un nuevo conflicto con Keith por el monopolio de los servicios.

---

461. C.R.R.C. **Report** (London: 1897). P. 5. C.R.R.C. **Report** (London: 1900). P. 11.
462. C.R.R.C. (1897). **Loc. Cit.**

Cuadro Nº VII-9. Gastos contra la cuenta del capital de la Costa Rica Railway Company (1892-1904). (En libras esterlinas)

Años	Material rodante y maquinaria	Mejoras a ruta permanente	Estación y muelle de Limón	Nuevos edificios y mueblería	Tierra y otros	Total
1892	—	—	—	—	—	30,794
1893	—	—	—	—	—	—
1894	—	—	—	—	—	—
1895	—	—	—	—	—	—
1896	5,752	4	4,647	310	—	10,713
	(54%)	(0.03%)	(43%)	(3%)		
1897	1,038	780	19,004	526	—	21,348
	(5%)	(4%)	(89%)	(2%)		
1898	4,637	26	33,141	66	—	37,870
	(12%)	(0.06%)	(88%)	(0.17%)		
1899	566	2,417	18,123	1,443	—	22,559
	(3%)	(11%)	(80%)	(6%)		
1900	6,228	4,488	12,954	734	—	24,404
	(26%)	(18%)	(53%)	(3%)		
1901	20,509	5,900	6,180	2,623	—	35,212
	(58%)	(17%)	(18%)	(7%)		
1902	17,342	260	4,754	5,215	—	27,571
	(63%)	(0.1%)	(17%)	(19%)		
1903	1,644	6,468	17,515	46	—	25,673
	(6%)	(25%)	(68%)	(0.17%)		
1904	2,536	12,544	6,610	437	2,252	23,429
	(11%)	(54%)	(28%)	(2%)	(5%)	

NOTA: Los porcentajes han sido redondeados al número más próximo.
FUENTES: Las mismas del Cuadro Nº VII-2.

Respecto a las inversiones en edificios y mobiliario, la Compañía ponía el énfasis en el levantamiento de bodegas, galerones para los trabajadores y de estaciones. En este renglón de nuevo, la Compañía gastaba poco, no sólo por su fácil acceso a la fuerza de trabajo, sino también porque como se señalará luego, la mayor parte de la madera usada procedía de las tierras propiedad de la misma empresa.

Junto a los Cuadros N$^{os.}$ VII-8 y VII-9 tenemos el Nº VII-10 que describe en porcentajes lo que la Compañía gastaba en pago por la fuerza de trabajo. Sin distinguir el renglón de operaciones, puede notarse que en términos generales la empresa invertía entre un 30 y un 80% de sus ingresos brutos en el pago de salarios. Es decir, las inversiones de corto plazo caracterizan la actividad de la Compañía, en el sentido de que su movimiento financiero es meramente reproductivo. La Compañía crece pero no se expande en proporciones llamativas.

El Cuadro Nº VII-10 indica, al igual que el Cuadro Nº VII-9, que el grueso de las inversiones de corto plazo se ubicaban en la reproducción de los servicios más vinculados al sector exportador. Los muelles en el puerto de Limón, el tráfico y los recargos generales manifiestan un alto porcentaje en la intensidad de utilización de la fuerza de trabajo. En los dos primeros casos se trata básicamente de personal semiespecializado, pero en el último ejemplo se trata de personal ejecutivo. A este respecto es conveniente señalar que sólo la administración de la Compañía en Londres, absorbió un 40% anual de los pagos hechos en recargos generales por concepto de salarios.

En lo que se refiere a los primeros cuatro renglones del Cuadro Nº VII-10 es necesario señalar que en estos, la gravitación del personal especializado era mucho mayor. Desde 1891, la Compañía hizo todo lo posible por reducir sus costos de trabajo en esos renglones. La sección de reparaciones (work-shops), la cual concentraba el mayor volumen de personal técnico, resultó

Cuadro Nº VII-10. Gastos de trabajo contra la cuenta de ingresos de la Costa Rica Railway Company. (En porcentajes)

Item	1892	1893	1894	1895	1896	1897	1898	1899	1900	1901	1902	1903	1904
Ruta permanente y reparaciones	50	53	58	62	51	56	51	44	48	50	49	49	53
Locomotoras	77	56	91	45	45	31	42	47	45	48	45	47	45
Talleres	59	51	38	36	31	38	50	54	68	61	65	71	72
Reparaciones al material rodante	55	57	56	56	54	59	45	30	28	19	51	55	52
Muelle de Limón													
Tráfico	75	58	56	65	69	65	85	85	88	88	84	84	85
Cargos generales	59	60	59	59	55	78	74	86	90	85	81	82	80

NOTA 1: Los ajustes al valor cambiario ya han sido aplicados.
NOTA 2: Los porcentajes han sido redondeados al número más cercano.
NOTA 3: Para mayor seguridad hemos considerado como equivalentes los términos de salarios, jornales y trabajos. Sólo los ítems clasificados con esos términos en los reportes de la compañía, fueron tomados en cuenta para los cálculos hechos aquí.
FUENTES: Las mismas del Cuadro Nº VII-2.

particularmente afectada entre los años 1893 y 1896. Pero a partir de 1897 se tuvo más cuidado de esta sección, sin que ello modificara la lentitud de su ritmo de crecimiento. El caso excepcional de 1894, cuando se adquirieron tres nuevas locomotoras, no debe confundir al lector[463].

Una organización empresarial con estas características no podía haber rendido dividendos muy jugosos. Pero el pago de dividendos muestra muy poco respecto a las capacidades reales de la empresa. El Cuadro Nº VII-8 indica que en un término de trece años se fugaron al exterior, o fueron reinvertidos en la reproducción del sistema de monocultivo, $417,251,344 (1,568,304 libras esterlinas), lo que incluye también el pago de los intereses a las acciones preferenciales, los dividendos de las acciones ordinarias, los salarios pagados a la administración en Londres y la porción de la deuda externa que se pudo atender entre los años 1888 y 1901, la cual se había adquirido para financiar la construcción y conclusión del ferrocarril.

El ferrocarril no fue construido para pagarle grandes beneficios al pequeño accionista británico o costarricense, mucho menos para beneficio del pequeño empresario agrícola de Costa Rica. Tratándose de una empresa que había surgido como respuesta a la deuda externa de Costa Rica y con el afán de satisfacer las necesidades del sector exportador, era obvio que quienes saldrían beneficiados con su existencia serían aquellos que poseían la deuda externa y controlaban el sector exportador. De aquí la necesidad de mantener a la empresa en un constante estado de sobrecapitalización.

IV. EL FERROCARRIL Y SUS EMPRESARIOS

De los tres aspectos que se estudian a continuación sólo el primero fue debidamente reglamentado por el Contrato Soto-

463. C.R.R.C. **Report of the Directors (a)** (London: 1895). P. 5.

Keith del 21 de abril de 1884. Durante veinte años la Compañía del ferrocarril iba a recibir para su explotación una concesión de 800,000 acres de las mejores tierras de Costa Rica, ya fuera a lo largo de la línea o en cualquier otra parte del territorio nacional. En esta concesión leonina tiene origen e inspiración la actual organización de la propiedad extranjera en Costa Rica[464].

En lo que respecta al contrato bananero de 1886, no tuvo ninguna relación con el contrato mencionado pero se deriva de los enormes poderes otorgados a Keith en el mismo. Algo parecido podría decirse del contrato bananero de 1894 y del acuerdo sobre el contrato de construcción de abril de 1895. Lo importante de todos estos acuerdos y contratos es que permiten caracterizar al tipo de empresario con el que tuvo que negociar Costa Rica para justificar la existencia de su ferrocarril.

A. La concesión de los 800,000 acres

La Costa Rica Railway Company reconoció desde un principio su ineptitud para administrar semejante propiedad (aproximadamente el 8% del territorio nacional costarricense). Para tal efecto se negoció un arreglo con la River Plate, Trust, Loan and Agency Company de Londres, por el cual la Compañía del ferrocarril conservaría 266,000 acres y concedería el resto a la River Plate, con el fin de que fomentara la inmigración de colonos españoles e italianos, quienes ocuparían dichas tierras. Inicialmente el administrador de la River Plate denunció para sí mismo 187,000 acres[465].

464. Meléndez, Carlos. **Documentos Fundamentales del Siglo XIX** (San José, Costa Rica: ECR. Colección Biblioteca Patria. 1978). Pp. 321-341. Artículo XXII. P. 328.

465. «The Costa Rica Railway». **The Financial News** (London: December 10th. 1890). (G.L.Pc.C. Costa Rica: Vol. IV. f. 16).

La River Plate editó un panfleto con el objetivo mencionado. En él se prometía una concesión no menor de siete hectáreas por familia, además, la preparación del terreno, una casa, un par de bueyes con su respectiva carreta, dos mulas y herramientas agrícolas. Se esperaba que el colono interesado pudiera pagar su asignación en un lapso no mayor de seis años[466].

Para octubre de 1891, las tierras en administración de la River Plate se encontraban en la siguiente situación: 27,500 acres debidamente titulados en la región de Turrialba; 23,000 acres de tierras exploradas y en vías de titular entre río Jiménez y Toro Amarillo; 126,762 acres en la misma condición distribuidos en San Ramón, el valle del río Reventazón y la provincia de Guanacaste.

Del primer grupo de tierras ya se habían preparado 70 acres para la siembra de plátanos y 190 acres para la siembra de patatas. Un aserradero trabajaba todo el día fabricando durmientes, casas y cajas para el transporte de las patatas al mercado norteamericano[467]. Un camino de 12 millas de longitud y 75 pies de ancho se había abierto entre la estación del ferrocarril en río Jiménez y el bloque de tierras en cuestión[468].

En noviembre de 1892, la River Plate reportaba que las siembras de patatas no daban ningún indicio de éxito. Sembradas entre los tres y cinco miel pies de altura sobre el nivel del mar, las patatas resultantes eran de menor calidad que aquellas obtenidas en las faldas del volcán Irazú, en la provincia de Cartago.

Los otros bloques explorados que se encontraban a lo largo de la línea del ferrocarril, particularmente en el sector sur del

---

466. Camphuis, G.W. **Costa Rica: A Home for Immigrants** (London: Pamphlet Published by the River Plate Trust, Loan and Agency Company. 1891). (G.L.Pc.C. Costa Rica: Vol. IV. f. 37).
467. C.R.R.C. **Report** (London: 1891). P. 16.
468. Ibídem. **Loc. Cit.**

valle del río Reventazón, eran considerados como de excelente calidad por la River Plate, pero la carencia de comunicaciones y la lentitud del gobierno en la emisión de los títulos no recomendaban la atracción de colonos. Estos mismos problemas hicieron que la concesión hecha a la River Plate fuera reducida a la mitad en 1893. El 3 de julio de ese mismo año se habían registrado 112,022 acres, y la medición de 230,031 acres adicionales hacían un total de 342,053 acres en administración de la River Plate[469].

Solamente en el valle del río Tuis se habían logrado vender 2,265 acres a un precio de 20s. el acre y 400 más a 25s. En Guanacaste se vendían 1,730 acres a 10s. el acre y otros 1,730 a 15s.[470] (s. significa chelines ingleses). La falta de comunicaciones seguía siendo un serio problema para atraer compradores de los 383, 314 acres que la River Plate ya tenía explorados en 1895[471].

En un esfuerzo por superar esa deficiencia, los caficultores del valle del río Tuis lograron reunir 14,000 pesos en 1896, y construir un camino que los pondría en contacto con la estación del ferrocarril en Turrialba[472]. Para 1897, la River Plate negociaba con Mr. C. Beal de Portland, Oregon, representante de la Costa Rica Coffee Land and Improvement Association una venta de 14,000 acres en la región de Turrialba. En las faldas del volcán del mismo nombre, 1,500 acres ya habían sido preparados ese año, para que 17 familias norteamericanas se establecieran y se dedicaran a la producción de café[473].

---

469. C.R.R.C. (1893). **Loc. Cit.** P. 6.
470. C.R.R.C. (1894). **Loc. Cit.** Pp. 6-7.
471. C.R.R.C. **Report (a)** (London: 1895). P. 6.
472. Hall, Carolyn. **Op. Loc. Cit.** Cónsul Harrison. **Trade Report** (1895). P.P. 1896. LXXXV. Pp. 503-514.
473. República de Costa Rica. **Memoria de Fomento** (San José: 1897). Pp. 133-134.

En 1898, la River Plate negoció también con la Tropical Land Culture and Investment Company la venta de las tierras a orillas del río Reventazón, las cuales se pensaba poner a producir cacao y hule. Ese mismo año, un contrato con la Abangares Mining Syndicate se acordaba para la explotación minera de 2,000 acres a cambio de 30,000 libras esterlinas en acciones liberadas del capital de la compañía que se formara al efecto. La empresa fracasó[474].

Para 1899, la Costa Rica Coffee Land tenía serias dificultades para interesar al público norteamericano en sus propiedades. Los disturbios políticos de febrero hicieron aún más difícil dicha promoción. A pesar de todo, la River Plate todavía logró interesar a la Costa Rica Lumber Export en las ricas tierras de Guanacaste, para la extracción de maderas y la comercialización del hule, el cual era extraído ilegalmente por los nicaragüenses[475]. El mismo año, la River Plate registra una venta de 5,917 acres a un precio de 1 libra esterlina, 1 chelín y 1 penique por cada uno, ubicados principalmente en los valles de los ríos Turrialba, Reventazón y San Carlos. Para 1903, año en que el contrato con la Costa Rica Railway Company y con el gobierno de Costa Rica concluía, la River Plate comunica que sólo pudo vender 4,195 acres, pues para entonces le habían sido devueltos 1,722[476]. Es importante indicar finalmente, que a partir de 1899 el principal comprador de la River Plate había sido la United Fruit Company[477].

B. Los contratos bananeros

La historia de los contratos bananeros y del acuerdo sobre el contrato de construcción, es la historia de las relaciones

474. C.R.R.C. **Report** (London: 1898). P. 5.
475. República de Costa Rica. **Memoria de Fomento** (San José: 1899). Pp. 136-137.
476. República de Costa Rica. **Memoria de Fomento** (San José: 1903). Pp. 140-141. C.R.R.C. **Report** (London: 1899). P. 6.
477. Casey Gaspar, J. **Op. Cit.** P. 18.

empresariales establecidas entre Minor C. Keith y la primera junta directiva de la Costa Rica Railway Company.

Esta Compañía fue registrada el 22 de abril de 1886. El 19 de mayo de ese mismo año Keith firmaba con la Atlas Steamship Company y con Phipps and Company un contrato, mediante el cual estas dos organizaciones navieras iban a monopolizar el transporte de los bananos producidos por Keith desde puerto Limón hasta Nueva York en el primer caso, y desde el mismo puerto hasta Nueva Orleans en el segundo. Ambas líneas de navegación habían tenido contactos con Keith desde la época en que trabajaba bajo licencia para el gobierno de Costa Rica, y ambas líneas navieras eran propiedad de dos de los más poderosos miembros de la primera junta directiva de la Costa Rica Railway Company, nos referimos a Sir Arthur B. Forwood y J.M. Phipps. A través de la casa Leech, Harrison & Forwood, Sir Arthur poseía el 50% de las acciones de la Atlas Steamship Company, por ello recibiría el 5% de las ganancias que la misma obtuviera del contrato bananero firmado con Keith.

Cuando en 1891, la Costa Rica Railway Company se hacía cargo del ferrocarril, la primera junta directiva no tendría ninguna dificultad en hacer suyo el mencionado contrato bananero. Las líneas navieras integrantes del monopolio pagarían a la Costa Rica Railway Company una determinada cantidad por tonelada de flete transportada. El mismo 1 de julio de 1891, fecha en que la Compañía se hacía cargo de la línea del ferrocarril, se desataba una disputa entre los integrantes del monopolio (naviero) y la junta directiva de la Compañía, en relación con la equivalencia monetaria en que se harían dichos pagos.

El monopolio sostenía que sólo aceptaría pagos a una equivalencia de $7,70 en papel moneda costarricense por libra esterlina, mientras la junta directiva sostenía que sólo aceptaría pagos a una equivalencia de $5,45 en oro costarricense por libra esterlina. El asunto se resolvió a favor de la última tarifa el

20 de octubre de 1893. Una cantidad compensatoria de 22,000 libras esterlinas se le giró a la Compañía en consideración a que desde 1891 el monopolio estuvo pagando con un papel moneda costarricense que durante ese período estuvo cayendo a una tasa de depreciación del 50%[478].

El contrato bananero en discusión sería ampliado dos veces posteriormente: primero por medio del establecimiento en 1892 del sistema para descargo directo y luego en junio de 1894, mediante la concesión a la Atlas Steamship Company del monopolio absoluto para el transporte de los bananos producidos por Keith. Phipps se había retirado de la junta directiva en 1892, dejando a Forwood totalmente dueño del negocio del transporte bananero.

La Prince Line de Newcastle trató de obtener las mismas prerrogativas en 1894, dentro del esquema de descargo directo, pero se rechazó su solicitud sobre la base de que la recolección de cuatro libras esterlinas por tonelada de flete en Europa era una gran responsabilidad para los agentes de la Costa Rica Railway Company. La Prince Line redujo, entonces, sus tarifas pero lo mismo hicieron las otras líneas navieras. Al final la Prince Line decidió retirar sus vapores y las tarifas volvieron a subir.

Las líneas navieras comprendidas en el esquema mencionado pagaban sólo 6 chelines por tonelada menos el flete ferroviario. Cuando la Prince Line estaba compitiendo contra los miembros del monopolio, el tráfico y el comercio mejoraron notablemente. Sin embargo, el monopolio establecido seguía considerándose beneficioso para la Compañía del ferrocarril, a pesar de que junto a la Prince Line, otras líneas navieras pagaban los mismos 6 chelines más el flete ferroviario[479].

478. C.R.R.C. **Report of the Committee of Investigation** (London: 1895. Carta anexa del 2 de junio de 1891). P. 21.

479. **Report of the Proceedings (b)** (London: 1895). P. 23.

Los defensores del contrato bananero aseguraban que debido a las vinculaciones de Keith con los compradores del banano en Nueva York y Nueva Orleans, era muy conveniente garantizarse el transporte y la comercialización del producto en manos de un solo individuo o entidad[480]. El 1 de enero de 1894, un nuevo contrato bananero fue puesto en ejecución. Con el viejo contrato bananero de 1886, la Costa Rica Railway Company se suponía que iba a recibir 25 centavos por racimo de bananos transportado hasta el puerto de Limón, sin importar la distancia por recorrer y dependiendo de las cantidades. Sin embargo, Keith en 1895 estaba pagándole a la Compañía poco menos de 17 centavos por racimo.

Con el nuevo contrato bananero, la Costa Rica Railway Company establecería tres tarifas promedio, dependiendo de la distancia por recorrer: 11 centavos para el sector entre Limón y Matina, en el cual la Compañía contaba con el 6% del transporte no competitivo de banano; 13 centavos para el sector entre Matina y La Junta, en el que la Compañía controlaba el 24% del transporte; y 15 centavos para el sector entre La Junta y Guápiles, del que la Compañía controlaba el 25% del transporte bananero[481].

Pero el beneficiario principal del nuevo contrato bananero seguía siendo Minor C. Keith, ahora mediante la Tropical Trading and Transport Company. Esta nueva organización empresarial controlada por Keith no permitiría que ningún otro de los plantadores de banano fuera del sistema de tres sectores ya mencionado, hiciera uso de la línea sin pagar 21 centavos por racimo exportado. Pues en la práctica, el sistema de tres

480. «The Costa Rica Railway». **Financial News** (London: December 21st. 1894). (G.L.Pc.C. Costa Rica: Vol. IV. F. 80).

481. «The Costa Rica Railway Company». **The Railway Times** (London: Vol. LXVII. Nº 3014. October 12th. 1895). Pp. 468-469. «The Costa Rica Railway Annual Meeting for 1901». **The Railway Times** (London: Vol. LXXIX. Nº 3305. May 11th. 1901). Pp. 483-485.

tarifas no operaba, ya que Keith cobraba la tarifa única de 21 centavos, de la cual sólo asignaba 10 centavos a la Compañía del ferrocarril. Esta situación le había acarreado a la última una actitud agudamente hostil por parte de los plantadores de banano menos afortunados, es decir, aquellos ubicados fuera del primer sector[482]. Además, una pérdida anual de $60,000 en oro[483].

Las tarifas en cuestión iban a ser aplicadas particularmente a los bananos de primera clase, esto es, racimos de ocho o más manos. Por los bananos de segunda clase la Compañía recibiría sólo media tarifa. Con el viejo contrato, la Compañía transportaba estrictamente un sexto de la producción total de bananos de segunda clase. En el nuevo contrato esta salvedad no se hacía. Es más, mientras que Keith le pagaría media tarifa a la Compañía por el transporte de bananos de segunda, el resto de los plantadores pagaría tarifa completa tanto para bananos de primera como de segunda clase[484].

Por otra parte, la Compañía del ferrocarril estaba obligada a detener sus trenes en cualquier trecho de la línea comprendido en el perímetro de los tres sectores. A pesar de que la cláusula 15 del nuevo contrato bananero autorizaba a la Compañía para negociar con quien quisiera, esto debería hacerse dentro de los términos establecidos por dicho contrato, es decir, sin perjudicar a la Tropical Trading and Transport Company. Adicionalmente, la cláusula 6 del mismo contrato obligaba a la Compañía a ceder derechos permanentes y obligatorios de amarra, en los muelles de su propiedad en Limón, a los vapores de la Tropical Trading Company. Mejores condiciones no podían negociarse con nadie más, pues la capacidad de los

---

482. C.R.R.C. **Report** (London: 1896). P. 7.
483. C.R.R.C. **Report of the Committee of Investigation** (London: 1895). P. 19.
484. «The Costa Rica Railway Company». **The Railway Times** (London: October 12th. 1895. Vol. LXVII. Nº 3014). Pp. 468-469.

citados muelles era muy limitada y eso dejaba a la Tropical Trading como la única beneficiaria posible[485].

El viejo contrato bananero fue simplemente heredado a la Costa Rica Railway Company. Pero el nuevo contrato bananero provocó una violenta reacción no sólo al interior de la junta directiva —la cual terminó por ser removida y reemplazada por una nueva en diciembre de 1895—, sino también por parte del gobierno de Costa Rica, en un frustrado afán por proteger a los pequeños y medianos plantadores. De cualquier forma, antes de retirarse, la vieja junta directiva logró aprobar el nuevo contrato bananero. Veamos cómo.

Tres de los miembros de la junta directiva habían renunciado: Mr. George Russell, el Coronel Oldham y Mr. Smithers; todos objetaban alguna situación en particular al nuevo contrato bananero. La junta directiva por tradición estaba compuesta de siete miembros y ahora tenía que llenar tres vacantes. En aquel momento, cinco de las seis compañías británicas con más dinero invertido en la Costa Rica Railway Company sugirieron que sus representantes deberían cubrir esas vacantes. Previendo un paso así, la junta directiva sorpresivamente redujo el número de miembros de siete a cinco y cubrió dos de las vacantes en disputa con simpatizantes del nuevo contrato bananero: Mr. Bruce Gardyne y Mr. W. Le Lacheur. La tercera vacante no fue cubierta, y para evitar hacerlo la junta directiva se acogió a una práctica que no pudo haber sido accidental.

Nadie podía ser propuesto como director a menos que la noticia de tal proposición fuera hecha a la junta directiva en un término no menor de cuatro días, y no mayor de un mes antes de la siguiente asamblea general de accionistas. El International Investment Trust propuso el nombre de su secretario, el señor Rathbone. La junta directiva emitió de inmediato el reporte anual

485. **Financial News** (London: December 21st. 1894). **Loc. Cit.**

y convocó a la asamblea general de accionistas exactamente trece días después de la propuesta, dejando al señor Rathbone inhábil para la elección por un día de diferencia. Finalmente, la junta directiva nombró al señor Van Raalte, quien era un incondicional del nuevo contrato bananero, es decir, de Keith[486].

C. El acuerdo sobre el contrato de construcción

Cuando en junio de 1891, la Compañía se hizo cargo de la línea del ferrocarril, la junta directiva de la misma era consciente de que Keith se estaba quedando sin dinero. La línea fue transferida inconclusa y con el material rodante en pésimas condiciones. El 23 de junio de 1892, Keith dirigió una carta a la junta directiva, en la cual reclamaba 58,279 libras esterlinas, 17s. y 8d. (s. significa chelines y d. peniques) por los trabajos extras y los gastos adicionales realizados en la línea mientras fue el contratista de la Compañía, entre abril de 1886 y junio de 1891. La carta de Keith fue remitida a un comité que proponía el 29 de julio de 1892 dos condiciones básicas para aceptar la propuesta:

1. Keith debería obtener el consentimiento escrito por parte del gobierno de Costa Rica para abandonar el sector de la línea entre Toro Amarillo y Carrillo.

2. Keith debería concluir algunos trabajos en la línea vieja en lugar de reconstruir la línea mencionada.

Estas condiciones nunca tuvieron carácter contractual, pero mientras tanto, Keith cumplía con la segunda condición, aunque tenía serias dificultades en el logro de la primera. Keith le reclamaba a la Compañía 31,818 libras esterlinas invertidas según él en lograr el «consentimiento» del gobierno de Costa Rica para la satisfacción de la primera de las condiciones. La Compañía rechazó el argumento como injusto.

486. Ibídem. Loc. Cit.

El abandono de la ruta Toro Amarillo-Carrillo era un elemento básico de la negociación con Keith, pues le costaba a la Compañía entre 10,000 y 12,000 libras esterlinas anuales, en reparaciones y mantenimiento[487]. A pesar de lo anterior, el gobierno de Costa Rica y los pequeños plantadores consideraban muy conveniente mantener abierta la ruta (de unas 8 millas), pues al abrirse la correspondiente entre Cartago y Limón, la primera hubiera quedado como línea alternativa. Sin embargo, la obligación de concluir la misma y luego transferirla a la Compañía no tenía ningún sentido comercial para Keith. Con el fin de silenciar las quejas del gobierno y de los terratenientes interesados, Keith invirtió la cantidad que ahora reclamaba a la Compañía en la adquisición de las tierras propiedad de los segundos[488].

Las 20,464 libras esterlinas restantes eran el producto de lo que Keith decía haber desembolsado en el lastre para la división del Atlántico. Esta nueva cantidad era una estimación basada en el costo del lastrado hecha en un reporte preliminar de ingeniería, pero no tenía ningún asidero real. La junta directiva aceptó negociar unas 4,000 libras por aquellos trabajos extras que Keith hubiera realizado fuera de los estrictos límites del contrato de construcción, el cual como el viejo contrato bananero, había sido firmado el 19 de mayo de 1886. La Compañía exigía a cambio la conclusión de la ruta en disputa o el logro del permiso para su abandono total. En el primer caso la Compañía hacía un cálculo por 27,490 libras, el cual fue rechazado por Keith y reducido a 13,000 libras. De este monto debían reducirse a su vez 5,000 por productos en bodega recibidos de manos de Keith. Ahora bien, si la Compañía pagaba las 4,000 libras por gastos extras, Keith todavía seguía debiendo 4,000.

487. «The Costa Rica Railway Company». **Financial News** (London: December 13th. 1893). (G.L.Pc.C. Costa Rica: Vol. IV. f. 65).

488. C.R.R.C. **Report of the Proceedings** (London: 1893). P. 6.

La Compañía había obtenido en nombre del contratista, contra una hipoteca de las obligaciones del contrato de construcción, un préstamo bancario, con el fin de habilitarle para pagar el cupón atrasado del 1 de enero de 1891. Ciertamente tales obligaciones no eran suficientes para pagar al banco o para cancelar las 4,000 libras que se debían a la Compañía. La generosidad de esta última sorprende, pues decidió perdonar las 14,490 libras de diferencia sobre la estimación del costo para concluir la ruta Toro Amarillo-Carrillo y aceptó la cantidad propuesta por Keith en el mismo sentido. Es más, si el contratista no podía cubrir la totalidad de las 4,000 libras que debía a la Compañía, esta también perdonaría los saldos.

Para lograr todos estos «favores», lo único que tenía que hacer Keith era obtener el permiso del gobierno de Costa Rica para abandonar la línea mencionada. De esta forma, Keith adquiriría las obligaciones del contrato (con la excepción de aquellas hipotecadas) y el balance de las acciones que se le debieran al concluir el contrato. Antes de que estas decisiones fueran comunicadas a la asamblea general de accionistas, una reunión previa tuvo lugar entre Sir Gabriel Goldney, Keith y el ingeniero James Livesey. En esta reunión se aprobó destinar para Keith un determinado número de acciones «ex gratia» y se redujo a 3,878 libras esterlinas la cantidad que aquel debía a la Compañía. En la reunión de la junta directiva del 10 de agosto de 1892, el acuerdo fue discutido pero aplazado[489]. El 13 de agosto, Keith escribía a Sir Arthur B. Forwood pidiéndole interferir en su favor ante la junta directiva, para que esta hiciera circular una carta entre los accionistas, con el fin de que le autorizaran las acciones. El 18 de agosto, Sir Arthur le respondía que no era conveniente escribir a todos los accionistas. Lo más conveniente, según él, era tratar de ganarse el apoyo de los grandes accionistas, los cuales no tenían por qué temer una desvalorización de sus acciones ante la posible compra de un lote determinado de ellas por Keith.

489. C.R.R.C. **Report** (1895). P. 28.

Forwood era consciente de que el acto era ilegal y de que se ganaría la oposición de los accionistas en el momento de ser presentado. La idea de conquistar el apoyo de los grandes accionistas era con el afán de que la junta directiva se sintiera respaldada, y de esta forma se evitaran efectos secundarios en la reputación de Keith, debido a la turbia apariencia que el arreglo tenía.

En otra carta del 29 de agosto, Forwood explicaba que había tenido una reunión con Keith, el abogado de este y el señor Van Raalte, donde se concluyó que la emisión de acciones extraordinarias no tendría valor para Keith, pues no podría convertirlas fácilmente a dinero contante. Para ello, Forwood sugería una cantidad próxima a las 25,000 libras esterlinas, que se obtendría de una emisión extraordinaria de acciones preferentes por 200,000 libras[490]. El 30 de agosto, Keith volvió a escribir a la junta directiva replanteando sus reclamos. El 13 de setiembre, la junta directiva integró otro comité, esta vez compuesto por Sir Gabriel Goldney y Forwood. La propuesta hecha por este nuevo comité consistía en la obtención de un arreglo «amigable» con Keith, ya que se le pagarían las 25,000 libras, siempre y cuando él cancelara la deuda con el banco y lograra la suspensión de la línea a Carrillo, así como indemnizar a la Compañía por no haber cumplido con el contrato a cabalidad. El 10 de octubre de 1892, Keith aceptaba la propuesta[491].

En la asamblea general de accionistas en diciembre de 1892, el acuerdo no se mencionó, tampoco se hizo en febrero de 1893, cuando se discutió el asunto de la emisión extraordinaria de acciones preferentes por 200,000 libras, de las que se iban a regalar 25,000 a Keith[492]. Con ese dinero, Forwood

490. Ibídem. P. 15.
491. Ibídem. P. 18.
492. «The Costa Rica Railway Company». **The Times** (London: February 22nd. 1896). (G.L.Pc.C. Costa Rica: Vol. IV. ff. 102-206).

esperaba conseguir el pago de una deuda por 4,000 libras que Keith tenía con la Atlas Line[493]. De aquí sus presiones sobre la junta directiva.

En otra carta del 23 de mayo de 1894, escrita por el secretario de la Compañía al director general, se llamaba la atención sobre los medios utilizados por Keith para obligar a la junta directiva a llegar a un acuerdo favorable. En caso contrario, Keith tenía previsto acelerar los trabajos de construcción de una de sus líneas entre río Banano y Matina, lo que hubiera atraído las exportaciones de banano y perjudicado seriamente los intereses de la Costa Rica Railway Company. De cualquier forma, Keith ya había tomado este paso, con o sin la resolución favorable de la junta directiva[494]. Keith recibió su último pago en abril de 1895, con intereses retroactivos a 1893[495].

La primera junta directiva de la Costa Rica Railway Company había empezado a desintegrarse en 1892. Este año, los principales accionistas de la Compañía se habían opuesto a una emisión extraordinaria de 200,000 libras en acciones preferentes las cuales, se decía entonces, eran para adquirir más material rodante y como hemos señalado beneficiarían al señor Keith. La junta directiva reaccionó haciendo circular una carta en la que se decía que los poseedores de las segundas acciones preferentes no recibirían el pago de sus intereses en dinero efectivo, sino en «garantías de crédito» a un año y medio plazo[496].

La decisión había sido tomada sin consultar a los interesados, lo que provocó una violenta reacción de la prensa financiera londinense, que acusaba a la junta directiva de incompetencia y de estar fomentando roces entre los poseedores de las

493. Ibídem. **Loc. Cit.**
494. C.R.R.C. **Report** (1895). P. 6. Cartas anexas Nº 146 de mayo 23, 1894 y Nº 433 de abril 27, 1894.
495. **The Times** (London: February 22nd. 1896). **Loc. Cit.**
496. «To the Editor». **Financial News** (London: May 17th. 1892). (G.L.Pc.C. Costa Rica: Vol. IV. f. 43).

acciones preferentes y los poseedores de las acciones ordinarias[497]. El conflicto no sólo produjo la caída del precio de los bonos costarricenses en el mercado de Londres, sino la del director general de la Compañía en Costa Rica, quien sería reemplazado por un nuevo individuo más vinculado comercialmente a la realidad costarricense: el ingeniero Harrison Hodgson[498]. Al mismo tiempo era denunciada la doble y conflictiva representación del señor Forwood, porque él no sólo operaba en el negocio bananero. En mayo de 1890 logró ser nombrado en el comité que estudiaría la licitación ofrecida por la Compañía del ferrocarril para la adquisición de combustible y nuevo material rodante. En otro acuerdo ilegal con la Lancaster Wagon Company, Forwood logró desmotivar a todos los demás proponentes antes de que el comité en cuestión conociera las ofertas. La operación ascendió a 9,000 libras esterlinas de las que 1,100 fueron repartidas entre Forwood y la Lancaster[499]. Todos estos negocios fueron la «comidilla» de la prensa financiera de la ciudad londinense, que se dedicó a reducir a pedazos el poco prestigio empresarial de la Costa Rica Railway no sólo en Londres sino en Costa Rica, a pesar de que todas estas denuncias habían puesto en evidencia a los responsables de la aprobación del nuevo contrato bananero y del acuerdo sobre el contrato de construcción, de tan poco grata memoria[500].

Estas denuncias adquirieron niveles de escándalo cuando el 2 de marzo de 1895 el señor Herbert Allen publicaba un artículo en el **Liverpool Daily Post** acusando a Forwood y asociados de deshonestidad[501]. La Compañía integró su propio

497. «To the Editor». **Financial News** (London: January 26th. 1893). (G.L.Pc.C. Costa Rica: Vol. IV. f. 57).
498. «The Costa Rica Railway Company». **The Money Market Review** (London: March 5th. 1892). (G.L.Pc.C. Costa Rica: Vol. IV. f. 101).
499. C.R.R.C. **Report** (1895). P. 21.
500. Ibídem. P. 22.
501. Ibídem. Apéndice Nº 4. P. 46. También «The Costa Rica Railway Scandal». **The Railway Times** (London: March 2nd. 1895. Vol. LXII. Nº 2982). Pp. 300-303.

comité de investigación el 12 de diciembre de 1895 y obligó a Forwood a retirarse de la junta directiva el 29 de febrero de 1896. Forwood, además, perdió un juicio por difamación contra Allen ante la justicia británica. La demanda fue por 5,000 libras esterlinas. El veredicto le fue contrario y más bien tuvo que pagar 100 libras en gastos de procedimiento[502]. Eventualmente Allen formaría parte de la nueva junta directiva, que sería integrada entre diciembre de 1895 y febrero de 1896[503].

La elección de la nueva junta directiva tuvo ciertos efectos positivos. Las acciones ordinarias (a 10 libras cada una), que habían llegado a valer 12 chelines y 6 peniques en 1896, se recuperaron un poco hacia 1897, cuando alcanzaron un precio de 37 chelines y 8 peniques. No obstante, permanecían por debajo del precio alcanzado en 1890. El incremento más sobresaliente se registró en las acciones preferenciales de la primera y segunda series (véase el Cuadro Nº VII-11).

A pesar de todo, la nueva junta directiva fue incapaz de revertir un proceso de monopolización que se le había escapado totalmente de las manos a la Costa Rica Railway Company como entidad empresarial. Una vez en manos de Keith, esto es de la Northern Railway Company y de la United Fruit Company, el tan citado monopolio probaría ser fatal para la Costa Rica Railway Company.

El 15 de junio de 1905 se firmaba un acuerdo entre la Northern Railway Company y la Costa Rica Railway Company mediante el cual la primera adquiría en alquiler a la segunda por una anualidad de 131,100 libras hasta 1907; de 135,600 hasta 1909; de 140,000 hasta 1910 y de 144,600 hasta 1911. A partir de 1912 hasta el final de la concesión por 99 años

502. C.R.R.C. **Report** (1895). Apéndice Nº 4. También C.R.R.C. **Report (a)** (1895). P. 8.
503. Ibídem. **Loc. Cit.**

Cuadro Nº VII-11. Costa Rica Railway Company. Precio de las acciones preferenciales y de las acciones ordinarias en el Mercado de Londres (1888-1897)

	Preferenciales 1a. serie		Preferenciales 2a. serie		Acciones ordinarias	
Años	Máximo	Mínimo	Máximo	Mínimo	Máximo	Mínimo
1888	114.1/4	101	—	—	6.1/2	4.1/8
1889	115	107	108	98.1/4	6.1/4	4.13/16
1890	113	102	100.1/4	91	7.1/2	4.3/8
1891	106	90	93	76	6.3/4	3.1/2
SE ABRE LA LINEA AL TRAFICO						
1892	96.3/4	73	69	35	4.1/4	1.3/8
1893	89.1/2	70	43.1/2	35	1.7/8	
1894	86.1/2	75.1/2	42.1/2	25.1/4	1.3/4	13/16
COMIENZA LA AGITACION CONTRA LA VIEJA JUNTA DIRECTIVA						
1895	104	69.3/4	72.3/4	25.3/4	2.7/16	—
SE ELIGE LA NUEVA JUNTA DIRECTIVA. DICIEMBRE DE 1895						
1896	106.3/4	87.3/4	82.1/2	47.1/4	2.1/2	—
1897	109	103	94	79	3.7/8	2

FUENTE: «A promising investment: Costa Rica Railway Shares». **The Railway Times** (London: November 20th. 1897. Vol. LXXII. Nº 3124). Pp. 684-685.

adquirida en 1891 según el Contrato Soto-Keith de 1884, la anualidad sería por un monto de 149,100 libras[504]. En 1942, las propiedades de la Northern pasaron a manos de la Costa Rica Railway Company, que a su vez, las transfirió definitivamente al gobierno de Costa Rica en 1971[505].

V. CONCLUSION GENERAL

El comité especial que estudió las denuncias contra la primera junta directiva de la Costa Rica Railway Company en diciembre de 1895, llegaba a la conclusión de que el propietario real del ferrocarril era Minor Cooper Keith[506]. El Contrato Soto-Keith de 1884 concedió a Keith y a todos aquellos que estuvieron vinculados a él, un poder económico ilimitado para determinar el desarrollo económico de Costa Rica. Algunos empresarios británicos, como se ha señalado a lo largo de este capítulo, jugaron un papel importantísimo al servicio de Keith desde el interior mismo de la Costa Rica Railway Company.

Finalmente, tres objetivos principales parecen haber regido la formación de esta Compañía. 1. Con la excusa de los trabajos en el ferrocarril, la Compañía sería utilizada en la obtención del capital necesario para explotar los términos de la concesión de 1884. 2. En su carácter de contratista, Keith recibiría todos los beneficios posibles implicados en ello. 3. En conclusión, la Compañía debería adoptar como propio el primer contrato bananero, aspecto que se facilitó enormemente por el apoyo que tenía en los miembros de la primera junta directiva de la Compañía. Como puede verse, los tres objetivos se cumplieron a plenitud.

504. Agreement made the 15th. Day of June, 1905 between the Costa Rica Railway Company, Ltd. and the Northern Railway Company, Ltd. (London: 1905) P. 3.
505. Ross, Delmer Gerrard. **Op. Cit**. P. 409.
506. C.R.R.C. **Report** (1895). P. 27.

Keith recibió las 655,000 libras esterlinas de las primeras acciones preferenciales, las 600,000 libras de las segundas acciones, y la totalidad del capital por acciones ordinarias, es decir, 1,800,000 libras más[507]. Respecto a las últimas parece haber habido una contradicción entre lo que afirmara el **Stock Exchange Yearbook** y el dictamen emitido por la comisión especial establecida en diciembre de 1895. El **Stock Exchange** manifiesta en 1888 que del capital por acciones ordinarias se habían emitido 600,000 libras a favor del gobierno de Costa Rica, y 600,000 a favor del Consejo Británico de Tenedores de Bonos Extranjeros [508]. Watt Stewart en su libro de 1967 parece sostener esta misma posición[509].

Sin embargo, la comisión mencionada declaraba que de 1,800,000 libras en acciones ordinarias, sólo 7 no eran propiedad de Keith. Pero también agregaba que el empresario norteamericano no deseaba las acciones, sólo esperaba recibir el poder para controlar su emisión, lo cual explica lo difícil que resultaron las negociaciones en Londres con el Consejo Británico de Tenedores de Bonos Extranjeros, en tanto que este, como el gobierno de Costa Rica, se convertirían en depositarios de acciones emitidas a su favor por la voluntad de Keith. El representante del gobierno de Costa Rica en la junta directiva de la Compañía del ferrocarril era el señor Phipps, cuyas vinculaciones con Keith ya han sido expuestas. La comedia no podía haber sido más completa.

Todo esto sustenta la afirmación de la comisión especial de 1895, en relación con que el propietario real de las acciones ordinarias, según el poder de emisión concedido, era Keith. Lo que explica la reacción del empresario cuando el gobierno de Costa Rica en 1892 se negó a devolverle las acciones de las que

507. Ibídem. **Loc. Cit.**
508. **Stock Exchange Yearbook** (London: 1888). P. 106.
509. Stewart, W. **Op. Cit.** Cap. IX.

era depositario[510]. La actitud del gobierno no sólo refleja la fragilidad moral del Contrato Soto-Keith, sino también la intranquilidad de los cafetaleros frente a un servicio deficiente y sumamente conflictivo[511].

Al negarse a devolver las 600,000 acciones o parte de ellas, el gobierno (de los cafetaleros, no se olvide) se estaba asegurando un mayor control sobre los negocios de Keith, pero a la vez una cuota de poder en la administración de los servicios prestados por el ferrocarril. Keith no tuvo otra alternativa que acudir a sus fieles servidores de la junta directiva de la Compañía, con el propósito de que estos le solucionaran sus problemas económicos. De la manera en que estos le fueron resueltos, dejaba a Keith sin ningún compromiso real ante la Compañía, y posibilitaba que una competencia desleal e inescrupulosa tuviera lugar.

De hecho, el obsequio de las 25,000 libras sólo recibió como garantía de crédito la buena voluntad de Keith, en cuanto a no perjudicar a la Compañía en sus futuras negociaciones con el gobierno de Costa Rica. Tan frágiles eran las fuerzas de la Compañía, que la junta directiva entrante ni siquiera pudo reclamar los títulos de propiedad que Keith debería aportar según la concesión de los 800,000 acres hecha en 1884. Es más, Keith no poseía tales títulos y el acuerdo sobre el contrato de construcción no garantizaba su restitución.

El nuevo contrato bananero de enero de 1894, por su parte, completó la tarea en relación con el problema de las tarifas y sepultó los afanes del gobierno de Costa Rica y de los pequeños y medianos plantadores con respecto a la posibilidad de negociar mejores términos de exportación. Resulta claro, entonces, que el ferrocarril al Atlántico de Costa Rica fue concebido

510. Ibídem. **Loc. Cit.**
511. Ibídem. **Loc. Cit.** Hall, Carolyn. **Op. Loc. Cit.**

para servir a la deuda externa y a un sector exportador hipertrofiado por el monocultivo. En ese sentido, la demanda de sus servicios era idéntica a la capacidad de expansión del sector monocultor, lo que impedía de esa forma una conveniente diversificación de los servicios y coartaba cualquier mejoramiento técnico que pudiera introducirse en el ferrocarril.

En el período que se ha estudiado, el crecimiento económico del país estuvo íntimamente ligado con los criterios de eficiencia que la Costa Rica Railway Company manejara, no tanto porque el desarrollo económico se midiera en términos de la gravitación de los beneficios de la Compañía sobre su capacidad operativa, sino porque tales criterios de eficiencia implicaron una concepción del beneficio que necesariamente exigía la puesta en práctica de instrumentos institucionales, que sólo podían atentar a la larga contra el desarrollo integral de la nación costarricense.

La tragedia de todo esto radica en que tales instrumentos fueron puestos en manos de un solo individuo, quien definió la estrategia empresarial de la Compañía desde su nacimiento en 1886, con el fin de que sirviera solamente a sus afanes de monopolizar la producción y exportación bananera. Cuando la nueva junta directiva de la Compañía trató de independizarse de dicha dominación, se puso en práctica una competencia tan feroz que acabó con la Costa Rica Railway Company como empresa.

El arribo del ferrocarril a Costa Rica sentó las bases para que la producción bananera completara la deformación del sector exportador, para que —como en otras regiones de América Latina—[512], la desintegración del mercado interno fuera inversamente proporcional a la dependencia sobre el sector externo.

512. Matton, Robert H. **Op. Cit.** Pp. 273-295. Ford, A.G. «British investments in Argentina and long swings. 1880-1914». En Floud, Roderick (editor). **Essays in Quantitative History** (Clarendon Press. Oxford. 1974). Pp. 216-227.

Lo anterior implicaba un profundo desajuste en la estructura agraria y la creación, por un lado, de una población negra flotante sin vínculos reales con el resto del país[513], y por otro lado, el surgimiento de un proletariado rural poseedor de una conciencia de clase de cierta madurez[514]. Tanto así que en 1934 ese sector social sería responsable de una de las mayores huelgas que se registra en la historia de las plantaciones bananeras propiedad de la United Fruit Company en el Caribe[515].

Si los ferrocarriles son un índice del grado de modernización alcanzado por un determinado país[516], el ejemplo de Costa Rica no puede ser más elocuente.

Graham, Richard. **Op. Cit.** Capítulo 2. Murillo Chaverri, Carmen. **Op. Cit.** Pp. 135-157. Coatsworth, J.H. «Railroads, landholding, and agrarian protest in the early Porfiriato». **HAHR** (Vol. 54. Nº 1. 1974). Pp. 48-71. Del mismo autor (1976). **Op. Cit**. 2 volúmenes.

513. Facio, Rodrigo. **Estudio sobre Economía Costarricense** (San José, Costa Rica: EUCR. 1978). Capítulo 3. Casey, G.A. **Op. Cit.** Capítulo 4.

514. Cerdas Cruz, Rodolfo. **La Crisis de la Democracia Liberal en Costa Rica** (San José, Costa Rica: EDUCA. 1972). Capítulo 1.

515. Seligson, Mitchell. **Op. Cit.** Pp. 71-73. Rojas Bolaños, Manuel. **Lucha Social y Guerra Civil en Costa Rica**. **1940-1948** (San José, Costa Rica: Editorial Porvenir. 1982). Capítulo IV.

516. Gourvish, T.R. **Op. Cit.** P. 31.

CAPITULO VIII. DIPLOMACIA INGLESA Y DEUDA EXTERNA HONDUREÑA (1897-1912)

I. UBICACION DEL TEMA

En la época del pleno apogeo del libre comercio (1860-1890), y a raíz de los grandes éxitos de la Revolución Industrial Inglesa, el flujo de capitales hacia el exterior fue facilitado por un rápido aflojamiento del mercado de capitales de Londres, proceso que, como sabemos alcanzará el colapso hacia 1873. Esa flexibilidad del mercado de capitales permitió el arribo de una serie de corredores de bolsa, intermediarios y especuladores que se enriquecieron extraordinariamente al tramitar o promover los préstamos que gobiernos de repúblicas lejanas y casi desconocidas habían solicitado a casas bancarias londinenses, algunas de las cuales, muchas veces, se fundaban sólo para cumplir con aquel propósito, y desaparecer al día siguiente de colocado el préstamo en cuestión[517].

Costa Rica, Honduras, Paraguay y Santo Domingo fueron objeto de una investigación realizada por el Parlamento inglés en 1875, que puso en evidencia todos los mecanismos de una gigantesca estafa ubicada en el contexto descrito. El caso de Honduras es un ejemplo lamentable en ese sentido, y quizás el más memorable en lo que se refiere al tipo de operaciones bursátiles que caracterizaron el capitalismo premonopolista.

El 25 de octubre de 1867, el gobierno del General Medina celebró un contrato con los señores Bischoffsheim &

517. Cottrell, P.L. **Op. Cit.** Pp. 27-38.

Goldschmidt, mediante el cual la firma flotaría bonos en Londres por un valor nominal de un millón de libras esterlinas, con el objeto de construir en Honduras un ferrocarril interoceánico[518]. Incluyendo los préstamos complementarios posteriores y considerando las dimensiones alcanzadas por el negocio bananero, para los inicios del siglo XX ya no va a resultar posible «separar la historia del ferrocarril y la aparición del sistema de plantación en suelo hondureño»[519]. La historia de las implicaciones diplomáticas, militares y políticas de dichos préstamos, es de una gran vigencia para ser dejada de lado. Es esa vigencia la que pretendemos hacer sobresalir con el presente trabajo. Originalmente publicado en el **Anuario de Estudios Centroamericanos** (Vol. 10, pp. 69-80), se incluye en este libro con algunas correcciones en esencia formales.

II. EL TEMA

Al iniciarse el siglo XX, la deuda inglesa de Honduras consistía de cuatro préstamos otorgados con el fin de construir un ferrocarril interoceánico. Tales préstamos eran los siguientes:

1. El de 1867 al 5%.
2. El de 1867 al 10%.
3. El de 1869 al 6²/₃%.
4. El de 1879 al 10%.

Los cuatro sumaban un total adeudado de 5,400,000 libras esterlinas[520]. El primero de ellos había sido garantizado

518. Morales, Jorge. «El ferrocarril nacional de Honduras: su historia e incidencia sobre el desarrollo económico». **Estudios Sociales Centroamericanos** (San José, Costa Rica: mayo-agosto de 1972. Año i. Nº 2). P. 12.
519. Idem. P. 14.
520. FO. Confidential (BP. 10/8647). Council of Foreign Bondholders (de ahora en adelante C.F.B.). **Memorándum.** May 12th. 1902. **Stock Exchange Yearbook** (London: 1875-1911).

con los impuestos de aduana del puerto de Amapala. Los otros tres lo habían sido con el mismo ferrocarril, el producto de las exportaciones de caoba y los derechos de muellaje de puerto Cortés. Más aún, los suscriptores del préstamo al 10% de 1867 habían recibido la promesa de que la mitad de las ganancias del ferrocarril se les seguiría asignando durante quince años después de cancelado el préstamo[521].

En 1873, el gobierno de Honduras se declaró incompetente para hacerle frente a la deuda, y en 1875 un comité especial del Parlamento británico realizaba una investigación que cubriría también los casos de Costa Rica, Paraguay y Santo Domingo[522].

El reporte del comité parlamentario inglés llegó a la conclusión de que el caso de Honduras era uno de los más vergonzosos, y en dicho reporte también se admitía que este país nunca recibió una parte considerable del dinero solicitado en préstamo. Con lo que alcanzó a obtener Honduras sólo había sido capaz de concluir el trecho de 56 millas de ferrocarril entre puerto Cortés y Pimienta. El mismo comité parlamentario concluyó adicionalmente que Honduras debía reconocer una deuda de 2,695,000 libras esterlinas. Esta suma, una vez deducidos algunos intereses prescritos, según el Consejo de Tenedores de Bonos Extranjeros inglés, debía ascender a no menos de dos millones de libras[523].

Entre los años 1897 y 1912, se produjeron una serie de pugnas entre aquel Consejo, la Foreign Office inglesa, algunos financistas norteamericanos apoyados por su gobierno, y el de Honduras, en relación con la mejor manera de saldar la deuda. Sin embargo, uno de los aspectos particularmente interesantes

521. FO. Confidential. **Loc. Cit.**
522. **Report of the Select Committee on Foreign Loans** (London: Parliamentary Papers. XI. 1875).
523. FO. Confidential. **Loc. Cit.** C.F.B. February 20th. 1903 y January 13th. 1904.

de las discusiones entre esos diferentes participantes es que, la deuda, siendo hondureña —para ser rigurosos—, no fue negociada entre el gobierno de Honduras y sus acreedores (en este caso el Consejo Británico de Tenedores de Bonos Extranjeros), sino entre el último y los empresarios norteamericanos, quienes con el total apoyo de su gobierno, dejarían al de Honduras la salida inevitable de aceptar sin condiciones cualquier acuerdo sobre su deuda extranjera.

En este capítulo, describiremos con el mayor detalle posible el conflictivo itinerario de las negociaciones sobre la deuda externa hondureña, resaltando el lamentable papel de espectador que le tocó jugar al gobierno de Honduras. Las implicaciones políticas de este juego diplomático son ineludibles y deben ser denunciadas, a pesar de lo que puntualice alguna historiografía inglesa que insiste en sostener que la injerencia diplomática y comercial de la Corona británica nunca podrá ser probada en el caso centroamericano. Lo lastimoso es que algunos historiadores de esta región crean lo mismo. Pero se verá que aquel asunto sí se puede probar.

III. LAS FUENTES

Como ya se indicó, nos interesa destacar el perfil político de un capítulo de la historia diplomática y financiera de Honduras de incuestionable vigencia. Para ello, se hará referencia muy ligera a los aspectos técnicos o contables vinculados a la deuda en sí misma, no sólo porque esto ya se ha hecho con particular éxito[524], sino también porque nos interesa discutir cómo el imperio británico se repliega ante una estrategia imperialista más agresiva, haciendo concesiones que a la larga sólo podían atentar contra la independencia de Honduras.

524. Yeager, Gene Sheldon. **The Honduran Debt** (Tulane University. Ph.D. Theses. 1975).

Una plantación de banano a orillas del río Ulúa, en el norte de Honduras

Siempre con el problema político en mente, poseemos cinco volúmenes de documentos conservados en el Museo Británico, los cuales reúnen toda la correspondencia cruzada entre los protagonistas de esta historia, en relación con el tema. Esta serie de papeles viejos (BP. 10) está compuesta por todos aquellos impresos clasificados como confidenciales en el momento de ser remitidos a la Foreign Office.

En el caso que ahora nos ocupa, tales volúmenes poseen una valiosísima colección de cartas y memorándums en los que los funcionarios de la Foreign Office hacían evaluaciones de increíble lucidez. Para los efectos de este capítulo nos basaremos entonces esencialmente en esos papeles. Pero, no por ello, será menos importante señalar que algunos de dichos documentos se encuentran también en otras series, tales como la

FO. 371 y la FO. 39 conservados por el Public Record Office de Londres, Inglaterra.

Finalmente, vale la pena llamar la atención sobre dos publicaciones anuales de incalculable utilidad: los reportes del **Council of Foreign Bondholders** (Consejo de Tenedores de Bonos Extranjeros), y aquellos otros publicados por el **Stock Exchange Yearbook** (**Anuario de la Bolsa de Valores**). De ahora en adelante, el lector deberá leer el sistema de notaciones de la siguiente manera:

FO. Confidential, significa documento confidencial de la Foreign Office, entre paréntesis el número de clasificación de la serie que lo posee, seguido del número del volumen; una vez cerrado el paréntesis daremos el nombre del autor o destinatario del documento seguido de la fecha del mismo con el número de clasificación entre paréntesis cuadrados con que este entró originalmente a la Foreign Office. Así, por ejemplo: FO. Confidential (BP. 10/8647) to Mr. Carden, May 10th. 1906. [22457]. El paréntesis cuadrado quiere ayudar al lector acucioso para que se guíe en la Serie FO. 371. Desgraciadamente esta serie no posee todos los documentos, pero aportamos el mayor número posible para aquellas personas con mejor suerte que la nuestra.

IV. DINAMICA DE LA AGRESION FINANCIERA

A. La diplomacia del imperio I

1. El Honduras Syndicate

En abril de 1897, una corporación norteamericana conocida como el Honduras Syndicate obtenía una concesión del gobierno de Honduras, con la cual se haría cargo de los ingresos de aduana, de completar el ferrocarril interoceánico y de saldar la deuda externa de ese país. Las 56 millas del ferrocarril construidas con los préstamos otorgados a Honduras, entre los años 1867 y 1870, las cuales constituían la garantía de crédito de estos últimos, iban a ser transferidas a manos del Honduras Syndicate (de ahora en adelante el Sindicato, como sinónimo de corporación).

El Consejo Británico de Tenedores de Bonos Extranjeros apenas se enteró de la operación, entró en contacto con el Sindicato y el 8 de febrero de 1898 la aceptó con base en ciertas condiciones. Estas ni siquiera fueron atendidas por el Sindicato, que de inmediato se hizo cargo del ferrocarril. A continuación el Consejo envió su protesta al gobierno de Honduras por medio del Vicecónsul Británico en San Pedro Sula y de un agente suyo nombrado para tal efecto. También dirigió sus protestas al gobierno inglés, solicitándole a este que autorizara al Cónsul General en Centroamérica para que cualquier negociación de la naturaleza expuesta fuera detenida, a no ser que antes se negociara con el Consejo[525]. La concesión al Sindicato fue revocada en 1900, debido a las disputas que surgieran con el gobierno de Honduras, que denunciaba el incumplimiento de los primeros en relación con el compromiso adquirido[526].

El 26 de mayo de 1900 fue negociado un nuevo contrato entre ambas partes. El Sindicato renunciaba a la propiedad del ferrocarril pero se comprometía también a extender la línea del mismo hasta la costa del Pacífico en un término de siete años; equiparía y construiría líneas adicionales; tendería algunos puentes e introduciría reparaciones importantes en un término de cuatro años. Aunque el artículo 21 del nuevo contrato estipulaba que otros interesados tendrían acceso al ferrocarril interoceánico entre puerto Cortés y la bahía de Fonseca, al

525. FO. Confidential. **Loc. Cit.** C.F.B. March 15th. 1898 y April 15th. 1899.
526. C.F.B. **Annual Reports** (London: 1904-1905).

Consejo le incomodaba que no se mencionara nada sobre la deuda externa[527]. Después de ratificado el nuevo contrato, un miembro del Consejo transfería a la Foreign Office una carta del secretario del Honduras Syndicate, señor Govett, en la cual este último protestaba por la agresiva actitud del Consejo contra el Sindicato[528]. Señalaba Govett que era sorprendente la actitud del Consejo, pues de 5 millones de libras esterlinas en préstamos, sólo 100 mil libras habían llegado a Honduras, y que habiendo obtenido originalmente la propiedad del ferrocarril como garantía de crédito, en 25 años el Consejo nunca se había preocupado por reparar un centímetro de línea férrea, la cual según Govett se encontraba en lamentables condiciones. Govett agregaba que antes de que el Consejo hiciera algún movimiento adicional contra el Sindicato, el gobierno británico debería tener claro que la actitud contraproducente del Consejo podría afectar la capacidad de pago del gobierno hondureño, pues el Sindicato ofrecía poner a funcionar el ferrocarril sin lo cual era imposible esperar ni un penique de aquel. Resultaba, entonces, fuera de tono el estallido de reclamos por parte del Consejo.

Este último contestó la carta de Govett con un memorándum en el cual se decía que el Consejo no había sido nunca responsable por los fraudes de que había sido objeto el pueblo hondureño, y que además, el Sindicato debió otorgar prioridad a la negociación de la deuda externa[529]. Con respecto a las reparaciones de la línea, el Consejo sólo podía apuntar que durante 25 años nunca había perdido su contacto con el gobierno de Honduras en ese sentido.

Finalmente se reiteraba el llamado a que la Foreign Office interviniera por medio del Cónsul General Británico en América

527. FO. Confidential. **Loc. Cit.** C.F.B. July 28th. 1900.
528. Ibídem. Mr. Gilliat to Mr. Brodrick. June 20th. 1900.
529. Ibídem. C.F.B. **Memorándum**. July 17th. 1900.

Central, para impedir que el Sindicato se apoderara de la línea férrea. En diciembre de 1901 el Consejo era enterado de que el Sindicato no había cumplido con su parte de la concesión de mayo de 1900, y que por ello, el gobierno de Honduras podía tomar de nuevo posesión de la línea.

Sin embargo, el Sindicato planeaba apelar ante el Parlamento hondureño, con el objetivo de obtener una prórroga que le fue otorgada hasta el 26 de mayo de 1903, cuando definitivamente el gobierno de Honduras se hizo cargo del ferrocarril como resultado de un nuevo fracaso del Sindicato[530].

2. El Squier Syndicate

En noviembre de 1902, un señor de apellido Turner, representante del Squier Syndicate de Nueva York, aprobaba un nuevo acuerdo con el Consejo, con el fin de saldar la deuda de Honduras en los siguientes términos: el Squier Syndicate compraría el ferrocarril y las propiedades asignadas como garantía de crédito de los préstamos originales; el gobierno de Honduras se comprometía a pagar sobre los bonos de los cuatro préstamos en disputa una cantidad anual de 20,000 libras esterlinas, la que luego se doblaría a 40,000 hasta cubrir en 27 años una suma de 840,000 libras. Estas cantidades se cubrirían con los ingresos aduanales hondureños y los pagos se harían directamente al fiscal nombrado para el efecto por el Consejo[531]. El gobierno hondureño estaría en la obligación de invitar a los gobiernos de los Estados Unidos y de Gran Bretaña para ratificar el nuevo arreglo.

Mientras la posición del gobierno norteamericano permanecía ambigua sobre decidir entre el Honduras Syndicate o el Squier Syndicate, este último entraba en contacto con los

530. Ibídem. C.F.B. December 11th. 1901.
531. Ibídem. C.F.B. December 4th. 1902.

tenedores franceses de bonos de la deuda hondureña. A este respecto el gobierno francés escribió al de Su Majestad Británica, que de una manera evasiva sepultó la propuesta del Squier Syndicate[532].

B. La diplomacia del imperio II

1. El Departamento de Estado (norteamericano) y la Foreign Office (inglesa)

Cuando la propuesta del Squier Syndicate estaba siendo discutida en 1902, el señor White, Embajador norteamericano en Londres, recogiendo las inquietudes de los senadores Chaucey Depew y Lyel Astor, y del Vicepresidente del Honduras Syndicate, hizo llegar una nota a la Foreign Office en la cual, de manera muy sutil, se acusaba a esta última del fracaso de 1902 y 1903, respecto a la concesión, y se les invitaba a no intervenir más en favor de los tenedores de bonos[533]. El Consejo contestó al señor White sin precisar la posición de la Foreign Office. Mientras tanto, el Honduras Syndicate era desposeído por incumplimiento de la concesión de 1902.

La actitud del gobierno de los Estados Unidos se había tornado aún más ambigua, pues mientras el Cónsul norteamericano en Guatemala escribía al gobierno de Honduras objetando el esquema propuesto por el Squier Syndicate sobre la base de que siendo la deuda fraudulenta no merecía consideración alguna; a su vez, el Secretario de Estado norteamericano, señor Hay, comunicaba al Senador Lodge que su oficina era neutral sobre cualquier decisión que al respecto se tomara[534].

532. Ibídem. C.F.B. Minute. January 13th. 1904.
533. Ibídem. Mr. White's. **Memorándum**. January 26th. 1903.
534. Ibídem. Mr. Thornton. Telegram Nº 14. July 9th. 1903. Mr. Cooper. July 10th. 1903.

En 1904, el Embajador White volvió sobre el asunto mencionado líneas arriba. El apoyo oficial otorgado al Honduras Syndicate fue visto por la Foreign Office como una agresión, por tal razón propuso al Consejo que llevara el asunto a un arbitraje[535]. Mientras consideraba la propuesta, el Consejo era informado de que el señor Turner, en mayo de 1904, había protestado contra el Departamento de Estado por la actitud del Embajador White. El Departamento de Estado, a su vez, reiteraba su supuesta neutralidad en la materia[536].

La cuestión del arbitrio seguía sin descartarse. Pero el nuevo Cónsul General Británico en América Central, señor Herbert Harrison, fue invitado a que, debido a la aparente actitud neutral del gobierno norteamericano, tratara de lograr un acuerdo razonable en Tegucigalpa, sin necesidad de esgrimir el asunto del arbitrio para presionar[537].

Por otra parte, el señor Mortimer Durand, Embajador británico en Washington, informaba a la Foreign Office y al Consejo que el Departamento de Estado norteamericano decía ser neutral en el negocio, pero que «actuaría ante cualquier eventualidad inconveniente». Además, el Departamento de Estado veía la disputa como de única incumbencia entre el Consejo y el Honduras Syndicate. El señor Durand aseguraba que este contaba con el poderoso apoyo del gobierno de los Estados Unidos, más aún que el Squier Syndicate[538].

Cuando en diciembre de 1903, mediante evasivas y prórrogas, la Foreign Office lograba sacar de la negociación a los tenedores de bonos franceses, el gobierno de Honduras enviaba a

535. Ibídem. Mr. White's. **Memorándum**. March 19th. 1904. Mr. Villiers to Mr. Somers Cocks. October 4th. 1904.
536. Ibídem. C.F.B. October 24th. 1904.
537. Ibídem. FO. To Mr. Harrison. October 21st. 1904 y November 22nd. 1904.
538. Ibídem. Minutes. Mr. Durand. Telegram Nº 58. October 24th. 1904 y Mr. Durand to Mr. Villiers. December 27th. 1904.

Londres al Dr. Angel Ugarte, para transmitir una propuesta al Consejo. La misma resultó inaceptable para el último y a cambio se le hizo una contrapropuesta casi idéntica a la hecha por el Squier Syndicate. El nuevo esquema modificaba los artículos 1 y 8. En el primero se indicaba que el ferrocarril pasaría a manos de los tenedores de bonos y no del Sindicato. En el siguiente artículo modificado se indicaba que los gobiernos de Francia y Gran Bretaña serían invitados a tomar nota del acuerdo. El Consejo proponía que el nuevo esquema fuera transmitido al gobierno hondureño por la Foreign Office, y en caso de que el primero objetara, la segunda presionara para que el ferrocarril pasara a manos de los tenedores de bonos de una vez por todas[539]. La Foreign Office rechazaba las posibles implicaciones del artículo 8 pero proponía que se eliminara, con el fin de entrar en negociaciones con el gobierno francés, para hacer una oferta en conjunto al gobierno hondureño[540].

En abril de 1905, el Cónsul Harrison se mostraba inquieto en relación con los rumores de que el gobierno de Honduras estaba negociando un acuerdo por completo diferente con la United Fruit Company[541]. Sorpresivamente Harrison murió el 27 de setiembre de 1905. El señor Hervey lo reemplazó en forma temporal, pero sugirió que las negociaciones fueran suspendidas hasta que el nuevo Cónsul General, señor Lionel Carden, llegara a Guatemala[542]. Debido a la incertidumbre producida por la muerte de Harrison, a la Guerra Civil de 1903 y a la guerra contra Guatemala, Carden fue llamado a Inglaterra para clarificar el estado de las negociaciones con el Consejo[543].

---

539. Ibídem. C.F.B. February 4th. 1904.
540. Ibídem. FO. To C.F.B. March 23rd. 1904.
541. Ibídem. Mr. Harrison. Telegram Nº 29. September 17th. 1905 y C.F.B. September 22nd. 1905.
542. Ibídem. Mr. Hervey to Mr. Villiers. November 8th. 1905 y C.F.B. November 7th. y 11th. 1905.
543. Ibídem. FO. To Mr. Garden. Telegram Nº 5. June 11th. 1906.

Para julio de 1907, el Agente del Consejo en Tegucigalpa, señor Bain, informaba a sus representados y al Cónsul Carden que el nuevo gobierno hondureño planeaba un contrato con la United Fruit Company[544]. Carden ordenó al Vicecónsul Campbell en Tegucigalpa que se opusiera a cualquier intento de esta clase. El Ministro de Finanzas hondureño aseguró a Campbell que eso nunca sucedería[545]. De cualquier forma, el gobierno hondureño tenía claro que el Consejo contaba con derechos muy limitados de reclamo sobre el ferrocarril y así lo haría evidente, en la práctica, unos años después.

Carden consideraba que no era conveniente negociar con el gobierno provisional surgido de la revuelta de 1903, era más efectivo preparar una nueva propuesta, negociable con el gobierno que fuera electo en los comicios de 1907. Para él, no llegar a un acuerdo con el gobierno hondureño representaba arriesgar la pérdida del ferrocarril. El Consejo, carente de esa visión, sugirió más bien que la Foreign Office ordenara a Carden una toma de posición fuerte y atemorizara al gobierno hondureño con el asunto del arbitrio, tantas veces utilizado como medio de presión contra este[546].

En 1908, Carden volvió a protestar indicándole al gobierno hondureño que cualquier señal que indicara el traspaso del ferrocarril a otra organización que no fuera el Consejo de Tenedores de Bonos Extranjeros, sería visto por la Foreign Office como una nueva agresión contra los derechos de aquellos. Carden sabía que «impresionar» al gobierno de Honduras con el arbitrio no tenía sentido, pues de cualquier manera este país carecía totalmente de capacidad de pago. Carden sugirió, entonces, que Honduras respondiera por sus deudas con algunas de sus tierras más fértiles[547].

544. Ibídem. C.F.B. August 1st. 1907 [25846].
545. Ibídem. Mr. Carden. September 11th. 1907 [33313].
546. Ibídem. FO. To Mr. Carden. November 1st. 1907 [35713].
547. FO. Confidential (BP. 10/9436). Mr. Carden. December 11th. 1907 [3371].

Por su parte, el Consejo recibía de Carden una llamada de atención en el sentido de que debía atender y mantener en buen estado la línea de ferrocarril, si quería hacer prevalecer sus derechos. La respuesta del Consejo a los comentarios de Carden fue que no le interesaba adquirir tierras en Honduras, y que este estaba en total capacidad financiera para atender sus deudas con ellos[548]. El Consejo basaba sus razones en el reporte que el Vicecónsul Campbell había preparado en febrero de 1908. Campbell concluía, además, que la amenaza del arbitrio era la táctica más conveniente para obligar al gobierno de Honduras a tomar una posición definitiva sobre este embrollado tema[549].

En enero de 1908, Carden había sido informado de que el gobierno hondureño pretendía entregar en arriendo el ferrocarril a la Hubbard Tammory Steamship Company de Nueva Orleans. La noticia no pasó de ser sólo un rumor[550]. Pero en abril de ese mismo año, el Ministro de Finanzas hondureño visitaba Guatemala, donde Carden obtuvo de él una promesa de pago. El 21 de julio de 1908, Carden era informado por el Consejo de que el señor Valentine había recibido en arriendo durante cincuenta años el ferrocarril hondureño[551].

La Foreign Office instruyó a Carden para intervenir en el asunto. El Cónsul informó de vuelta que el acuerdo con Valentine era revocable sobre la base de que, en caso de producirse una sugerencia alternativa sobre la mejor manera de saldar la deuda y de concluir el ferrocarril, Valentine estaba en la obligación de renunciar a sus derechos dentro de los 90 días subsiguientes a la notificación en ese sentido. Finalmente el ferrocarril fue transferido a poder de Valentine en julio de 1908[552].

548. Ibídem. C.F.B. January 21st. 1908 [3132].
549. Ibídem. FO. Minutes. February 20th. 1908 [6588] y July 1st. 1908 [23680].
550. Ibídem. Mr. Carden. Telegram Nº 5. January 24th. 1908 [2733] y Nº 23. March 5th. 1908 [10599].
551. Ibídem. Mr. Carden. April 10th. 1908 [6187] y May 13th. 1908 [16450]. C.F.B. July 21st. 1908 [25463].
552. Ibídem. Mr. Carden. Telegram Nº 21. July 24th. 1908 [25763]. C.F.B. July 30th. 1908 [26500] y August 11th. 1908 [27929].

Carden exigió, entonces, una respuesta del gobierno hondureño sobre la cuestión del arbitrio[553]. El Ministro de Relaciones Exteriores de Honduras apuntaba, en cambio, que los tenedores de bonos tenían la garantía de una pronta solución al problema basándose en la cláusula de la revocatoria. Sin embargo, Carden no encontraba de su satisfacción que en dicha cláusula se indicara que para revocar el contrato con Valentine, no sólo se debería proponer una alternativa aceptable para el gobierno hondureño sobre cómo saldar la deuda, sino también la exigencia de construir y concluir el ferrocarril. El último punto, sobre todo, era el más ingrato para Carden.

El Consejo, por su lado, no objetaba el contrato en sí mismo, sólo le incomodaba que no se contemplara la deuda, pero sobre todo le producía pánico que a Valentine se le antojara quedarse con el ferrocarril[554]. El Consejo exigía, entonces, la intervención de la Foreign Office, para mantener latente la protesta e impedir que el Parlamento hondureño aprobara el contrato[555]. Carden insistía que el único derecho que tenía el Consejo era reclamar los ingresos del ferrocarril, no su absoluta propiedad, mientras el Consejo creía lo contrario. De cualquier manera, estaba claro que el gobierno de Honduras tenía derecho a rentar el ferrocarril a quien se le ocurriera sin consultar al Consejo. Este último propuso que el alquiler anual que Valentine pagaba al gobierno de Honduras (unos $100,000) le fuera transferido. Carden los detuvo con el argumento de que esta propuesta eliminaría toda posibilidad de negociación para saldar la deuda[556].

553. Ibídem. Mr. Carden. July 30th. 1908 [29154].
554. Ibídem. Mr. Haggard. August 15th. 1908 [30588]. C.F.B. August 27th. 1908 [29887].
555. Ibídem. C.F.B. September 17th. 1908 [32937] y September 23rd. 1908 [33177].
556. Ibídem. C.F.B. October 13th. 1908 [35873] y November 18th. 1908 [37838].

El esquema Carden

En febrero de 1908, Carden llegó a un acuerdo con el gobierno de Honduras, mediante el cual este último reconocía una deuda total de 16 millones de libras esterlinas. El gobierno se comprometía a pagar anualmente una suma de 40,000 libras obtenida y administrada de la siguiente manera:

1. El valor del usufructo del ferrocarril y del muelle de puerto Cortés, pasaría a manos del Consejo por un período indeterminado.

2. El Consejo se haría cargo de la administración de las garantías concedidas.

3. El gobierno emitiría bonos hipotecarios por un monto de 100,000 libras, con el fin de introducir mejoras en la línea del ferrocarril.

4. El servicio de los intereses y del fondo de amortización sería lo primero por cubrir con los ingresos del ferrocarril.

5. El gobierno asignaría a los pagos, el producto generado por un impuesto del 15% que se establecería sobre las importaciones.

6. El impuesto mencionado se pagaría en certificados de aduana a los agentes nombrados por el Consejo.

7. El gobierno exigiría del Consejo la emisión de una determinada cantidad de bonos para la construcción de ramales adicionales[557].

557. Ibídem. Mr. Carden. March 21st. 1909 [13480].

Esta propuesta estaba basada sobre otra con la que el Consejo había provisto a Carden cuando estuvo en Londres, entre setiembre de 1908 y febrero de 1909. Los puntos 1, 2 y 3 eran más ambiciosos en el esquema de negociación de Carden, que aquellos sugeridos por el Consejo. Este siempre se había negado a administrar directamente lo que consideraba sus propiedades, así lo había hecho en Costa Rica y en Guatemala[558]. Con el objeto de solucionar este problema, el gobierno se ofreció a servir de administrador mientras aparecía alguien más indicado.

Carden estimaba que el muelle produciría unas 10,000 libras esterlinas anuales, el ferrocarril unas 12,000 y el impuesto de aduana unas 20,000. El acuerdo conquistado por Carden perjudicó seriamente los intereses de Valentine en Honduras. El Cónsul norteamericano en Tegucigalpa reaccionó contra la solución propuesta, considerándola lesionadora de las «relaciones amistosas entre los dos países *(Honduras y los Estados Unidos)*»[559].

El Embajador británico en Washington quiso conocer el motivo de la protesta, pero el Secretario de Estado le indicó que carecía de suficiente información para opinar sobre el asunto, y que de todas formas *«los Estados Unidos estaban profundamente interesados en la estabilidad política y financiera de América Central, y sugería la conveniencia de una reunión de los países interesados en la deuda de Honduras»*[560].

Mientras tanto, el señor Valentine devolvía al gobierno de Honduras su propiedad y lo dejaba libre para negociar con Carden y el Consejo[561]. Las negociaciones sobre la deuda en

558. Costa Rica. FO. Confidential. 1906 (BP. 10/8666), 1908 (BP. 10/9118) y 1910 (BP. 10/9558). Guatemala. FO. Confidential. 1906 (BP. 10/8587), 1910 (BP. 10/9559) y 1911 (BP. 10/9775).
559. FO. Confidential (BP. 10/9436). Mr. Carden. Telegram Nº 5. March 13th. 1909 [9679].
560. Ibídem. Mr. Bryce. Telegram Nº 60. March 13th. 1909 [9679].
561. Ibídem. Mr. Carden. April 3rd. 1909 [15668].

1909, fueron de particular importancia por la luz que arrojan sobre la política del Departamento de Estado en América Central. La protesta del Cónsul norteamericano en Tegucigalpa contra el esquema de Carden, obligó al gobierno de Honduras a detener cualquier tramitación del mismo en su Asamblea Legislativa. El asistente del Secretario de Estado norteamericano manifestó a la Foreign Office que la estabilidad política de Honduras dependía de su estabilidad financiera, y que mucho antes de que Carden hiciera su propuesta, el Departamento de Estado había ayudado al gobierno hondureño *«a poner sus finanzas en orden»*.

El Secretario de Estado añadía que: *«Cualquier arreglo que pudiera ignorar o poner en riesgo los intereses de otros países acreedores sería visto por el gobierno de los Estados Unidos con profunda preocupación, y sería considerado como un acto incongruente con las amistosas relaciones felizmente establecidas entre los dos países (Honduras y los Estados Unidos)»*[562]. La Foreign Office comunicó a Bryce, por medio de Carden, que ningún ciudadano norteamericano tenía reclamos reales contra Honduras; ni siquiera comparables con aquellos que venía haciendo el Consejo.

Carden decía haber tenido una entrevista con Valentine en la que este le había asegurado que su intención era poner en disposición del gobierno de Honduras cuanto dinero necesitara, pero en condiciones tan onerosas que el último no hubiera podido pagar nunca y de esa forma Valentine se hubiera apropiado el ferrocarril definitivamente[563]. Por último, se invitaba a Bryce a que usara la carta/protesta de la Foreign Office en la forma que considerara más conveniente, con tal de que lograra el retiro de la protesta adelantada por el Cónsul norteamerica-

562. FO. Confidential (BP. 10/9562). Mr. Bryce. April 22nd. 1909 [16642].
563. Ibídem. Mr. Carden. March 27th. 1909. Mr. Bryce. April 23rd. 1909 [14647].

no en Tegucigalpa. El Departamento de Estado volvió a responderle a Bryce con evasivas[564].

El 30 de mayo de 1909, el Embajador Bryce enviaba a la Foreign Office una copia de la carta escrita en el Departamento de Estado para el gobierno de Honduras. Entre otras cosas, en esa carta se manifestaba lo siguiente:

> *«Debido a la posición geográfica de Honduras, su estabilidad política y financiera es de la mayor importancia para la paz de Centro América y la seguridad de los Estados Unidos. Mientras el gobierno de los Estados Unidos está ansioso por ver resueltas las deudas de Honduras, ellos consideran que una solución parcial es indeseable y no pueden en consecuencia favorecer el acuerdo propuesto por el representante de Su Majestad Británica (Mr. Lionel Carden), pues el mismo omite los derechos de los (empresarios) ferrocarrileros norteamericanos interesados en invertir en Honduras. El Ministro de Relaciones Exteriores (de Honduras) ha prometido que antes de que cualquier acción definitiva sea tomada, el gobierno de los Estados Unidos será consultado. Este mismo gobierno desea que el gobierno de Honduras autorice el nombramiento de un asesor financiero norteamericano; y vería con satisfacción que la propuesta de un grupo de banqueros de Nueva York, para saldar la deuda hondureña, fuera atendida y comunicada para su discusión al Consejo de Tenedores de Bonos»*[565].

Esta fue la primera intimidad revelada al Consejo acerca de los designios del gobierno norteamericano sobre Honduras, que a cambio de su independencia política y económica obtenía «mejores» términos crediticios por parte de financistas norteamericanos. De cualquier manera, el Consejo estaba satisfecho

564. Ibídem. Mr. Bryce. May 17th. 1909 [19721].
565. Ibídem. Mr. Bryce. May 30th. 1909 [20241].

de que sus intereses hubieran sido tomados en cuenta, no obstante, miraba con recelo tales arreglos, en virtud de lo desfavorable de una solución similar aplicada en el caso de Santo Domingo[566].

Sobre esa base, y debido a que el Consejo no había decidido todavía nada sobre el esquema de Carden, la Foreign Office concluyó por mantener en secreto las intenciones de los Estados Unidos, con el fin de que al Consejo no se le ocurriera decir que aprobaría tal esquema, y obligara al gobierno de Su Majestad a renunciar a la fiscalización de los ingresos hondureños para atender la deuda externa[567]. Ya analizaremos las posibles consecuencias de un cambio de posición así.

Respecto al asunto de los «empresarios ferrocarrileros norteamericanos» nada se sabía en concreto, y el único caso de importancia era el conflicto entre el gobierno de Honduras y el señor Valentine. En mayo de 1909, el Consejo comunicaba a la Foreign Office que estaba en total acuerdo con el esquema de Carden, y que lo recomendaría a los tenedores de bonos. Para reparar y ampliar el ferrocarril, el Consejo se había aproximado a la compañía Pearson, Son & Company[568]. De inmediato, el Consejo fue informado por la Foreign Office de las intenciones de los Estados Unidos. Y contestó para agradecer el apoyo brindado sin dejar de manifestar su inquietud por el ejemplo sentado en los casos de Venezuela, Guatemala y Santo Domingo, cuando de negociar con los Estados Unidos se trataba. El Consejo concluía su carta solicitando claridad en la posición de la Foreign Office sobre el esquema de Carden, y sobre las objeciones del gobierno norteamericano al mismo[569].

566. Ibídem. Mr. Bryce. June 1st. 1908 [21598].
567. **Loc. Cit.**
568. Ibídem. C.F.B. June 4th. 1909 [20981].
569. Ibídem. C.F.B. June 8th. 1909 [20981].

La insinuación fue ignorada por la Foreign Office, a pesar de que se le pedía al Embajador Bryce que intercediera ante el gobierno de los Estados Unidos, para que levantara sus objeciones al esquema de Carden. Este a su vez, informaba al gobierno de Honduras que su propuesta había sido aceptada por el Consejo. Confiaba en que las objeciones de los financieros norteamericanos no irían más allá, pues las consideraba sin sentido. Sin embargo, estos últimos estaban preparando una nueva jugada.

El esquema Morgan

El 24 de junio de 1909, los señores Pierpont Morgan & Company, representantes financieros de Hollander & Company consultaban a la Foreign Office si tendrían alguna objeción en que sus representados se hicieran cargo de la deuda externa hondureña. La respuesta fue que no objetarían nada en tanto que lo que surgiera de ahí, no perjudicara a los tenedores de bonos ingleses. Morgan ofrecía al Consejo comprar los bonos de la deuda hondureña a un precio de 15 libras esterlinas por unidad, siempre y cuando el gobierno de Honduras les garantizara que en el plazo de un año aceptarían el control financiero norteamericano[570].

Carden apuntaba que la Foreign Office no obstaculizaría ese paso, a pesar de que era conocedor de la oposición que el mismo tenía por parte del gobierno y del pueblo hondureños, quienes lo veían como una seria amenaza para su independencia política[571]. La Foreign Office, aunque simpatizaba con el esquema de Carden, temía que el gobierno hondureño no estuviera en capacidad de superar las objeciones hechas al mismo por los norteamericanos. De aquí que el arribo del esquema de

570. Ibídem. Mr. Carden. Telegram Nº 19. June 27th. 1909 [23964]. Mr. Mallet. **Memorándum**. June 28th. 1909 [214127].
571. Ibídem. Mr. Carden. Telegram Nº 20. June 30th. 1909 [24635].

Morgan abría una nueva posibilidad que la Foreign Office no dejaba de ver con simpatía.

El Consejo, por su parte, temía que Hollander retirara su oferta si el gobierno hondureño se veía obligado a aceptar el control financiero norteamericano. La Foreign Office, entonces, se apresuró en asegurarles que en ningún momento apoyaría al gobierno hondureño y de paso quería cerciorarse de los beneficios por obtener en un acuerdo de esa naturaleza[572].

La Foreign Office le pidió a su Embajador en Washington que clarificara la posición de los Estados Unidos en relación con la Corporación norteamericana proponente, ya que el Consejo temía que en caso de que decidieran no aceptar el esquema de Carden en última instancia, el gobierno norteamericano se negara al control financiero de las deudas de Honduras, lo que constituía la única garantía de pago para el Consejo. Ante la disyuntiva, la Foreign Office decidió no manifestar públicamente su apoyo al Consejo, y limitarse sólo a señalar los pros y los contras de cualquier negociación que este emprendiera[573].

Mientras el Embajador Bryce se tardaba en comunicar la posición de los Estados Unidos, el Consejo empezaba a sufrir las presiones de las partes interesadas para que se tomara una decisión. Carden le aseguraba al Consejo que su esquema de negociación tenía muy buen ambiente en Honduras. Por esto, el Consejo le respondió a la Corporación norteamericana que rechazaría el esquema de Carden solamente si el gobierno hondureño así lo pedía o si la Corporación hacía una propuesta siquiera similar a la de Carden.

Carden percibía con suficiente claridad el hecho de que si el Consejo rechazaba su propuesta, el prestigio británico en

572. Ibídem. Mr. Carden. Telegram Nº 18. July 1st. 1909. FO. To Mr. Bryce. Telegram Nº 103. July 1st. 1909 [214127].
573. **Loc. Cit.**

América Central resultaría seriamente lesionado, pues el gobierno hondureño, que no simpatizaba con el esquema de Morgan, vería esa posibilidad como una derrota ante el Departamento de Estado norteamericano. Sin embargo, Carden firmó en nombre de la Foreign Office la sugerencia escrita de que aceptaría el control financiero sobre Honduras, siempre y cuando los tenedores de bonos no fueron afectados.

El Consejo entendía que la Foreign Office había dado este paso con el fin de no sentirse comprometida. De la misma forma, el Consejo sabía que el esquema de Carden iba a tener toda la oposición posible de los Estados Unidos. Esto haría que el esquema de la Corporación Morgan se ganara la simpatía silenciosa de la Foreign Office. El Consejo agradeció calurosamente el apoyo brindado por esta y se decidió en favor de Morgan.

Era evidente que la Corporación Morgan no se embarcaría en una empresa en la cual hubiera el menor indicio de fracaso. El gobierno de los Estados Unidos ya había negociado con el hondureño la absoluta garantía de éxito en el proyecto. Consumado el hecho de que el esquema Morgan sería el que finalmente se impondría, el Consejo le ofreció su incondicional colaboración[574]. Carden fue informado por la Foreign Office de la decisión tomada, lo que lo obligó a fingir simpatía con el esquema que lo rivalizaba y con el Departamento de Estado norteamericano[575]. Comentaba la decisión a que se había llegado, señalando al Consejo que de ahora en adelante tendría que aceptar cualquier oferta hecha por los norteamericanos, pues la capacidad de negociación del Consejo había sido minada. El gobierno hondureño asumía correctamente que negociar con el Consejo y con la Corporación Morgan era lo mismo.

574. **Loc. Cit.**
575. Ibídem. Mr. Carden. Telegram Nº 19. July 13th. 1909 [26306].

El Consejo se justificaba arguyendo que la Foreign Office siempre había visto al esquema de Carden con una buena dosis de escepticismo, lo que los había impulsado a tomar partido por la Corporación Morgan[576]. Con el afán de salvar el prestigio de la Foreign Office, Carden exigió al Consejo que ellos comunicaran al gobierno de Honduras la ruptura de las conversaciones[577].

Cinco días después de que el esquema de la Corporación Morgan había sido aceptado por el Consejo, y en el momento en que este estaba envuelto con la Foreign Office en una serie de mutuas recriminaciones por el fracaso del esquema de Carden, el Departamento de Estado norteamericano comunicaba que el gobierno de los Estados Unidos no asumiría ninguna responsabilidad en las posibles implicaciones que tuviera la decisión alcanzada.

Esto significaba que la Foreign Office, a partir de ese momento, quedaba totalmente a merced de los caprichos de la Corporación Morgan. Y todavía más, para completar el cuadro, el Embajador norteamericano en Londres le pedía a la Foreign Office que desconociera el esquema de Carden, para que el de la Corporación Morgan emergiera como la única alternativa real con que contaría el gobierno de Honduras.

El Consejo fue informado del trayecto seguido por las conversaciones, y con su absoluta aprobación el resultado le fue comunicado a Carden para que concluyera los detalles necesarios[578]. El Departamento de Estado norteamericano no

576. Ibídem. Mr. Carden. Telegram Nº 22. July 15th. 1909 [26777]. C.F.B. July 21st. 1909 [27704].
577. Ibídem. Mr. Carden. Telegrams N$^{os.}$ 22 y 23. July 15th y 20th. 1909.
578. Ibídem. Mr. Bryce. July 12th. 1909 [28134]. Mr. Whitelaw-Reid. July 23rd. 1909 [28267]. C.F.B. July 27th. 1909. Mr. Carden. Telegram Nº 21. July 28th. 1909 [28512].

tardó en expresar su satisfacción. A la Foreign Office sólo le quedó el derecho de expresar su desilusión por la competencia desleal que los Estados Unidos hacían a Gran Bretaña en América Central[579].

El 9 de agosto de 1910, el Consejo escribía a la Foreign Office informándole que Morgan y compañía no habían cumplido con el convenio, según el cual desde el 4 de agosto deberían haber adquirido todos los bonos de la deuda a un precio de 15 libras esterlinas por cada 100 libras de valor nominal. Morgan solicitó una prórroga de seis meses, el Consejo la concedió pero a cambio de un recargo del 5% aplicado desde la última fecha indicada[580]. Morgan no estaba dispuesto a aceptar el recargo. La Foreign Office, para salvar sus responsabilidades diplomáticas, decía que el acuerdo con el primero había sido decidido por el Consejo sin presión alguna de su parte y por ello, el segundo, debía hacer frente a consecuencias de su total incumbencia[581].

El representante británico de la Corporación Morgan, señor Grenfell, sostenía que sus asociados no aceptarían ningún recargo sobre la compra de los bonos, pues no eran responsables de los atrasos ocurridos en las negociaciones entre los gobiernos de los Estados Unidos y Honduras[582]. Como la Corporación tenía el apoyo del gobierno norteamericano, que presionaba al de Honduras para que lo aceptara, el Consejo pensaba que la Foreign Office debía hacer lo mismo, pero a favor suyo. Así lo harían ver por escrito en una carta del 16 de noviembre de 1910[583].

579. **Loc. Cit.**
580. FO. Confidential (BP. 10/9851). C.F.B. August 9th. 1910 [29045].
581. Ibídem. FO. To C.F.B. September 1st. 1910.
582. Ibídem. Grenfell. October 7th. 1910 [36486].
583. Ibídem. C.F.B. November 16th. 1910 [42032].

Ante las constantes evasivas de Morgan, la Foreign Office instruyó a su Embajador en Washington, Mr. Mitchell-Innes, para que se informara de la posición de los Estados Unidos en relación con el asunto de la compensación, y del grado de vigencia alcanzado por el acuerdo entre la Corporación Morgan y el Consejo. De no haber una respuesta satisfactoria, decía la carta, *«el gobierno de Su Majestad no podrá por más tiempo mantener su actitud neutral respecto a las propuestas de los Estados Unidos»*[584].

Mitchell-Innes expresaba que el comentario transcrito no pasaría de ser considerado en Washington más que como un mero desplante de autoridad, a no ser que se le indicara al gobierno norteamericano que los británicos se retirarían de las negociaciones con Morgan, si estos no clarificaban su posición sobre la compensación que el Consejo estaba cobrando. Innes añadía que era conveniente presionar al gobierno de Honduras, con el fin de obtener su aprobación del esquema Morgan[585]. La Foreign Office le comunicó a Innes que hiciera todo lo posible, de *«una manera amigable y no oficial»*, para que el gobierno norteamericano obtuviera de Morgan el pago de la compensación exigida por el Consejo[586].

Por su parte, el gobierno norteamericano hacía lo necesario por imponer el esquema de la Corporación Morgan al gobierno hondureño, que se vio obligado a introducirlo furtivamente en el Gabinete, con el fin de evadir la oposición que tenía en la Asamblea Legislativa, y de evitar que la discusión sobre el esquema de Carden fuera reabierta[587]. El 12 de enero de 1911, el gobierno norteamericano enteraba a la Foreign

584. Ibídem. FO. To Mr. Mitchell-Innes. Telegram Nº 120. November 23rd. 1910 [42032].
585. Ibídem. Mr. Mitchell-Innes. November 29th. 1911 [44214].
586. Ibídem. FO. To Mr. Mitchell-Innes. Telegram Nº 133. December 25th. 1910 [44214].
587. Ibídem. Mr. Haggard. September 6th. 1910 [34990-35081].

Office de que una Convención había sido firmada entre los gobiernos de Honduras y de Estados Unidos, con el objeto de consolidar la deuda hondureña por medio de un nuevo préstamo que se aprobaría para tal efecto. La Convención tendría carácter compulsivo hasta el momento en que el préstamo fuera realizado. Con esta finalidad el gobierno de Honduras aceptaría el control financiero de sus aduanas por el Departamento de Estado norteamericano, que finalmente lo sometería a la discusión y aprobación del Senado[588].

Entretanto, Morgan se esforzaba para impedir que dicho proyecto fuera conocido por la Asamblea Legislativa hondureña, o por el Consejo de Tenedores de Bonos inglés, ya que la prórroga de seis meses otorgada por el último sobre la cuestión del recargo del 5%, vencía en dos semanas[589]. Según Carden, en los Estados Unidos se decía que el gobierno norteamericano había provocado el último levantamiento armado en Honduras. Ese año 1911, continuaba Carden, se había iniciado con una promesa hecha por Morgan al gobierno de Honduras, en el sentido de que no fomentaría revoluciones en su contra, siempre y cuando se aprobara su esquema de control financiero[590]. Pero Carden recomendaba silencio a la Foreign Office y prudencia al Consejo, de lo contrario se corría el riesgo de desprestigiar al esquema mencionado[591].

La Convención fue finalmente sometida al Senado de los Estados Unidos. El préstamo fue firmado por el Embajador hondureño en Washington con banqueros de Nueva York. Carden señalaba con ansiedad, que el proyecto en su totalidad debería ser discutido por la Asamblea Legislativa hondureña, antes del 20 de febrero de 1911, de lo contrario sería boicoteado por sus

588. FO. Confidential (BP. 10/9952). Mr. Phillips. January 12th. 1911 [45624].
589. Ibídem. C.F.B. January 20th. 1911 [2445].
590. Ibídem. Mr. Carden. Telegram Nº 4. January 21st. 1911.
591. Ibídem. Mr. Carden. Telegram Nº 7. January 27th. 1911 [3123].

opositores[592]. En una carta del 1 de febrero de 1911, el Consejo escribía a la Foreign Office informándole que después del 4 de febrero Morgan ya no tendría obligaciones con ellos. Deseaban saber qué recomendaría el gobierno de Su Majestad ante esa inminencia, para no romper del todo las negociaciones con Morgan[593]. En esa dirección, Carden apuntaba que el esquema de Morgan tenía muy mal ambiente en Honduras, pero no recomendaba alentar las pretensiones de los hondureños en cuanto a reabrir las discusiones sobre el esquema de Carden, pues esto tendría efectos desastrosos sobre las relaciones con los Estados Unidos, y debilitaría aún más el maltrecho prestigio británico en América Central[594].

Para el 13 de marzo de 1911, el Consejo ya tenía claro que Morgan no pagaría compensación alguna. Se propuso, entonces, que la mitad de las ganancias obtenidas por la venta de aquellos bonos pendientes que no se presentaran a tiempo para su cancelación, pasaran a manos de los tenedores de bonos ingleses[595]. Nada positivo resultó de esta propuesta. Para balancear el fracaso, el Consejo invitó a los tenedores de bonos a una reunión que se realizaría en julio de ese año, en la cual se iba a decidir que a partir del 31 de diciembre de 1911, el Consejo sería rehabilitado para iniciar con el gobierno de Honduras nuevas y más frescas negociaciones[596].

Mientras los norteamericanos se esforzaban para lograr que la Convención fuera aprobada en el Senado de los Estados Unidos y en la Asamblea Legislativa hondureña, el Consejo consultaba a la Foreign Office sobre cuál sería su posición en

592. Ibídem. Mr. Bryce. Telegram Nº 9. January 26th. 1911. Mr. Carden. February 21st. 1911 [3939].
593. Ibídem. C.F.B. December 1st. 1911 [3951].
594. Ibídem. Mr. Carden. Telegrams N$^{os.}$ 13 y 14. February 20th. y 22nd. 1911. FO. To C.F.B. February 23rd. 1911 [6517].
595. Ibídem. C.F.B. March 13th. 1911 [9397].
596. Ibídem. C.F.B. July 13th. 1911 [27586].

caso de reabrir las negociaciones con el gobierno de Honduras[597]. La Foreign Office ofreció su apoyo pero demandó discreción. El gobierno hondureño temía que si los Estados Unidos se enteraban de que el esquema de Carden estaba siendo reconsiderado, el boicot no se haría esperar[598].

A esta altura, Carden llamaba la atención sobre la agresiva política de los Estados Unidos en América Central[599]. En ese sentido, veamos lo que nos decía la Foreign Office:

> *«En términos generales, si alguna de las repúblicas centroamericanas trata alguno de nuestros reclamos injustamente, nosotros acudiremos a medios diplomáticos correctos. Si esto falla también acudiremos a un arbitrio. Si los Estados Unidos obtienen mejores términos que nosotros, acogeremos el asunto y lo discutiremos con el pequeño estado centroamericano y con Washington. Pero oponerse a la influencia de los Estados Unidos sobre estos pequeños estados centroamericanos, y apoyar a estos contra los Estados Unidos, sólo puede precipitar una política todavía más agresiva de parte de los últimos contra los primeros. Nosotros nunca deberemos apoyar a estos distantes y poco importantes estados centroamericanos contra los Estados Unidos»*[600].

El grupo Morgan se retiró definitivamente de las negociaciones en febrero de 1912. Desde entonces y hasta 1923, no hubo ninguna discusión seria sobre la mejor forma en que Honduras debería encarar el pago de su deuda externa con los ingleses, deuda que tenía unos cincuenta años de estar acumulando intereses.

597. Ibídem. C.F.B. September 25th. 1911.
598. Ibídem. FO. To C.F.B. October 13th. 1911 [39723].
599. Ibídem. Mr. Carden. November 3rd. 1911 [51059].
600. **Loc. Cit.**

En mayo de 1923, el Cónsul británico en Tegucigalpa obtenía del gobierno hondureño un acuerdo «ad referéndum» (es decir, una promesa nada más), el cual se basaba en el esquema de Carden, que se había mencionado por primera vez en 1909. Este nuevo acuerdo fue ratificado por la Asamblea Legislativa hondureña en marzo de 1926, y considerablemente modificado por medio de un contrato con el National City Bank de Nueva York, el 1 de febrero de 1927. El 17 de febrero de 1927, el Consejo de Tenedores de Bonos Extranjeros inglés recibía en Londres la primera partida de 20,000 libras esterlinas para amortizar la deuda, que no se atendía como era debido desde 1873[601].

V. ALGUNAS CONCLUSIONES

Se ha apuntado que el único interés de Gran Bretaña en América Central fue de orden meramente comercial[602]. Esta afirmación es extraordinariamente simplista y superficial, pues le otorga al Tratado Clayton-Bulwer de 1850 un estatuto institucional que en realidad no tuvo. Este tratado fue una solución de continuidad, un «retiro negociado» por parte de Gran Bretaña hacia otras esferas de influencia mucho más generosas, y en favor de la nueva política imperialista norteamericana. Con esta perspectiva, el imperio británico se aseguró un mayor grado de manipulación de aquellos elementos, como la deuda externa de los países centroamericanos, que aún lo mantenían vinculado a América Central.

Sobre la base de que era preferible obtener algo mediante negociaciones con los Estados Unidos, que obtener nada al hacerlo con Honduras, los británicos compartieron con los norteamericanos una cuota de explotación que dejaría definitivamente de ser equitativa con la Primera Guerra Mundial, y arruinaría al país centroamericano.

601. C.F.B. **Annual Reports** (London: 1903-1927).
602. Naylor, Robert Arthur (1960). **Op. Cit.** Vol. 40. P. 364.

Este capítulo ha demostrado cómo el «retiro negociado» se aplicó en el caso de Honduras. El capitalismo británico se negaba a renunciar a una deuda adquirida fraudulentamente, y para ello había que negociar con los Estados Unidos, aun a cambio de la independencia económica y política de Honduras. Las ligeras diferencias entre el Consejo de Tenedores de Bonos y la Foreign Office no fueron más que diferencias de énfasis. La uniformidad de criterio entre el Departamento de Estado norteamericano y los «empresarios ferrocarrileros» sólo refleja el viraje hacia una estrategia imperialista más agresiva, para la cual era fundamental la solución a problemas político-estratégicos de corto plazo.

La lentitud de la Foreign Office para entender la dinámica de aquel último elemento amplió momentáneamente la capacidad de negociación del Consejo y de las corporaciones norteamericanas, asegurándole a la primera una complicidad inconsistente y resbaladiza, y al gobierno de Honduras un papel de espectador. Por último, el mismo Consejo de Tenedores de Bonos sería superado. En el trayecto, la independencia económica y política de Honduras saldría lesionada, y con ella, la del resto de América Central.

CONCLUSIONES GENERALES

El lector que tuvo la paciencia de seguirnos hasta el final de este libro, habrá podido darse cuenta de dos aspectos sustanciales:

A. Se ha atacado un conjunto de problemas teóricos, metodológicos y técnicos, relativos a la historia económica, diplomática y política de algunos estados centroamericanos, entre los años 1821 y 1915.

B. Se trató de dar respuesta a las particulares expresiones del imperialismo inglés en América Central, durante los años mencionados.

Estos dos paquetes de problemas se fueron desplegando a lo largo del texto en una sola dirección central, que se expresa en lo que, desde un principio, fue nuestro juego de hipótesis:

1. Resultará muy difícil tener una comprensión cabal de la inserción de América Central en el mercado mundial, si antes no se estudian los distintos esfuerzos realizados por esta región con tal propósito, antes de la llegada del café y del banano.

2. La inserción al mercado mundial de los países centroamericanos pasa por tres momentos distintos que nosotros hemos llamado de la siguiente manera:

   a. La inserción formal (1821-1851).

b. La inserción real (1851-1881).

c. La inserción imperialista (1881-1915).

3. El café y el banano redefinen profundamente las relaciones económicas que estos países irían a sostener con las potencias capitalistas centrales del momento, particularmente con Gran Bretaña, que jugará un papel decisivo en la inserción dinámica de América Central en el mercado mundial.

4. La competencia interimperialista entre Gran Bretaña, Alemania y los Estados Unidos, definirá finalmente mucho de la estrategia comercial desplegada por los centroamericanos para consolidar su inserción en el mercado mundial.

5. Las prácticas comerciales ejercidas por los ingleses en América Central no pueden ser definidas de otra manera más que de imperialistas, a pesar de los esfuerzos que algunos historiadores ingleses hacen por convencernos de que eso nunca fue imperialismo.

6. Inevitablemente, el istmo centroamericano terminaría bajo la influencia decisiva de los Estados Unidos, que tratarían de desplazar a los británicos de la región, aun acudiendo a medios no muy limpios en ese sentido.

7. La aparente rivalidad interimperialista terminó por evidenciar que en realidad los gobiernos y los empresarios de Estados Unidos y Gran Bretaña, terminaron por ayudarse mutuamente en lo que respecta a su haz de influencias en la región.

8. El control de los británicos sobre Belice difícilmente fue cuestionado a fondo por los Estados Unidos, pero sí lo

fue cuando se trató de Nicaragua, por el asunto del canal[603].

Vamos a tratar ahora de ir desplegando cada una de estas hipótesis en reflexiones concluyentes, a partir de lo que el lector ya tuvo la oportunidad de ver probado en detalle.

Conclusión I

Dijimos en el transcurso de este trabajo, que los intentos de los centroamericanos por insertarse en el mercado mundial los habían hecho pasar por experiencias bastante tristes. Antes del despegue mercantil que se produce en la segunda parte del siglo XVIII (y debido a él), los centroamericanos habían probado con el cacao, el tabaco, los tintes naturales, las mulas y las maderas, establecer un engarce permanente con el mercado internacional. Más allá de los modestos mercados regionales, y de los contactos ocasionales con los emporios comerciales de Panamá, Nicaragua, Quito, Venezuela o México, los productos centroamericanos con dificultad iban a llamar la atención de otros consumidores que no fueran los del Caribe. A ese respecto, los tintes naturales permitieron sostener una actividad comercial cíclica que se extiende hasta bien entrado el siglo XIX. Los otros ciclos comerciales referidos difícilmente permitieron la configuración de grupos sociales más o menos estables, y que tuvieran como tarea primordial la inserción de sus actividades en el mercado mundial. Había que esperar la llegada del café para que este panorama empezara a cambiar.

Conclusión II

La inserción formal al mercado mundial (1821-1851) que es el período que estudia un autor como Naylor, al que tantas

603. Bolland, Nigel O. **Colonialismo y Resistencia en Belice. Ensayos de Sociología Histórica** (México: Grijalbo. 1992). Introducción: sociología histórica e historia social del Caribe. Pp. 17-29.

veces citamos en este trabajo, es el largo período, digámoslo así, de tanteos por remontar la herencia colonial española en América Central. Son precisamente los ingleses los que aprovechan en realidad a fondo esta situación, ya que desde el punto de vista comercial, lograron establecer en esos años la dinámica fundamental para que los centroamericanos terminaran siendo consumidores marginales (pero consumidores al fin) de los productos manufacturados, que la Revolución Industrial inglesa no lograba colocar en otras partes del imperio británico o del mercado mundial.

Este es un momento en que los centroamericanos son considerados por los ingleses esencialmente como una sola nación. La política comercial del gobierno de Su Majestad hacia América Central está diseñada para tratarla como una sola unidad política; por lo tanto, sólo se nombra un Cónsul General que atienda todos los requerimientos de la región al mismo tiempo, con algunos vicecónsules «ad honórem», quienes por lo general forman parte de las elites comerciales del país en donde se encuentren, para que lo asesoren y sobre todo lo informen de los intereses de la Corona en el lugar asignado. Por eso no es extraño, encontrar un vicecónsul inglés perdido en las remotas junglas de algunos puertos nicaragüenses o guatemaltecos, preparando y escribiendo informes para la Foreign Office inglesa.

Hablamos de inserción formal al mercado mundial, porque tal inserción de parte de los centroamericanos sólo opera en la forma y no en la raíz. Es decir, los comerciantes de esta parte del mundo aún no logran por esa época, hallar un producto que les permita participar en el intercambio internacional de mercancías y aprovechar activamente la riqueza de los flujos internacionales de crédito. Costa Rica tomará la delantera en esa dirección.

Conclusión III

La inserción real al mercado mundial (1851-1881) se opera con el café. Este producto hizo que los centroamericanos encontraran un camino acertado hacia el mercado mundial. Ello posibilitó una mejoría notable en el consumo de los sectores sociales más pudientes del istmo, y amplió considerablemente las posibilidades de modernización económica y social de estos pueblos. Este es, sin lugar a dudas, el capítulo decisivo en la historia de la participación imperialista de los ingleses en América Central.

Si durante la inserción formal los ingleses se concentraron en presiones comerciales y diplomáticas sobre los centroamericanos, para que estos atendieran sus obligaciones financieras con ellos (adquiridas sobre todo durante la existencia de la Federación Centroamericana, 1824-1838), en este momento de inserción real al mercado mundial, para los británicos el asunto se agrava porque ya no estarán solos, y la compañía que tendrán viene dispuesta a desalojarlos de la zona.

El inversionista inglés, el comerciante, el diplomático, los súbditos de Su Majestad Británica en América Central van a involucrarse en los conflictos económicos, sociales, políticos e ideológicos de estos países durante el siglo XIX, como bien lo prueban los capítulos dedicados a los estudios de caso en este libro. Es cierto, su participación no tuvo la agresividad que tendría la de los Estados Unidos o la de los alemanes, pero la realidad indicaba que el poder militar de los primeros y la disponibilidad financiera de los segundos (como sucedería en Guatemala) no iban a permitir que fuera de otra forma.

Para finales del siglo XIX, la Revolución Industrial en Inglaterra ha entrado en un franco proceso de agotamiento, y son precisamente los norteamericanos y los alemanes quienes asumen el relevo, por lo que no podría entenderse la actitud de los mismos de otra forma más que como se dio en el caso de América Central.

Conclusión IV

Por eso es que resultaría muy difícil comprender la rivalidad interimperialista, si se parte del supuesto mecánico de que la competencia comercial en América Central, lo explica todo. Los aparentes problemas financieros entre los norteamericanos y los ingleses por los ferrocarriles, por la deuda externa o por los supuestos monopolios comerciales en América Central, no contradicen los fundamentos de la política que daría forma a la etapa de inserción imperialista al mercado mundial (1881-1915). Porque es el imperio bananero el que ahora, por supuesto inspirado por la Doctrina Monroe, estructuraría las acciones políticas y económicas que tomarán los centroamericanos para insertarse en el mercado mundial. En Guatemala, el golpe de Estado fraguado por los militares con un decidido apoyo de la United Fruit Company (UFCO) en 1954, no podría entenderse sin referirse a los juegos interimperialistas que vehiculizaron la existencia de dicho monopolio bananero, procedentes de ingleses, alemanes y norteamericanos. Pero dichosamente, tampoco podría explicarse a cabalidad el nacimiento del movimiento obrero centroamericano.

Conclusión V

Si la intriga que los ingleses sostienen contra los norteamericanos, por el asunto del ferrocarril en Costa Rica no es de naturaleza imperialista, difícilmente encontraremos otra forma de calificarla. A la larga tiene poca importancia que los organismos diplomáticos de la Corona Británica se hayan mantenido alejados de este tipo de situaciones, o que su participación haya sido todo lo aséptica que intentaron. La realidad indica que la posesión y explotación de dicho ferrocarril fue negociada, discutida y peleada con todos los recursos posibles (legales e ilegales) a la mano. Triunfó una estrategia imperialista más agresiva es cierto, pero eso no hace menos imperialista al oponente.

¿Quién puede negar, después de leer los capítulos VI y VIII que el imperialismo inglés se ejerció sobre Guatemala y Honduras, con toda la fuerza y el talento de que fueron capaces sus diplomáticos y hombres de negocios? ¿Necesitamos una proclama abierta de parte de la Corona Británica que predique sus posiciones auténticamente imperialistas, para empezar a hablar de imperialismo inglés en el caso de la historia comercial de América Central?

Conclusión VI

Inevitablemente, al final, los norteamericanos terminarían por apropiarse de los circuitos comerciales y financieros de América Central, por medio de la UFCO o de hombres como Minor Cooper Keith, pero contemplando el mismo abanico de alternativas que habían llevado a los ingleses a sostener explotaciones mineras como la Butters Salvador Mining Company, tantas veces citada en este libro. La unidad del propósito imperialista es evidente, cuando nos percatamos de las negociaciones que los ingleses, franceses, alemanes y norteamericanos realizaban para que, a partir de 1911, los ferrocarriles centroamericanos pasaran a integrar el *Sistema Internacional de Ferrocarriles*, controlado por empresarios de esas nacionalidades. ¿Cómo llamarían los historiadores posmodernos a este tipo de situaciones?

Conclusión VII

Las denuncias y los escándalos que promovió la prensa comercial y financiera inglesa, a fines del siglo anterior y a principios de este, porque había encontrado conflictividad en las representaciones empresariales de figuras como Forwood o Keith en el caso del ferrocarril costarricense, llegarían a perder totalmente su sentido cuando se fundó el *Sistema Internacional de Ferrocarriles Centroamericanos* en 1911. De ahí en adelante, las alianzas y asistencias mutuas entre empresarios europeos de distintas procedencias nacionales, serían perfectamente naturales, al menos hasta 1953, cuando dicho sistema fue por fin adquirido en su totalidad por el monopolio bananero norteamericano.

Conclusión VIII

Es evidente, por último, para cualquier persona con un poco de sensibilidad histórica, que los motivos que impulsaron a los centroamericanos a buscar tan ansiosamente su inserción en el mercado mundial, eran distintos a los que movieron al imperialismo inglés primero, y luego al imperialismo norteamericano, a darles su apoyo en ese proceso. El imperialismo siempre vio en América Central la posibilidad más real de construir un canal interoceánico, y esto, desde la segunda parte del siglo XVI, siempre fue la razón más esencial para darle la bienvenida a los centroamericanos en la comunidad internacional. Las consecuencias de esta bienvenida están a la vista para el que quiera.

Hoy que está de moda hablar de *globalización*, resulta muy oportuno reflexionar un poco sobre la historia de América Central, pues esta región ha venido participando de ese mecanismo desde el momento inicial de su vida «independiente». Tanto así, que alguna prensa norteamericana habrá dicho alguna vez que Panamá no es un país, sino un canal. Eso es globalización y eso es imperialismo, a pesar de lo que digan los historiadores de guantes blancos en nuestros países.

Con este libro, solamente hemos querido participar en esa reflexión. Porque de lo que se trata es de conocernos mejor, y no de acudir a los eufemismos para no enfrentar la realidad como es. En una región como América Central es imperdonable seguir haciendo eso. Y todavía más imperdonable es que sean algunos historiadores los que promuevan este tipo de enfoques.

Quedan temas, problemas, preguntas y denuncias que hacer en esta historia. Pero ya llegará el momento cuando lo hagamos de nuevo. Entretanto, esperemos que la decencia vuelva a las tiendas de alguna historiografía centroamericana, que cree que al olvidarse del imperialismo, la realidad de la región se vuelve más boyante y más democrática. No son los gestos del prestidigitador los que nos hacen mejores historiadores. No en América Central, al menos.

BIBLIOGRAFIA GENERAL

FUENTES PRIMARIAS IMPRESAS

Agreement Made the 15th. Day of June, 1905 between the Costa Rica Railway Company, Ltd. and the Northern Railway Company, Ltd. (Londres. 1905).

Anónimo. **Junction of the Atlantic and Pacific Oceans. Statement of the Costa Rican Route** (FO. 1849/21/2/ff. 275-279).

Anónimo. «The present position of the New South American and Central American Loans. A warning to investors in Foreign Government Securities». **The Economist** (Londres. Vol. XXX. Nº 1521. 19/10/1872).

Anónimo. «The composition of the bankrupt South and Central American States». **The Economist** (Londres. Vol. XLV. Nº 2284. 1887).

Annuaire Statistique Retrospectif (París: Institut National de la Statistique et des Etudes Economiques. 1951).

Annual Statement of the Trade and Navigation of the United Kingdom with Foreign Countries and British Possessions (Londres. 1849-1921).

Anuario de la Bolsa de Valores de Londres (Varios volúmenes que comprenden los años desde 1871 hasta 1921).

Bancroft, Hubert H. **History of Central America** (San Francisco: The History Company Publishers. 1887). Vol. III.

Calderón, Manuel. **Proteccionismo y Limbrecambio en Costa Rica** (Universidad de Costa Rica. Escuela de Historia. Tesis de Licenciatura. 1981).

Camphuis, G.W. **Costa Rica: A Home for Immigrants** (Londres: Pamphlet published by the River Plate Trust, Loan and Agency Company. 1891).

Casey, Jeffrey. **Limón (1880-1940). Un Estudio de la Industria Bananera en Costa Rica** (Universidad Nacional. Tesis de Maestría. 1977).

Cooper, Henry. **Diario del Camino de Matina Principiado por el Antiguo** (Londres: FO. 252/33/ff. 102-108).

Costa Rica. Memorias de Fomento (Varios años, comenzando en 1895).

Díez de Navarro, Luis. **Descripción del Reino de Guatemala. 1743-1744** (Londres: FO. 252/49/ff. 243-259).

Fernández Guardia, Ricardo. **Costa Rica en el Siglo XIX. Antología de Viajeros** (San José: EDUCA. 1979).

Kurtze, Franz. **The Interoceanic Route Through the Republic of Costa Rica** (New York: s.e. 1866).

León, Jorge. **Fuentes y Uso de Datos del Movimiento Marítimo y Comercio Exterior de Costa Rica entre 1821-1900** (Universidad de Costa Rica. Centro de Investigaciones Históricas. Serie de Trabajos de Metodología. Nº 5. 1995).

Meléndez, Carlos. **Documentos Fundamentales del Siglo XIX** (San José: ECR. Colección Biblioteca Patria. 1978). Tomo 16.

Milne, G.T. **Reports to the Board of Trade on the Conditions and Prospects of British Trade in Central America, Colombia and Venezuela** (Papeles del Parlamento. 1913). Tomo LXVIII.

Otis, F.N. **History of the Panama Railroad and of the Pacific Mail Steamship Co.** (New York: s.e. 1867).

Report of the Select Committee on Foreign Loans (Londres: Papeles del Parlamento. 1875). Tomo XI.

Reportes Anuales del Consejo Británico de Tenedores de Bonos Extranjeros (Londres. 1872-1916).

Reynolds, Thomas C. y otros. **Reports of the USA, Central and South American Commission** (Washington: Government Printing Office. 1886).

Román Trigo, Ana Cecilia. **El Comercio Exterior de Costa Rica. 1880-1930** (Universidad de Costa Rica. Escuela de Historia. Tesis de Licenciatura. 1978).

______. **Las Finanzas Públicas de Costa Rica: Metodología y Fuentes. 1870-1948** (Universidad de Costa Rica. Centro de Investigaciones Históricas. Serie de Trabajos de Metodología. Nº 3. 1995).

Ross, Delmer Gerrard. **The Construction of Railways in of Central America** (University of California. Santa Bárbara. Ph.D. Theses. 1981).

Samper, Mario (compilador). **Fuentes Numérico-Nominales e Investigación Histórica** (Universidad de Costa Rica. Centro de Investigaciones Históricas. Serie de Trabajos de Metodología. Nº 4. 1995).

Solórzano Fonseca, Juan Carlos. **Comercio Exterior de la Provincia de Costa Rica. 1690-1760** (Universidad de Costa Rica. Escuela de Historia. Tesis de Licenciatura. 1977).

Statistical Tables Relating to Foreign Countries (Londres. 1849-1921).

Trade Accounts (Londres. 1849-1921).

Varios autores. **La Emigración Europea y la América Latina: Fuentes y Estado de la Investigación** (Berlín: Colloquium Verlag. Biblioteca Iberoamericana. 1979).

Yeager, Gene Sheldon. **The Honduran Debt** (University of Tulane. Ph.D. Theses. 1975).

FUENTES PRIMARIAS INEDITAS

Allan Wallis a la Board of Trade. San José, 5/3/1869 (PRO. FO. 21/31/f. 92).

Allan Wallis a la FO. **Reporte de Comercio.** P.P. (1854-1855). L.V. Pp. 632-640.

______. 31/1/1857 (PRO. FO. 21/10/1857).

______. San José, 29/3/1859 (PRO. FO. 21/13/1859).

British Trade Journal (1890).

Carden a Grey. **Memorándum.** 1907. P.P. Confidential. Nº 9286.

______. **Memorándum**. 1907. P.P. Confidential. Nº 9017.

______. **Memorándum.** 1908. P.P. Confidential. Nº 9528.

______. **Memorándum.** 1909. P.P. Confidential. Nº 9637.

______. **Memorándum.** 1909. P.P. Confidential. Nº 9833.

______. **Memorándum.** 1911. P.P. Confidential. Nº 9833.

______. **Memorándum.** 1913. P.P. Confidential. Nº 10024.

Conflicto Mattey-Wallernstein (PRO. FO. 21/12/1848-1858).

Consejo Británico de Tenedores de Bonos Extranjeros. Cartas de y hacia diversos diplomáticos ingleses ubicados en América Central (PRO. FO. 21/70/1894-1905).

Cónsul Ascoll. RC. 1906. P.P. Annual Series. Nº 3890.

Cónsul Bennett. RC. 1884. P.P. LXXXI.

Cónsul Corbett. RC. 1874. P.P. LXVIII.

Cónsul Cox. RC. 1901. P.P. CVI.

Cónsul Fleischmann. RC. 1904. P.P. Annual Series. Nº 3400.

______. RC. 1905. P.P. Annual Series. Nº 3620.

______. RC. 1906. P.P. Annual Series. Nº 3924.

______. RC. 1907. P.P. Annual Series. Nº 4339.

______. RC. 1907. P.P. Annual Series. Nº 4384.

Cónsul Graham. RC. 1878-1879. P.P. LXXII.

Cónsul Graham a la FO. Guatemala, 22/3/1881 (PRO. FO. 15/15/f. 194).

Cónsul Graham al Lord de Salisbury. Guatemala, 22/10/1878 (PRO. FO. 15/183/Nº 16/f. 74).

______. Guatemala, 7/2/1879 (PRO. FO. 15/187/Nº 2/f. 162).

Cónsul Hall. RC. 1862. P.P. LIX.

Cónsul Hayes-Sadler. RC. 1890. P.P. LXXV.

Cónsul Hervey. RC. 1904. P.P. XCIX.

______. RC. 1905. P.P. Annual Series. Nº 3686.

Cónsul Hockmeyer. RC. 1867-1868. P.P. LXVIII.

Cónsul Locock. RC. 1875. P.P. LXXIV.

Cónsul Magee. RC. 1874. P.P. LXVI.

Cónsul Mc.Nider. RC. 1878-1879. P.P. LXXII.

Cónsul Meugens a la FO. Costa Rica, 23/1/1878 (PRO. FO. 252/168/Nº 2/f. 59).

Cónsul Meugens a Locock. San José, 23/1/1878 (PRO. FO. 15/181/Nº 2/f. 86).

Cónsul Meugens. Carta a la FO. 15/11/1873 (PRO. FO. 21/36/f. 241).

______. Carta a la FO. San José, 13/5/1873 (PRO. FO. 21/36/f. 99).

______. Carta a la FO. San José, 18/12/1872 (PRO. FO. 252/137/f. 378).

______. Carta a la FO. San José, 8/8/1873 (PRO. FO. 21/46/f. 161).

______. RC. 1872 (PRO. FO. 252/142/f. 33).

______. RC. 1873 (PRO. FO. 252/13/f. 326).

______. RC. 1874 (PRO. FO. 252/147/f. 39).

Cónsul Paget. RC. 1902. P.P. Confidential. Nº 7768.

Cónsul Perry. **Reporte sobre el Comercio de Nicaragua en 1858** (P.P. 1860. LXV). Pp. 17-20.

Cónsul Roberts. RC. 1897. P.P. XCL.

Cónsul Scholfield. RC. 1873. P.P. XIV.

______. RC. 1878-1879. P.P. LXXV.

Cónsul Sharpe. Carta a la FO. San José, 12/7/1881 (PRO. FO. 21/44/f. 112).

______. Carta a la FO. San José, 25/4/1882 (PRO. FO. 21/45/f. 98).

______. RC. 1887. P.P. C.

______. RC. 1893. P.P. LXXXV.

Cónsul Trayner. R.C. 1898. P.P. XCVI.

______. RC. 1899. P.P. C.

______. RC. 1902. P.P. CVIII.

Cónsul Wallis. RC. 1868 (PRO. FO. 252/127/f. 37).

Corbett a Granville. **Memorándum.** 1906. P.P. Confidential. Nº 8587.

______. **Memorándum.** 1874. P.P. LXVIII.

______. **Memorándum.** 1906. P.P. Confidential. Nº 8647.

______. **Memorándum.** 1906. P.P. Confidential. Nº 8666.

______. **Memorándum.** 1909. P.P. Confidential. Nº 9436.

______. **Memorándum.** 1909. P.P. Confidential. Nº 9559.

______. **Memorándum.** 1910. P.P. Confidential. Nº 9118.

______. **Memorándum.** 1909. P.P. Confidential. Nº 9436.

______. **Memorándum.** 1910. P.P. Confidential. Nº 9558.

______. **Memorándum.** 1910. P.P. Confidential. Nº 9562.

______. **Memorándum.** 1910. P.P. Confidential. Nº 9775.

______. **Memorándum.** 1911. P.P. Confidential. Nº 9851.

______. **Memorándum**. 1912. P.P. Confidential. Nº 9952.

Correspondencia Privada (Estados Unidos-Gran Bretaña) (PRO. FO. 254/18/1840-1860).

Costa Rica (1897) (PRO. BT. 31/31603-56447) y (1886-1942) (PRO. BT. 31/23126-31049).

Costa Rica (1898-1913) (PRO. BT. 31/15869-54989); (1896) (PRO. BT. 31/6659-46834); (1891) (PRO. BT. 31/5131-34621).

Costa Rica Railway Company. **Reportes de los Directores** (Londres. 1888-1905).

Costa Rica. FO. **Memorándum.** 1906. Confidential (8666).

______. **Memorándum.** 1908. Confidential (9118).

______. **Memorándum.** 1908. Confidential (9558).

Costa Rica. **Memorándum.** 1906. Confidential (BP. 10/8666).

______. **Memorándum.** 1908. Confidential (BP. 10/9118).

______. **Memorándum**. 1910. Confidential (BP. 10/9558).

Don Luis Blanco a Juan Rafael Mora Porras. Carta del 6 de diciembre de 1849 (PRO. FO. 252/48/Nº 2/f. 12).

E. Wallernstein al Earl de Clarendon. 26/3/1856 (PRO. FO. 21/8/1856).

F. Chatfield a la FO. 1838 (PRO. FO. 15/20/1838).

______. (P.P. 1847. LXIX. Cartas N$^{os.}$ 142 y 157). Pp. 113-114; 123; 579-580 y 583-584.

Financial News (1890).

Frederick Chatfield a la Foreign Office. 1834 (PRO. FO. 252/4/1834).

G. Chatfield a Lord Palmerston. Guatemala, 5/8/1851 (PRO. FO. 222/55/Nº 84/ff. 298-299).

George Schedel a Charles Lennox Wyke. Puntarenas, 27/6/1853 (PRO. FO. 252/66/f. 199).

Guatemala. FO. **Memorándum**. 1909. Confidential (9559).

______. **Memorándum.** 1910. Confidential (9775).

______. **Memorándum**. 1906. Confidential (8587).

______. **Memorándum.** 1902. Confidential (9529).

Guatemala. **Memorándum**. 1906. Confidential (BP. 10/8587).

______. **Memorándum**. 1910. Confidential (BP. 10/9559).

______. **Memorándum**. 1911. Confidential (BP. 10/9775).

Honduras (1893) (PRO. BT. 31/5636-39281).

Honduras Railway Company, Ltd. (PRO. BT. 31/4102-26325).

Honduras. **Memorándum**. 1902. Confidential (BP. 10/8647).

______. **Memorándum**. 1907. Confidential (BP. 10/9436).

______. **Memorándum**. 1909. Confidential (BP. 10/9436).

______. **Memorándum**. 1909. Confidential (BP. 10/9562).

______. **Memorándum**. 1910. Confidential (BP. 10/9851).

______. **Memorándum.** 1911. Confidential (BP. 10/9952).

Honduras-Papeles Confidenciales de la Oficina de Comercio (PRO. BT. 31/246-807/1857) y (PRO. BT. 31/1922-7919/1873).

Informes sobre el Banco Británico de América Central (Nicaragua) (PRO. FO. 53/44/1844-1852).

International Railway System. Cuentas Anuales (Guildhall Library, Londres. 1911-1953).

Junction of the Atlantic and Pacific Oceans. Statement of the Costa Rica Route (PRO. FO. 21/2/ff. 275-279).

L. Foote a la FO. RC. (El Salvador). P.P. (1857-1858). L.V. Pp. 160-161.

La Paz y el Progreso (San José, 1848).

Locock a Derby. **Memorándum**. 1875. P.P. LXXXI.

M. Perry a la FO. (Nicaragua). P.P. 1860. LXV. Pp. 487-488.

M.H. Dixon a E. Wallernstein. Enfield, 4/3/1856 (PRO. FO. 21/8/1856).

Memorándum Comercial Nº 8. 22/3/1894 (PRO. FO. 15/286/ff. 31-35).

Money Market Review (1892).

Mr. Locock a Mr. Sister. Bourmouth, 10/4/1879 (PRO. FO. 15/187/Nº 2/f. 192).

Nicaragua (1901-1905) (PRO. FO. 56/71); (1904) (PRO. BT. 31/31900-80809); (1890) (PRO. BT. 31/4663-30668); (1893) (PRO. BT. 31/15340-39628).

Paget a la FO. **Memorándum**. 1902. P.P. Confidential. Nº 7768.

R. Hall a la FO. (Guatemala). P.P. 1856. LVII. Pp. 233-247.

R. Hall a la FO. RC. (Honduras). P.P. 1857. XVI. Pp. 487-495.

Reporte sobre Compañía para unir el Atlántico con el Pacífico (PRO. FO. 21/5/1852).

Reportes Anuales de la Butters Salvador Mining Company, Ltd. (Londres. 1899-1923).

Star and Herald (Panamá) (1872).

The Bullionist (1878).

The Costa Rica Railway Company, Ltd. (BT. 31/ff. 4-26).

______. **Report of the Committee of Investigation** (Londres. 1895).

______. **Report of the Proceedings** (Londres. 1893).

The Foreign Times (1875).

The Mining Investor (1880).

The New York Herald. 1/10/1858. P. 4 (PRO. FO. 254/11).

The Railway Times (1895).

The South American Journal (1891).

Viceconsulado Británico, El Realejo, Nicaragua, 10/1/1856 (PRO. FO. 89/6/f. 101).

FUENTES SECUNDARIAS

Acuña Ortega, Víctor Hugo (editor). **Historia General de Centroamérica** (Madrid: FLACSO. 1993). Vol. IV.

______. «Capital comercial y comercio exterior en América Central durante el siglo XVIII: una contribución». **Revista de Estudios Sociales Centroamericanos** (San José: 1980. Nº 26).

Addo, Herb. **Imperialism. The Permanent Stage of Capitalism** (Tokyo: United Nations University. 1994).

Amin, Samir. **La Acumulación a Escala Mundial. Crítica de la Teoría del Desarrollo** (México: Siglo XXI Editores. 3a. edición. 1977).

Araya Pochet, Carlos. «El enclave minero en Centro América: 1880-1945. Un estudio de los casos de Honduras, Nicaragua y Costa Rica». **Revista de Ciencias Sociales** (San José: marzo-abril de 1979. Nos. 17-18).

Bairoch, Paul. **The Economic Development of the Third World since 1900** (Londres: Methuen & Co. Ltd. 1977).

Barratt-Brown, Michael. **La Teoría Económica del Imperialismo** (Madrid: Alianza Universidad. 1975).

Bischoff, Henry C. «British investments in Costa Rica». **Interamerican Economic Affairs** (1953: Vol. VII. Nº 1).

Bolland, Nigel O. **Colonialismo y Resistencia en Belice. Ensayos de Sociología Histórica** (México: Grijalbo. 1992).

Bourgois, Philippe. **Banano, Etnia y Lucha Social en Centro América** (San José: DEI. 1994).

Braudel, Fernand. **Mediterráneo** (Madrid: Espasa-Calpe. 1988).

Bulmer-Thomas, Víctor. **The Political Economy of Central America since 1920** (Cambridge University Press. 1988).

Cardoso, Ciro. «La formación de la hacienda cafetalera en Costa Rica: siglo XIX». **Estudios Sociales Centroamericanos** (San José: 1973. Nº 6).

______. «Historia económica del café en Centroamérica. Siglo XIX. Estudio comparativo». **Estudios Sociales Centroamericanos** (San José: enero-abril de 1976. Nº 10).

______ y Pérez Brignoli, Héctor. **Centro América y la Economía Occidental. 1520-1930** (San José: EUCR. 1977).

Carmagnani, Marcello. **Estado y Sociedad en América Latina. 1850-1930** (Barcelona: Crítica. 1984).

Casey Gaspar, Jeffrey. **Limón. 1880-1940: Un Estudio de la Industria Bananera en Costa Rica** (San José: ECR. 1978).

Castellanos Cambranes, Julio. «Café sangriento». **Polémica** (San José: 1982. Nº 3).

______ (editor). **500 Años de Lucha por la Tierra. Estudios sobre Propiedad Rural y Reforma Agraria en Guatemala** (Guatemala: FLACSO. 1992). 2 vols.

Cerdas Cruz, Rodolfo. **La Crisis de la Democracia Liberal en Costa Rica** (San José: EDUCA. 1972).

Coatsworth, J.H. **El Impacto Económico de los Ferrocarriles en el Porfiriato. Crecimiento y Desarrollo** (México: Sep. Setentas. 1976. Nºs. 271-272). 2 vols.

______. «Railroads, landholding, and agrarian protest in the early Porfiriato». **Hispanic American Historical Review (HAHR)** (1974. Vol. 54. Nº 1).

Cobham, David. **The Economics of International Trade** (Londres: Lloyds Bank. 1979).

Cottrell, Peter L. **British Overseas Investments in the Nineteenth Century** (London and Basingstoke: The MacMillan Press Ltd. Studies in Economic and Social History. The Economic History Society. 1975).

Chambers, T.D. y Mingay, G.E. **The Agricultural Revolution. 1750-1880** (Londres: B.T. Batsford Ltd. 1978).

Davis, Ralph. **The Industrial Revolution and British Overseas Trade** (Inglaterra: Leicester University Press. 1979).

Deane, Phyllis y Cole, W.A. **British Economic Growth. 1688-1959** (Cambridge University Press. 2a. edición. 1978).

Dos Santos, Theotonio. **Imperialismo y Dependencia** (México: ERA. 1982).

Echeverría, Bolívar. «Modernidad y capitalismo: quince tesis». En **Review, Fernand Braudel Center** (New York. Vol. XIV. Nº 4).

Ellis, Frank. **Las Transnacionales del Banano** (San José: EDUCA. 1983).

Estrada Molina, Ligia. **La Costa Rica de Don Tomás de Acosta** (San José: ECR. 1965).

Facio Brenes, Rodrigo. **Estudio sobre Economía Costarricense** (San José: EUCR. 1978).

______. **Obras Completas** (San José: EUCR. 1982). 4 vols.

Fernández Molina, José Antonio. «La producción de hierro en el Reino de Guatemala». **Revista de Historia** (San José: UCR-UNA. Número especial de 1988).

Fieldhouse, David K. **Economics and Empire. 1830-1914** (Londres: MacMillan Press. 1984).

Fisher, John. **Commercial Relations between Spain and Spanish America in the Era of Free Trade. 1778-1796** (Centre for Latin American Studies, The University of Liverpool. Monograph Series. Nº 13. 1985).

Florescano, Enrique (compilador). **Historia de la Burguesía en América Latina** (México: Nueva Imagen. 1985).

Folkman, D.I. **The Nicaraguan Route** (University of Utah Press. 1972).

Fonseca, Elizabeth. **Centroamérica: su Historia** (San José: FLACSO. 1996).

Ford, A.G. **El Patrón Oro. 1880-1914. Inglaterra y Argentina** (Buenos Aires: Ediciones del Instituto Torcuato Di Tella. 1966).

_____. «British investments in Argentina and long swings. 1880-1914». En Floud, Roderick (editor). **Essays in Quantitative History** (Oxford Clarendon Press. 1974).

Friedlander, H.E. y Oser, J. **Historia Económica de la Europa Moderna** (México: FCE. 1975).

Fuentes, Carlos. **El Espejo Enterrado** (México: FCE. 1993).

Gallardo, Helio. «Sobre el imperialismo». **Revista Pasos Especial** (San José: DEI. Nº 4. 1994).

George, Pierre. **Geografía Económica** (Barcelona: Ariel. 1970).

Gerschenkron, Alexander. **Atraso Económico e Industrialización** (Barcelona: Ariel. 1970).

Giannetti, Renato. **Crisis Económicas: el Siglo XIX** (Barcelona: Oikos-Tau. 1988).

Goodwin, Paul. «The central Argentine railway and the economic development of Argentina, 1854-1881». **HAHR** (1977: Vol. 57. Nº 1).

Gould, J.D. **Economic Growth in History. Survey and Analysis** (Londres: Methuen & Co. 1972).

Gourvish, T.R. **Railways and the British Economy. 1830-1914** (Londres: MacMillan Press. The Economic History Society. 1980).

Graham, Richard. **Britain and the Onset of Modernization in Brazil. 1850-1914** (Cambridge University Press. 1972).

Greenhill, Robert. «Merchants and the Latin American trade: an introduction». En Platt, D.C.M. (editor). **Business Imperialism. 1840-1930. An Enquiry Based on British Experience in Latin America** (Oxford Clarendon Press. 1977).

_____. «Shipping. 1850-1914». En Platt, D.C.M. (editor). **Business Imperialism. 1840-1930. An Enquiry Based on British Experience in Latin America** (Oxford Clarendon Press. 1977).

Gudmundson, Lowell. **Costa Rica antes del Café. Sociedad y Economía en Vísperas del Boom Exportador** (San José: ECR. 1990).

Hall, Carolyn. **El Café y el Desarrollo Histórico-Geográfico de Costa Rica** (San José: ECR. 1978).

Hassert, K. y Lutz, O. **Mittelamerika als ziel der Deutschen Auswanderung** (Berlín y Postdam. 1919).

Headrick, Daniel R. **Los Instrumentos del Imperio** (Madrid: Alianza. 1989).

Heckscher, Elí F. **La Epoca Mercantilista** (México: FCE. 1983).

Hernández, Carlos. «Del espontaneísmo a la acción concertada: los trabajadores bananeros de Costa Rica. 1900-1955». **Revista de Historia** (UCR-UNA: enero-julio de 1995).

Hickson, G.F. «Palmerston and the Clayton-Bulwer Treaty». **Cambridge Historical Journal** (1931: Vol. III. Nº 3).

Hinkelammert, Franz. **Cultura de la Esperanza y Sociedad sin Exclusión** (San José: DEI. 1995).

Hobsbawm, Eric J. **Industry and Empire** (Londres: Penguin Books. 1979).

______. **The Age of Empire. 1875-1914** (Londres: Weidenfeld & Nicholson. 1987).

Houk, Richard. «The development of Foreign Trade and communications in Costa Rica to the construction of the first railway». **The Americas** (Octubre de 1953. Nº X).

Jenks, Leland H. «Railroads as an economic force in american development». **Journal of Economic History** (1944: Vol. IV).

______. **The Migration of British Capital to 1875** (Londres: Nelson's University Paperbacks. 1971).

Kemp, Tom. **Modelos Históricos de Industrialización** (Barcelona: Fontana. 1981).

Kenwood, A.G. y Lougheed, A.L. **The Growth of the International Economy (1820-1980)** (Londres: Unwin Kyman. 9a. edición. 1988).

La Feber, Walter. **Inevitable Revolutions. The United States in Central America** (New Jersey: Norton & Co. 1984).

Labastida Martín del Campo, Julio (editor). **Dictaduras y Dictadores** (México: Siglo XXI Editores. 1986).

Langley, Lester. **The Banana Wars. United States Intervention in the Caribbean. 1898-1934** (The University Press of Kentucky Press. 1985).

______. **The United States and the Caribbean in the Twentieth Century** (The University of Georgia Press. 4th. Edition. 1989).

Lanuza Matamoros, Alberto. «Comercio exterior de Nicaragua (1821-1875)». **Estudios Sociales Centroamericanos** (San José: mayo-agosto de 1976. Nº 14).

______ y otros. **Economía y Sociedad en la Construcción del Estado en Nicaragua** (San José: ICAP. 1983).

Lewis, W. Arthur (editor). «The export stimulus». En **Tropical Development. 1888-1913. Studies in Economic Progress** (Londres: George Allen & Unwin. 1970).

______. **Growth and Fluctuations. 1870-1913** (Londres: George Allen & Unwin. 1978).

Lindo Fuentes, Héctor. «Economía y sociedad (1810-1870)». **Historia General de Centroamérica** (Madrid: FLACSO. 1993). Tomo 3.

List, Federico. **El Sistema Nacional de Economía Política** (México: FCE. 1942).

Lynch, John. **Hispanoamérica. 1750-1850. Ensayos sobre la Sociedad y el Estado** (Bogotá: Universidad Nacional de Colombia. 1987).

Mandel, Ernest. **Late Capitalism** (Londres: Verso Press. 1980).

Marichal, Carlos. **Historia de la Deuda Externa de América Latina** (Madrid: Alianza. 1988).

Mariñas Otero, Luis. **Honduras** (Madrid: Ediciones de Cultura Hispánica. 1963).

Marx, Karl y Engels, Frederick. **Materiales para la Historia de América Latina** (Buenos Aires: Cuadernos de Pasado y Presente. Nº 30. 1972).

Mattoon, Robert H. «Railroads, coffee and the growth of Big Business in Sao Paulo, Brazil». **HAHR** (1977: Vol. 57. Nº 1).

Mc Greevey, William Paul. **An Economic History of Colombia. 1845-1930** (Cambridge University Press. 1971).

Meléndez, Carlos. **El Dr. José María Montealegre** (San José: ECR. 1968).

Mires, Fernando. **La Rebelión Permanente. Las Revoluciones Sociales en América Latina** (México: Siglo XXI Editores. 1988).

Molina Jiménez, Iván. **Costa Rica (1800-1850). El Legado Colonial y la Génesis del Capitalismo** (San José: EUCR. 1991).

______ y Palmer, Steven (editores). **El Paso del Cometa. Estado, Política Social y Culturas Populares en Costa Rica (1800-1950)** (San José: Porvenir-CIRMA. 1994).

______. **La Voluntad Radiante. Cultura Impresa, Magia y Medicina en Costa Rica (1897-1932)** (San José: Porvenir-CIRMA. 1996).

Morales, Jorge. «El ferrocarril nacional de Honduras: su historia e incidencia sobre el desarrollo económico». **Estudios Sociales Centroamericanos** (San José: mayo-agosto de 1972).

Murillo Chaverri, Carmen. **Identidades de Hierro y Humo. La Construcción del Ferrocarril al Atlántico. 1870-1890** (San José: Porvenir. 1995).

Nabudere, Dan. **The Political Economy of Imperialism** (Londres: Zed Press. 1977).

Naylor, Robert Arthur. «The british role in Central America prior to the Clayton-Bulwer Treaty of 1850». **HAHR** (1960: Vol. 40).

______. **Influencia Británica en el Comercio Centroamericano durante las Primeras Décadas de la Independencia (1821-1851)** (Guatemala y Estados Unidos: CIRMA. 1988).

Norbury, F. «Venezuela». En Lewis, W.A. (editor) (1970).

Obregón Quesada, Clotilde. «Inicio del comercio británico en Costa Rica». **Revista de Ciencias Sociales** (Universidad de Costa Rica. 1982. Nº 24).

______. **Costa Rica: Relaciones Exteriores de una República en Formación. 1847-1849** (San José: ECR. 1984).

______. **El Río San Juan en la Lucha de las Potencias (1821-1860)** (San José: EUNED. 1993).

Oliva Medina, Mario. **Artesanos y Obreros Costarricenses. 1880-1914** (San José: ECR. 1982).

Owen, Roger y Sutcliffe, Bob (editores). **Studies in the Theory of Imperialism** (Londres: Longman. 1978).

Palmer, Steven. «Comentarios sobre "El Paraíso Perdido" de Rodrigo Quesada Monge». **Revista de Historia** (UCR-UNA: julio-diciembre de 1993. Nº 28).

______. «Sociedad anónima, cultura oficial: inventando la nación en Costa Rica. 1848-1900». En Molina Jiménez, Iván y Palmer, Steven (editores). **Héroes al Gusto y Libros de Moda. Sociedad y Cambio Cultural en Costa Rica. 1750-1900** (San José: Porvenir-CIRMA. 1992).

Pastor Reina, Rodolfo. **Historia de Centroamérica** (México: El Colegio de México. 1988).

Payne, P.L. **British Entrepreneurship in the Nineteenth Century** (London and Basingstoke: The MacMillan Press. 1978).

Peláez, Carlos Manuel. «The theory and reality of imperialism of Nineteenth Century Brazil». **Economic History Review** (1976: Nº 29).

Pérez Brignoli, Héctor. «Apéndice» al tomo 3 de la **Historia General de Centroamérica.**

______. **Breve Historia de Centroamérica** (Madrid: Alianza. 1985).

______. «Crecimiento agroexportador y regímenes políticos en Centroamérica. Un ensayo de historia comparada». En Samper, Mario y Pérez Brignoli, Héctor (editores). **Tierra, Café y Sociedad. Ensayos sobre la Historia Agraria Centroamericana** (San José: FLACSO. 1994).

______. «Economía política del café en Costa Rica (1850-1950)». En Samper y Brignoli (editores). **Tierra, Café y Sociedad. Ensayos sobre la Historia Agraria Centroamericana** (San José: FLACSO. 1994).

Pierson, William W. «The political influences of an interoceanic canal, 1826-1926». **HAHR** (1926: Vol. VI. Nº 4).

Platt, Christopher (editor). **Business Imperialism. 1840-1930. An Enquiry Based on the British Experience in Latin America** (Oxford University Press. 1977).

Platt, D.C.M. «Dependency in Nineteenth Century Latin America: an historian objects». **Latin American Research Review (LARR)** (Illinois: Urbana. Nº 15).

Pletcher, David M. «Inter-American shipping in the 1880's: a loosening tie». **Inter-American Economic Affairs** (1956: Vol. X. Nº 3).

Quesada Monge, Rodrigo. «América Central y Gran Bretaña: la composición del comercio exterior. 1851-1915». **Anuario de Estudios Centroamericanos** (San José: 1985. Vol. 11. Fascículo Nº 2).

______. «Diplomacia y deuda externa: el caso de Honduras. 1897-1912». **Anuario de Estudios Centroamericanos** (San José: 1984. Vol. 10).

______. «Ferrocarriles y crecimiento económico: el caso de la Costa Rica Railway Company. 1871-1905». **Anuario de Estudios Centroamericanos** (San José: 1983. Vol. 9).

______. «La inversión británica en América Central: dos compañías mineras en Nicaragua (1868-1910)». **Estudios Sociales Centroamericanos** (San José: setiembre-diciembre de 1981. Nº 30).

______. «Una aproximación a la historia de América Central en los archivos británicos (índice bicolumnar)». **Estudios Sociales Centroamericanos** (San José: mayo-agosto de 1982. Nº 32).

______. «Utopía y nueva historia en Costa Rica». **Revista de Historia** (UCR-UNA: julio-diciembre de 1992. Nº 26).

Ringrose, D.R. «Carting in the hispanic world: an example of divergent development». **HAHR** (1970: Vol. 50).

Rodríguez, Mario. **Central America** (New Jersey: Prentice Hall. 1965).

______. «The prometheus and the Clayton-Bulwer Treaty». **The Journal of Modern History** (1964: Vol. XXXVI. Nº 3).

______. **A Palmerstonian Diplomat in Central America: Frederick Chatfield Esq.** (Tucson. 1964).

Rojas Bolaños, Manuel. **Lucha Social y Guerra Civil en Costa Rica. 1940-1948** (San José: Porvenir. 1982).

Rojo, Luis Angel. «Historia y economía en el imperio alemán». **Historia Económica y Pensamiento Social** (Madrid: Alianza. 1983).

Rostow, Walt Whitman. **The World Economy. History and Prospect** (Austin. 1978).

Samper, Mario. «Café, trabajo y sociedad en Centroamérica (1870-1930): una historia común y divergente». En Acuña Ortega, Víctor Hugo (editor). **Historia General de Centroamérica** (Madrid: FLACSO. 1993). Tomo IV.

______. **Generations of Settlers. Rural Households and Markets on the Costa Rican Frontier. 1850-1935** (California: Westview Press. 1990).

______ y Pérez Brignoli, Héctor (editores). **Tierra, Café y Sociedad. Ensayos sobre la Historia Agraria Centroamericana** (San José: FLACSO. 1994).

Schneider, Jürgen. «Sinopsis sobre el comercio exterior en Latinoamérica. 1810-1850». En Liehr, Reinhard (editor). **América Latina en la Epoca de Simón Bolívar. La Formación de las Economías Nacionales y los Intereses Económicos Europeos. 1810-1850** (Berlín: Colloquium Verlag. 1989).

Seligson, Mitchell. **Peasants of Costa Rica and the Development of Agrarian Capitalism** (The University of Wisconsin Press. 1980).

Selser, Gregorio. **Honduras, República Alquilada** (México: Mex-Sur. 1983).

Soley Güell, Tomás. **Compendio de Historia Económica y Hacendaria de Costa Rica** (San José: ECR. Colección Biblioteca Patria. 1975: Vol. 12).

Sombart, Werner. **El Burgués** (Madrid: Alianza. 1977).

Stedman, Ian. **Marx after Sraffa** (Londres: Verso Press. 1978).

Stewart, Taimoon. «The third world debt crisis: a long waves perspective». **Review. Fernand Braudel Center** (Vol. XVI. Nº 2. Spring, 1993).

Stewart, Watt. **Keith y Costa Rica** (San José: ECR. 1967).

Stover, Charles C. «Tropical exports». En Lewis, W.A. (editor). **Tropical Development. 1880-1913. Studies in Economic Progress** (Londres: George Allen and Unwin. 1970).

Thompson, Allan. **La Dinámica de la Revolución Industrial** (Barcelona: Oikos-Tau. 1976).

Thompson, Guy P. «Proteccionism and industrialization in Mexico, 1821-1854: the case of Puebla». En Abel, Christopher y Lewis, Colin M. (editores). **Latin America: Economic Imperialism and the State. The Political Economy of the External Connection from Independence to the Present** (Oxford University Press. 1985).

Torres Gaitán, Ricardo. **Teoría del Comercio Internacional** (México: Siglo XXI Editores. 1984.

Torrielo Garrido, Guillermo. **Tras la Cortina de Banano** (La Habana, Cuba: Editorial de Ciencias Sociales. 1976).

Van Alstynee, Richard W. «British diplomacy and the Clayton-Bulwer Treaty». **The Journal of Modern History** (1939: Vol. XI. Nº 2).

______. «The Central American policy of Lord Palmerston (1846-1848)». **HAHR** (1936: Vol. XVI. Nº 3).

Véliz, Claudio. **La Tradición Centralista en América Latina** (Barcelona: Ariel. 1984).

Vidal Villa, J.M. **Teorías del Imperialismo** (Barcelona: Anagrama. 1976).

Wagner, Moritz y Sherzer, Carl. **La República de Costa Rica en la América Central** (San José: Ministerio de Cultura, Juventud y Deportes. 1974). 2 vols.

Wallernstein, Immanuel. **The Capitalist World Economy** (Cambridge University Press. 1989).

Warren, Bill. **Imperialism, Pioneer of Capitalism** (Londres: Verso Press. 1980).

West y Augelli. **Middle America. Its Lands and Peoples** (New Jersey: Prentice Hall. 1989).

Williams, Eric. **From Columbus to Castro. The History of the Caribbean. 1492-1969** (New York: Vintage Books. 1984).

Woodruff, William. «The emergence of an international economy. 1700-1914». En **The Fontana Economic History of Europe. The Emergence of Industrial Societies** (Glasgow: Fontana-Collins. 1977). Vol. 2. Edición de Carlo M. Cipolla.

Woodward, Ralph Lee. **Central America. A Nation Divided** (Oxford University Press. 1985).

______. «Central America». En Bethell, Leslie (editor). **Spanish America after Independence. C. 1820-C. 1870** (Cambridge University Press. 1987).

Este libro se imprimió en el mes de octubre de 1998, en el Programa de Publicaciones e Impresiones de la Universidad Nacional, bajo la dirección de Maximiliano García Villalobos, consta de un tiraje de 800 ejemplares en papel bond y cartulina barnizable.
970024—P.UNA

NUESTRAS PUBLICACIONES

EDITORIAL UNIVERSIDAD NACIONAL

CIENCIA SOCIAL EN COSTA RICA. EXPERIENCIAS DE VIDA E INVESTIGACION, de Marc Edelman, Fabrice Lehoucq, Steven Palmer e Iván Molina

Los cuatro ensayos que conforman este libro, aparte de su carácter autobiográfico y emotivo, exploran los vínculos entre Costa Rica y los otros países de Centroamérica; discuten los avances y las limitaciones de las Ciencias Sociales en el istmo; evidencian el trasfondo teórico y metodológico de toda construcción de conocimiento; colocan las relaciones Norte-Sur en el terreno en extremo visible de las experiencias vividas; y evalúan las actuales políticas económicas y sus efectos en la dinámica social y en la cultura.

EL QUE QUIERA DIVERTIRSE: LIBROS Y SOCIEDAD EN COSTA RICA (1750 - 1914), de Iván Molina Jiménez

El lector que ama los libros y disfruta el placer de olerlos y acariciarlos, es invitado por Iván Molina a pasear, durante los años 1750-1914, entre las obras y los folletos editados en el país o traídos del exterior. La única condición es vigilar cada paso para no pisar los títulos oficiales, vehículos de la voz del poder y de los poderosos; los ascendidos a textos escolares, amados u odiados por sus usuarios; los evocadores, compañeros de sueños en las tardes de verano; o los que, en asocio con utopías futuras, esparcían aires libertarios y radicales, en prosa o en verso.

Pida estas publicaciones o nuestro catálogo
Apartado postal 86-3000, Heredia Costa Rica
Tel./fax: (506)277-3204 • http: www.una.ac.cr/euna/
Email: editoria@una.ac.cr

INSCRIPCION DE LECTORES

Envíenos sus datos personales e inscríbase como lector de nuestras obras. De este modo será incluido en nuestro banco de lectores, y le enviaremos información de nuestras más recientes publicaciones.

NOMBRE: ____________________

DIRECCION: ____________________

____

APDO. POSTAL: ____________________

TELEFONO: ____________________

euna

EDITORIAL UNIVERSIDAD NACIONAL